Anônimos

Thomas DeGloma

Anônimos

A performance de identidades ocultas

Tradução

Giuliana Gramani

editora unesp

Título original: *Anonymous: The Performance of Hidden Identities*
Licenciado por University of Chicago Press, Chicago, Illinois, U.S.A.

Direitos de publicação reservados à:
Fundação Editora da Unesp (FEU)
Praça da Sé, 108
01001-900 – São Paulo – SP
Tel.: (0xx11) 3242-7171
www.editoraunesp.com.br
www.livrariaunesp.com.br
atendimento.editora@unesp.br

Dados Internacionais de Catalogação na Publicação (CIP) de acordo com ISBD
Elaborado por Vagner Rodolfo da Silva – CRB-8/9410

D946r

DeGloma, Thomas
Anônimos: a performance de identidades ocultas / Thomas DeGloma; traduzido por Giuliana Gramani. – São Paulo: Editora Unesp, 2025.

Tradução de: *Anonymous: The Performance of Hidden Identities*
Inclui bibliografia.
ISBN: 978-65-5711-302-8

1. Ciências sociais. 2. Sociologia. 3. Ensaio. I. Gramani, Giuliana. II. Título.

2025-4437 CDD 300
CDU 3

Editora afiliada:

Asociación de Editoriales Universitarias de América Latina y el Caribe

Associação Brasileira de Editoras Universitárias

Sumário

1
Atos anônimos

Estou disfarçado esta noite para poder falar livremente, sem atrair muito o olhar de vocês para o quem em particular que por acaso sou [...]. Como psiquiatras homossexuais, precisamos saber nosso lugar e o que devemos fazer para sermos bem-sucedidos. Se nosso objetivo é obter um alto cargo acadêmico, ganharmos o mesmo que nossos colegas ou sermos admitidos em um instituto psicanalítico, precisamos garantir que ninguém em uma posição de poder esteja ciente de nossa preferência sexual e/ou identidade de gênero. Assim como o homem negro de pele clara, que escolhe viver como um homem branco, não podemos ser vistos com nossos amigos de verdade, nossa família homossexual de verdade, para que nosso segredo não seja revelado e nossos destinos não sejam selados.

"Dr. H. Anônimo" na 125ª Reunião Anual da Associação Psiquiátrica Americana, 2 de maio de 1972[1]

1 Ver Fryer (1972).

Em sua reunião anual em maio de 1972, a Associação Americana de Psiquiatria (APA – American Psychiatric Association) sediou um painel intitulado "Psiquiatria: amiga ou inimiga dos homossexuais? Um diálogo". A APA patrocinou o evento em resposta a uma campanha organizada por ativistas de direitos gays para pressionar a associação de profissionais a deixar de classificar a homossexualidade como um transtorno mental. A entidade é a responsável pelo *Manual diagnóstico e estatístico de transtornos mentais* (DSM – Diagnostic and Statistical Manual of Mental Disorders), obra de referência de diagnósticos oficial da psiquiatria e das disciplinas psicoterapêuticas profissionais. Segundo as acusações dos ativistas, ao listar a homossexualidade entre os transtornos mentais do DSM e perpetuar a noção prejudicial de que a homossexualidade é uma doença que precisa ser curada, a APA foi responsável por fomentar a discriminação contra homossexuais em diversos contextos. Os psiquiatras, alegaram os ativistas, eram, portanto, cúmplices da perseguição social de homossexuais e, por sua vez, responsáveis pelo sofrimento pessoal de muitos.[2]

O painel de 1972 incluiu os ativistas de direitos gays Barbara Gittings – conhecida por criar a filial de Nova York do Filhas de Bilitis, grupo pioneiro de direitos gays e lésbicos – e Franklin E. Kameny, outra figura proeminente nos Estados Unidos, conhecido por lutar contra a discriminação após ser demitido de seu cargo no governo norte-americano em 1957 por conta de sua orientação sexual. O painel também incluiu os consagrados psiquiatras Judd Marmor e Robert Seidenberg. No entanto, um quinto participante, citado na epígrafe deste capítulo e sentado no centro da mesa, foi identificado apenas como "Dr. H. Anônimo". Ele apareceu mascarado, usando uma peruca e fantasiado com sua voz disfarçada (Figura 1).

Diferentemente dos outros painelistas, o dr. H. Anônimo era o único palestrante homossexual e psiquiatra. Esses atributos de identidade combinados, e não isolados, consistiam em uma ameaça singular naquele momento e lugar específicos. Foi apenas em 1994

2 Bayer (1981). Ver p.109-11 para uma discussão sobre o painel de 1972.

Figura 1. Dr. H. Anônimo (que mais tarde revelou ser o dr. John Ercel Fryer) com Barbara Gittings e Franklin E. Kameny na reunião de maio de 1972 da Associação Americana de Psiquiatria. Foto de Kay Tobin. © Manuscripts and Archives Division, The New York Public Library

que o dr. John Ercel Fryer revelou publicamente que era a pessoa por trás da máscara. Fryer era um psiquiatra em atividade e professor de Psiquiatria na Universidade Temple quando participou do painel de 1972.[3] Além de a homossexualidade ser motivo para demissão do emprego (ou, no caso de Fryer, para lhe negarem a estabilidade no cargo) e outras formas de discriminação, Fryer era um membro permanente da mesma profissão que considerava sua orientação sexual patológica. O anonimato de Fryer nesse painel teve a finalidade protetora de manter sua identidade sexual desatrelada de sua identidade profissional de modo que, como sua referência a raça ajuda a esclarecer, ele pudesse passar por um homem

3 Clendinen (2003).

hétero com segurança e convicção entre a maioria de seus pares e colegas profissionais.[4] Ao ocultar seu rosto e corpo com uma máscara e uma fantasia, disfarçar sua voz com distorção de microfone e usar um pseudônimo, Fryer pôde falar publicamente como um psiquiatra gay, em nome de "psiquiatras que são homossexuais", em um ato que subverteu abertamente a posição oficial da APA na esperança de gerar mudanças.[5] No processo, ele transmitiu, de forma dramática, uma mensagem importante e significativa para um público específico que mais tarde se expandiu e passou a incluir a população em geral quando as notícias do evento, juntamente com uma foto do palestrante mascarado, se espalharam. Ao aparecer e falar anonimamente, Fryer evidenciou as condições opressoras vivenciadas por psiquiatras gays e, por extensão, homens e mulheres gays de forma mais geral.

Embora a apresentação de Fryer como dr. H. Anônimo tenha sido um passo importante no processo que levou a APA a deixar de classificar a homossexualidade como um transtorno mental na reunião do conselho da entidade em 15 de dezembro de 1973,[6] ela também chama nossa atenção para algumas das características mais gerais e fundamentais do anonimato. Como Fryer escondeu o "quem em particular" que ele "por acaso [era]", separou suas ações mascaradas de sua identidade pessoal, negando a relevância desta última para seu testemunho crucial e ponto de vista social. *Identidade pessoal* se refere àquilo que reconhecemos como o ser único de um indivíduo em relação aos outros. Ela está "frequentemente [...] vinculada tanto ao nome quanto ao corpo" e se manifesta como nossa imagem mental de um indivíduo e a posição singular dessa

4 A prática de "encobrimento" (ver Goffman, 2004, p.64-80), que implica ocultar parte de suas características pessoais para ser aceito como membro de outro grupo, "pode dar lugar a diferentes formas de vida dupla" (2004, p.67).

5 Ver Bayer (1981, p.110), que escreve: "Seu traje não só parecia proteger sua própria identidade, mas talvez, de maneira mais importante, tenha sido projetado para enfatizar que ele falava não só por si mesmo, mas por todos os psiquiatras homossexuais. Ele informou ao seu público que havia mais de duzentos psiquiatras homossexuais presentes na convenção".

6 Lyons (1973). Ver também Bayer (1981).

pessoa em uma rede de relações sociais.[7] Na maioria das situações, exibimos abertamente ou revelamos rotineiramente nossa identidade pessoal. Oferecemos um nome pessoal e não temos intenção de esconder a ligação entre nossa identidade pessoal e nossos vários papéis e atividades sociais. Em algumas ocasiões, podemos usar um crachá, apresentar um documento de identificação (como uma carteira de trabalho ou de estudante ou uma carteira de motorista emitida pelo Estado) ou usar um perfil personalizado de redes sociais para nos comunicarmos com outras pessoas. A identificação pessoal é uma parte normal de muitas interações e relacionamentos cotidianos, e geralmente os detalhes básicos de nossa identidade pessoal são esperados e explicitamente pedidos pelas pessoas quando as conhecemos ou interagimos com elas pela primeira vez. Em diversas circunstâncias, é possível que nos peçam que digamos nosso nome "para constar", forneçamos o número de um documento, assinemos algo perante uma testemunha ou mostremos o passaporte. Também estabelecemos a identidade pessoal por meio de outros documentos oficiais (como certidões de nascimento), impressões digitais, caligrafia, reconhecimento de voz, reconhecimento facial (por meio de comparação visual com um documento de identificação com foto ou usando tecnologias digitais que acionam bancos de dados de vigilância e *software* de marcação de imagens de redes sociais), escaneamentos de retina, *chips* de identificação por radiofrequência (RFID – radio-frequency identification), sequenciamento de DNA, cartões de crédito, placas de veículos, informações de *login* e registros médicos e odontológicos.[8]

7 Goffman (2004, p.51). Ver também Zerubavel (1982). Sobre a posição singular de alguém na interseção de múltiplas redes de afiliações sociais, ver Simmel ([1955] 1964). Como afirmou Mauss ([1938] 1985), a ideia da "pessoa" como a conhecemos tem raízes romanas clássicas e evoluiu ao longo de várias épocas históricas.

8 Goffman (1963, p.56, 57); ver também a menção de Goffman ao "documento de identidade" (2004, p.54). Ver também Marx (1999, p.100) sobre "sete tipos de conhecimento de identidade" e Marx (2016, p.86-11) sobre as variedades de informações pessoais, incluindo privadas e públicas, e sobre a "identidade singular e central" (p.102-3).

Muitos dos dados por trás desses marcadores de identidade pessoal são cada vez mais armazenados em formato digital. Usamos essas tecnologias para estabelecer identidades pessoais singulares que nos distingam uns dos outros – para marcar, rastrear e verificar seres individuais distintos no mundo.

Atores anônimos ocultam sua identidade pessoal, o que chama nossa atenção para todas as maneiras como as pessoas podem evitar associações com dados de identificação enquanto agem em diferentes situações. Por exemplo, alguns usam dinheiro em espécie em vez de cartão de crédito para fazer compras, celulares "descartáveis" em vez de telefones registrados para fazer ligações ou enviar mensagens ou *software* de anonimato e sistemas de criptografia digital para interagir online.[9] Outros publicam textos ou produzem arte sem usar seu nome pessoal, usam máscaras e roupas indistintas em protestos políticos para esconder suas características físicas ou agem por trás de uma entidade corporativa ou algum representante para participar de uma transação financeira. Em todos esses casos e em muitos outros, os atores dissociam e desconectam certas ações das identidades pessoais que carregam em outros aspectos de suas vidas. Como afirma Kathleen A. Wallace, um aspecto fundamental do anonimato envolve uma "impossibilidade de coordenação de características" ou "a falta de coordenação entre a agência [de um indivíduo anônimo]" – sua atividade *como anônimo* – e as "outras características e localizações socialmente reconhecíveis [desse indivíduo] em redes sociais de ação".[10] Da mesma forma, Julie Ponesse aponta que a "não identificabilidade" no cerne do anonimato "se

9 Ver Brazier et al. (2004) para uma discussão sobre "agentes de *software*" e "tecnologia de anonimização" (p.143). Ver p.140-1 sobre as "medidas técnicas" empregadas com o propósito de proteger informações pessoais em transações e comunicações online. Ver também Linder e Xiao (2020).

10 Wallace (1999, p.23, 25). Ver também Nissenbaum (1999, p.142). Goffman (2004, p.57) foi talvez o primeiro a articular diretamente essa lógica social de "conexão informacional" e identidade pessoal. Ver também Marx (2016, p.103) sobre a desvinculação de identificadores singulares da "identidade central" de alguém e Moore (2018) sobre as noções de "conexidade" e "rastreabilidade".

dá pela dissociabilidade", que envolve separar certas informações das "pessoas específicas que as ocupam".[11] Assim, o anonimato é possível na medida em que os atores podem romper com sucesso o elo entre determinadas ações e sua identidade pessoal.

Neste livro, analiso uma ampla gama de casos históricos e contemporâneos para desenvolver uma sociologia cultural e interacionista do anonimato. Em geral, meus argumentos sobre o anonimato (literalmente, "sem nome") também se aplicam ao pseudonimato (literalmente, "nome falso"). Embora eu discuta distinções importantes entre eles, e embora eu aborde especificamente o pseudonimato em relação a casos específicos ou para destacar suas características únicas, meu objetivo maior é apresentar uma estrutura geral que nos permita entender melhor *como e por que indivíduos agem com identidades pessoais ocultas*. Em termos gerais, sou motivado pelas seguintes perguntas: como devemos entender o anonimato e o pseudonimato? Por que, sob diversas circunstâncias, os indivíduos agem anonimamente ou pseudonimamente? Como eles alcançam esses estados? Como eles os utilizam e em quais situações? Quando faz sentido dizer que um indivíduo é anônimo em vez de simplesmente desconhecido, da mesma forma que tantos estranhos nos são desconhecidos e irrelevantes para nossas vidas? Quais são as implicações da atividade anônima para diferentes relacionamentos e para a sociedade em geral, para o bem ou para o mal? Para abordar essas perguntas, examino uma vasta gama de casos em cada capítulo. No processo, espero mostrar o quão preponderante e significativo é o anonimato no mundo, e como uma sociologia de *atos anônimos* pode proporcionar percepções cruciais no que concerne a inúmeras questões importantes.[12]

---

11 Ponesse (2013, p.333, 331). Ver também Ponesse (2014); Karp (1973, p.447).

12 Marx (1999) apresenta um apelo esclarecedor e precoce a uma ampla sociologia do anonimato. Nesse texto breve porém persuasivo e amplamente aplicável, Marx lista um grande número de "contextos socialmente sancionados de ocultação e revelação" (p.102-9), que incluem referências a muitos dos tipos de casos que exploro ao longo deste livro. O artigo de Marx é uma declaração visionária sobre a importância desse tópico pouco explorado na Sociologia. Ver

Meu argumento central é que o anonimato e o pseudonimato são mais bem compreendidos como *performance* em que os atores ocultam identidades pessoais à medida que geram significado para vários públicos.[13] Quando pensamos em anonimato, frequentemente

---

também Wallace (1999) e Ponesse (2013, 2014) para discussões filosóficas esclarecedoras. Tanto Wallace quanto Ponesse levantam vários exemplos gerais dos tipos que também exploro aqui, incluindo muitos relacionados à minha discussão sobre anonimato protetor no Capítulo 2 (ver especialmente Ponesse 2013, p.321; 2014, p.306-9). Muitos outros também contribuíram para esse campo de investigação com suas análises de casos particulares. Parto dessas e de outras contribuições importantes para ampliar o debate ao longo desta obra.

13 Outros estudiosos, de diferentes maneiras, conceituaram o anonimato como *performance* social. Em seu estudo sobre como indivíduos se escondem em livrarias pornográficas, Karp (1973) propôs uma perspectiva alinhada à minha abordagem, lançando luzes sobre processos ativos de "fomento ao anonimato" (p.433) e afirmando que "as pessoas devem trabalhar para manter o anonimato, e que o trabalho é de natureza altamente social" (p.446). Em seu estudo mais recente, Scott e Orlikowski (2014) discutem a "encenação do anonimato" (p.885) e focam no anonimato como "uma representação sociomaterial contínua" no que diz respeito a diferentes tipos de avaliações de hotéis, cada uma das quais, de acordo com as autoras, implica "resultados performáticos específicos" (p.882). Em outro estudo esclarecedor, Curlew (2019) analisa o anonimato em uma plataforma de rede social como "performatividade indisciplinada" e postagens anônimas como "atos digitais performativos mediados por uma comunidade de usuários anônimos" (p.1). Ver também Wallace (1999) para uma discussão inicial sobre ser "anônimo enquanto agente" (p.26) e o anonimato como "algum traço que é conhecido" como "uma ação de algum(ns) agente(s)" e que "não pode ser coordenado com outros traços do(s) agente(s), de modo que a identidade do(s) agente(s) é desconhecida para outros exceto como executor(es) do ato ou possuidor(es) do traço" (p.31). Marx (1999, p.100) também reconheceu que "o anonimato é essencialmente social" e "requer um público de pelo menos uma pessoa". Ver também Brennan e Pettit (2008), que distinguem entre executor e público em sua discussão convincente sobre anonimato e pseudonimato com relação à reputação e estima. Ponesse usa a frase "atos de anonimato" (2013, p.328) e reconhece que "o anonimato é tipicamente interpessoal" (2013, p.333; ver também 2014, p.314-5) enquanto luta com a questão de "como [...] a incognoscibilidade envolvida com o anonimato [é] realizada por padrão" (2013, p.322). Por fim, vários daqueles que discutiram literatura anônima e pseudônima, nas palavras que Mullan (2007, p.28) usou para descrever o trabalho de Sir Walter Scott, entenderam o anonimato como um "ato de autodespojamento criativo".

pensamos em alguém que está se escondendo e nos impedindo de saber exatamente quem essa pessoa é. De fato, isso faz parte do cenário, mas o anonimato não consiste simplesmente em se esconder.[14] Ele também não envolve invisibilidade, como alguns estudiosos sugerem quando se referem à parábola de Platão do Anel de Giges (um anel hipotético que permite a quem o usa ser invisível) para discutir as implicações morais do comportamento anônimo.[15] Na verdade, o anonimato envolve alguém que está *agindo* de forma muito evidente enquanto intencionalmente impede que os outros reconheçam a identidade pessoal de maneiras notavelmente significativas. Enquanto John Ercel Fryer escondia sua identidade pessoal, ele também atuava para um público, apresentando-se de forma genérica e misteriosa para transmitir uma mensagem. Ele foi notável e *ativamente* anônimo em vez de *passivamente* desconhecido, envolto em sua apresentação de caráter e *performance* de propósito. Na verdade, para ser relevante ou significativo, o anonimato deve passar à ação – ser avivado em situações ou circunstâncias sociais que envolvam relações dinâmicas ou interações com outras pessoas. À medida que os atores propelem o anonimato à ação, eles usam suas várias exibições físicas ou estilísticas, pseudônimos ou avatares, textos e vocalizações, além de outros modos de expressão, para moldar os significados de suas situações e interações para propósitos variados. O anonimato é uma questão de realização dramática.

Por um lado, estou interessado em como a *performance* de anonimato influencia a construção interativa de significado como contingente e emergente em situações específicas. Essas preocupações são tradicionalmente associadas ao pragmatismo filosófico e à perspectiva sociológica do interacionismo simbólico. Atividades anônimas geralmente ocorrem em tempos e lugares específicos e, de maneira mais significativa, manifestam-se em relação a públicos específicos.[16] Assim, os significados do anonimato emergem por meio da

14 Ver também Ponesse (2013, p.329; 2014, p.314-5); Wallace (1999).

15 Platão ([cerca de 380 a.C.] 1956, p.157-8).

16 Ver também Wallace (1999, p.24).

interação dinâmica entre atores anônimos e as pessoas com quem eles interagem. Ademais, embora os atores possam ser anônimos para os públicos para os quais atuam, outros podem saber exatamente quem eles são (como alguns membros da "GayPA", rede informal de psiquiatras homossexuais dentro da APA, sabiam o tempo todo quem estava por trás da figura do dr. H. Anônimo). Em outras palavras, atores anônimos exercem diferentes graus de controle das informações em relação a diferentes públicos, e membros de diferentes públicos têm diferentes tipos de conhecimento sobre a identidade daqueles que atuam anonimamente.[17] Independentemente das medidas materiais ou tecnológicas empregadas para agir anonimamente, e independentemente da ética social ou das leis em vigor para proteger as pessoas de serem pessoalmente identificadas por outros, o anonimato se desfaz quando as *performances* fracassam e os responsáveis por elas não podem mais controlar as informações de modo a proteger as identidades pessoais.

A partir dessa perspectiva, o anonimato é sempre contextual, situacional, relacional e temporalmente limitado, embora esses limites se manifestem de forma distinta caso a caso, dependendo das circunstâncias em questão.[18] Aqueles que agem ou escrevem como se o anonimato pudesse ser absoluto ou infalível, junto com aqueles que proclamam que o anonimato é um "mito" e não (ou não mais) verdadeiramente alcançável,[19] ambos têm uma compreensão equivocada do caráter fundamentalmente social e contingente do anonimato. Este, na verdade, é ao mesmo tempo alcançável e precário. Portanto, não estou particularmente interessado em adotar uma postura positivista ou racionalista sobre o anonimato "verdadeiro" existir ou não, nem estou particularmente interessado em

17 Brennan e Pettit (2008, p.189-91). Ver também Goffman (2004, p.59-64) sobre a divisão "entre os que conhecem e os que não conhecem" no que diz respeito à identidade pessoal. Cf. Karp (1973, p.432-3).

18 Ver Frois (2009a, p.9) sobre o caráter "relativo e circunstancial" do anonimato em programas de doze passos. Ver também Frois (2009b, p.88). Ver Nissenbaum (1998, 2004) sobre a noção de "integridade contextual".

19 Ver, por exemplo, Tverdek (2008); Ohm (2010); Savage (2016).

assumir uma posição avaliativa sobre o caráter moral de atos anônimos (embora esses dois temas surjam ao longo do livro à medida que analiso diferentes casos). Em vez disso, meu foco principal está em questões sociais e culturais gerais no que concerne à maneira como os atores desempenham identidades ocultas em diversos contextos e relações – como eles dão vida ao anonimato e, assim, criam significado em seus tempos, lugares e situações enquanto ocultam identidades pessoais.

Por outro lado, estou igualmente interessado nas maneiras como os atores recorrem a códigos culturais duráveis e simbolismo, imagética e texto roteirizado historicamente relevantes – os ricos elementos da cultura e as estruturas arraigadas de comunicação simbólica – ao desempenharem o anonimato e o pseudonimato em seus diferentes contextos e situações. Quando bloqueiam os significantes da identidade pessoal, esses atores os substituem por significantes alternativos que usam para expressar significados culturalmente relevantes. Com essa perspectiva, enraizada no programa forte da sociologia cultural,[20] destrincho as camadas mais profundas de significado a que os atores dão vida, muitas vezes de maneiras criativas e às vezes inovadoras, ao usar o anonimato para atingir seus objetivos.

Além de considerar a dinâmica interativa e as lógicas culturais profundas do anonimato, estou interessado em como atos anônimos compartilham propriedades gerais em uma gama de casos e situações diferentes. Acrescentando uma estrutura formal e comparativa a este estudo, abordo o anonimato a partir da perspectiva da análise de padrões sociais.[21] Analistas de padrões sociais buscam semelhanças gerais em contextos "culturais, situacionais e históricos"

---

20 Alexander e Smith (2003); Alexander (2004, 2017); Smith (2005); Alexander e Mast (2006). Ver também Loseke (2009, 2019).

21 Zerubavel (1980, 2007, 2021); Brekhus (2007); DeGloma e Papadantonakis (2020). Sobre "teoria formal multiárea", ver também Glaser e Strauss ([1967] 2008, p.82-9). Ver também Prus (1987); Vaughan (1992); Marx (2016, p.143); Jutel (2019). Cf. Turner (2015, p.20-60) sobre "simbologia comparativa", que envolve a análise de símbolos em diferentes "*gêneros culturais* ou *subsistemas* de cultura expressiva" (Turner, 2015, p.26, grifo do autor).

distintos para desenvolver uma teoria social amplamente relevante.[22] Assim, analiso e comparo casos de tempos e lugares variados e em diversos níveis de análise – de interações interpessoais menores a sistemas sociais maiores – para revelar as características sociais padronizadas e mais difundidas do anonimato. Também exploro atos anônimos em diferentes esferas da vida social, incluindo as esferas religiosa, política, econômica, psicoterapêutica, teatral, artística, legal, erótica, acadêmica e comemorativa.[23] Abordo casos que concernem interações mediadas por computador e comportamento online e muitos que não dizem respeito a isso.[24] Em cada capítulo, concentro-me em um tema ou dimensão específica da atividade anônima e reúno diferentes casos para destacar o que todos eles mostram – separadamente e em conjunto – sobre a dimensão do anonimato em questão.[25] Por conseguinte, coloco em segundo plano detalhes que não são relevantes para a discussão atual, mas que podem ser relevantes em outros capítulos. Além disso, aprimoro minha discussão em cada capítulo desenvolvendo análises mais profundas de casos-chave. Para encontrar um equilíbrio entre a *profundidade* e a *amplitude* da minha análise, abordo tanto as texturas

---

22 Zerubavel (2007, p.131).

23 Cf. Weber ([1915] 1946) sobre "esferas de valor".

24 Uma vez que as oportunidades de obscurecer nossa identidade pessoal se tornaram mais comuns na era digital e visto que o anonimato e o pseudonimato são muito fáceis de serem alcançados quando nos encontramos descorporificados em nossas interações online, uma grande quantidade de estudos recentes abordando o anonimato se concentrou em comunicações mediadas por computador e comportamentos em ambientes online. No entanto, as características gerais do anonimato não são particularmente exclusivas das interações mediadas por computador. Além disso, embora a tecnologia do computador e da internet possa fomentar o anonimato, ela certamente não o garante. Para várias discussões relacionadas ao anonimato mediado por computador, ver, por exemplo, Nicoll (2003); Christopherson (2007); Scott e Orlikowski (2014); Curlew (2019). Ver também Froomkin (1995, 2003); Nicoll, Prins e van Dellen (2003); Brazier et al. (2004); Levmore e Nussbaum (2010); Levmore (2010); Ohm (2010); Moore (2018); Linder e Xiao (2020).

25 Ver Zerubavel (2007, p.140) sobre "um estilo de investigação [...] *orientado por tema* [...]" (grifo do autor). Ver também DeGloma e Papadantonakis (2020) sobre análise temática.

de significado que emergem da análise de casos específicos quanto os padrões culturais arraigados que são relevantes para uma gama de casos distintos.

Usando esse arcabouço, avalio vários tipos de dados ao longo desta obra. Empregando uma versão do que Barney G. Glaser e Anselm L. Strauss chamaram de "amostragem teórica", reuni e analisei "diferentes tipos de dados" que levam em consideração "diferentes visões ou pontos de vista para entender" e desenvolver um panorama mais abrangente do anonimato na vida social.[26] Meus dados incluem documentos textuais de diversos tipos e extensões (como relatos jornalísticos, documentos históricos e de arquivo, obras literárias, tratados políticos, publicações oficiais de organizações e instituições, sites e comentários online, reflexões e testemunhos pessoais e materiais acadêmicos), imagens (incluindo fotografias, anúncios e obras de arte variadas), bem como filmes e vídeos (produzidos por vários agentes para propósitos distintos) e *performances* ativas (como produções teatrais, arte performática, atividades de movimentos sociais e diversos tipos de rituais e interações). Meus dados também incluem inúmeros materiais de fontes secundárias originalmente introduzidos por sociólogos, antropólogos, psicólogos, folcloristas, analistas de literatura e acadêmicos que trabalham em outras áreas e que estudaram alguns dos casos que abordo. Uso o trabalho deles e às vezes analiso ou reinterpreto seus casos para destacar ainda mais os temas mais relevantes em termos gerais que transcendem suas preocupações particulares. Também recorro a experiências e observações diretas em cada capítulo.

Com essa abordagem multifacetada – enfatizando visões sociológicas interacionistas, culturais e formais-comparativas enquanto analiso uma gama diversificada de casos distintos e lanço mão de um conjunto substancial e variado de dados –, lanço luzes sobre os significados profundos e a ampla relevância do anonimato na vida social.

---

26 Glaser e Strauss ([1967] 2008, p.65). Essa abordagem fomenta "uma investigação multifacetada, na qual não há limites para as técnicas de coleta de dados, a forma como são usadas ou os tipos de dados obtidos".

A dinâmica social dos atos anônimos

À medida que encobrem as características que os definem enquanto pessoas, os atores anônimos trabalham para impactar o mundo ao seu redor. Para compreender a relevância social desse fenômeno em sua totalidade, precisamos destrinchar cuidadosamente a dinâmica interativa e simbólica dos atos anônimos. Com essa finalidade, no restante deste capítulo, examinarei algumas características gerais e fundamentais do anonimato e do pseudonimato na vida social. Essas características embasarão e influenciarão minha discussão sobre as diferentes dimensões sociais do anonimato nos capítulos seguintes.

Nomes, ausência de nome e pseudonomes

As raízes etimológicas da palavra "anônimo" vêm do grego. Ser anônimo significa literalmente não ter um nome. Portanto, uma investigação sociológica sobre o caráter do anonimato pode começar analisando o que significa ter um nome. Por que os nomes são evocados e com que propósito isso é feito em diferentes contextos e situações?

Nomear consiste em especificar indivíduos e objetos e designar o lugar adequado de cada um em relação aos outros. Assim, nomear requer o estabelecimento de limites sociomentais e é fundamental para nossos atos de identificação e personificação.[27] Trata-se de estabelecer a singularidade de indivíduos e objetos, o que é essencial para dar nitidez a um mundo amorfo e indefinido. Como afirmam Peter L. Berger e Thomas Luckmann:

> Todo nome implica uma nomenclatura, que por sua vez implica uma localização social determinada. Receber uma identidade implica na atribuição de um lugar específico no mundo. Assim

27 Sobre limites sociomentais, ver Zerubavel (1991). Sobre personificação, ver Napier (1986, p.10).

> como esta identidade é subjetivamente apreendida pela criança ("eu *sou* John Smith"), o mesmo se dá com o mundo para o qual esta identidade aponta. A apropriação subjetiva da identidade e a apropriação subjetiva do mundo social são apenas aspectos diferentes do *mesmo* processo [...].[28]

Em outras palavras, nomear é um mecanismo primordial pelo qual apreendemos as distinções e relações entre objetos e entidades no mundo. Ele é fundamental tanto para a cognição quanto para o conhecimento.[29] Consequentemente, a capacidade de nomear é crucial para nossa capacidade de atribuir características, ações, expressões e ideias singulares a pessoas específicas. Podemos entender o ato de nomear como a antítese do anonimato, mas apenas quando e na medida em que nomear nos permite estabelecer, compreender e expressar a natureza da identidade pessoal singular de um ator individual em relação à identidade pessoal de outras pessoas.

No princípio da era moderna, a palavra "anônimo" foi usada inicialmente para designar obras literárias publicadas que não tinham indicação do nome de um autor.[30] Uma vez que os textos literários eram cada vez mais entendidos como obras que precisavam ser atribuídas a pessoas identificáveis, aqueles que não estavam vinculados a um autor nomeado eram explicitamente marcados e rotulados como "anônimos". Assim como nesses casos, a ausência de um nome só se torna significativa quando, em um tempo e lugar específicos, um público espera "identificar um indivíduo

---

28 Berger; Luckmann (2003, p.177-8).

29 A raiz etimológica da palavra "incógnito", que significa estar disfarçado ou agir "com identidade oculta", mostra uma ligação linguística entre identificação, cognição e conhecimento. Estar incógnito é bloquear ou restringir a percepção social (cognição) ou o conhecimento das características que permitem identificar alguém. Assim como "cognição", a palavra "incógnito" deriva do termo *cognizance*, que, por sua vez, deriva "de [uma] forma assimilada de *com* 'junto' (ver *co-*) + *gnoscere* 'saber', da raiz PIE [protoindo-europeia] **gno-* 'saber'". Dicionário de Etimologia Online, https://www.etymonline.com.

30 Ver Mullan (2007, p.296). Ver também Ponesse (2013, p.325, n.13).

específico" responsável por determinada ação ou produto.[31] No entanto, visto que "[um] nome pode ser ambíguo" e que há muitas outras maneiras de estabelecer identidades singulares, "o anonimato deve ser entendido, de forma mais ampla, como a não identificabilidade, em vez de simplesmente [...] a 'ausência de nome'".[32] Se lemos um poema atribuído a "John Smith" postado em um fórum online, temos um nome, mas não necessariamente temos conhecimento da identidade pessoal do autor. Além disso, em alguns casos, podemos ter acesso ao nome de um indivíduo e ainda assim desconhecer sua identidade pessoal porque um anonimato social marca a dinâmica de nossas interações. Imagine, por exemplo, um policial que escreve uma multa. Esse indivíduo pode exibir abertamente um número de distintivo e talvez até mesmo um crachá, mas para o indivíduo que recebe a multa, ele continua sendo um "policial"; sua identidade pessoal não importa para a interação e, em termos práticos, continua de fora da história e efetivamente desconhecida. Ademais, todos os que nos são desconhecidos tecnicamente não têm nome para nós também; contudo, assim como as inúmeras pessoas de outros tempos e lugares que nunca encontraremos – nem pessoalmente nem por meio de histórias, imagens ou reputação –, eles não são necessariamente anônimos para nós.[33] Ser anônimo é não ter um nome apenas porque, e apenas quando, os nomes são significativos como um meio de identificar pessoalmente atores sociais em situações específicas. Não é a ausência de nome por si só que equivale ao anonimato, mas sim o ato de obscurecer o próprio nome como forma de ocultar a identidade pessoal ao atuar para públicos determinados.

Nomear também é crucial para nossa capacidade de perceber um indivíduo como a *mesma entidade ao longo do tempo* e associar uma noção de caráter ou personalidade a esse indivíduo

31 Ponesse (2013, p.326, grifo do autor). Ver também Wallace (1999, p.23).

32 Wallace (1999, p.23). Ver também Nissenbaum (1999).

33 Ver Ponesse (2013, p.324-9) para uma discussão sobre as distinções entre anonimato e diversas formas de "incognoscibilidade" e "ocultação".

em particular. Visto que "nomes são tipicamente associados a indivíduos e que a maioria das pessoas passa a vida com o mesmo nome, um senso [de] continuidade é, por assim dizer, incorporado".[34] Assim, nomear nos permite costurar ações geralmente separadas que ocorrem em diferentes momentos e lugares na história que define um indivíduo particular e singular.[35] Carregar um nome ao longo do tempo permite aos indivíduos estabelecer "historicidade e relacionalidade"[36] – uma "qualidade diferencial"[37] devido à singularidade de sua linha do tempo biográfica e de seu ponto de vista em evolução no espaço das relações sociais. Portanto, nomear também nos permite atribuir motivação a um agente em particular, responsabilizar uma pessoa em particular por suas ações, atribuir culpa ou mérito e prever ou antecipar de maneira sensata o tom de nossas futuras interações com uma pessoa em particular.[38] Quando atribuímos o nome pessoal de um indivíduo a uma ação ou produto, estabelecemos a agência desse indivíduo e vinculamos essa ação ou produto ao caráter pessoal do indivíduo que carrega o nome. Com esse vínculo, influenciamos o significado da pessoa e o da ação ou produto. Na medida em que essas atribuições de caráter, motivação, responsabilidade e agência têm consequências reais e profundas, há um poder social considerável no ato de nomear.

---

34 Brissett e Edgley (1990, p.19).

35 Ver Goffman (1963, p.62-72) sobre os fundamentos biográficos da identidade pessoal. Ver Searle (1984, p.227-8) sobre nomes próprios como "cabides, dos quais pendem as descrições" e com os quais estabelecer uma "continuidade espaço-temporal". Ver Zerubavel (2003) sobre continuidade histórica com relação a biografia. Ver Schütz (1962, p.60) sobre as "circunstâncias biograficamente determinadas" do indivíduo e Giddens (2002, p.70-103) sobre "a trajetória do eu". Ver também Frank (1995); DeGloma (2014a); Zerubavel (1982).

36 Somers (1994, p.617). Ver também DeGloma e Johnston (2019).

37 Goffman (2004, p.38).

38 Ricoeur (1991, p.75). Sobre a atribuição social de motivo, ver Mills (1940); Burke ([1945] 1969); Schütz ([1932] 1967, p.171-2); Brissett e Edgley (1990, p.22-3). Sobre a ligação entre identificabilidade e responsabilização, ver Marx (1999, p.105-6). Sobre essas questões em relação à reputação pessoal, ver Fine (2019).

A importância dos nomes para a continuidade da identidade pessoal chama nossa atenção para uma importante dimensão temporal do anonimato. Agir anonimamente é romper temporariamente com o passado pessoal e biográfico de alguém, ao mesmo tempo que se evita qualquer associação pessoal futura com as ações dessa pessoa sob anonimato.[39] Trata-se de separar as ações da pessoa sob anonimato da continuidade da existência inerente à sua história pessoal e representada pelo nome que une sua identidade singular e pessoal. Atores anônimos dissociam suas ações da pessoa nomeada que está situada no tempo (com um passado, presente e futuro) e em relações estabelecidas com outros (com conexões duradouras e em desenvolvimento com indivíduos e comunidades particulares). Eles efetivamente *suspendem* sua identidade pessoal nomeada enquanto atuam. Atos anônimos são, portanto, dissociados da *reputação pessoal* de um ator, pois certas comunidades de outros conhecem esse ator e sua reputação pelo nome, e, portanto, ele existe fora da "ordem moral e da [...] economia de confiança"[40] à qual o ator geralmente está pessoalmente vinculado.

Atores anônimos efetuam essa suspensão da identidade pessoal assumindo uma *representação de fachada*. Representações de fachada servem como *revestimentos impessoais* que substituem os significantes que normalmente usaríamos para estabelecer a identidade pessoal.[41] A máscara, em contraposição ao rosto, é uma representação de fachada arquetípica; ela é tanto uma ferramenta quanto uma metáfora para se atuar anonimamente.[42] Ao cobrir "o rosto

---

39 Ver Goffman (1963, p.67), onde ele menciona a ligação entre anonimato e biografia. Ver DeGloma (2014a, p.64-95) sobre a relevância geral de negar a memória autobiográfica.

40 Fine (2019, p.248).

41 Esse conceito de *fachada impessoal* se baseia na noção de "fachada pessoal" de Goffman (2002, p.31).

42 Considere as metáforas e expressões idiomáticas comuns que envolvem nosso conceito de *face* [face], como a expressão *take it at face value* [aceitar algo exatamente como é], que significa que algo *é* o que *parece*, em contraste com o uso metafórico do termo *mask* [máscara], como em *she masked her true intent* [ela mascarou sua verdadeira intenção]. A esse respeito, considere também o

humano", as máscaras obstruem "o principal meio de reconhecermos, e assim identificarmos, uns aos outros",[43] bem como "a ferramenta expressiva mais importante que os seres humanos possuem" em suas relações com os outros.[44] Aqueles que usam máscaras substituem esse importante meio de expressão e reconhecimento pessoal pelo significado transmitido pela própria máscara e com ela. As máscaras, como as representações de fachada em geral, podem ser genericamente anônimas (como no caso de uma máscara típica de bailes de máscaras) ou particulares e pseudônimas (como no caso de muitas fantasias de Halloween nos dias atuais). Elas também podem ser genéricas no início e adquirir o caráter de pseudonimato ao longo do tempo se um ator se tornar conhecido pelo caráter específico da máscara que empunha e posteriormente lhe for atribuído um nome. Atores usam máscaras e outras representações de fachada para exprimir diferentes vozes, sentimentos, *personas* e personagens e para criar diversos significados em diferentes momentos e em diferentes contextos.

Atores anônimos usam muitos tipos distintos de representações de fachada.[45] Elas podem ser materiais ou digitais, vocalizadas e/ou visualmente exibidas. Elas também podem se manifestar como disfarces organizacionais que os atores empregam para ocultar

---

termo legal *prima facie evidence* [prova *prima facie*] (ver Napier, 1986, p.4-10). Considere também os significados das palavras *efface* ("eliminar", "apagar ou obliterar") e *deface* ("manchar a superfície ou aparência de [...] de modo a tornar ilegível ou inválido"), ambas as quais geralmente se referem ao estado de ser ou existência de algo e, portanto, revelam o forte vínculo cultural e linguístico entre a "face" de uma coisa e seu *status* ontológico (https://www.dictionary.com).

43 Napier (1986, p.3). Ver também Honigmann (1977, p.275).

44 Brissett e Edgley (1990, p.21).

45 No original, *cover representations*. O autor chama atenção para a construção da expressão: "Observe que estou usando o termo *cover* ativamente, como verbo (como em 'cobrir os rastros'), mas também como substantivo (como em 'atuar sob disfarce')". Aqui, optou-se pelo termo "fachada" por ele ser o que melhor transmite a ideia de dissimulação e pelo uso disseminado da expressão "de fachada", que indica algo que se dá apenas no plano das aparências, uma exterioridade enganosa. (N. T.)

sua identidade pessoal, como representantes externos que substituem um ator não identificado[46] ou como papéis sociais genéricos usados pelos atores para definir a si mesmos e aos outros em cenários e interações específicos. Em alguns casos, a representação de fachada de um ator pode ser um produto específico (por exemplo, uma obra de arte ou manifesto político) que atua como a aparência pública de uma identidade pessoal oculta. Além disso, os atores podem usar diversas representações de fachada, às vezes simultaneamente, para envolver diferentes públicos, como quando um indivíduo atua anônima ou pseudonimamente usando contas distintas em vários fóruns online. Em alguns casos, as representações de fachada podem ser bastante fortes e duráveis, o que torna extremamente difícil descobrir a identidade pessoal de um ator anônimo. Em outros, elas podem ser mais fracas e, portanto, mais tênues.[47] Ademais, representações de fachada podem promover manifestações sinceras de pensamentos e sentimentos subjacentes ou ser essencialmente enganosas.[48] No entanto, todas elas existem como *fachadas*, na medida em que funcionam como escudos que impedem ou prejudicam a identificabilidade pessoal, e como *representações*, na medida em que têm propriedades expressivas e simbólicas (muitas vezes entrelaçadas com suas qualidades materiais, estilísticas, tecnológicas e funcionais) que os atores usam para criar e transmitir significado. Na verdade, sua função de *fachada* influencia sua função de *representação*, e vice-versa. Apesar de suas diferenças, os atores usam essas várias representações de fachada para dar vida ao anonimato e ao pseudonimato.[49]

---

46 Ver Froomkin (1995, especialmente §17) e Brazier et al. (2004, p.154) sobre sistemas de *software* como agentes de terceiros. Marx (1999, p.103) menciona agências de adoção, e Griffin (1999, p.885) e Mullan (2007, p.32, 38-40) discutem editores como terceiros que representam autores anônimos e pseudônimos.

47 Ver Moore (2018, p.176) sobre a durabilidade como uma dimensão central do anonimato e do pseudonimato.

48 Ver Ponesse (2013, p.328) sobre a distinção entre "formas enganosas e não enganosas" de anonimato.

49 Cf. Goffman (1969, p.14) sobre a "manobra para acobertar".

As representações de fachada diferem em grau ao longo de um espectro que vai do genérico ao particular. Enquanto o anonimato implica ocultar a identidade pessoal de alguém com uma fachada genérica, o pseudonimato implica ocultar a identidade pessoal de alguém com um nome, rosto ou algum outro apelido (como um nome de usuário online) específico. Portanto, os pseudônimos têm muitas das características dos nomes em geral. Mais significativamente, eles nos permitem vincular as ações de um agente obscurecido ao longo do tempo, permitindo o estabelecimento de uma segunda identidade narrativa e história biográfica enraizadas em um nome alternativo e cindidas da identidade narrativa pessoal de alguém – uma reputação pseudônima desconectada da reputação pessoal de um ator.[50] Assim, a nomeação não precisa estabelecer identidade pessoal para que ocorra a atribuição de *caráter*. De fato, atores pseudônimos podem construir *personagens pseudônimos* ricos e elaborados que são autossuficientes, o que permite a algumas pessoas (incluindo líderes de movimentos sociais, escritores, artistas e assassinos em série) ser *tanto famosos quanto desconhecidos*.[51] Além disso, "reputações pseudônimas" podem certamente ser "uma fonte de estima para o gerador do material pseudônimo", dando aos atores pseudônimos bons motivos para se importarem com elas.[52]

---

50 Scott e Orlikowski (2014, p.876, 889). Ver também Marx (2016, p.103). Sobre o conceito de rastreabilidade e a distinção entre anonimato e pseudonimato com relação à reputação, ver Froomkin (1995, §2; 1999, p.114; 2003, p.9). Ver também Brazier et al. (2004); Wright et al. (2005, 16-8); Brennan e Pettit (2008); Knuttila (2011); Jones e Hannem (2018, p.493); Curlew (2019, p.10). Ver também a concepção de Moore (2018) de "durabilidade" como uma medida de pseudonimato. Sobre reputações e gestão de reputação em geral, ver Fine (2001, 2019).

51 Ver Ellsworth-Jones (2012, p.1) sobre Banksy como "famoso, porém desconhecido".

52 Brennan e Pettit (2008, p.192). Ver também Fine (2019) sobre "trabalho de reputação". Em certos casos, uma reputação pode ser alcançada sem um nome de fachada ao se associar explicitamente diversos atos anônimos. Por exemplo, as editoras dão essa reputação aos autores quando anunciam um livro anônimo como "do mesmo autor de" um livro anônimo anterior, o que "cria a relação de filiação sem a necessidade de um nome para fazê-lo" Griffin (1999, p.882).

Por essa razão, depois de estabelecer sua reputação pseudônima, Mary Ann Evans se manteve fortemente comprometida a usar seu pseudônimo George Eliot, que se tornou "um significante para a fonte autoral do texto".[53] Por fim, quando as pessoas agem anonimamente, sempre sabemos que estão ocultando sua identidade pessoal. No entanto, quando atores usam pseudônimos, suas representações de fachada podem enganosamente parecer indicar identidades pessoais válidas ou autênticas em alguns casos, enquanto em outros é possível saber que se trata de representações de fachada.[54]

Sejam genericamente anônimos ou particularmente pseudônimos, os atores criam sentido ao separar suas *performances* encobertas de sua identidade pessoal. Nesse sentido mais essencial, geralmente é difícil distinguir as diferenças entre anonimato e pseudonimato. Por exemplo, enquanto o grafiteiro Banksy alcançou a fama pseudônima, tanto seus fãs quanto seus críticos frequentemente se referem ao seu trabalho como "anônimo". Considere também a resenha de Rachel Cusk sobre *História da menina perdida*, de Elena Ferrante, em que Cusk se refere à autora pseudônima como a "*notoriamente anônima* romancista italiana".[55] Com relação à "especulação sobre autoria" por parte do público, John Mullan escreve: "a distinção entre anonimato e pseudonimato normalmente será indistinta ou mesmo imaterial".[56] Quando comumente confundimos a distinção entre anonimato e pseudonimato, destacamos o fato de que ambos envolvem atuar com uma representação de fachada para envolver um público no mundo.

53 Easley (2004, p.127). Ver também Brennan e Pettit (2008, p.192).

54 Casos em que pseudônimos *não* são conhecidos como um disfarce, e portanto induzem observadores e o público a acreditar erroneamente que a representação de fachada é uma identidade pessoal autêntica, estão mais alinhados com o que Goffman (2002, p.60) chama de "fachada falsa" e Marx (2016, p.158) chama de "movimentos de mascaramento". Estou menos interessado em casos específicos de engano e mais interessado naqueles em que se sabe ou se descobre que o pseudônimo é uma fachada enquanto a identidade pessoal permanece oculta. Ver também Marx (1999, p.101, 108-9) sobre algumas questões éticas levantadas pelo pseudonimato.

55 Cusk (2015, grifo nosso).

56 Mullan (2007, p.6).

Liberdade e restrição na violação da identidade pessoal

Tanto o anonimato quanto o pseudonimato geralmente permitem aos indivíduos um maior grau de liberdade para agir e se expressar.[57] Quando as ações de uma pessoa são cindidas de sua identidade pessoal, ela pode ser "liberta de obrigações, de responsabilidades e das restrições impostas pela culpa, pela vergonha e pelo medo".[58] Também é possível evitar consequências pessoais que provavelmente acompanhariam suas ações, incluindo reprovação moral, alienação social ou processo criminal, bem como elogios e reconhecimento público indesejados. De fato, "o anonimato pode certamente permitir aos indivíduos fazer o que não poderiam fazer sem ele e pode até mesmo encorajar indivíduos a fazer o que não *fariam* sem ele".[59] Essa liberdade expandida de ação é retratada alegoricamente quando o Ulisses de Homero escapa do ciclope Polifemo. Depois de Polifemo beber uma quantidade de vinho que o debilitou, Ulisses diz: "Ó Ciclope, perguntaste como é o meu nome famoso. Vou dizer-te [...]. Ninguém é como me chamo. Ninguém chamam-me a minha mãe, o meu pai, e todos os meus companheiros". Quando Odisseu cega o ciclope, Polifemo grita: "Ó amigos, Ninguém me mata pelo dolo e pela violência!" Portanto, quando os outros ciclopes ouvem os gritos de socorro de Polifemo, acreditam que ele está bêbado e delirando. Ao responder a Polifemo com um pseudônimo, que é ao mesmo tempo um nome de fachada inteligente e tão genérico que não é nome nenhum, Ulisses evita as consequências de seu ataque. Ele adquire uma habilidade de agir e fugir que do contrário seria impossível.[60] Membros da rede de

---

57 Simmel ([1903] 1950) foi o primeiro a observar que a liberdade é uma característica do anonimato que marca a vida nas grandes cidades. Ver também Grazian (2008, p.5-13).

58 Zimbardo (1969, p.248).

59 Ponesse (2014, p.312, grifo do autor). Ver também Brennan e Pettit (2008, p.185, 192); Curlew (2019).

60 Homero, *Odisseia*, Canto IX (2018, p.326). De forma semelhante, um conhecido *troll* dos primórdios da internet adotou o nome "Netochka Nezvanova" de um romance de Dostoievski, nome que "significa 'um ninguém sem nome'" (Coleman, 2014, p.39).

hackers Anonymous (que também é tanto um pseudônimo quanto um não nome) conseguem alcançar uma fachada genérica semelhante em suas ações e comunicações públicas, o que fomenta a liberdade de atacar forças poderosas e violar a lei. Da mesma forma, quando alguém envia uma carta de amor ou uma ameaça de morte não assinada, esse indivíduo está tipicamente exercendo uma liberdade de expressão que do contrário não exerceria.[61]

Como Charles Horton Cooley, George Herbert Mead e outros afirmaram, uma parte essencial da nossa experiência do eu e da identidade pessoal envolve nossa capacidade de adotar a perspectiva dos outros e, assim, ver-nos refletidos em seus pontos de vista enquanto interagimos com eles. Nossa visão de quem somos e nossa compreensão de como devemos nos comportar tomam forma em meio à interação social, moldada por nossas relações com outros que impõem as expectativas e valores das comunidades nas quais estamos situados.[62] Agir anonimamente ou pseudonimamente permite aos indivíduos evitar essas forças sociais – para fugir temporariamente do reconhecimento interativo e das normas comunitárias que definem e do contrário restringem seu comportamento. Atores anônimos geralmente veem as expressões, reações e avaliações dos outros com quem interagem; contudo, em vez de verem os outros voltados para seus eus pessoais, eles os veem voltados apenas para suas representações de fachada. Assim, ao usar uma representação de fachada no lugar da identidade pessoal, atores anônimos se libertam do "cruzamento de olhares" normativo que obriga *pessoalmente* os indivíduos a *se subordinarem* a uma ordem social e moral compartilhada.[63]

---

61 Ver, por exemplo, o blog Anonymous Love Letters, que contém vários exemplos de diferentes tipos (https://anonymousloveletters.wordpress.com/). Sobre cartas anônimas que transmitem ameaças diversas, ver Thompson ([1975] 2011).

62 Cooley (1902); Mead ([1934] 2015). Ver também Perinbanayagam (1991); Athens (1994); Wiley (1994); Ruiz-Junco (2017).

63 Schütz (1979e, p.187). Ver também Schwalbe ([2008] 2015) e Schwalbe e Mischke (2021) sobre "redes de responsabilização". Ver também o trabalho de Zimbardo (1969) que associa o anonimato à "desindividuação". Ver também Wallace (1999, p.31), que afirma que "o anonimato sempre levanta a questão

Eles são libertos do peso das avaliações e dos julgamentos dos outros precisamente porque os outros agora estão apenas vendo e avaliando suas representações de fachada.

Por exemplo, no caso dos fóruns de redes sociais nos quais os participantes permanecem anônimos, Abigail E. Curlew mostra como os indivíduos "executam apresentações de sua identidade que não gostariam que fossem associadas à sua reputação geral". O anonimato, argumenta Curlew, cria condições para uma "performatividade indisciplinada" ao minar "o impacto das normas socioculturais na formação do comportamento do usuário".[64] A "dissociação entre o conteúdo gerado pelo usuário e o senso geral de si de um ator social" permite "a liberdade de postar sem responsabilização do usuário".[65] Essa dissociação performativa da identidade pessoal também pode ser reforçada pela distância geográfica, como quando as pessoas ficam *incógnitas* durante as férias, suspendendo temporariamente as pressões e restrições de sua identidade doméstica cotidiana e fugindo dela. Esses indivíduos "usam longas distâncias para conscientemente classificar e separar identidades" e "viajar para um espaço limitado onde podem se entregar a certos aspectos do eu e depois voltar para casa, na esperança de que não haja nenhuma sobreposição".[66] Assim, viajar pode permitir uma "atividade relativamente anônima".[67] No entanto, ao fugir do reconhecimento interativo que do contrário os responsabilizaria por certos padrões normativos, os atores anônimos nunca são

da responsabilização", e Ponesse (2013), que comenta que o anonimato torna "mais fácil nos distanciarmos dos laços sociais predominantes" (p.342) e que alguns atores anônimos buscam "evitar [...] a responsabilização que normalmente levaria uma pessoa a se sentir envergonhada" (p.322n6). Ver também Kiesler, Siegel e McGuire (1984, p.1126), que estiveram entre os primeiros a explorar a desindividuação nas comunicações mediadas por computador.

64 Curlew (2019, p.6, 7). Em sua discussão sobre segredos e sociedades secretas, Simmel (1950c, p.374) aponta que "o disfarce da pessoa suspende toda responsabilidade".

65 Curlew (2019, p.3, 8).

66 Stein (2019, p.137). Ver também Marx (1999, p.105).

67 Goffman (2004, p.87).

verdadeiramente "indisciplinados" porque nunca estão totalmente descolados das forças sociais e culturais.[68] Na verdade, geralmente despertam sentimentos, ideologias e perspectivas que são reprimidos em muitos contextos e comunidades porém são enraizados, e até mesmo expressados livre e abertamente, em outros. Tanto o anonimato quanto o pseudonimato podem permitir que tais sentimentos reprimidos e ideologias subjacentes venham à tona em momentos e lugares em que as pressões sociais normalmente os sufocariam.

Embora o anonimato normalmente permita aos atores um maior grau de liberdade performativa, essa liberdade pode existir em tensão com diferentes formas de restrição social enraizadas nas formas como os outros responsabilizam atores anônimos e pseudônimos por suas *performances*. Por um lado, atores anônimos podem ter de responder a outros que estão cientes de sua identidade pessoal enquanto agem anonimamente. Por exemplo, executivos corporativos que atuam sob a fachada de uma empresa podem ser anônimos para as pessoas no geral, mas dever explicações ao conselho diretor. Em outras situações, aqueles que atuam anonimamente em conjunto, como uma "equipe de *performance*" anônima,[69] muitas vezes se mantêm uns aos outros sob controle. Quando os membros da Ku Klux Klan vestem capuzes e túnicas, eles podem ser anônimos para suas vítimas e para as pessoas no geral, mas permanecem cientes da identidade pessoal uns dos outros e estão subordinados às expectativas normativas do grupo.

Por outro lado, uma forma particular de restrição social cresce assim que os atores assumem um perfil de personagem pseudônimo e estabelecem uma reputação.[70] Quando os detetives reconhecem um padrão em atividades criminosas que do contrário são anônimas, eles associam vários crimes a um criminoso. Como nos

68 Cf. Curlew (2019, p.11-2).

69 Goffman (1959, p.79, 77-105).

70 Cf. Wallace (1999, p.24) sobre sustentabilidade. Ver Moore (2018, p.176-7) sobre durabilidade.

casos de muitos assassinos em série, pode-se então atribuir um pseudônimo ao criminoso (como Jack, o Estripador, Filho de Sam, Assassino do Zodíaco ou Estrangulador BTK).[71] Detetives podem então induzir os atributos pessoais de um criminoso e começar a prever seu próximo passo – um processo profissional conhecido como "definição de perfil" (*profiling*) que requer a construção de um personagem pseudônimo ao qual podem ser atribuídos motivo, estilo, tendência e outras qualidades particulares, até mesmo histórico pessoal. A definição de perfil restringe a liberdade do assassino de agir e se expressar à medida que ele se torna mais reconhecível e previsível em virtude do personagem pseudônimo que estabeleceu em sua associação com suas vítimas e seu público. O ator fica ainda mais limitado se for parte de sua motivação construir uma reputação pseudônima consistente ou transmitir uma mensagem coerente (como no caso do ator anônimo apelidado de "Unabomber", que mais tarde foi exposto como sendo Theodore "Ted" Kaczynski). Além do universo do crime, muitos outros, incluindo escritores e artistas, criam personagens pseudônimos que permitem certa liberdade de expressão mas que também se tornam mais restritivos à medida que o público cria expectativas de *performance* em relação ao ator pseudônimo.

Por fim, os membros de fóruns e comunidades anônimos ou pseudônimos geralmente policiam o comportamento dos outros membros. Eles exigem "subordinação comunicativa" a seu próprio sistema de normas e valores,[72] sobretudo no que concerne à proibição de revelar identidades pessoais. Em cenários pseudônimos, a reputação pseudônima de alguém proporciona um "incentivo de apreço [particularmente forte] para se comportar de acordo com os valores predominantes",[73] uma forma de controle social que é bastante semelhante às maneiras como os grupos normalmente subordinam indivíduos pessoalmente identificáveis aos padrões de

71 Ver também Marx (1999, p.101).
72 Moore (2018, p.176). Ver também Brennan e Pettit (2008).
73 Brennan e Pettit (2008, p.177).

comportamento do grupo. Em todos esses casos, as liberdades resultantes da atuação que viola a identidade pessoal coexistem com diversas forças de controle e restrição social.

O exibicionista e o *voyeur*: anonimato e controle de informações

Considerando a dinâmica de controle de informações,[74] atores anônimos adotam as características formais do *exibicionismo controlado* e do *voyeurismo oculto*. No que diz respeito ao exibicionismo controlado, atores anônimos revelam aspectos limitados e focados de seus pensamentos, ações e sentimentos de forma controlada e geralmente provocadora. Ao mesmo tempo que o anonimato envolve "um exercício específico de controle, no qual informações verdadeiras sobre uma pessoa são ocultadas de outras pessoas",[75] ele também fomenta a exposição social de visões, comportamentos e sentimentos que do contrário provavelmente permaneceriam ocultos. Enquanto alguns podem agir como "exibicionistas irracionais" e outros mais como "*strippers* experientes",[76] agentes anônimos expõem partes de si que normalmente não o fazem. Esse caráter exibicionista do anonimato é um fator importante que o distingue da privacidade.[77] Tanto a privacidade quanto o anonimato exigem limites rígidos em torno das informações pessoais. No entanto, a privacidade consiste em manter algo oculto, ao passo que o anonimato consiste em expor algo de forma controlada e dramática.

---

74 Sobre controle da informação, ver Goffman (1959, 1963, 1969); Karp (1973); Zerubavel (1982). Ver também Marx (1999, p.100); Ponesse (2013, p.324-7).

75 Ponesse (2013, p.323).

76 Boxer (2005).

77 Ver também a discussão de Moore (2018, p.181), onde ele reconhece "o valor do anonimato" não apenas "como um meio de privacidade", mas também "como um meio de publicidade". Sobre a distinção entre anonimato e privacidade, ver também Ponesse (2013, p.329-32; 2014, p.310-2), onde ela argumenta contra uma "visão reducionista" postulada por aqueles "que visam reduzir o anonimato a outros conceitos", como "privacidade, liberdade e autonomia, segurança e proteção, e sigilo" (2014, p.305).

Essa característica do exibicionismo controlado traz consigo o risco de divulgação indesejada – de revelar demais no processo de interpretação do papel anônimo.[78] Por exemplo, tentativas de membros encapuzados da Ku Klux Klan de permanecerem anônimos às vezes eram frustradas quando suas vítimas os reconheciam por terem usado o vestido da esposa como túnicas, montado cavalos peculiares ou não terem disfarçado a voz.[79] Da mesma forma, durante o carnaval veneziano do século XVIII, "as máscaras nem sempre disfarçavam [...]. Os vizinhos [...] reconheciam os atributos de um jeito de andar, a altura e a constituição de um corpo, o som de uma voz".[80] Pessoas que agem anonimamente online podem ser traídas pelo endereço IP quando autoridades ou *hackers* vinculam essa informação à sua identidade pessoal.[81] Revisores anônimos que trabalham para periódicos acadêmicos podem revelar acidentalmente sua identidade ao expressar opiniões fortes ou fazer referência direta a seu próprio trabalho publicado. Apesar de suas tentativas cuidadosas de ocultar dados de identificação, muitos atores anônimos "podem deixar pistas sobre aspectos de si" no processo.[82] Ao mesmo tempo, o público é geralmente bastante sensível a pistas sobre a identidade pessoal de atores anônimos. Administrar as tensões do exibicionismo controlado, que envolve

78 Esse deslize de informações está relacionado a um fenômeno que Goffman (1959) chama de "transmitir" uma impressão que se pode não pretender dar. Ver também Marx (1999, p.101) sobre "o vazamento incontrolável de algumas informações", que ele vê como "uma condição da existência física e social". A ideia de que indivíduos protegidos comunicam inconscientemente informações confidenciais também é uma característica essencial da psicanálise.

79 Parsons (2005, p.825; 2015, p.91); Fry ([1975] 2001, p.133-4).

80 Johnson (2011, loc.3835).

81 O processo de usar um endereço IP para revelar a identidade pessoal de um usuário de computador ilustra a dimensão da "rastreabilidade" discutida por Moore (2018, p.175), e originalmente por Froomkin (1995; 2003, p.9-15), em relação ao anonimato e ao pseudonimato online. Para casos interessantes, ver Knibbs (2015); Grygiel (2014). Ver também Harcourt (2015, p.273) para um caso em que o FBI obteve os endereços IP de indivíduos que usavam Tor, um navegador supostamente anônimo. Ver também Newman (2014).

82 Marx (2016, p.104).

preservar cuidadosamente um equilíbrio ideal entre exposição e ocultação, é crucial para uma *performance* anônima bem-sucedida.

Com relação ao voyeurismo oculto, atores anônimos podem assistir às consequências de suas *performances* e revelações a partir de um ponto de vista protegido, muitas vezes escondidos à vista de todos. Eles podem ver sem *serem vistos* ou *serem reconhecidos* como a pessoa específica por trás do ato anônimo. Por exemplo, quando o diretor do FBI James Comey atuou com os nomes de usuário @projectexile7 e, mais tarde, @FormerBu no Twitter, ambos associados ao pseudônimo "Reinhold Niebuhr", ele conseguiu vivenciar interações e trocas online sem ser visto e reconhecido como James Comey.[83] Da mesma forma, quando autores populares como Stephen King e J.K. Rowling publicam sob pseudônimos (Richard Bachman e Robert Galbraith, respectivamente) para garantir que a recepção de seus trabalhos mais recentes não seja influenciada por suas reputações pessoais estabelecidas, eles podem observar as reações do público ao seu trabalho de novas maneiras. De forma semelhante, as parábolas do profeta Elias visitando casas vestido como um mendigo ou de Jesus caminhando sem ser reconhecido entre seus discípulos após sua crucificação e ressurreição destacam como atuar usando uma representação de fachada genérica e anonimizadora (mendigo ou estranho) pode permitir a alguém ver sem ser pessoalmente identificado como aquele que vê e testemunhar comportamentos que talvez não presenciasse caso sua identidade pessoal estivesse patente.[84] Reivindicando e expressando essa dinâmica voyeurística de uma forma estranha e assustadora, um indivíduo assediou uma família depois que ela comprou uma casa em Westfield, Nova Jersey, deixando bilhetes ameaçadores em sua caixa de correio assinados como "The Watcher" [O Observador].[85] Seja nas ruas movimentadas de grandes cidades onde alguém

83 Wolf (2017).

84 Ver Lucas 24:13-35 (Nova Versão Internacional).

85 Wiedeman (2018); Hauser e Zraick (2019).

observa os outros enquanto se mistura anonimamente à multidão,[86] em um contexto interpessoal em que alguém usa uma máscara, por meio de interações e trocas pseudônimas nas redes sociais ou em algum outro caso,[87] esse voyeurismo oculto permite aos atores observarem os outros sem serem pessoalmente reconhecidos.

Como muitas vezes fomenta uma perspectiva ou ponto de vista tão voyeurístico, o anonimato pode propiciar aos atores o benefício de ver o que eles do contrário não veriam. Consequentemente, cria um risco de alguém obter informações perturbadoras – de alguém ver algo que não necessariamente gosta de ver. Voltando ao caso da carta de amor anônima, quando o destinatário está especulando com uma amiga próxima sobre quem pode ser o autor da carta, essa amiga pode na verdade ser ela própria a autora, aproveitando secretamente a capacidade de observar a recepção de sua carta. No entanto, ela também corre o risco de testemunhar o destinatário (que não sabe que o autor está na verdade presente) zombando, menosprezando ou rejeitando-a livremente. Nesse sentido, atores anônimos podem vivenciar a percepção voyeurística inquietante a que têm acesso indivíduos que se passam por membros de outro grupo, que ficam "atento[s] para ouvir o que os outros 'realmente' pensam sobre o tipo de pessoas a que ele[s] pertence[m]".[88] De forma semelhante, quando empregadores adotam pseudônimos e se disfarçam de funcionários de suas próprias empresas na série de televisão *Undercover Boss*, da CBS, eles frequentemente obtêm informações sobre as perspectivas e práticas de seus funcionários que consideram perturbadoras.

Dada essa característica do voyeurismo oculto, podemos considerar o anonimato não apenas como um modo de evitar a vigilância, mas também como um meio importante de vigiar os outros. Como comenta Michel Foucault em relação à prisão panóptica de Jeremy

86 Ver Adut (2018, p.150) sobre o ato de ser um espectador e a vocação do *flâneur*. A prática de envolver o público teatral na escuridão (introduzida por Richard Wagner) ou de fornecer máscaras ao público (como na produção teatral contemporânea *Sleep No More*) também cria esse efeito.

87 Cf. Harcourt (2015, p.117, 129); Peterson (2012).

88 Goffman (2004, p.74).

Bentham, na qual os prisioneiros confinados em celas em um anel podem ser constantemente observados por guardas escondidos em uma torre central, trata-se de um meio de "dissociar o par ver--ser visto".[89] Assim como acontece com janelas escuras em automóveis (de policiais e civis) ou viseiras escuras em capacetes de motocicleta, o anonimato oferece uma vantagem voyeurística e pode estabelecer um desequilíbrio de poder centrado no acesso óptico, no controle de informações e no conhecimento.

Por fim, essas características complementares de exibicionismo controlado e voyeurismo oculto normalmente tomam forma em relação a "públicos segmentados" que têm diferentes graus de conhecimento no que tange à identidade pessoal dos atores em questão.[90] Aqueles que têm um conhecimento privilegiado quanto à identidade pessoal de atores anônimos "formam uma espécie de sociedade secreta".[91] Esses *insiders* de identidade são posicionados para permitir a atividade anônima em questão (em alguns casos sendo até diretamente cúmplices na construção da representação de fachada) ou para expor a identidade pessoal dos atores anônimos. Por exemplo, a identidade pessoal do artista Banksy é desconhecida para muitos, mas não para todos, pois o artista tem um círculo íntimo de confidentes e assistentes que sabem muito bem aquilo que os outros desejam saber.[92] Da mesma forma, embora Jonathan Swift tenha publicado *As viagens de Gulliver* anonimamente, "os amigos de Swift sempre estiveram por dentro do 'segredo' de sua autoria".[93] Mulheres muçulmanas do Oriente Médio e do norte da África que usam véu podem ser anônimas para o olhar judaico--cristão ocidental, mas certamente não para suas famílias, comunidades locais e redes pessoais. O piloto de drone que bombardeia um alvo a mais de 10 mil quilômetros de distância pode ser anônimo para suas vítimas e para o público em geral, mas não para seus colegas de

89 Foucault (2021, p.195). Ver também Frois (2009a, p.155).

90 Brennan e Pettit (2008, p.189-91). Ver também Nicoll (2003, p.100); Goffman (1963, p.66-8).

91 Brennan e Pettit (2008, p.189).

92 Ver Ellsworth-Jones (2012, p.155-80) sobre o "time Banksy".

93 Mullan (2007, p.11).

trabalho e sua cadeia de comando. Em cada caso, o ponto de vista do público molda a posição do indivíduo em relação à dinâmica de conhecimento e controle de informações, desempenhando, portanto, um papel vital na definição e experiência de atos anônimos.

Agências impessoais: alguém, qualquer um, todos e ninguém

Enquanto atores anônimos e pseudônimos impedem que seu público vincule ações e expressões a identidades pessoais, eles os levam a compreender e atribuir agência de várias maneiras impessoais. Podemos explorar essas agências impessoais e um tanto amorfas considerando as noções inter-relacionadas de *alguém*, *qualquer um*, *todos* e *ninguém*. Cada uma delas representa uma maneira diferente pela qual o público pode conceituar as forças por trás da ação e da expressão anônimas.[94] Elas apresentam diferentes níveis de relevância para os muitos casos distintos que discuto ao longo deste livro, tomando forma em diferentes graus e em combinações variadas de acordo com o caso ou situação específica em questão.

A noção de *alguém*, simbolizada pelos pseudônimos genéricos "Fulano" e "Fulana",[95] chama nossa atenção para o fato de que uma característica central do anonimato é o *mistério*. O mistério gera

94 Ver Taylor (2022) sobre a agência do público em relação à *performance* social. As noções sinônimas de alguém, qualquer um, todos e ninguém (em inglês, some*body*, any*body*, every*body* e no*body*) chamam nossa atenção para o fato de que o anonimato geralmente envolve a descorporificação ou um mascaramento dos indicadores corporais da identidade pessoal.

95 No original, "John Doe" e "Jane Doe". Essas são as formas adotadas em inglês para se referir a pessoas cuja identidade é desconhecida, sendo empregadas em contextos tanto informais (para se referir a uma pessoa comum) quanto formais, sobretudo no campo do Direito ou até mesmo em prontuários médicos (para tratar de uma pessoa cuja identidade é desconhecida). Em português, não há uma expressão consagrada em uso em ambas as situações. Para a primeira acepção do termo, costuma-se usar termos como "Fulano", "Sicrano", "Beltrano" ou "um qualquer". Já no caso da segunda acepção, a terminologia varia de acordo com o contexto; na Medicina, por exemplo, utiliza-se "pessoa não identificada". (N. T.)

especulação. De fato, atores anônimos e pseudônimos frequentemente levam seu público a se perguntar sobre as identidades pessoais que são obscurecidas.[96] Dado o fascínio do mistério, o público geralmente buscará respostas. Por exemplo, muitos refletiram sobre a identidade do misterioso autor conhecido pelo pseudônimo B. Traven, descrito como "a figura mais indefinida da história da literatura".[97] Da mesma forma, as placas de Toynbee, azulejos coloridos com mensagens enigmáticas semelhantes incrustadas nas ruas de cidades dos Estados Unidos e da América do Sul, inspiraram várias especulações e investigações sobre a identidade misteriosa do artista de guerrilha que os criou e distribuiu.[98] De maneira semelhante, muitos se perguntaram sobre o(s) criador(es) da notável criptomoeda Bitcoin, conhecido(s) apenas pelo pseudônimo Satoshi Nakamoto. Como também evidenciado pela ampla especulação pública sobre a identidade pessoal do denunciante anônimo que expôs o conteúdo do telefonema entre Donald Trump (então presidente dos Estados Unidos) e Volodymyr Zelenskyy (então presidente da Ucrânia) em 25 de julho de 2019 ou a conjectura generalizada sobre quem foi o autor do livro de 2019 *A Warning* [Um alerta], uma suposta exposição da Casa Branca de Trump por um "alto funcionário do governo Trump" não nomeado,[99] atores anônimos cultivam a curiosidade. Em cada caso, os agentes anônimos ou pseudônimos em ação são percebidos por meio de seus produtos ou atividades comunicativas, que servem como representações públicas de *alguéns* misteriosos.

---

96 Em relação ao sigilo, Simmel (1950c, p.333) comenta que geralmente sentimos que "tudo o que é misterioso é de certa forma importante e essencial" e que tendemos a "intensificar o desconhecido por meio da imaginação e prestar atenção a ele com uma ênfase que normalmente não damos à realidade patente".

97 Pearson (2009). Ver também Rohter (1990).

98 Ver http://www.toynbeeidea.com/. Ver também Kilgannon (1999).

99 Anonymous (2019). Observe que a palavra "Anônimo" está impressa de forma ousada e marcante na capa, como se o anonimato da denúncia lhe desse um peso ou valor informativo que, do contrário, não estaria presente. Em 28 de outubro de 2020, Miles Taylor, ex-chefe de gabinete da secretária de Segurança Interna de Trump, Kirstjen Nielsen, revelou ser o autor de *A Warning*.

Tal mistério de identidade pessoal chama nossa atenção para diferenças importantes entre segredo e anonimato. Enquanto o ato de manter um segredo envolve "ocultar informações sobre nós como entidades já conhecidas", agir anonimamente envolve impedir que "informações [que alguém] revelou" sejam vinculadas à identidade pessoal dessa pessoa.[100] Além disso, agir em segredo envolve ocultar o ato em si. Quando agentes da Stasi, da República Democrática Alemã, espionaram cidadãos do país empregando dispositivos de gravação escondidos e informantes, eles usaram o segredo a seu favor, pois estavam presentes, porém todas as evidências de sua presença estavam tipicamente obscurecidas (apesar de uma crescente consciência geral sobre suas atividades). No entanto, quando agentes de contrainteligência do FBI escreveram cartas não assinadas para líderes de movimentos sociais nas décadas de 1960 e 1970, como o dr. Martin Luther King Jr. (Figura 2), eles usaram o anonimato para cultivar instabilidade política e gerar desordem social.[101] Como os escritores de cartas anônimas de ameaça na Inglaterra do século XVIII[102] ou como o terrorista Unabomber dos Estados Unidos do final do século XX,[103] os agentes do FBI cultivaram um mistério preocupante. Embora o sigilo possa ser ideal para a espionagem, eles usaram o anonimato para criar uma atmosfera de suspeita e especulação a fim de fomentar a paranoia e, assim, "modificar a conduta do adversário".[104] Afinal, uma carta anônima de ameaça deve ter vindo de alguém mal-intencionado. Mas quem?[105]

---

100 Tverdek (2008, p.205). Alguns estudiosos afirmam que votar é uma forma de discurso anônimo nos Estados Unidos. Votar, na verdade, combina aspectos de anonimato e sigilo. Estamos protegidos no sentido de que os outros não saberão *como* votamos (ou *em quem* votamos), mas o fato de termos (ou não) votado, pessoalmente e legalmente, é uma informação pública.

101 Ver Churchill e Vander Wall (1990); Glick (1989).

102 Thompson ([1975] 2011).

103 No fim, revelou-se que o terrorista considerado o "Unabomber" era Theodore "Ted" Kaczynski.

104 Scott (2013, p.211). Ver também Ponesse (2014, p.313-6) para uma discussão sobre o anonimato em relação ao sigilo, à fraude e à ocultação.

105 De acordo com as lembranças daqueles que estavam presentes no momento em que King recebeu a carta anônima reproduzida na Figura 2, havia uma especula-

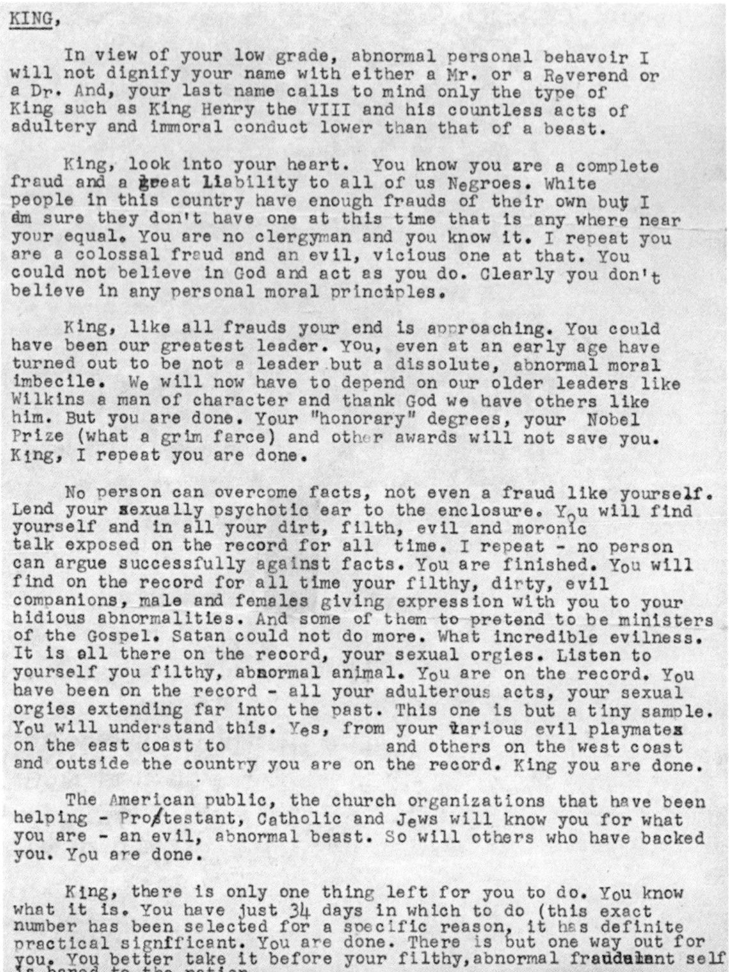

KING,

In view of your low grade, abnormal personal behavoir I will not dignify your name with either a Mr. or a Reverend or a Dr. And, your last name calls to mind only the type of King such as King Henry the VIII and his countless acts of adultery and immoral conduct lower than that of a beast.

King, look into your heart. You know you are a complete fraud and a great liability to all of us Negroes. White people in this country have enough frauds of their own but I am sure they don't have one at this time that is any where near your equal. You are no clergyman and you know it. I repeat you are a colossal fraud and an evil, vicious one at that. You could not believe in God and act as you do. Clearly you don't believe in any personal moral principles.

King, like all frauds your end is approaching. You could have been our greatest leader. You, even at an early age have turned out to be not a leader but a dissolute, abnormal moral imbecile. We will now have to depend on our older leaders like Wilkins a man of character and thank God we have others like him. But you are done. Your "honorary" degrees, your Nobel Prize (what a grim farce) and other awards will not save you. King, I repeat you are done.

No person can overcome facts, not even a fraud like yourself. Lend your sexually psychotic ear to the enclosure. You will find yourself and in all your dirt, filth, evil and moronic talk exposed on the record for all time. I repeat - no person can argue successfully against facts. You are finished. You will find on the record for all time your filthy, dirty, evil companions, male and females giving expression with you to your hidious abnormalities. And some of them to pretend to be ministers of the Gospel. Satan could not do more. What incredible evilness. It is all there on the record, your sexual orgies. Listen to yourself you filthy, abnormal animal. You are on the record. You have been on the record - all your adulterous acts, your sexual orgies extending far into the past. This one is but a tiny sample. You will understand this. Yes, from your various evil playmates on the east coast to and others on the west coast and outside the country you are on the record. King you are done.

The American public, the church organizations that have been helping - Protestant, Catholic and Jews will know you for what you are - an evil, abnormal beast. So will others who have backed you. You are done.

King, there is only one thing left for you to do. You know what it is. You have just 34 days in which to do (this exact number has been selected for a specific reason, it has definite practical signficant. You are done. There is but one way out for you. You better take it before your filthy, abnormal fraudulant self is bared to the nation.

Figura 2. Carta anônima enviada ao dr. Martin Luther King Jr., redigida e entregue secretamente por agentes do Programa de Contrainteligência do FBI (domínio público).[106]

ção geral de que a carta devia ter sido enviada pelo FBI. É claro que, como a carta era anônima, sua fonte não pôde ser comprovada na época. Ver Gage (2014).

106 KING,

Em vista de sua baixa classe, comportamento pessoal anormal, não vou dignificar seu nome nem com um Sr., nem com um Reverendo, nem com um

Em geral, a "comunicação escrita" pode ser caracterizada por uma "mistura de determinação e ambiguidade" e uma "pluralidade

---

Dr. E seu sobrenome evoca apenas o tipo de Rei como o Rei Henrique VIII e seus inúmeros atos de adultério e conduta imoral, mais baixa que a de uma besta.
King, olhe para dentro do seu coração. Você sabe que é uma fraude completa e um grande fardo para todos nós, Negros. Os brancos neste país já têm fraudes suficientes, mas tenho certeza de que não têm nenhuma neste momento que chegue perto de se igualar a você. Você não é um clérigo e sabe disso. Repito, você é uma fraude colossal e, ainda por cima, uma fraude maligna e perversa. Você não poderia acreditar em Deus e agir como age. Claramente, você não acredita em nenhum princípio moral.
King, como o de todas as fraudes, seu fim se aproxima. Você poderia ter sido nosso maior líder. Você, mesmo em tenra idade, revelou-se não um líder, mas um imbecil moral, dissoluto e anormal. Teremos agora que depender de nossos líderes mais velhos, como [Roy] Wilkins, um homem de caráter, e graças a Deus temos outros como ele. Mas você está acabado. Seus diplomas "honorários", seu Prêmio Nobel (que farsa sombria) e outras premiações não o salvarão. King, repito, você está acabado.
Ninguém pode superar os fatos, nem mesmo uma fraude como você. Empreste seu ouvido sexualmente psicótico ao anexo. Você se encontrará, com toda a sua sujeira, imundície, maldade e conversa imbecil, exposto na gravação para todo o sempre. Repito: ninguém pode argumentar com sucesso contra os fatos. Você está liquidado. Você encontrará na gravação, para todo o sempre, seus companheiros imundos, sujos e perversos, homens e mulheres, expressando com você suas anormalidades hediondas. E alguns deles fingem ser ministros do Evangelho. Satanás não poderia fazer mais. Que maldade incrível. Está tudo lá na gravação, suas orgias sexuais. Ouça a si mesmo, seu animal imundo e anormal. Você está na gravação. Você tem estado na gravação — todos os seus atos de adultério, suas orgias sexuais que se estendem por um longo passado. Esta é apenas uma pequena amostra. Você entenderá isso. Sim, desde seus vários parceiros perversos na costa leste até [redigido][a] e outros na costa oeste e fora do país, você está na gravação. King, você está acabado.
O público americano, as organizações religiosas que o ajudaram — protestantes, católicos e judeus — saberão quem você é: uma besta maligna e anormal. Assim como os outros que o apoiaram. Você está acabado.
King, só lhe resta uma coisa a fazer. Você sabe o que é. Você tem apenas 34 dias para fazê-lo (este número exato foi escolhido por uma razão específica, ele tem um significado prático e definido). Você está acabado. Só existe uma saída para você. É melhor que você a aceite antes que seu eu imundo, anormal e fraudulento seja exposto à nação. (N. T.)

de interpretações possíveis".[107] Mesmo quando autores são nomeados, construímos esse "ser" do autor ao imputar imaginativamente características ao seu ser de acordo com certas normas sociais e culturais vinculadas ao seu campo.[108] No entanto, a gama de interpretações possíveis ao leitor de qualquer comunicação escrita aumenta imediatamente quando a identidade pessoal do escritor é oculta. A própria forma de qualquer correspondência anônima (seja uma carta de amor, uma ameaça de morte ou um bilhete passivo-agressivo deixado no carro de alguém) exige que o destinatário atribua a autoria a um *alguém* descorporificado e impessoal. Essa misteriosa *alguenidade*[109] da comunicação é característica de muitas interações e relacionamentos online, em que a representação de fachada de um ator assume a forma de um nome de usuário pseudônimo, um avatar ou simplesmente um texto anônimo em uma interação.[110] Independentemente de quais possam ser os objetivos de um ator, o caráter descorporificado das mídias digitais tornou a comunicação anônima e pseudônima mais facilmente alcançável e muito mais corriqueira. Contudo, todas as tecnologias que facilitam a comunicação à distância, começando com o advento da linguagem escrita (que pode ser deixada em uma parede, registrada em um livro e armazenada por muito tempo ou entregue por um terceiro – humano ou animal) e passando pelo telégrafo e pelo telefone (muito antes do nascimento da tecnologia da internet),

107 Simmel (1950c, p.352-4). Ver também Auerbach (2015b) sobre a importância do discurso escrito para o anonimato em fóruns online.

108 Foucault (2001, p.276).

109 No original, *someoneness*. O autor acrescenta o sufixo *-ness* aos pronomes *someone*, *anyone*, *everyone* e *no one*, criando os termos *someoneness*, *anyoneness*, *everyoneness* e *no oneness*, para se referir ao estado, condição ou qualidade de ser "alguém", "qualquer um" e "todos". Em português, optou-se pelo sufixo "-dade", que transmite as mesmas ideias, criando, portanto, os substantivos "alguenidade", "qualquer um-dade", "todosidade" e "ninguenidade". (N. T.)

110 Em uma análise inicial visionária do impacto sociopsicológico da comunicação mediada por computador, Kiesler, Siegel e McGuire (1984, p.1126) observam que o caráter impessoal da "comunicação via computador" induz os usuários a "redirecionar a atenção dos outros para a própria mensagem".

permitiram mais possibilidades de comunicação anônima (descorporificada, sem nome, sem rosto) e, portanto, misteriosa.

A noção de *alguém* chama nossa atenção para o mistério da agência anônima, ao passo que a noção de *qualquer um* evoca a impessoalidade e a intercambialidade no cerne de várias interações e relações anônimas.[111] Em um nível fundamental, "o anonimato resulta de haver uma multiplicidade de pessoas com as quais a pessoa anônima pode ser confundida", o que "permite que ela possa ser uma outra pessoa, ou mesmo qualquer outra pessoa, sendo, portanto, intercambiável com todos aqueles sobre os quais [certas] informações podem ser verdadeiras".[112] Essa noção é crucial para o que o filósofo Maurice Natanson chama de "ego transcendental anônimo", pois nossas ações e objetivos individuais, embora aparentemente pessoais, geralmente não são verdadeiramente singulares, mas sim formulaicos, socialmente estruturados e, portanto, compartilhados com muitos outros atores sociais situados de maneira semelhante.[113] Assim, a noção de *qualquer um* é expressa no anonimato de atos sociais, papéis sociais e tipos sociais genéricos. Não importa quem produz a comida que como; pode ser qualquer um. Não importa qual pessoa em particular processa meu pagamento, contanto que eu receba o dinheiro. A qualidade de *qualquer um-dade* do anonimato contrasta com o caráter pessoal de nossas relações sociais mais íntimas, baseadas na identidade pessoal singular daqueles em nossos círculos sociais próximos. Nesse sentido, também podemos considerar o anonimato como a antítese da celebridade e da fama pessoal convencionais, especialmente na medida em que a celebridade e a

111 Tanto Simmel ([1903] 1950, 1950b) quanto Weber ([1922] 1978) destacaram explicitamente essa impessoalidade e intercambialidade como características-chave das relações sociais modernas, especialmente no que diz respeito às economias de mercado e burocracias modernas. Ver também Parsons ([1951] 1991, p.38-44) sobre o particularismo das relações expressivas e o universalismo das relações instrumentais. Ver também Zerubavel (no prelo) sobre impessoalidade e intercambialidade.

112 Ponesse (2013, p.331, 332).

113 Natanson (1986, p.140).

fama fomentam a obsessão pública com as características únicas e definidoras da personalidade do indivíduo famoso.[114] Quando celebridades e políticos do alto escalão andam incógnitos em meio à população comum, eles usam disfarces e ocultações, ou simplesmente contam com a falta de reconhecimento, para serem temporariamente qualquer um.[115] Essas interações disfarçadas substituem identidades pessoais altamente marcadas por modos genéricos de ser não marcados, permitindo a indivíduos famosos vivenciar e observar o mundo ao seu redor a partir de uma perspectiva que muitas vezes é impossível, devido ao *status* que carregam quando sua identidade pessoal é exposta.

Essa característica de *qualquer um* é o que permite o anonimato imposto por muitos empregos e ocupações (e vivenciado neles). Por exemplo, podemos ver alguém que encontramos como um carteiro, um policial ou um enfermeiro. Enquanto tais indivíduos vestem o traje e desempenham as funções associadas a esses papéis, sua identidade pessoal permanece secundária ou mesmo insignificante para suas interações em suas respectivas posições profissionais.[116] Essa noção de *qualquer um* também é uma parte essencial da lógica por trás de procedimentos de amostragem e pesquisa aleatórias nas ciências sociais, e o motivo pelo qual se considera que a proteção do anonimato dos sujeitos de tal pesquisa melhora, ao invés de piorar, a qualidade geral e o caráter das descobertas, que devem ser genéricas e impessoais. Qualquer pessoa que se encaixe nos parâmetros genéricos de uma população de interesse pode responder às perguntas, e os resultados demonstrarão algo sobre a população em estudo.

---

114 Ver Coleman (2014, p.46-9) sobre o anonimato como contraponto à celebridade em relação à ética da rede de *hackers* Anonymous. Como Goffman (2004, p.61) observa, para o indivíduo famoso "são cada vez mais numerosos os atos assimiláveis à biografia como acontecimentos dignos de atenção".

115 Johnson (2011, loc. 947-78) relata que "chefes de Estado mascarados" viajavam "'incógnitos' com suas imensas comitivas mascaradas" na Veneza do século XVIII. O califa Harun al-Rashid, dos séculos VIII/IX, foi retratado viajando incógnito entre os plebeus de Bagdá em uma história popular da coletânea intitulada *As mil e uma noites*.

116 Ver Schütz ([1932] 1967, p.185); Natanson (1986, p.21).

A identidade pessoal não é simplesmente irrelevante, mas explicitamente excluída para que não interfira nesses resultados. Embora a qualquer um-dade do anonimato chame nossa atenção para as posições estruturais impessoais que as pessoas ocupam em sistemas sociais, tal característica também é fundamental para as histórias que criamos e contamos. Embora personagens especificamente nomeados sejam normalmente muito importantes para o conteúdo de uma história, esses personagens específicos são baseados em modelos e tipos que servem como tijolos de enredos comuns e fórmulas genéricas de histórias.[117] Esses personagens-tipo roteirizados podem ser preenchidos por qualquer um que assuma o papel, um fenômeno que fica particularmente evidente no que diz respeito a personagens secundários e figurantes em filmes.

A qualquer um-dade do anonimato proporciona um *nivelamento social* porque, como seres intercambiáveis, os indivíduos são vistos como basicamente iguais. Alguns consideraram esse efeito de nivelamento vital para deliberações públicas e interações civis. Usando a metáfora da máscara e descrevendo interações mascaradas como "a essência da civilidade", Richard Sennett afirma que "[as] máscaras permitem a sociabilidade pura, separada das circunstâncias do poder, do mal-estar e do sentimento privado daqueles que as usam". Para Sennett, as características da identidade pessoal ("personalidade") devem ser deixadas de fora da vida pública moderna, e o engajamento cívico deve ser fundamentalmente impessoal.[118] Portanto, qualquer um pode participar, e é o peso de suas ideias e contribuições que importa, não seus atributos pessoais. A partir dessa ideia básica, Alfred Moore afirma que "a comunicação pseudônima pode permitir o encontro de estranhos sob termos de impessoalidade estruturada". Embora os pseudônimos em fóruns online permitam aos participantes ser responsabilizados por suas ações e comunicações ao longo do tempo, eles também os despojam de outros marcadores de *status* e os libertam para falar sem medo

117 Ver DeGloma (2014a, p.127-49).

118 Sennett (1974, p.264, 265).

de repercussões que extrapolem aquele espaço deliberativo específico.[119] Tal nivelamento social fundamenta o princípio democrático de "uma pessoa, um voto" e a ideia, por mais que seja realmente impedida pelas realidades da desigualdade social, de que qualquer um pode concorrer a um cargo político em uma sociedade democrática.

A partir dos traços característicos de *alguém* e de *qualquer um*, a noção de *todos* evoca uma massa coletiva e um anonimato que aspira à universalidade. Com tal arcabouço, a propriedade e o crédito por atos anônimos podem ser compartilhados por todos. A esse respeito, Virginia Woolf descreveu a autoria anônima pré-moderna como uma expressão da "voz coletiva cantando na rua".[120] Da mesma forma, "a grande maioria" das cartas anônimas de ameaça escritas por atores lesados e dissidentes políticos na Inglaterra do século XVIII usava "o pronome coletivo 'nós'", permitindo a autores individuais enquadrar seus atos como a expressão do "senso comum de injustiça dos pobres como um todo [...]; não a queixa pessoal, mas a coletiva".[121] As passagens anônimas do Talmud babilônico também dão a esse texto religioso uma voz coletiva e um senso de pertencimento a "todos",[122] assim como a autoria anônima de *A vida impessoal*, livro cristão de 1914.[123] Tal arcabouço de atribuição pode ser usado para criar a aparência de consenso generalizado (unanimidade) ou apoio em massa sem nomear indivíduos específicos, como quando um político se refere constantemente ao anônimo "muitas pessoas" para indicar aprovação popular para uma política ou quando um falante se refere explicitamente ao anônimo "todos" para embasar um argumento (como em "todos estão dizendo...").

Além disso, a *todosidade* do anonimato reforça a homogeneidade e obscurece as diferenças, como quando os ladrões mascarados, encapuzados e uniformizados da série de televisão espanhola *La*

119 Moore (2018, p.183).
120 Woolf (2024, p.25).
121 Thompson ([1975] 2011, p.273).
122 Eisen (2013, p.115-6).
123 A autoria foi posteriormente atribuída a Joseph S. Benner.

casa de papel (Netflix) forçam seus reféns a usar os mesmos macacões vermelhos e as mesmas máscaras de Salvador Dalí que eles estão usando para cometer o crime, usando uma representação de fachada uniforme para misturar criminosos e reféns em uma massa homogênea, tornando praticamente impossível para as autoridades saberem quem é quem. Ademais, a noção de *todos* lança luzes sobre um aspecto fundamental do anonimato, pois é usada por alguns ativistas mascarados para acentuar o caráter de massa de seu movimento e o apoio em massa a suas ações e objetivos. A rede de *hackers* que se denomina Anonymous articula essa característica do anonimato quando afirma: "Somos todos e não somos ninguém".[124] Da mesma forma, Rorschach, o vilão mascarado de *Watchmen*, série de 2019 da HBO baseada na *graphic novel* homônima de Alan Moore e Dave Gibbons, afirma, em referência ao seu movimento mascarado, a Sétima Kavalaria: "Não somos ninguém. Somos todos. Somos invisíveis".[125] As máscaras usadas pelo movimento zapatista do sul do México também levam em consideração o sentimento de "somos todos zapatistas".[126] Essa massa anônima também é capturada na teoria e propaganda comunistas que se referem aos interesses e à vontade das "massas" ou dos "trabalhadores" (termo que é só um pouco mais específico) e na frase de abertura do preâmbulo da Constituição dos Estados Unidos, "Nós, o povo".

Além disso, nomes individuais podem indicar *todos* quando vários outros os adotam como fachadas pseudônimas de massa, como na famosa cena de *Spartacus*, filme de Stanley Kubrick de 1960. Conforme retratado na obra, depois de uma revolta de escravizados contra o Estado romano ter sido reprimida, os escravizados rebeldes receberam a promessa de ter suas vidas poupadas em troca da identificação de seu líder, Espártaco. Eles então se levantaram um a um e declararam: "Eu sou Espártaco!", transformando,

---

124 Anonymous (2007). Ver também Coleman (2014, p.1).

125 Veja o 1º episódio da 1ª temporada de *Watchmen*, da HBO. Veja também Moore e Gibbons (1986).

126 Olesen (2005, p.118).

assim, o nome individual em um símbolo de resistência em massa. Ao reivindicar conjuntamente ser Espártaco, cada homem tornou a afirmação sem sentido em termos de identidade pessoal e a estabeleceu como uma representação de fachada coletiva para sua vontade conjunta. Um fenômeno semelhante ocorre em *The Walking Dead*, da AMC Network, quando os membros da tribo "Os Salvadores" se referem a si mesmos como "Negan" e cada um afirma "Eu sou Negan", em referência ao nome de seu líder. A cena final do filme *V de vingança* retrata a população de Londres disfarçada coletivamente como o personagem mascarado V, marchando junta para testemunhar o bombardeio do prédio do parlamento britânico. Ao final, essa massa coletiva tira as máscaras em uníssono quando seu anonimato se torna tão universal que as máscaras deixam de ser necessárias. Em algum momento, se todos estão de fato por trás da máscara, não há mais mistério sobre *quem* está agindo com a representação de fachada.

Por fim, o arcabouço de atribuição de *ninguém* chama nossa atenção para o fato de que representações de fachada genéricas e impessoais dificultam atribuir ações e expressões a qualquer pessoa em particular. Em geral, os indivíduos experimentam a liberdade proporcionada por não ser ninguém sempre que agem anonimamente, como quando Ulisses escapa do ciclope sob a fachada de "Ninguém". Um aspecto fundamental dessa liberdade é que ela propicia negação plausível aos atores anônimos e pseudônimos (e a todos os outros, nesse caso), porque suas ações não estão descoladas apenas de sua identidade pessoal, mas de *todas* as identidades pessoais. Tal experiência de *ninguenidade* também pode ter origem no fenômeno de "desindividuação" descrito por Philip Zimbardo, que envolve a difusão da autonomia e da responsabilidade pessoais quando uma pessoa se torna cada vez mais anônima no contexto de um grupo.[127] Nesses casos, o anonimato "pode tirar a compaixão das pessoas e impedi-las de se verem como indivíduos com plenos

---

127 Zimbardo (1969). Ver também Zerubavel (2024) sobre anonimização, "o caráter de grupo imaginado" e a perda da "individualidade corporificada".

poderes de agência que podem prejudicar os outros".[128] Ele também pode levar a uma difusão de crédito, razão pela qual muitos alunos fortes são avessos a tarefas em grupo.

A ninguenidade do anonimato fica particularmente evidente quando atribuímos agência a um sistema social ou a uma coletividade em si, em vez de a indivíduos particulares com identidades pessoais que os habitam. Na verdade, esse tipo de pensamento coletivista ou sistêmico é fundamental para o campo da Sociologia, conforme articulado no trabalho de Émile Durkheim, que considerou que a sociedade existe como uma entidade e agência em si mesma. De fato, os falantes costumam usar coloquialmente o termo "sociedade", ou "o sistema", para explicar informalmente as causas de certas experiências humanas. Criamos ou expressamos tal alicerce para o anonimato quando atribuímos responsabilidade a um banco, por exemplo, ao capitalismo ou à "natureza humana". Esses atores coletivos gerais são apenas um pouco mais tangíveis do que o "eles" amorfo que os indivíduos geralmente usam tanto em expressões comuns ("você sabe o que eles dizem") quanto em teorias da conspiração ("eles estão querendo nos pegar"). Foucault capta claramente essa noção do *ninguém* anônimo quando descreve sistemas sociais de poder: "a lógica ainda é perfeitamente clara, as miras decifráveis e, contudo, acontece não haver mais ninguém para tê-las concebido", o que é um "caráter implícito das grandes estratégias anônimas, quase mudas, que coordenam táticas loquazes" que impactam profundamente nossas vidas.[129] Para Foucault, embora comumente falemos de sexualidade com relação a discursos e ideias científicos, psicológicos ou jurídicos que construímos, e esses discursos e ideias, por sua vez, definam nossas experiências de sexualidade de muitas maneiras, não os atribuímos a ninguém e, por conseguinte, os vemos como verdades fundamentais. Por fim, a noção de *ninguém* também pode ser usada para degradar indivíduos e até mesmo despojá-los de sua humanidade, como quando

---

128 Ponesse (2013, p.341).

129 Foucault (1999, p.90).

os africanos foram definidos não como pessoas, mas como bens móveis, e quando os judeus e outras vítimas do Holocausto foram tratados como "carga" por atores políticos e burocráticos, tornando-os não apenas anônimos, mas também inumanos.[130]

Embora o anonimato e o pseudonimato bloqueiem nossa capacidade de atribuir ações e expressões a atores específicos com identidades pessoais singulares, eles nos levam a compreender e atribuir agência de outras maneiras impessoais. As noções de *alguém, qualquer um, todos* e *ninguém* captam aspectos importantes de tais atribuições de agência impessoal e anônima.

Cultura e significado na *performance* do anonimato

Atores anônimos e pseudônimos dão vida a identidades ocultas em uma ampla gama de situações em que atuam para gerenciar as impressões dos outros e definir suas circunstâncias e relações particulares.[131] No processo, usam o anonimato e o pseudonimato de formas criativas que são específicas às suas situações. No entanto, também recorrem a códigos e símbolos culturais relevantes de um modo geral enquanto agem para definir suas ações junto com questões, eventos e preocupações que transcendem seus cenários locais e suas dinâmicas interativas particulares.

Analisando o anonimato como *performance*, parto do trabalho de Erving Goffman e Jeffrey C. Alexander. Ao tratar o eu como uma realização dramática, Goffman nos dá um relato detalhado das ferramentas e técnicas que indivíduos e grupos usam para definir suas situações para seus públicos. Ele explica as nuances do trabalho corporificado que os atores fazem e o "equipamento expressivo"[132] que mobilizam para atribuir significado a certos cenários e episódios de atividade social. No que concerne ao anonimato, devemos atentar às maneiras como as pessoas mobilizam

130 Bauman (2012, p.167-8).
131 Ver Goffman (2002) sobre manejo das impressões.
132 Goffman (2002, p.29).

suas representações de fachada (sejam elas quais forem) em situações particulares para gerenciar as impressões daqueles com quem interagem. Por exemplo, pessoas que agem anônima ou pseudonimamente em diferentes ambientes online frequentemente criam seus avatares com cuidado e intenção consideráveis, chegando até mesmo a comprar bens decorativos simbólicos que lhes permitem representar a *persona* do personagem a que desejam dar vida.[133] Mais do que uma mera tecnologia que protege sua identidade pessoal, os avatares gerados por computador são um meio de representar identidades alternativas. Nesses casos, como em muitos outros, identidades ocultas ganham vida em situações e trocas particulares e apenas no fluxo de interações sociais. As ferramentas e técnicas de tais *performances* são importantes para os significados que esses atores buscam transmitir.

Indo além dos aspectos locais, interativos e técnicos da *performance*, Alexander se baseia na antropologia histórica de Victor Turner e na teoria da *performance* de inspiração teatral de Richard Schechner para examinar os ricos fundamentos culturais que os atores devem fundir criativamente com suas *performances* para atingir seu público em níveis cognitivos, emocionais e psíquicos profundos.[134] Consequentemente, os atores trabalham para tramar códigos culturais arraigados e dar vida a um simbolismo cultural profundamente enraizado em suas *performances* situadas e devem fazê-lo de forma convincente se quiserem conquistar o coração e a mente dos outros. Ao ver atos anônimos como *performances*, devemos considerar suas dinâmicas particulares, situacionais e interpessoais, mas também devemos lançar luzes sobre como atores anônimos mobilizam significados culturais profundos de maneiras

---

133 Shang, Chen e Huang (2012). Ver também Gottschalk (2010); Li e Tian (2022).

134 Alexander (2004, 2017); Turner (1982); Schechner ([1977] 2003). Ver Alexander e Mast (2006, p.3) sobre a necessidade de ir além do "contexto interacional" para considerar o "contexto cultural". Ver também Loseke (2019) sobre a necessidade de considerar tanto a dimensão cognitiva quanto a emocional do significado.

criativas em relação às suas circunstâncias e interesses particulares. Por conseguinte, simplesmente abordar as ferramentas e tecnologias que as pessoas usam para ocultar sua identidade pessoal não é suficiente. Em vez disso, se quisermos compreender a lógica, o significado e o impacto sociais de atos anônimos e se quisermos entender as várias maneiras como atores anônimos criam significado e portanto moldam o mundo ao seu redor, devemos analisar tanto o uso pragmático quanto o significado cultural de suas identidades ocultas em ação.

Por exemplo, quando diversos participantes de movimentos sociais usam máscaras semelhantes em um protesto, eles encenam ativamente a dinâmica repressiva contra a qual estão protestando ao representar sua necessidade coletiva de se esconder de um regime inimigo. Independentemente do quão real a ameaça é, eles se definem e se representam como alvos de repressão à medida que criam a cena política e determinam as questões imediatas. À medida que usam sua máscara para ocultar sua identidade pessoal, eles também a utilizam para dar vida às circunstâncias conflituosas do protesto. Além disso, o simbolismo associado ao estilo específico de máscara usado coletivamente por um grupo de movimento social geralmente expressa alguma mensagem profundamente enraizada sobre o conflito em questão e sua posição nele. No caso do Exército Zapatista de Libertação Nacional (EZLN – Ejército Zapatista de Liberación Nacional), movimento revolucionário do sul do México também conhecido como zapatistas, o *paliacate* geralmente é empregado para esconder o rosto dos participantes do movimento de base (Figura 3). Esse característico lenço ou bandana mexicana é um tecido tradicional usado por trabalhadores agrícolas cuja importância é tanto estilística quanto funcional. Em termos práticos, ele pode ser usado para coletar frutos, proteger quem o veste da luz solar direta, prender o cabelo para trás ou absorver o suor em um dia quente ou funcionar como um filtro para proteger o nariz e a boca contra a poeira e os pesticidas durante o trabalho. Em confrontos políticos, a materialidade desse lenço tradicional não apenas protege os ativistas de serem pessoalmente identificados pelas autoridades vigilantes, mas também simboliza as condições de trabalho da população comum do sul do México. Quando os ativistas usam essa vestimenta simbólica para cobrir o rosto em um protesto público, eles enquadram o movimento como uma mobilização de resistência democrática local e popular às condições repressivas e à política autoritária impostas por uma força externa. Ao usar o *paliacate* para evitar serem pessoalmente reconhecidos, esses ativistas promovem seu reconhecimento social coletivo.

Figura 3. Mulheres identificadas como zapatistas cobrem o rosto com *paliacates* (1996). Fotografia de Julian Stallabrass. Wikimedia Commons (https://commons.wikimedia.org/wiki/File:Ej%C3%A9rcito_Zapatista_de_Liberaci%C3%B3n_Nacional_IMG006a-sm_(11450035824).jpg). Licença Creative Commons Atribuição 2.0 Genérica (https://creativecommons.org/licenses/by/2.0/deed.pt-br).

Além do *paliacate*, ativistas zapatistas também vestem balaclavas escuras (às vezes chamadas de "máscaras de esqui") que são tipicamente usadas por unidades táticas policiais e militares, mas que foram adotadas por movimentos pobres de guerrilha. A balaclava entrou na moda entre os zapatistas e então alcançou um *status* icônico depois de ter sido usada pelo líder e porta-voz zapatista conhecido pelo pseudônimo Subcomandante Marcos (Figura 4).[135] Quase sempre retratado usando uma balaclava, Marcos passou a representar o estilo cultural do mexicano mascarado que luta por liberdade, sendo seu fascínio e grandeza políticos fortemente acentuados por sua identidade oculta.[136] Ao usar o *paliacate* (uma peça de vestimenta funcional localmente popular) e a balaclava (um equipamento militar de elite reapropriado simbólica e funcionalmente) como máscaras subversivas, os zapatistas transformaram ambos em símbolos icônicos de resistência[137] que levam a tradição popular e o estilo recuperado para o conflito social e expressam algo do caráter popular e democratizante do movimento em um palco mais grandioso. À medida que atores anônimos vestem suas representações de fachada, eles não apenas escondem suas identidades, mas também comumente dão vida a códigos e símbolos culturais profundamente arraigados, definindo suas situações e suas ações para públicos locais e mais amplos.

Analisando outro exemplo, quando os participantes de grupos de apoio anônimos se abstêm de fazer perguntas específicas uns aos outros porque estas revelariam informações que possibilitariam sua identificação, eles comunicam implicitamente o estigma social associado às suas questões compartilhadas e seu compromisso conjunto de proteger uns aos outros para que essas questões não sejam vinculadas às suas identidades pessoais. Esse compromisso coletivo com o anonimato acentua as fronteiras que delimitam o grupo

---

135 Marcos descreveu sua balaclava como um "espelho" que simboliza as lutas de diferentes comunidades oprimidas ao redor do mundo. Ver Klein (2002, p.3); Olesen (2005, p.116); Ruiz (2013, p.275).

136 Alexander e Mast (2006, p.5) escrevem: "Grupos guerrilheiros revolucionários, como os rebeldes zapatistas [...], apresentam sua força coletiva por meio de marchas fotográficas altamente encenadas, e seus líderes, como o subcomandante Marcos, entram figurativamente na esfera pública, como representações icônicas de formas culturais estabelecidas". Ver também Olesen (2005, p.112, 116-8).

137 Ruiz (2013, p.267-8). Ver também "An Examination of the History of Use of Masks and Why the Zapatistas Cover Their Faces". http://schoolsforchiapas.org/wp-content/uploads/2014/04/Whats-behind-the-mask_.pdf.

Figura 4. Suposta foto do porta-voz do EZLN conhecido pelo pseudônimo Subcomandante Marcos (1996). Atribuída a Jose Villa, Villa Photography. Wikimedia Commons (https://commons.wikimedia.org/wiki/File:SubMarcosHorseFromAfar.jpg). Licença Creative Commons Atribuição-Compartilha Igual 3.0 Não Adaptada (https://creativecommons.org/licenses/by-sa/3.0/deed.pt-br).

no espaço e no tempo, distinguindo-o clara e fortemente do mundo exterior.[138] Essa *performance* conjunta de anonimato também cria e enfatiza a definição do espaço como algo que cura, protege e transforma ao propiciar a expectativa e o imperativo de que os participantes compartilhem suas verdades mais profundas uns com os outros no ato de evitar, de maneira liminar e dialogicamente situada, a identificação pessoal. Essa *performance* de anonimato visa definir as relações e interações entre os participantes, o contexto imediato e a situação dos interagentes individuais, mas também recorre a e reforça significados culturais profundamente arraigados sobre doenças, experiências e comportamentos específicos e os estigmas e lutas que eles carregam.

Assim como nesses e em muitos outros casos que analiso neste livro, os atores representam o anonimato e o pseudonimato de maneiras culturalmente significativas à medida que atuam para definir suas situações e seus relacionamentos. Além disso, suas *performances* de anonimato e pseudonimato geralmente falam de questões e interesses mais amplamente relevantes. Ao desempenhar o anonimato em suas situações e circunstâncias particulares, os atores anônimos definem suas realidades e influenciam o mundo ao seu redor.

Estrutura do livro

Com todas essas características gerais em mente, exploro uma dimensão social diferente do anonimato em cada capítulo deste livro. Ao focar em uma dimensão social específica como o tema principal de cada capítulo, consigo abordar vários casos que do contrário seriam diferentes ao mostrar como cada um deles ilustra esse tema amplamente relevante. No processo, revelo como o fenômeno do anonimato é de ampla significância social e histórica e mais generalizado do que suporíamos.

---

138 Ver também Frois (2009a,b).

No Capítulo 2, examino as maneiras como indivíduos e comunidades fazem uso do anonimato por razões *protetoras* em várias situações e contextos. Primeiro, exploro vários casos para demonstrar como o anonimato é usado para proteger indivíduos de diversos atos desonrosos que poderiam levar a constrangimento, vergonha, ostracismo ou alguma outra consequência punitiva.[139] Ao usar o anonimato para escapar dessas consequências, os atores conseguem se esquivar do poder social que opera para fazer que regras normativas e sistemas de significado sejam seguidos. No entanto, eles também reforçam essas regras ao desempenhar a necessidade de esconder sua identidade pessoal enquanto têm certos comportamentos. Partindo dessa discussão, mostro como várias *éticas sociais de anonimato*, enraizadas em diferentes circunstâncias e cenários, propiciam coberturas protetoras que resguardam identidades pessoais. Exploro os casos de altruísmo e caridade anônimos, a confissão católica, bailes e festivais de máscaras e o anonimato em pesquisas acadêmicas. Também exploro diversas comunidades e fóruns anônimos, incluindo organizações de dependência química e recuperação e inúmeras outras comunidades de apoio mútuo, bem como fóruns e comunidades anônimos mais multifacetados que existem exclusivamente online. Em seguida, abordo as dimensões protetivas do *consumo anônimo* e exploro como alguns produtos são consumidos por indivíduos que escondem sua identidade. Por fim, concluo discutindo como os atores exploram modos de anonimato protetor para fins enganosos ou nefastos.

No Capítulo 3, considero o caráter protetor do anonimato como um dado para explorar suas dimensões *subversivas*. Concentro-me nas formas como os atores subvertem a identidade pessoal como um meio de suspender, minar ou subverter normas interpessoais, culturais, políticas e morais dominantes. Após examinar vários casos preliminares, incluindo o fenômeno do QAnon e o impacto do anonimato no comportamento em inúmeros fóruns online,

---

139 Ver o *Estigma*, de Goffman (2004, p.38-9), sobre "o desacreditado e o desacreditável".

debruço-me sobre diferentes exemplos de arte e literatura anônimas e pseudônimas, incluindo grafite, *performances* políticas e textos de ficção e não ficção. Com base nessas discussões, analiso a *performance* estratégica do anonimato de dois movimentos sociais muito distintos: a Ku Klux Klan e a rede de *hackers* Anonymous. Apesar de suas diferenças significativas, esses movimentos compartilham algumas características gerais que derivam de suas *performances* de anonimato subversivo. Em seguida, abordo como o Federal Bureau of Investigation (FBI) dos Estados Unidos usou o anonimato para desmantelar movimentos sociais como parte de seu programa de contrainteligência (COINTELPRO) nas décadas de 1960 e 1970.

No Capítulo 4, analiso o anonimato de indivíduos que agem por trás da fachada de sistemas sociais (incluindo organizações, corporações, Estados e nações). Concentro-me em cinco casos – a crise imobiliária do início do século XXI, a pessoalidade corporativa na política eleitoral, a vigilância eletrônica de cidadãos norte-americanos por parte da Agência Nacional de Segurança dos Estados Unidos (NSA – National Security Agency) e de outras organizações poderosas, tecnologias de assassinatos em massa e à distância que evoluíram e se tornaram características da guerra e do terrorismo no último século e execuções estatais com foco particular no papel de médicos e enfermeiros em casos de injeção letal. Ao abordar cada um desses casos, o foco é como grandes sistemas e instituições de diversos tipos fomentam atos anônimos. Em seguida, discuto o caráter social e as consequências da produção e da troca anônimas, apresentando vários exemplos para mostrar como o anonimato é uma característica central de diversas atividades e relações econômicas no mundo.

Na sequência, debruço-me sobre o anonimato como consequência da tipificação identitária no Capítulo 5, que envolve ver e tratar as pessoas como tipos e categorias genéricos e impessoais em vez de indivíduos particulares e únicos. Primeiro, abordo a distinção entre atos de autotipificação e altertipificação. O primeiro envolve a construção e o uso autodeterminados de representações de fachada categóricas, ao passo que o último envolve a imposição de representações de fachada categóricas que obscurecem as identidades pessoais e as características singulares dos outros. Esses atos de anonimização geralmente envolvem a imposição de um rótulo social que é significativo dentro do contexto de desequilíbrios de poder, tornando os indivíduos anônimos de maneiras problemáticas. Após uma discussão introdutória, exploro diversos casos que mostram, cada um de maneiras diferentes, como os atores tipificam e anonimizam os outros em encontros situados. Primeiro, discuto como os atores anonimizam os outros de acordo com a classe e a profissão. Em seguida, examino a dinâmica social do sexo anônimo. Depois, avalio como a tipificação racial anonimiza os indivíduos de formas que facilitam a atividade policial racialmente marcada ou motivada, incluindo a perpetração da violência. Por fim, analiso controvérsias contemporâneas sobre o uso segregado de banheiros públicos ao longo de fronteiras convencionais que demarcam corpos masculinos e femininos para explorar como a tipificação cisgênero leva os atores a desconsiderar a identidade pessoal de outros em favor de categorias e rótulos genéricos. Concluo esse capítulo com uma discussão sobre tipificação e anonimização analíticas nas ciências sociais.

O presente livro termina com um capítulo no qual resumo minha discussão sobre as consequências interpessoais e culturais do anonimato. Abordo as notáveis contradições sociais e morais que decorrem da incapacidade de atribuir ações a atores com identidades pessoais conhecidas e contínuas. No contexto dessa discussão conclusiva, abordo brevemente a importância de *atos de desmascaramento* que expõem atores anônimos. Resumindo essa sociologia cultural e interacionista do anonimato, reflito sobre a prevalência e relevância do anonimato na modernidade tardia.

2
Anonimato protetor

> Sinto-me constantemente enojada pela minha própria pele. Não quero me tocar, mal consigo olhar para o meu próprio corpo. Não consigo deixar de pensar na criança que fui um dia, o pequeno bebê rosado e branco que deixou seus pais tão orgulhosos, como minha mãe me disse várias vezes. [...] Tanto amor, tanta preocupação com chapéus para proteger do sol, termômetros de banho e orações noturnas – tudo isso pela imundície que sou agora.
>
> Anônimo, *Uma mulher em Berlim*[1]

Uma mulher em Berlim, livro de 1954, é baseado no diário que Marta Hillers escreveu durante um período de oito semanas de abril a junho de 1945, quando viveu em Berlim durante a ocupação soviética após a derrota do exército nazista. Hillers publicou o livro anonimamente e só foi identificada como sua autora em 2003, dois anos após sua morte. No relato, ela descreve sua experiência pessoal como vítima de múltiplos estupros, em meio ao abuso sexual generalizado de mulheres alemãs por soldados soviéticos. Quando

1 Anônimo ([1954] 2000, p.75).

Hillers publicou o livro em 1954 em inglês (o qual só foi publicado em alemão posteriormente, em 1959), ele foi considerado controverso por ambos os lados da Guerra Fria. Para alguns, suas palavras eram "como uma denúncia devastadora"[2] do episódio e um ataque ao caráter dos libertadores soviéticos. Para outros, as revelações anônimas de Hillers sobre vitimação sexual incitou a vergonha alemã associada à época, e ela foi "acusada [...] de 'manchar a honra das mulheres alemãs'".[3] Além disso, como uma cidadã alemã que viveu e trabalhou em Berlim durante o Terceiro Reich, Hillers tinha pelo menos uma afiliação geral e alguns laços profissionais com o regime nazista.[4] Sua associação com criminosos notórios se relaciona com sua vitimação pessoal e a complica. Assim, na Alemanha, "o livro foi recebido ou com hostilidade ou com silêncio", em um clima de negação coletiva generalizada sobre o período da guerra.[5]

O anonimato de Hillers atendeu a uma função protetora complexa. Em termos gerais, ele a protegeu da reação multifacetada que ela teria enfrentado por contar sua história se sua identidade pessoal estivesse atrelada a ela. Além disso, como o breve trecho reproduzido na epígrafe deste capítulo indica, a autoria anônima lhe permitiu compartilhar suas experiências profundamente perturbadoras e seus sentimentos complexos, incluindo um forte sentimento de constrangimento pessoal, sem que, pelo resto de sua vida, ela fosse publicamente associada a abuso sexual e vitimação traumática. Ademais, seu anonimato a protegeu de possíveis acusações de cumplicidade com os nazistas. Como vítima de estupro (uma que buscou um relacionamento sexual com um oficial soviético para se

2 Enzensberger (2000, p.x).

3 Beevor (2000, p.xv). Ver também Harding (2003); Connerton (2008, p.69).

4 O filme de Max Färberböck de 2008, *Anonyma: Eine Frau in Berlin* (lançado em português como *Anonyma: Uma mulher em Berlim*), retrata claramente o patriotismo alemão de Hillers sob o Terceiro Reich, enquanto sua personagem anônima proclama: "Estávamos convencidos de que estávamos certos. Todos respirávamos o mesmo ar e era inebriante".

5 Enzensberger (2000, p.xi). Ver também Beevor (2000, p.xxi). Ver Zerubavel (2006) sobre os alicerces sociais da negação.

proteger de estupros de inúmeros soldados) e cidadã alemã sob o regime nazista durante a Segunda Guerra Mundial, Hillers incorporou diversas dimensões de trauma e vergonha. Sua posicionalidade a deixou atada a dinâmicas de poder interpessoais, locais e internacionais de maneiras complexas e contraditórias. Seu anonimato como autora despersonaliza todas essas circunstâncias e experiências difíceis e separa estas últimas de sua reputação e identidade pessoais do pós-guerra, permitindo-lhe romper silenciosamente com esse episódio do passado ao mesmo tempo que conta sua história, mantendo, assim, o passado vivo de forma pública porém impessoal. Além do mais, o anonimato de Hillers permitiu que a história de suas experiências pessoais fosse mais generalizável. Como "Anonyma" – forma como Max Färberböck se referiu a Hillers em seu filme de 2008 que retrata o relato –, ela adquire a característica de qualquer um-dade em relação às mulheres que enfrentam a vitimação sexual e lidam com ela, sobretudo aquelas que a vivenciam como parte dos horrores de guerras e ocupações militares.

Neste capítulo, examino inúmeras circunstâncias nas quais indivíduos e comunidades desempenham o anonimato e o pseudonimato por razões de proteção.[6] Até certo ponto, todos os atos anônimos são protetores, pois resguardam os atores do estigma social e de outras consequências potencialmente prejudiciais ou simplesmente indesejadas.[7] Essa defesa protetora da identidade pessoal é evidente em muitos casos de depoimento, confissão e autoria anônimos. Ela também é exemplificada pelas ações pseudônimas de "Jane Roe", autora no controverso caso Roe contra Wade da Suprema Corte dos Estados Unidos em 1973, ou do "Garganta Profunda", denunciante e informante da imprensa que expôs o escândalo de Watergate de Nixon, bem como Bill W. e dr. Bob, os cofundadores pseudônimos

6 Ver também Marx (1999, p.102-5) e Ponesse (2013, p.321), que listam diferentes situações em que indivíduos usam o anonimato para proteção, muitas das quais discuto neste capítulo.

7 Ver Goffman (2004), sobre "o desacreditado e o desacreditável" (p.38-9) e sobre o estigma como razão para encobrir a identidade pessoal (p.73). Cf. Simmel (1950c, p.331) sobre sigilo e imoralidade.

dos Alcoólicos Anônimos.[8] Nesses e em muitos outros casos, o caráter protetor do anonimato e do pseudonimato promove a exibição controlada de comportamentos ou informações que do contrário permaneceriam escondidos e estabelece um ponto de vista oculto a partir do qual atores anônimos e pseudônimos podem testemunhar o impacto de suas ações e revelações e evitar consequências pessoais. O anonimato protetor também permite várias formas de experimentação com a identidade, para o bem ou para o mal, que do contrário poderiam não ocorrer.

Por um lado, esses atores *atuam protegidos*. Eles usam as fachadas protetoras do anonimato e do pseudonimato para agir de maneiras arriscadas, controversas ou provocadoras que poderiam, em outras situações, gerar resultados indesejáveis, incluindo constrangimento, vergonha, ostracismo, retaliação e perseguição, ou simplesmente para se proteger de uma atenção indesejada (como a que pode resultar de se fazer uma contribuição de caridade ou de se ganhar uma grande quantia de dinheiro).[9] Assim, o caráter protetor do anonimato pode propiciar uma libertação ou fuga temporária de forças sociais sufocantes e das ansiedades sociais correspondentes, libertando os indivíduos para agir. Nesse sentido, o anonimato e o pseudonimato fomentam a função de prevenção ao suicídio e outros serviços de apoio, "caixas de bebês"[10] que permitem às pessoas abandonar

---

8 Norma McCorvey admitiu publicamente ser "Jane Roe" logo após a conclusão do caso Roe contra Wade. O ex-diretor-assistente do FBI, Mark Felt, foi exposto como o Garganta Profunda em 2005. William Wilson e o dr. Robert Smith estabeleceram a tradição de usar primeiros nomes não específicos nos Alcoólicos Anônimos.

9 No momento da redação deste texto, apenas alguns estados dos Estados Unidos permitem que ganhadores da loteria permaneçam anônimos, e a questão do anonimato dos ganhadores é controversa. Ver Blinder (2015).

10 Em inglês, *safe haven boxes*. Trata-se de caixas onde os pais podem depositar bebês recém-nascidos de maneira anônima e sem correr o risco de sofrer represálias judiciais para que eles sejam encaminhados para adoção. As caixas, que ficam na parte externa de hospitais ou de postos do Corpo de Bombeiros nos Estados Unidos, contam com climatização, dispositivos de segurança e um alarme que notifica as autoridades sobre a presença de um bebê no local. (N. T.)

bebês indesejados,[11] espelhos bidirecionais durante procedimentos policiais de identificação de suspeitos e disque denúncia para solucionar crimes ou transmitir informações às autoridades (Figura 5).[12]

Por essas mesmas razões, órgãos governamentais, assim como veículos de imprensa tradicionais (como o *The Guardian* e o *The New York Times*) e alternativos (como o site WikiLeaks), prometem preservar a identidade pessoal de denunciantes que assumem grandes riscos para revelar informações sobre atores poderosos.[13] Da mesma forma, o anonimato e o pseudonimato são usados para proteger indivíduos em diferentes contextos legais, como quando agentes da lei prometem pseudonimato futuro por meio de programas de proteção à testemunha em troca de depoimentos contra um réu poderoso ou quando tribunais preservam a identidade pessoal de testemunhas, vítimas e criminosos devido à sua idade. Em geral, quando instituições (como tribunais ou veículos de imprensa) preservam a identidade pessoal de alguns atores por conta de sua idade, eles exprimem a noção cultural de que alguém pode ser jovem demais para ser publicamente identificado com experiências controversas ou ser pessoalmente responsabilizado por suas ações. Em outros casos, tribunais em vários países preservam a identidade pessoal de juízes e membros do júri "para protegê-los de influências (seja persuasão, coerção ou suborno) e retribuições indevidas".[14]

---

11 Ver Joseph (2021). Ver também https://shbb.org/.

12 Ver também Marx (1999, p.102). A expressão, hoje anacrônica, "*drop a dime on someone*" [literalmente, soltar uma moeda para alguém] se refere ao ato de usar um telefone público para informar as autoridades policiais sobre as atividades criminosas de outra pessoa. Telefones públicos oferecem um anonimato protetor não propiciado por telefones fixos e celulares que têm uma conta vinculada a eles. Hoje, é menos comum e mais difícil fazer uma ligação telefônica anônima. No entanto, vários produtos e serviços podem ser usados para tornar as chamadas menos facilmente associáveis à identidade pessoal de quem liga. Ver também Marx (2016, p.156).

13 Ver Linder e Xiao (2020, p.8).

14 Marx (1999, p.103). Como Marx (1999, p.110-1n21) observa, isso ocorreu algumas vezes com os julgamentos do Sendero Luminoso e de Túpac Amaru no Peru na década de 1990. Wallace (1999, p.32n35) observa que alguns júris foram anonimizados em julgamentos de traficantes de drogas colombianos na década de 1980.

Figura 5. Cartaz em um ponto de ônibus solicitando informações anônimas sobre crimes. Sétima Avenida e Union Street, Park Slope, Brooklyn. Foto tirada pelo autor.

Os atores também usam o anonimato para agir e se expressar de maneiras que são consideradas moralmente impróprias, ofensivas, sediciosas ou criminosas. Alguns, por exemplo, usam o anonimato para expressar sentimentos vulgares, racistas, sexistas ou agressivos que provavelmente manteriam em silêncio ou repudiariam se sua identidade pessoal fosse exposta. Da mesma forma, tanto ladrões quanto ativistas usam fantasias e máscaras para se proteger de retaliações de forças poderosas. Além disso, de Scarlet Pimpernel ao Batman, super-heróis da ficção (que normalmente são anônimos no início e depois se tornam pseudônimos) usam máscaras ou preservam sua identidade pessoal para se protegerem das ramificações sociais do vigilantismo (Zorro, Cavaleiro Solitário, Kick-Ass), da ameaça de retaliação a amigos e familiares (Homem-Aranha, Demolidor) e das obrigações e limitações que os relacionamentos pessoais poderiam impor. Ilustrando uma característica compartilhada por todos os atores anônimos e pseudônimos, suas representações de fachada lhes permitem levar vidas duplas.

Por outro lado, os atores *encenam sua necessidade de proteção*. À medida que obscurecem sua identidade pessoal para agir e se expressar, eles também comunicam algo sobre as formas como o poder regula o comportamento e a voz em suas situações e circunstâncias específicas. Quando enfermeiros que trabalharam durante a pandemia do coronavírus compartilharam suas histórias anonimamente por meio de um documento online, elas não apenas revelaram informações importantes sobre as condições hospitalares no auge da pandemia, mas também demonstraram seu medo de sofrer retaliação dos diretores do hospital.[15] Da mesma forma, em 2017, quando mulheres que trabalhavam na mídia anonimamente compartilharam experiências e fizeram acusações de assédio e abuso sexual usando um documento online intitulado "Shitty Media Men" [Homens de merda da mídia, em tradução livre],[16] elas chamaram atenção não apenas para o caráter generalizado de tais comportamentos em todo o setor, mas também para o fato de que sofreram retaliações de forças poderosas por contar suas histórias. De maneira semelhante,

15 Ver "Mission for Masks: On the Front Lines of COVID-19" (https://docs.google.com/forms/d/e/1FAIpQLScqX7mNJv4cZtJTAsyb9ZEf-9VOxlXk9xwVehO8sy0h5XKbbg/viewform). Ver também Lee (2020).

16 Donegan (2018); Peiser (2018).

mulheres na Arábia Saudita usaram o anonimato proporcionado pela comunicação mediada por computador, juntamente com representações pseudônimas por meio da mídia, para fazer campanhas contra o sistema legal e cultural saudita de tutela masculina. Participando de comunicações que poderiam resultar em punições severas, algumas dessas mulheres postaram fotografias anônimas de si mesmas no Twitter, vestindo uma *abaya* e um *niqab* que cobrem o corpo e o rosto, em um cenário indefinido segurando cartazes (às vezes na frente do rosto) com diferentes mensagens de protesto contra o sistema no qual os homens têm amplo controle não apenas sobre suas vidas e corpos, mas também sobre suas vozes.[17]

Ao atuar com representações de fachada anônimas e pseudônimas em situações diversas, os atores enquadram suas ações e expressões como socialmente sufocadas, pessoalmente reprimidas, estigmatizadas, incendiárias ou necessitadas de uma fachada protetora e, portanto, mais autênticas e reveladoras de alguma "verdade" mais profunda e abafada. Nesse sentido, a identidade oculta de um ator pode fazer que as informações que ele revela pareçam particularmente esclarecedoras e, por conseguinte, mais valiosas.[18] Assim, em uma história publicada pela revista *Elle*, o anonimato nos oferece "passe livre para os pensamentos de quatro homens" e suas fantasias sexuais, como se o anonimato tornasse a história mais psicologicamente reveladora e honesta.[19] Em outro caso, um autor pseudônimo explicou a acadêmicos que liam o *Chronicle of Higher Education* que frequentemente lhe pagavam para escrever diversas dissertações de mestrado e teses de doutorado para seus alunos.[20] Sem uma fachada pseudônima, fica implícito que a história não teria vindo à tona. Com ela, temos uma confissão honesta. Observe também

17 Ver O'Sullivan (2016).

18 Ver também Simmel (1950c, p.332). Mullan (2007, p.31) reconhece isso como um fator da popularidade do romance anônimo *Primary Colors*, de 1996, comentando: "Era como se o autor [...] estivesse quebrando confianças e transmitindo segredos".

19 Anônimo (2013b).

20 Dante (2010).

o ar de autenticidade que os artistas criam quando se esquivam da fama e adotam o anonimato, fazendo que seu trabalho pareça mais honesto e nos levando a "vê-los como mais reais".[21] Em todos esses casos e em muitos outros, a identidade oculta da fonte molda o valor extraordinário do conteúdo, ficando implícito que este não seria exposto sem a proteção de uma fachada identitária.

Dado seu caráter controverso, as *performances* de anonimato protetor são frequentemente multivocais; elas transmitem significados diferentes para públicos diferentes. Por exemplo, o uso do anonimato por um ator para atacar outro pode ser visto como uma expressão corajosa da verdade que rompe restrições sociais repressivas ou como um ataque covarde que viola injustamente princípios morais valorizados. Uma contribuição financeira anônima pode ser percebida como um ato nobre e altruísta ou como uma tentativa ardilosa de manipular uma situação. A blogueira pseudônima que escreveu e interagiu online como Shpitzle Shtrimpkind enquanto questionava e por fim deixava sua comunidade judaica chassídica pode ser vista como um modelo por aqueles que criticam a vida ultraortodoxa, ao mesmo tempo que é considerada uma herege perigosa por aqueles que permanecem comprometidos com sua antiga visão de mundo.[22] Da mesma forma, embora tenha sido "por medo de retaliação" que ex-funcionários de um poderoso conglomerado de mídia falaram com a imprensa anonimamente para revelar detalhes sobre as questões políticas de seu antigo empregador,[23] este último provavelmente encarou suas ações anônimas como uma traição. De fato, o próprio caráter protetor proporcionado ao(s) executor(es) depende do ponto de vista de cada um em relação ao ato anônimo.

21 Gioia (2017).

22 Shpitzle Shtrimpkind posteriormente revelou ser Frieda Vizel. Ver Vizel (2012), onde ela escreve: "Na internet, eu era anônima. [...] Eu era quem eu quisesse ser e podia dizer o que quisesse sem medo". Ver também o antigo blog de Shpitzle Shtrimpkind em https://shtrimpkind.blogspot.com/.

23 Ver Strachan (2018).

Perspectivas conflitantes sobre o caráter protetor de tais atos anônimos frequentemente estão alinhadas com debates jurídicos e acadêmicos sobre os méritos e as armadilhas do discurso anônimo.[24] Os defensores do discurso anônimo, falado ou escrito, apontam que o anonimato permite que ideias que do contrário seriam suprimidas floresçam, fomentando a expressão e a descoberta da verdade. Em dois casos históricos da Suprema Corte dos Estados Unidos, Talley contra a Califórnia (1960) e McIntyre contra a Comissão Eleitoral de Ohio (1995), o tribunal decidiu que o discurso político anônimo é protegido pela Primeira Emenda da Constituição dos Estados Unidos por esse mesmo motivo.[25] De acordo com a opinião da maioria redigida pelo juiz da Suprema Corte John Paul Stevens para o caso McIntyre contra a Comissão Eleitoral de Ohio, o "anonimato" pode servir como "um escudo contra a tirania da maioria".[26] Assim, "o discurso anônimo tem, em geral, permitido aos indivíduos evitar perseguição em climas de opressão".[27] Além disso, os defensores do discurso anônimo apontam que, quando separamos ideias e ações de identidades pessoais, também obscurecemos os vários *status* que os indivíduos carregam, o que nos permite julgar ideias e argumentos por seus próprios méritos, sem que sejam influenciados por preconceitos de diversas desigualdades sociais. Nesse sentido, ao postular um "fenômeno de equalização" ou uma "hipótese de equalização", alguns defenderam que a descorporificação possibilitada pela comunicação mediada por computador tem um efeito nivelador entre os usuários, o que permite uma maior liberdade e igualdade de expressão.[28]

---

24 Ver Levmore e Nussbaum (2010); Ponesse (2014, p.307-8). Como podemos ver na discussão de Easley (2004, p.131-5) sobre as "guerras de assinaturas" da década de 1860, os debates contemporâneos sobre anonimato e liberdade de expressão seguem linhas muito semelhantes aos debates de períodos anteriores.

25 Talley contra a Califórnia, 362 U.S. 60 (1960). McIntyre contra a Comissão Eleitoral de Ohio, 514 U.S. 334 (1995). Ver também Constantine (1996).

26 514 U.S. 335 (1995), p.357.

27 Ponesse (2014, p.308).

28 Dubrovsky, Kiesler e Sethna (1991); Christopherson (2007, p.3045-7). Ver também Kiesler, Siegel e McGuire (1984, p.1129), que encontraram evidên-

No entanto, como apontam aqueles que desconfiam do discurso anônimo, o anonimato também pode fomentar a comunicação e o comportamento prejudiciais, incluindo discurso de ódio, difamação, humilhação pública, *bullying*, *doxing* (publicar online informações pessoais ou privadas de outro indivíduo como forma de assédio ou intimidação), *flaming* (fazer comentários agressivos, ofensivos ou incendiários online) e *trolling* ou "trollagem" (incitar intencionalmente a discórdia online ao antagonizar e provocar outros), bem como vários outros tipos de comunicação enganosa ou criminosa, como chantagem ou ameaças terroristas.[29] Em sua opinião divergente à decisão do caso McIntyre, o juiz Antonin Scalia afirmou que o anonimato efetivamente protege os indivíduos que se envolvem em "manifestações indelicadas e grosseiras" enganosas ao "eliminar a responsabilização, que é normalmente o propósito do anonimato".[30] Os defensores de tal posição geralmente argumentam que essa falta de responsabilização pessoal mina as virtudes essenciais do discurso deliberativo em uma sociedade democrática.[31] Ademais, as proteções que o anonimato e o pseudonimato propiciam também fomentam a exploração de outros vulneráveis. Alfred Moore apresenta um resumo convincente do debate sobre o discurso anônimo:

> A discussão sobre anonimato e deliberação tem girado repetidamente em torno de duas posições normativas contraditórias. Uma é que o anonimato é valioso porque permite a expressão sem medo

---

cias antigas de que a comunicação mediada por computador diminui a "desigualdade de participação" e permite um "comportamento interpessoal [mais] desinibido". Ver também Froomkin (2003, p.8); De Hert (2003, p.73); Moore (2018). Ver Wright et al. (2005, p.7) para um tratado técnico que aborda o anonimato como "um método útil e eficaz para a proteção do usuário" em interações mediadas por computador.

29 Ver Froomkin (1995, §29, 44-52; 2003, p.7); Curlew (2019).

30 514 U.S. 334 (1995), p.383, 385. Ver também Constantine (1996, p.469-70).

31 Ver De Hert (2003) para uma discussão sobre a história desse ponto de vista na filosofia ocidental e sua apresentação de diversas posições. Ver também Levmore (2010, p.54-5).

de repercussões. A outra é que o anonimato é destrutivo porque permite a expressão sem medo de repercussões.[32]

A partir de uma perspectiva sociológica, que transcende o escopo desse debate normativo, agir e falar com uma identidade oculta não é algo inerentemente positivo ou negativo. A avaliação que alguém faz de qualquer ato anônimo depende do seu ponto de vista em relação à *performance* em questão e à situação específica que os atores anônimos estão tentando definir com suas ações e expressões. Como veremos nos diversos casos discutidos a seguir, quando os atores usam representações de fachada protetoras para resguardar sua identidade pessoal, eles fomentam a dinâmica de controle social que evitam. No processo, usam o anonimato e o pseudonimato para criar personagens, produzir sentido e definir diferentes situações e circunstâncias em virtude de seu estado encoberto e protegido.

Autoria oculta e a *performance* de Elena Ferrante

No campo da literatura, muitos escritores publicaram anônima ou pseudonimamente para se protegerem (e alguns casos protegerem outras pessoas) das consequências de seu trabalho ou para protegerem seu trabalho de julgamentos que podem resultar de sua autoria aberta. "As motivações para publicar anonimamente", afirma Robert J. Griffin, "incluem uma reticência aristocrática ou de gênero, modéstia religiosa, angústia relacionada à exposição pública, medo de processos jurídicos, esperança de uma recepção sem preconceitos e o desejo de enganar",[33] todos os quais envolvem alguma intenção de se proteger contra as consequências da atenção social indesejada. Uma das razões pelas quais Charlotte Brontë publicou como Currer Bell, por exemplo, foi para conter as

32 Moore (2018, p.169).
33 Griffin (1999, p.885).

pressões perturbadoras do reconhecimento público.[34] Da mesma forma, Mary Ann Evans publicou como George Eliot em parte para desviar a atenção de "sua escandalosa situação social", que incluía viver com um homem casado.[35] Lord Byron teria publicado seu poema satírico *Don Juan* – que alguns consideraram moralmente escandaloso – anonimamente para que não fosse usado contra ele no tribunal de divórcio.[36] Um desejo semelhante de evitar represálias morais e políticas provavelmente motivou o autor de *Lazarillo de Tormes*, novela espanhola de 1554 que criticava a Igreja Católica e a aristocracia que se encontrava no poder na Espanha, a permanecer anônimo.[37] Afirma-se que Eric Arthur Blair adotou o pseudônimo George Orwell "para poupar seus pais de um possível constrangimento", pois eles "poderiam ter ficado angustiados" com o conteúdo de seu relato autobiográfico no início da carreira, no qual descreve suas experiências como "um vagabundo desempregado e sem dinheiro".[38]

Outros publicaram anonimamente apenas para preservar suas apostas com um primeiro livro ou poema, protegendo-se de uma potencial humilhação pública caso o trabalho fracassasse ou ao usar uma forma literária da qual desejavam se distanciar para resguardar seu *status* social.[39] Como implicam alguns casos de autoria anônima, o anonimato protetor pode servir "como uma estratégia de seguro" ou "um mecanismo para gerenciar [...] o risco" quando as

34 Mullan (2007, p.93).

35 Mullan (2007, p.103).

36 Griffin (1999, p.889).

37 Anônimo ([1554] 1908). Sir Clements Markham, o tradutor dessa versão do livro, atribui a autoria ao poeta e escritor Diego Hurtado de Mendoza, "descendente de uma das famílias mais nobres da Espanha" (p.xv), embora isso continue sendo uma especulação.

38 Leys (2011).

39 Feldman (2002). Feldman observa que, na era romântica, "a poesia tinha um *status* literário muito mais elevado do que os romances" e, "por conseguinte, um autor poderia estar mais propenso a reivindicar um livro de poesia do que um romance" (p.282).

consequências da publicação são simplesmente desconhecidas.[40] Assim, aqueles autores e outros artistas que parecem ter usado o pseudonimato como uma forma estratégica de estabelecer sua fama[41] só podem parecer tê-lo feito em retrospecto. Prospectivamente falando, quando tais atores iniciam sua jornada, eles não têm ideia de como seu trabalho será recebido. Se forem celebrados, os artistas podem então revelar sua identidade pessoal e descrever seu pseudonimato anterior como uma questão de modéstia do ego. No entanto, se o trabalho fracassar, o que é mais provável, eles podem manter sua ligação pessoal com o trabalho escondida "sem impacto sobre a [...] reputação de uma forma ou de outra".[42]

Discutindo a questão da autoria, Michel Foucault afirma que o anonimato só se tornou um fenômeno marcado e conspícuo no início da era moderna.[43] Antes desse período, as histórias circulavam anonimamente sem muita preocupação em nomear um autor individual. No entanto, com novos entendimentos da narrativa como propriedade intelectual, novas práticas legais de direitos autorais e a crescente comercialização de textos, a ideia de autoria passou a ser relevante de novas maneiras. A prática de designar e definir a autoria se tornou uma maneira de o público caracterizar a "existência, [...] circulação e [...] funcionamento de certos discursos no interior de uma sociedade". Nesse momento, o "anonimato literário" se tornou "um enigma".[44]

Para Foucault, construímos autores por meio de nosso envolvimento com textos, e "o sujeito", ou autor, é, em última instância, "uma função variável e complexa do discurso".[45] Assim, por um lado, Foucault nos ajuda a ver que o público imagina e define autores de acordo com processos social e historicamente enraizados de compreensão de palavras e histórias. Contudo, por outro lado, Foucault

40 Brennan e Pettit (2008, p.183, 184).

41 Ver Gioia (2017).

42 Brennan e Pettit (2008, p.184).

43 Foucault ([1969] 1977).

44 Foucault (2001, p.274, 276).

45 Foucault (2001, p.287). Ver também Griffin (1999) para uma discussão crítica.

não consegue reconhecer adequadamente a capacidade performativa dos autores. Quer eles escolham expor sua identidade pessoal, quer escolham ocultá-la, os autores são executores que trabalham ativamente para criar significados com seus textos e sua autoria. Aqueles que publicam anônima ou pseudonimamente por razões de proteção usam suas representações de fachada escolhidas para enquadrar seu trabalho como algo que merece a obscuridade pessoal de seu autor, que é considerado significativo ao menos em parte por causa dessa obscuridade pessoal. Eles cultivam ativamente um mistério público em torno de sua verdadeira identidade pessoal, o que frequentemente define e aumenta sua reputação literária.

A renomada romancista italiana contemporânea Elena Ferrante é bem conhecida por seu pseudonimato, bem como por sua defesa entusiasmada de sua obscuridade pessoal. O crítico literário James Wood descreveu a escolha da autora de ocultar sua identidade pessoal como "sabiamente autoprotetora", dada a natureza "intensa e violentamente pessoal" de seu trabalho.[46] Embora Ferrante tenha inicialmente decidido esconder sua identidade pessoal porque, em suas próprias palavras, ela "estava assustada com a possibilidade de ter de sair da [sua] concha",[47] ela logo elaborou uma série de outras razões que reforçaram seu compromisso com uma postura pseudônima protetora. Ecoando Mary Ann Evans/George Eliot, que "temia ser construída pela mídia popular" e buscava evitar que sua "vida pessoal" servisse como uma lente para "interpretações públicas de seus romances",[48] os motivos de Ferrante evoluíram e passaram a incluir uma "hostilidade em relação à mídia" que "*inventa* o autor-personagem", desviando a atenção do trabalho escrito em si e focando, em vez disso, no "prestígio" do autor e em "credenciais 'externas'" enquanto impõe "um mecanismo no qual quem escreve não vende apenas sua obra, mas a si mesmo, sua própria imagem, o

46 Wood (2013).

47 Ferrante (2017. loc.3806). Essas são palavras de Ferrante citadas diretamente de uma entrevista conduzida por seus editores, Sandro e Sandra Ferri.

48 Easley (2004, p.127).

que "enfraquece ainda mais o papel das obras".[49] Assim, Ferrante defende que sua identidade oculta é essencial para a pureza e integridade de seu ofício. Como Charlotte Brontë, cuja fachada pseudônima como Currer Bell serviu como "uma espécie de princípio criativo – o que lhe permitiu transformar a vida em ficção" e se tornou "um símbolo de questionamento criativo",[50] Ferrante afirma que tanto o processo quanto o produto de sua escrita são moldados por, e não seriam os mesmos sem, seu pseudonimato protetor.

De fato, segundo Ferrante, sua representação de fachada a deixa livre para escrever ao desvincular suas palavras de si mesma.[51] Sobre a "ausência" de sua identidade pessoal ao longo de sua carreira pseudônima, Ferrante comenta:

> Mas devo dizer que o que nunca perdeu importância nessa minha [...] longa experiência de ausência é o espaço criativo que ela abriu. [...] Saber que o livro, uma vez terminado em todas as suas etapas, realizará seu percurso sem nunca ser acompanhado pela minha pessoa física [...] mostrou-me lados óbvios da escrita, mas nos quais eu nunca havia pensado. Tive a impressão de ter desvinculado as palavras de mim mesma.[52]

Assim, sem as restrições impostas pela identidade pessoal, afirma Ferrante, o autor pode viver apenas por meio do texto, e nada de seu eu pessoal pode atrapalhar a relação do leitor com esse texto, nem deveria fazê-lo. Muitos de seus fãs concordam. "O fato de Ferrante ter escolhido ser anônima", escreve Alexandra Schwartz, da *The New Yorker*, "tornou-se parte [do] contrato" entre autora e leitores "e colocou leitores e escritora em um raro plano de igualdade" em que eles podem "se encontrar em um terreno neutro

---

49 Ferrante (2017, loc.3807, 3816, 3808, 3810, 3816, 3820, grifo do autor).

50 Mullan (2007, p.93, 100; ver também p.96-9).

51 Ver Schappell (2015). Aqui vemos mais um ponto em comum com Charlotte Brontë, cujo "pseudônimo era [...] uma fuga de si mesma" (Mullan, 2007, p.99).

52 Ferrante (2017, loc.3823-7).

imaginativo, aberto a todos".[53] Essa igualdade e conexão imaginadas decorrem do fato de que a identidade pessoal oculta da autora lhe permite tornar mais genérica sua voz, que do contrário seria pessoal e excepcional, criando uma todosidade que permite aos leitores participar de sua narrativa e se identificar mais facilmente com ela. Dessa forma, Ferrante é vista como semelhante a Sir Walter Scott, que também fez "os lugares que conhecia parecerem conhecidos para seus leitores" e cujo "anonimato era uma forma de transformar [...] a experiência pessoal em ficção impessoal".[54] No caso de Ferrante, seu trabalho contém temas fortes de "desaparecimento" e a "desmarginação" do eu, seja por meio da violência ou de outras circunstâncias difíceis da vida, junto com a "manipulação" ou a "anulação" da identidade, e ela reforça esses temas com seu pseudonimato entusiasmado de maneiras que convidam seus leitores a estabelecer conexões com tais assuntos.[55]

No entanto, muitas das características da autoria pessoalmente identificada que Ferrante repudia são na verdade vitais para sua *performance* da autoria pseudônima. "Os verdadeiros milagres", Ferrante escreveu a seus editores antes do lançamento de seu primeiro romance, em 1991, "são aqueles que ninguém sabe quem fez".[56] Todavia, Elena Ferrante é bastante conhecida. Apenas a identidade pessoal da pessoa por trás da fachada pseudônima é obscurecida, e é obscurecida de maneira eficaz. Ferrante, como uma autora-personagem complexa com uma história, tem uma reputação por meio da série de romances e outros escritos, incluindo entrevistas e cartas pessoais, que ela produziu e publicou ao longo de três décadas. Apesar de sua posição crítica em relação à mídia, ela

53 Schwartz (2016).

54 Mullan (2007, p.27-8). Isso se relaciona com uma ideia apresentada por Virginia Woolf (2024, p.47), segundo a qual, em um período antes da autoria moderna, "[o] anonimato [...] dava à escrita primitiva uma impessoalidade, uma generalidade".

55 Ferrante (2017, loc.3911); Schappell (2015) sobre a noção de "apagamento".

56 Ferrante (2017, loc.115). Também citado em Wood (2013) e em outros lugares.

tem uma imagem gerada pela mídia, que cresce progressivamente, talvez *principalmente*, pela mística de sua identidade pessoal e pelas controvérsias resultantes das tentativas de desmascará-la.[57] Independentemente da intenção da autora, há grande valor no mistério e no significado que ela cria com seu pseudonimato. Além disso, uma rápida olhada no site de Ferrante revelará que a autora, em conluio com seus editores, certamente está engajada no trabalho de promoção autoral, apesar de a identidade promovida ser separada de sua identidade pessoal.

A autora conhecida como Ferrante usa sua representação de fachada e sua identidade pessoal oculta, juntamente com as razões explicitadas para escondê-la, como uma *moldura de personagem* que transmite significado ao seu trabalho. Em outras palavras, ela cria, usa, justifica e defende Elena Ferrante para codificar sua escrita como autêntica e pura, livre da corrupção e poluição do mercado e da fama e da publicidade autoral impulsionadas pela mídia. Ela também usa o pseudonimato para chamar atenção para seu texto – para colocá-lo em primeiro plano e elevá-lo ao mesmo tempo que cria sua *persona* autoral por meio de sua circulação pública. Ao desempenhar seu pseudonimato, ela o usa para encenar o significado de seu texto e a relação dele/dela com o público-leitor. Ao ler a nota de abertura de uma entrevista com Ferrante conduzida por seus editores Sandro e Sandra Ferri em 2015, fiquei impressionado com a forma como tudo foi dirigido por Ferrante, que determinou o local da entrevista e supervisionou a organização final do texto.[58] Seus editores trabalharam com ela como uma equipe de *performance* para produzir e lançar a entrevista, que transmitiu muitas das visões de Ferrante sobre a importância de sua autoria pseudônima, pouco antes do lançamento em inglês de *História da menina perdida*, o quarto e último romance de sua tetralogia napolitana. Assim, Ferrante apresentou sua opinião sobre sua identidade pessoal oculta – e vários outros assuntos

---

57 Ver, por exemplo, Gatti (2016); Appignanesi (2016); Geue (2016); Kirchgaessner (2016).

58 Ferrante (2017, loc.4085).

relacionados à sua escrita – bem a tempo de enquadrar o significado das palavras no livro para seu público-leitor. Embora sirva como um pseudônimo protetor, Elena Ferrante também é um ato literário performativo.

Ética social do anonimato

Em muitos casos, os indivíduos protegem sua identidade pessoal ou obscurecem a identidade de outros para obedecer padrões éticos e normas morais. Esses padrões e normas estão arraigados em diferentes comunidades e instituições que determinam como, por que e quando o mascaramento de identidades pessoais serve a um propósito social valorizado. Em alguns desses casos, mesmo quando a identidade pessoal dos atores é conhecida ou cognoscível em particular, os participantes da cena cooperam para ignorá-la e protegê-la da revelação pública. Entender como essa ética social de anonimato opera é vital para compreender a *performance* e o impacto de identidades ocultas em diferentes domínios da vida social.

Altruísmo e caridade anônimos

Nem todos os atos de anonimato protetor resguardam os atores da atenção negativa. Ao separar sua identidade pessoal de seu comportamento caridoso ou gentil, alguns usam o anonimato para "escapar da atenção adulatória"[59] e, assim, colocar em prática a abnegação no cerne de uma ética de altruísmo. Claro, tal proteção é de um caráter diferente da proteção que se busca em circunstâncias ameaçadoras, mas ainda assim é uma proteção, nesse caso, de um tipo de crédito pessoal que ameaça minar ou destruir a pureza da boa ação de alguém. Essa associação entre o anonimato e a bondade de atos de caridade é um princípio ético comum, estabelecido nas doutrinas judaica, cristã e islâmica. O rabino filósofo Maimônides

59 Goffman (1963, p.72). Ver também Marx (1999, p.103).

considerou que a tradição judaica de *tzedaká*, uma retidão que assume a forma de uma doação caridosa, tinha um nível ético mais alto quando feita anonimamente, ao invés de publicamente.[60] Da mesma forma, o livro de Mateus do Novo Testamento afirma:

> Por isso, quando você der esmola, não mande tocar trombeta na frente, como fazem os hipócritas nas sinagogas e nas ruas, para serem elogiados pelos homens. [...] Ao contrário, quando você der esmola, que a sua esquerda não saiba o que a sua direita faz, para que a sua esmola fique escondida. (Mt 6, 2-4)[61]

No trecho, a segregação e o sigilo do ato (metaforicamente representados pela divisão entre as ações da mão direita e o conhecimento da mão esquerda) criam o controle de informações necessário para tornar o ato anônimo e, portanto, verdadeiramente íntegro. Um princípio semelhante é expresso por um versículo no Alcorão, que afirma que dar "aos pobres dissimuladamente será preferível para vós, e isso vos absolverá de alguns dos vossos pecados".[62] Na mesma linha, Georg Simmel discutiu "o caso do nobre indivíduo cuja vergonha sutil o faz esconder seu melhor para que não fosse recompensado com elogios e outras gratificações; pois, do contrário, ele possuiria a recompensa, por assim dizer, porém não mais o valor em si".[63] Ao compartimentalizar seus atos virtuosos e, portanto, separá-los de sua reputação pessoal (seu "elogio"), o "nobre indivíduo" de Simmel mantém seus atos verdadeiramente bons e os possui em algum nível eticamente puro. Da mesma forma, ao descrever essa ocultação como necessária à pureza da retidão na tradição cristã, Hannah Arendt afirmou que "no instante em que uma boa obra se torna pública e conhecida, perde o seu caráter

60 Mishnê Torá, Livro das Sementes, Matnot Aniyim, Capítulo 10: 7-14, https://www.chabad.org/library/article_cdo/aid/986711/jewish/Matnot-Aniyim-Capítulo-10.htm.

61 Mateus 6:1-4 (Nova Versão Internacional).

62 Alcorão 2:271 (quran.com/2).

63 Simmel (1950c, p.331).

específico de bondade, de não ter sido feita por outro motivo além do amor à bondade", e "a bondade deve esconder-se de modo absoluto e evitar qualquer publicidade, pois do contrário é destruída".[64]

Além de purificar o ato altruísta, o anonimato também pode proteger os doadores "contra demandas extras" e de "divulgar sua riqueza".[65] Independentemente de qual seja a motivação, a caridade anônima tipicamente contrasta com iniciativas que resultam na divulgação do nome do doador em um comunicado ou na fachada de um edifício.[66] Todavia, enquanto indivíduos que doam anonimamente evitam um reconhecimento público vinculado à identidade pessoal, a doação anônima em si é, em muitos casos, publicamente anunciada, elogiada e celebrada por sua bondade. Nesse sentido, os destinatários e outras pessoas podem divulgar doações anônimas para estabelecer a qualidade de determinada instituição beneficente para futuros doadores[67] ou simplesmente para promover o princípio de que a doação anônima é verdadeiramente nobre. Assim, por exemplo, representantes do Centre for Addiction and Mental Health [Centro de Dependência e Saúde Mental] de Toronto elogiaram publicamente um doador anônimo por dar 100 milhões de dólares em 2018 à instituição, descrevendo a iniciativa como um "ato fenomenal de generosidade, coragem, confiança, antevisão e liderança".[68] Ao relatar uma doação anônima para um abrigo de animais, uma jornalista escolheu o seguinte subtítulo para seu texto: "Existem pessoas boas neste mundo!".[69] O renomado músico Prince foi publicamente elogiado após sua morte por seu antigo hábito de fazer doações anônimas.[70] O reconhecimento póstumo anula o anonimato do doador, mas protege o caráter ético

64 Arendt (2007, p.85-6). Ver também Adut (2018, p.175n13).
65 Marx (1999, p.103).
66 Ver Oppenheimer (2013).
67 Peacey e Sanders (2014).
68 Ver Ubelacker (2018).
69 Wanshel (2016).
70 Ver Grow (2016).

da doação anônima, visto que o doador altruísta não pode mais se beneficiar pessoalmente do reconhecimento público.

A ética do altruísmo anônimo estabelece um arcabouço significativo para seu caráter como um ato performativo. Embora atores benevolentes possam usar suas doações identificadas como um "sinal" para os outros de que eles têm certo *status* social ou posição de classe,[71] doadores anônimos apontam para uma humildade valorizada com suas contribuições. Ao proteger sua identidade pessoal, eles põem em prática e transmitem um significado cultural e moral com sua caridade anônima. Observe o caso de um benfeitor anônimo que se considera o "Amigo Secreto". Em dezembro de 2018, esse indivíduo, descrito como um "rico empresário", recrutou uma pessoa em situação de rua como seu representante para distribuir notas de cem dólares a qualquer um que parasse para "lhe dar um pouco de atenção" enquanto ele estava pedindo esmola.[72] Tal ato, que inverte a dinâmica da caridade entre doador e receptor ao mesmo tempo que recompensa o comportamento daqueles que inicialmente demonstraram generosidade ou cuidado para com um indivíduo necessitado, também foi cuidadosamente encenado e coordenado para câmeras de telejornais e, em seguida, editado e embalado para espectadores. O agente (a pessoa em situação de rua) e os destinatários surpresos são todos incitados a servir como personagens em uma narrativa cuidadosamente roteirizada com enredo e moral, uma encenação moderna de uma ética cristã de caridade na época do Natal. Além disso, no caso de filantropos anônimos, assim como ocorre com autores, artistas e denunciantes anônimos, amigos, familiares, colegas de trabalho ou outras pessoas mais próximas sabem quem é a pessoa por trás do ato, o que provavelmente aumenta sua reputação entre aqueles em seus círculos sociais próximos, não apenas por causa de sua generosidade, mas também especificamente porque eles se esquivaram do reconhecimento

71 Glazer e Konrad (1996).

72 Steve Hartman, *CBS Evening News*, 14 dez. 2018, https://www.youtube.com/watch?v=DG94Txqnz7I.

público.[73] Enquanto esse "Amigo Secreto" em particular permanece anônimo por trás da pessoa em situação de rua que escolheu como seu representante, seu rosto escondido nas sombras ou virado para o lado em sua aparição na televisão, que está publicamente disponível online, provavelmente toda a sua equipe de *performance* o conhece, e ela parece incluir muitas autoridades locais e outros cúmplices. Mesmo se e quando um doador anônimo consegue fazer uma doação sem que nenhuma outra pessoa a vincule à sua identidade pessoal, tal ato ainda pode ser realizado para o seu eu ou para o seu Deus. Nesses casos, o eu-como-público de alguém pode servir como avaliador de seu eu-como-ator-íntegro. Ademais, a partir da perspectiva do crente, Deus também está observando e julgando. Após a instrução de Jesus, conforme transmitida no livro de Mateus, "Não pratiquem a justiça de vocês diante dos homens, só para serem elogiados por eles", ele afirma: "seu Pai, que vê o escondido, recompensará você" (Mt 6, 1-4).[74] Da mesma forma, o Alcorão informa aos doadores anônimos que "Allah está inteirado de tudo quanto fazeis".[75]

A confissão por trás da treliça e o baile de máscaras

Como em muitos dos casos que já discuti, o anonimato protetor permite aos atores revelar informações potencialmente comprometedoras ao mesmo tempo que as separa de sua identidade e reputação pessoais. Por esse motivo, a confidencialidade e o anonimato são *ambos* princípios fundamentais da ética católica tradicional e da prática da confissão, fomentada pelo confessionário privado, com divisória e treliça. Antes do início do século XIII, a confissão "não era individual, mas coletiva".[76] A prática era usada para abordar abertamente ações sociais problemáticas que desviavam dos

73 Hoffman, Hilbe e Nowak (2018); Gallagher (2018). Ver também Peacey e Sanders (2014).

74 Mateus 6:1-4 (Nova Versão Internacional).

75 Alcorão 2:271 (quran.com/2).

76 Bossy (1975, p.22).

padrões de comportamento aceitável e, portanto, eram vistas como causa de uma ruptura entre o pecador e a Igreja enquanto comunidade. Quando as autoridades católicas privatizaram o sacramento, elas mudaram o foco "do social para o pessoal" e "interiorizaram as noções de pecado e arrependimento".[77] Com seu projeto e introdução formal do confessionário no século XVI, o arcebispo Carlos Borromeu deu forma material e prática ao foco crescente da Igreja em revelações profundamente pessoais.[78] Escrevendo para o Institute for Sacred Architecture [Instituto para a Arquitetura Sacra], John J. Coughlin observa: "O confessionário tradicional [...] serve para salvaguardar a inviolabilidade do selo do Sacramento da Penitência", que "garante aos fiéis que eles podem confessar livremente seus pecados e receber o perdão de Deus sem correr o risco de o confessor os expor publicamente".[79] Nesse sentido, o confessionário, com suas portas ou cortinas fechadas, é uma expressão estrutural de uma ênfase eclesiástica na privacidade e na confidencialidade. Ao ocultar do público os pecados que alguém exprime, ele encoraja os confessantes a falar verdades pessoais que do contrário não seriam ditas. De fato, as palavras "confessar" e "confidencial" compartilham o prefixo latino *con* (derivado de *com*), que significa "junto", transmitindo a natureza compartilhada porém excludente do que é dito nos *con*fins da cabine.[80]

No entanto, em outro sentido, a treliça ou grade visualmente obstrutiva que separa o clero autoritativo (na figura do confessor) do confessante, quando usada, propicia uma camada extra de proteção que se manifesta como um anonimato interativo durante o processo ritual.[81] Protegendo concomitantemente o rosto do confessor

---

77 Bossy (1975, p.21, 22).

78 Bossy (1975, p.29-30); Cornwell (2014).

79 Coughlin (2001, p.10).

80 Online Etymology Dictionary, https://www.etymonline.com.

81 O Código de Direito Canônico da Igreja Católica (1983, p.964, §2) afirma que as igrejas devem fornecer "confessionários, munidos de uma grade fixa entre o penitente e o confessor, e que possam utilizar livremente os fiéis que assim o desejem" (https://www.vatican.va/archive/cod-iuris-canonici/portuguese/

e do confessante, a treliça torna os confessantes individuais *qualquer uns*, obscurecendo e nivelando sua identidade pessoal geralmente significativa e reforçando seu *status* geral como pecador sob a jurisdição da comunidade religiosa. Além disso, a treliça provavelmente funcionava às vezes para deixar o confessionário semelhante a uma linha telefônica de denúncia anônima contemporânea, facilitando para que os confessantes pudessem expor vizinhos e familiares ao examinar as profundezas de suas próprias infrações. Em nossa era contemporânea, ela também protege o padre de saber a identidade pessoal de qualquer um que confesse um crime grave e, portanto, o exime de qualquer obrigação legal de denunciar tal confessante às autoridades estatais.[82] Ademais, as autoridades católicas também usam o anonimato da treliça para despersonalizar o poder e a autoridade do padre, de modo que qualquer padre individual possa se colocar *in persona Christi* – como representante geral de Deus e da luz.[83] A barreira dá ao padre a liberdade e o poder de transcender sua identidade pessoal e assumir um *status* impessoal e onisciente como uma voz de Deus. Com relação à sua identidade pessoal mortal, ele também poderia ser qualquer um. Desse modo, enquanto o anonimato dos confessantes lhes dá liberdade para revelar pecados, o anonimato do padre-como-confessor potencializa sua autoridade confessional junto com seu poder interpretativo, proscritivo e corretivo, permitindo-lhe conduzir o ritual de confissão de forma mais livre e contundente.[84]

---

codex-iuris-canonici_po.pdf). Ver também o mandato da Conferência dos Bispos Católicos dos Estados Unidos (http://www.usccb.org/beliefs-and-teachings/what-we-believe/canon-law/complementary-norms/canon-964-2-the-confessional.cfm).

82 Ver Coughlin (2001) sobre todas essas questões.

83 Coughlin (2001, p.9). Sobre a autoridade daquele que ouve confissões, incluindo o poder desse indivíduo de interpretar a verdade e o significado da transgressão, ver também Foucault ([1978] 1990, p.61-2, 66-7).

84 Essa autoridade despersonalizada também era uma característica dos "confessores extraordinários" que de vez em quando viajavam a uma comunidade para ouvir confissões sem os preconceitos e julgamentos que poderiam advir de relações pessoais localmente enraizadas. Ver Simmonds (2000, p.268).

O anonimato da treliça confessional é replicado e aprimorado atualmente pela tela do computador quando autoridades religiosas ouvem confissões online.[85] Esses confessionários online podem até ser automatizados, permitindo a alguém confessar seus pecados a uma autoridade genérica que oferece penitências e absolvição prontas de acordo com o tipo e com o grau de pecado sendo confessado.[86] Um anonimato protetor de confissão também é possibilitado por uma série de plataformas físicas e online onde indivíduos confessam detalhes íntimos e secretos de suas vidas para um público geral, como o site do projeto PostSecret e diversos espaços de exposição relacionados a ele.[87] Em tais "economias íntimas",[88] indivíduos compartilham anonimamente todos os tipos de informações privadas e profundamente pessoais, revelando "Fumei crack", "Fingi um aborto espontâneo", "Fiz meu cachorro fazer sexo oral em mim" ou "Sou viciado em pornografia na internet", para listar apenas alguns exemplos.[89] Esses confessantes são anônimos para seu público, e este último (um público amorfo em geral) é majoritariamente anônimo para os primeiros. O formato anônimo desses projetos molda, e talvez reforce, o caráter performático da confissão, que é

85 Simmonds (2000, p.268-70). Ver também Fantz (2008).

86 Ver Absolution Online, http://www.absolution-online.com/.

87 Ver https://postsecret.com/. Existem vários outros exemplos de sites confessionais, alguns dos quais não são mais atualizados porém mantêm seus arquivos acessíveis. Ver O'Connell (1998); Boxer (2005) para comentários. Sobre confissão e autoria anônima, ver Mullan (2007, p.254-85).

88 Poletti (2011).

89 Warren (2007). Frank Warren iniciou o projeto PostSecret em 2004, quando distribuiu cartões-postais pedindo às pessoas que lhe enviassem anonimamente segredos pessoais que ele publicaria em um blog público. O projeto cresceu rapidamente e ainda está ativo no momento da escrita deste livro. O projeto Subway Therapy, iniciado por Matthew "Levee" Chavez, adotou um formato semelhante para permitir aos indivíduos uma válvula de escape para se expressarem após a eleição presidencial de 2016 nos Estados Unidos. Consultar http://www.subwaytherapy.com/home. Ver também o Clothesline Project, no qual os participantes usam camisas e peças de roupa penduradas em uma espécie de varal para expor anonimamente várias formas de violência e abuso interpessoais (http://www.clotheslineproject.info/).

tipicamente chocante em sua franqueza e, no caso do PostSecret, normalmente apresentada em um fundo artístico criado pelo confessante com o intuito de enquadrar a emocionalidade da revelação. Nas palavras de uma pessoa que teceu comentários sobre o tema, muitas confissões online se manifestam "como uma *performance* ao vivo do pecado", o que é uma grande parcela do que faz "esse confessionário ser algo que vale a pena espiar".[90]

Em um sentido semelhante, o confessionário católico tradicional não apenas permite a articulação do pecado, mas na verdade enquadra (estrutural e performativamente) e define o que é o pecado para os praticantes. O ato de realizar a confissão de forma tão privada e oculta codifica ativamente o pecado em sua antítese àqueles pensamentos e atividades que abertamente declaramos e voluntariamente vinculamos à nossa identidade pessoal. O pecado é uma verdade interior oculta que deve ser revelada apesar de nossa resistência,[91] que pode ser superada com a negação protetora da identidade pessoal. No entanto, mesmo quando uma treliça é usada, o confessor pode saber a identidade pessoal do confessante (e vice-versa). Em um sentido mais geral, a treliça propicia uma importante expressão estrutural de uma ética cooperativa do anonimato inserida na *performance* social e na prática interativa da confissão pelos próprios jogadores, que diplomaticamente evitam ou ignoram a identidade pessoal como uma questão de valor normativo. Nesses casos, a identidade pessoal do confessante é *socialmente ignorada*, mesmo que *intimamente conhecida*, para que o ritual se torne despersonalizado, o que permite que o pecado, em vez da identidade pessoal do pecador, seja a questão em pauta e que a interação ritual genérica com Deus e a reconciliação geral com a comunidade cristã, em vez do relacionamento pessoal com o padre por trás da treliça, sejam enfatizadas. A revelação, que normalmente seria deletéria, não mancha a reputação do confessante, mas sim a purifica. A identidade pessoal e a reputação permanecem ilesas.

---

90 Boxer (2005).

91 Ver também Foucault ([1978] 1990, p.58-67).

Na mesma linha, a máscara de um baile de máscaras protege uma pessoa do estigma associado a ações e expressões tabu, mas nesse caso enquadra tais ações e expressões como uma brincadeira frívola ou uma transgressão contextualmente restrita e aceitável, permitindo atividades que do contrário não ocorreriam por conta do constrangimento, da vergonha ou de outras humilhações que causariam aos atores envolvidos. Essas máscaras, com suas origens em carnavais que criavam uma violação temporária da ordem social normativa,[92] carregam um significado culturalmente rico que os atores mobilizam de forma criativa quando as usam para proteger sua identidade pessoal em uma festa ou festival. Ao usar essas ricas fachadas simbólicas, em todas as suas variações ornamentadas, os atores criam um tipo específico de dinâmica interativa, enraizada em um espírito compartilhado de ambiguidade e em um jovial "desafio às categorias de identidade".[93] Nesse caso, *performances* de anonimato são tipicamente recíprocas, uma vez que várias pessoas usam máscaras semelhantes, o que permite um nivelamento do *status* social que normalmente moldaria as interações.

Tomando um exemplo teatral famoso e revelador, um baile de máscaras propicia o tempo e o espaço protetores que permitem a Romeu e Benvólio comparecer a uma festa dos Capuleto cobertos por suas máscaras, as quais permitem o primeiro encontro de Romeu e Julieta e a forte atração entre eles, que conhecidamente desafia os limites da rivalidade entre suas famílias. Após o encontro, Romeu fica chocado ao saber da identidade de Julieta como uma Capuleto. Da mesma forma, após saber da identidade pessoal e da afiliação familiar de Romeu, Julieta grita: "Nasce o amor desse ódio que arde? Vi sem saber, ao saber era tarde".[94] Sua exclamação carrega a contradição da cena; seu amor por Romeu foi despertado quando ela o viu envolto em um anonimato que separou sua identidade pessoal do encontro deles. O contexto do baile o protegeu da

92 Bakhtin ([1965] 1984, p.10). Ver também Tseëlon (2001b, p.27-9).

93 Tseëlon (2001a, p.1). Ver também Napier (1986).

94 *Romeu e Julieta*, ato I, cena V.

impressão que ela teria formado se a identidade pessoal e a afiliação familiar dele fossem expostas.[95] Assim como na ambientação de Shakespeare, os bailes de máscaras dão aos participantes permissão para ignorar identidades pessoais e, portanto, as categorias e *status* sociais que elas significam, permitindo uma liberdade de interação que seria restrita se as identidades pessoais fossem publicamente expostas e abertamente reconhecidas.[96]

No entanto, essa liberdade de interação deriva da ética social e cooperativa do anonimato e das normas de jogo de identidade que os indivíduos criam com suas máscaras nesses cenários específicos. A ética do baile de máscaras, como a do confessionário, é completamente social e performática. Mesmo quando os atores que usam máscaras em uma festa conhecem a identidade uns dos outros, o que é comum, seu uso mútuo e simultâneo de máscaras transmite o impacto significativo desse dispositivo como uma ferramenta que protege identidades pessoais e permite atividades expressivas geralmente arriscadas ou picantes. Assim, na Veneza do século XVIII, onde as máscaras eram um acessório de moda comum, mesmo fora do carnaval, "a identidade dos mascarados era normalmente conhecida".[97] Contudo, "em geral, os mascarados não se dirigiam uns aos outros pelo nome", e, ademais, "tirar a máscara de alguém era

---

95 Logo após esse encontro, Julieta considera Romeu separado de sua identidade pessoal e afiliação familiar quando profere a famosa frase: "O que há num nome? O que chamamos rosa teria o mesmo cheiro com outro nome". *Romeu e Julieta*, ato II, cena II.

96 Vemos uma expressão muito diferente desse nivelamento social em "A máscara da Morte Rubra", de Edgar Allan Poe (1842). Nesse conto, o príncipe Próspero (observe as claras conotações de classe tanto do título quanto do nome) se isolou com mil amigos da classe alta em um castelo para evitar uma peste cruel. Enquanto se abrigava no luxo e totalmente indiferente ao sofrimento das massas, o príncipe organizou um extravagante baile de máscaras no qual uma figura misteriosa vestida como o cadáver de uma vítima da peste apareceu, circulou pela multidão e, por fim, infectou e matou todos os presentes. Usando o baile de máscaras como cenário, o qual ocultava a identidade pessoal de seus convidados, Poe mostra como "a Ruína e a Morte Rubra estenderam seu domínio ilimitado sobre tudo" (Poe, 2017, p.157).

97 Johnson (2011, loc.3803).

um insulto supremo", mesmo quando se reconhecia outro usuário de máscara.[98] Usando essas máscaras em um contexto festivo, os atores praticam uma ética compartilhada de anonimato que lhes permite se comportar e interagir na violação da identidade pessoal e, assim, manter uma ordem social alternativa – que é separada da realidade de suas vidas cotidianas.[99]

A imparcialidade da impessoalidade e a *performance* da avaliação acadêmica

Podemos adotar uma abordagem semelhante para entender melhor as regras oficiais de avaliação e os procedimentos de avaliação que exigem o anonimato ou pseudonimato dos atores para evitar vieses decorrentes de preconceito, favoritismo ou medo de retaliação.[100] Nesses casos, os atores não são simplesmente desconhecidos, mas sim ativa e intencionalmente despersonalizados para executar a ética social de imparcialidade, justiça e/ou privacidade.

Por exemplo, ao anonimizar candidatos, concorrentes ou examinandos que competem por alguma recompensa valiosa, expressamos o princípio de que a avaliação da *performance* e dos feitos dos indivíduos não deveria ser influenciada por suas características pessoais ou por qualquer relacionamento pessoal anterior com o avaliador. Nossas avaliações também não deveriam ser afetadas por *status* atribuídos, como raça, etnia, gênero, classe, idade, deficiência física ou atratividade percebida.[101] Criamos e usamos esses procedimentos despersonalizantes para nivelar o campo de jogo, tratando os outros (que muitas vezes são transformados em "sujeitos"

98 Johnson (2011, loc.978-9).

99 Ver Turner (1982, p.20-60) sobre zonas liminoides. Ver também Bakhtin (1996, p.10) sobre o "segundo mundo da cultura popular" estabelecido pelo carnaval.

100 Ver também Ponesse (2013, p.334-5).

101 Ver também Marx (1999, p.103) sobre "julgamentos e tomada de decisão" despersonalizados. Ver Parsons ([1951] 1991) sobre variáveis de padrão e a distinção entre atribuição e realização. Ver também Linton (1936).

ou "candidatos" genéricos) como quaisquer uns impessoais a fim de concentrar nossas percepções e julgamentos nas *performances* e produtos que avaliamos. O programa de televisão da Fox *The Masked Singer*, uma versão elaborada da audição às cegas mais convencional,[102] revela como o anonimato pode focar a atenção e aprimorar o julgamento em uma variável (o desempenho vocal, nesse caso) ao mesmo tempo que gera mistério e especulação sobre a pessoa por trás da máscara. Da mesma forma, os jurados do programa *The Voice*, da NBC, viram-se de costas para os concorrentes (utilizando cadeiras giratórias) durante a rodada inicial de avaliação. Na mesma linha, os colaboradores do concurso para projetar o Memorial dos Veteranos do Vietnã, em Washington, DC, eram anônimos, focando a atenção do painel de oito jurados apenas na qualidade das propostas. Depois que a decisão final foi anunciada, revelou-se que a responsável pelo projeto vencedor era Maya Lin, de 21 anos, estudante de graduação na Universidade de Yale na época. Dada a controvérsia que decorreu da revelação da identidade pessoal de Lin – que trouxe à tona sua etnia asiática, sua idade e seu *status* de aluna de graduação –, parece de fato que o anonimato inicial do processo foi importante para evitar avaliações tendenciosas. Está implícito que o projeto de Lin poderia não ter sido escolhido se ela estivesse vinculada à proposta. Esses procedimentos de proteção institucionalmente decretados também se aplicam a protocolos de admissão anônimos, sistemas de nota anônimos e testes anônimos de diversos tipos.

Por outro lado, quando ocultamos a identidade pessoal daqueles que conduzem as avaliações, transmitimos a ideia de que eles não devem sofrer retaliações ou ser recompensados por expressar suas opiniões e que a despersonalização, portanto, purifica suas avaliações, tornando-as mais honestas. Tal princípio molda nossa recepção das avaliações realizadas por críticos literários, de arte e de

102 Ver Goldin e Rouse (2000). Ver também Gladwell (2005, p.245-54) sobre "ouvir com os olhos".

gastronomia anônimos.[103] Ele também apresenta a lógica para coletar *feedback* anônimo de um grupo delimitado e específico (como no caso de avaliações anônimas de cursos em faculdades e universidades) e também de comunidades maiores e do público em geral (como no caso de pesquisas de opinião e levantamentos em grande escala). Além disso, a ideia de que ocultar a identidade pessoal torna as avaliações mais honestas explica por que plataformas online de avaliação anônimas e pseudônimas (como o Rate My Professor) são amplamente utilizadas por consumidores que buscam informações sobre um produto, serviço ou instituição em particular.[104] Nesses casos, o anonimato permite a crítica sem medo de retaliação e, talvez mais significativamente, sem o constrangimento ou a vergonha social que poderiam resultar do ato de criticar alguém de maneira mais direta e aberta, o que frequentemente macula a face social tanto de quem critica quanto de quem é criticado (como também ocorreria em casos que envolvem elogios excessivos ou inadequados).[105] Ao proteger o avaliador de tal força interpessoal e emocional, as avaliações anônimas permitem aos indivíduos falar livremente. Todavia, o anonimato também pode fomentar uma comunicação tanto crítica quanto favorável que é injustificável e que não ocorreria se os avaliadores fossem pessoalmente responsabilizados por seus comentários.

Criamos e usamos sistemas de avaliação anônima para moldar os significados de nossos atos avaliativos. Ao remover identidades pessoais do processo avaliativo, agentes de anonimização estabelecem a noção de que estão acessando informações puras que do contrário poderiam estar indisponíveis ou contaminadas. Eles, portanto, executam a legitimidade de suas avaliações e julgamentos. Por exemplo, o sistema de revisão por pares "duplo-cego" usado

---

103 Ver Griffin (1999, p.884); Wrigley (1983). Ver também Saks e Ostrom (1973) sobre cartas anônimas ao editor. Ver também Ponesse (2014, p.312).

104 Ver Scott e Orlikowski (2014).

105 Ver Goffman (1967) sobre o conceito de "rosto". Um exemplo de elogio inapropriado ocorre quando um aluno anônimo admira a aparência física de um professor na plataforma Rate My Professor.

por muitos periódicos acadêmicos (em que os autores são anônimos para aqueles que avaliam seus artigos e os revisores também são anônimos para os autores) é amplamente considerado um método de garantir uma avaliação justa e imparcial da produção acadêmica de acordo com os padrões de uma comunidade erudita.[106] Entretanto, esse sistema de revisão anônima também é, de forma mais geral, "um recurso de legitimação" que "atua como um 'ritual estratégico' que estabelece uma base geral para que os periódicos afirmem agir com credibilidade e legitimidade".[107] Os editores de publicações acadêmicas usam esse sistema de anonimato protetor para desempenhar a integridade científica de sua plataforma ao mesmo tempo que justificam suas próprias decisões autoritativas como guardiões no processo.[108] Da mesma forma, avaliações de alunos feitas por professores de faculdades e universidades são frequentemente consideradas "uma representação mais precisa da *performance* docente" quando os alunos que fazem a avaliação permanecem anônimos.[109] No entanto, pesquisadores mostraram que esse sistema de avaliação anônima pode resultar em avaliações racistas e sexistas, classificações que variam de acordo com a idade e atratividade do membro do corpo docente sob exame e avaliações críticas com base no recebimento de notas baixas porém atribuídas de forma justa.[110] Apesar de as avaliações anônimas de professores feitas pelos alunos não medirem de fato a qualidade ou eficácia do ensino, e apesar de outros problemas cada vez mais óbvios com o procedimento, diretores de faculdades e universidades continuam empregando esse método para legitimar seus julgamentos e decisões sobre a *performance* do corpo docente.

---

106 Há evidências de que essa prática leva a uma maior diversidade na representação de autores. Ver Budden et al. (2008). Ver também Ponesse (2014, p.308).

107 Li (2011, p.609).

108 Ver Li (2011, p.605-6).

109 Afonso et al. (2005, p.46). Ver também Cheong (1979).

110 Ver, por exemplo, Riniolo et al. (2006); Stark (2013); Patton (2015); Mengel, Sauermann e Zölitz (2019). Para uma discussão crítica sobre avaliações anônimas no local de trabalho, ver Cancialosi (2015).

O caráter protetor do anonimato também é uma das principais razões para haver regras que exigem a anonimização de sujeitos humanos em pesquisas acadêmicas ou científicas. Os Comitês de Ética em Pesquisa (CEPs) e outras agências acadêmicas estabelecem procedimentos que exigem o anonimato de sujeitos humanos para proteger participantes de pesquisas de possíveis danos e preconceitos que podem resultar da vinculação das características expostas pela pesquisa à sua identidade pessoal. Contudo, essas regras e procedimentos muitas vezes criam uma "falsa promessa de anonimato" e, por conseguinte, levam pesquisadores bem-intencionados a exagerar enormemente as proteções que oferecem.[111] Em muitos casos, dados supostamente anonimizados são facilmente vinculáveis a identidades pessoais.[112] Com relação à pesquisa etnográfica nas ciências sociais, apesar da prática padrão de uso de pseudônimos para disfarçar a identidade de sujeitos humanos e comunidades, os pesquisadores muitas vezes expõem informações que podem ser usadas para identificar pessoas e lugares ao simplesmente publicar relatos etnográficos profundamente perspicazes, matizados e reveladores.[113] Identificar sujeitos pode ser particularmente fácil para "membros bem informados da comunidade",[114] sugerindo "que a anonimização provavelmente será mais problemática precisamente onde seria mais útil – no nível local – e que ela pouco pode fazer para proteger a identidade dos participantes de amigos e colegas ou [...] das próprias pessoas que provavelmente estão em posição de reagir ou retaliar contra elas".[115] O aumento da conectividade moderna à internet e a facilidade com que podemos pesquisar informações agravam esse problema, especialmente na medida

111 Walker (2017).

112 Ver, por exemplo, Samarati e Sweeney (1998); Sweeney (2002); de Montjoye et al. (2013); Savage (2016); Walker (2017).

113 Ver Walford (2018). Ver também Saunders, Kitzinger e Kitzinger (2015); Reyes (2018); Jerolmack e Murphy (2019).

114 Crow e Wiles (2008). Ver também Scheper-Hughes (2000); Reyes (2018, p.210); Jerolmack e Murphy (2019, p.805).

115 Nespor (2000, p.548).

em que permite a leitores curiosos vincular "informações privadas (transmitidas em uma entrevista sob garantias de que os nomes reais dos participantes da pesquisa não seriam usados)" com "informações públicas disponíveis para qualquer um ver".[116] Assim, embora muitas vezes criem protocolos detalhados para anonimizar ou pseudonimizar as pessoas que estudam, os acadêmicos e seus CEPs estão basicamente executando uma ética de anonimato protetor sem qualquer garantia de que a identidade pessoal dos participantes da pesquisa não será vinculada às histórias que os estudiosos contam sobre suas vidas e atividades.

Uma maneira de fortalecer o anonimato oferecido aos sujeitos de pesquisas etnográficas pode consistir em "dissimular nossas descrições dos indivíduos" alterando "gênero, classe e etnia" ou outras variáveis-chave para a identidade do sujeito.[117] Casos em que um pesquisador está estudando uma população particularmente vulnerável podem merecer tal "mascaramento abrangente".[118] Catarina Frois recorreu a tais medidas ao estudar grupos de recuperação de doze passos.[119] Alice Goffman também empregou tais medidas em seu agora bastante famoso estudo de indivíduos vivendo uma "vida fugitiva" em um bairro do centro da cidade. Para proteger seus sujeitos de retaliação, Goffman não apenas mudou o nome dos indivíduos e dos lugares como também alterou outros aspectos da identidade das pessoas, os detalhes de certas situações e a sequência temporal dos eventos. Seu comprometimento profundo com o anonimato protetor levou muitos críticos, alguns deles anônimos, a questionar a veracidade e a legitimidade de sua análise.[120] Além disso, a anonimização de sujeitos de pesquisa também

116 Saunders, Kitzinger e Kitzinger (2015, p.125-6). Ver também Walford (2018, p.518-9).

117 Walford (2018, p.519). Para razões e justificativas que podem levar um pesquisador a tomar essas e outras medidas relativamente extremas, ver Saunders, Kitzinger e Kitzinger (2015).

118 Jerolmack e Murphy (2019, p.805).

119 Frois (2009a, p.14-5).

120 Goffman (2014). Ver Neyfakh (2015) para mais detalhes.

pode proteger pesquisadores que estudam populações violentas ou perigosas de serem alvos daqueles sujeitos que se sentem ameaçados pela exposição.[121] No entanto, apesar de medidas cuidadosas e abrangentes, relatar qualquer elemento característico sobre os comentários e/ou ações de um sujeito ainda implica o risco de expor sua identidade pessoal a colegas, autoridades ou até mesmo estranhos.[122] Quando os leitores são informados de que tais detalhes foram alterados, eles podem tentar decodificar as fachadas que o etnógrafo construiu. Em última instância, as instruções e os protocolos de anonimização de nossos CEPs acadêmicos parecem mais adequados para evitar que faculdades e universidades sejam responsabilizadas do que para proteger os participantes de pesquisas contra danos ou apoiar pesquisadores que enfrentam possíveis retaliações ou intervenções legais.[123]

Além disso, como "uma estratégia representacional com implicações ontológicas e políticas interessantes",[124] a prática acadêmica de anonimizar ou pseudonimizar sujeitos humanos de pesquisa pode ter consequências graves para a integridade de uma análise.[125] Obedecendo "os cânones [...] da ética etnográfica", que "pareciam sensatos e necessários" ao realizar e publicar sua pesquisa, Charles L. Bosk alterou uma característica crucial da identidade de um de seus sujeitos de tal forma que acabou reduzindo o leque de interpretações que os leitores poderiam desenvolver em relação a uma situação importante.[126] Ao estudar o departamento e o programa de treinamento de cirurgias de um grande hospital afiliado a uma universidade (ao qual deu o pseudônimo de "Hospital Pacífico"), Bosk detalhou as deliberações da "reunião de promoção na qual os preceptores [se reuniram] para decidir o destino dos residentes de

121 Contreras (2019).

122 Walford (2018, p.519); Jerolmack e Murphy (2019, p.805).

123 Ver a discussão de Khan (2019) sobre sua experiência quando a justiça solicitou, em uma ação civil, seus dados etnográficos.

124 Nespor (2000, p.549). Ver também Walford (2018, p.522).

125 Ver também Jerolmack e Murphy (2019, p.803).

126 Bosk ([1979] 2003, p.217).

cirurgia do segundo ano".[127] Em seu relato inicial, Bosk descreveu como preceptores afirmaram que um residente do segundo ano em particular, a quem o pesquisador se referiu usando o pseudônimo de "dr. Jones", era não apenas incompatível com a profissão de cirurgião como também não estava apto a exercer a medicina. Eles colocaram em xeque a saúde mental de Jones, questionaram se o residente estava ou não "drogado" e argumentaram que Jones era incapaz de aceitar críticas ou mesmo manter uma conversa construtiva. Durante todo esse tempo, Bosk se referiu a Jones (bem como a todos os outros residentes de cirurgia e todo o corpo docente) como um homem. Na verdade, como Bosk admitiu muitos anos depois, em um "apêndice corrigido" à edição de 2003 do livro de 1979, "Jones era a única mulher no grupo de residentes de cirurgia que [ele] observou".[128] Inicialmente, o pesquisador mudou o gênero de Jones para garantir um anonimato protetor. Como a única mulher no programa, atribuir o gênero com precisão teria revelado sua identidade pessoal.[129] Assim, os padrões de anonimato, como Bosk aponta em retrospecto, não apenas impediram qualquer possível interpretação potencial da situação com referência ao gênero de Jones, mas também "ofereceram mais proteção aos cirurgiões do Hospital Pacífico do que a Jones", deixaram a análise "teoricamente empobrecida", obscureceram a cultura de assédio sexual no hospital, invisibilizaram um problema sério e impossibilitaram uma crítica importante.[130]

Quando pesquisadores qualitativos pseudonimizam seus participantes, eles desempenham sua própria posição ética enquanto pesquisadores e definem seus relatórios como trabalhos legítimos de ciências sociais em vez de jornalismo ou alguma outra forma de narrativa. Ademais, a pseudonimização permite aos pesquisadores respirar mais tranquilamente em relação às suas próprias interpretações e representações das pessoas e comunidades que

127 Bosk ([1979] 2003, p.218).
128 Bosk ([1979] 2003, p.219).
129 Bosk ([1979] 2003, p.220).
130 Bosk ([1979] 2003, p.221, 222-3).

estudam – uma medida de autoproteção contra pressões e inquietações relacionadas à precisão de seu trabalho interpretativo.[131] Afinal de contas, ao usar identidades de fachada para ocultar a identidade pessoal de seus sujeitos, o pesquisador poderia estar escrevendo sobre qualquer pessoa. Embora a relação entre o acadêmico e o informante, ou entre o acadêmico e a comunidade, muitas vezes seja bastante pessoal, a relação entre o autor e o personagem pseudônimo pode se tornar impessoal e genérica, talvez, como afirma Nancy Scheper-Hughes, deixando os etnógrafos "livres demais com [suas] canetas, com o controle de [suas] línguas e com [suas] traduções e interpretações livres da [...] vida".[132] Além disso, "dar pseudônimos a pessoas ou lugares e estrategicamente excluir dados de identificação os transforma em exemplos ou ilustrações utilizáveis de categorias teóricas generalizadoras", o que permite ao pesquisador usar o sujeito como um "substituto para classes sociais, grupos étnicos, gêneros, instituições ou outros constructos teóricos".[133] Assim, ao mascarar os indivíduos e lugares que estudam, os etnógrafos efetivamente os tornam genéricos e, por conseguinte, representativos de outros casos.[134] Em suma, embora suas promessas de proteger identidades pessoais nunca possam ser garantidas, os etnógrafos usam procedimentos de pseudonimização para executar diversos significados éticos e representacionais que são centrais para seus estudos. Mais fundamentalmente, o anonimato e o pseudonimato são ferramentas que muitos estudiosos usam para definir seus pontos de vista acadêmicos e elaborar suas avaliações teatrais.

---

131 Ver Duclos (2019, p.179). Ver também a discussão de Scheper-Hughes (2000, p.119, 128). Ver também Jerolmack e Murphy (2019, p.807).

132 Scheper-Hughes (2000, p.128).

133 Nespor (2000, p.550). Ver também Bosk ([1979] 2003, p.xvi-xviii); Jerolmack e Murphy (2019, p.809-13). Ver também Krause (2021) sobre "casos modelo" de forma mais geral.

134 Como Reyes (2018, p.212) aponta, devido a essa genericidade, "pseudônimos em pesquisas são capazes de proporcionar *negação plausível*" (grifo do autor). Ver também Duclos (2019, p.178) para um caso em que tais generalizações foram inadequadas.

Comunidades e fóruns anônimos

Comunidades e fóruns anônimos envolvem várias pessoas que cooperam para ocultar sua identidade pessoal enquanto se juntam com um propósito comum. Esses grupos se reúnem por diferentes razões, mas todos eles mantêm uma *cultura de anonimato ou pseudonimato recíproco* que molda padrões de interação, normas de atenção e práticas de controle de informações em ambientes de grupo.[135] Unidos em um espaço físico ou virtual, os participantes criam um refúgio protetor para compartilhar suas experiências, contar histórias, discutir questões, expressar sentimentos ou se comunicar uns com os outros evitando o estigma e outras consequências que provavelmente decorreriam de seus comentários e suas revelações.[136] Embora em alguns casos os participantes possam ser capazes de identificar pessoalmente os outros e em certas situações alguns possam revelar dados de identificação, a maioria protege sua própria identidade pessoal ao mesmo tempo que ignora ativamente ou mostra indiferença às características que definem pessoalmente os outros. Eles também monitoram o cumprimento desses valores e normas contextuais do grupo (que podem ser explicitamente definidos, mas não necessariamente o são).[137]

---

135 Knuttila (2011) usa o termo "cultura do anonimato" em referência ao fórum de imagens anônimo online 4chan. Ver também Coleman (2014, p.41); Auerbach (2015b). Ver Frois (2009a) sobre "reciprocidade em um contexto de anonimato" (p.153), sobre o anonimato como "relacional" (p.156, 173) e sobre foco e atenção em grupos de recuperação de doze passos (2009a, p.159-61; 2009b, p.93-4). Ver também Denzin (1987, p.102, 113-21) sobre os Alcoólicos Anônimos como "um universo discursivo compartilhado" e os comentários de Karp (1973, p.447) sobre "a situação anônima". Sobre "normas informacionais", ver Nissenbaum (2004, p.138). Sobre as "idioculturas" de pequenos grupos, ver Fine (2012, 2021). Sobre normas atencionais, ver Zerubavel (2015, p.9-10, 59-69).

136 Ver Ponesse (2013, p.322) sobre "zonas livres de vergonha". Ver Marx (2016, p.150) sobre "zonas de segurança, refúgios seguros e abrigos" como áreas de proteção que permitem evitar a vigilância.

137 Ver Scott (2011, p.30, 49-52; 2015, p.178-80) sobre "regulação performativa".

Tais comunidades e fóruns frequentemente assumem a forma de mundos da vida alternativos ou zonas "liminoides".[138] Para Victor Turner, o liminoide se refere a tempos e lugares apartados da ordem social dominante, "à margem de processos centrais econômicos e políticos, nas interfaces e nos interstícios das instituições centrais e operantes", onde os participantes fogem de muitas das restrições que enfrentam em suas vidas cotidianas. Eles são "domínio[s] independente[s] de atividade criativa" e "cenários [...] para todos os tipos de improvisação pessoal, comportamento cognitivo experimental, bem como para formas de ação simbólica" que frequentemente têm um caráter "subjuntivo".[139] Uma vez que aqueles que participam de comunidades e fóruns anônimos agem temporariamente na violação de sua identidade pessoal, onde podem fugir de muitas das pressões que a identificação pessoal coloca sobre suas *performances* em outros locais, eles são capazes de dar vida a novas identidades e padrões de comportamento, juntamente com novas narrativas, memórias e definições de eventos e experiências sociais.[140] Desse modo, tais comunidades e fóruns podem ser "empoderadores, libertadores e transformadores".[141] Todavia, ao proteger sua identidade pessoal, os participantes dessas comunidades e desses fóruns também reforçam a noção de que o conteúdo de sua atividade comunicativa é arriscado ou problemático. Eles frequentemente encenam e recriam o próprio estigma e a própria marginalidade que os levaram a ocultar sua identidade pessoal em primeiro lugar.

---

138 Turner (1982, p.55). Sobre o conceito de "mundo da vida," ver Habermas (1987). Ver também Schütz e Luckmann (1973); Berger e Luckmann (1966).

139 Turner (2015, p.74-5, 43, 43-4). Ver também Knuttila (2011) sobre "o empurrão da alteridade por meio do encontro casual do anonimato" no 4chan.

140 Cf. Turner (2015, p.78-9) sobre a "*perda do ego*" em espaços liminoides. Ver também Denzin (1987, p.206, 187) sobre os Alcoólicos Anônimos como "uma estrutura de cultura que fica à margem, se não fora, da corrente principal da vida em grupo moderna" e sobre a "perda do ego" que ocorre nos Alcoólicos Anônimos.

141 Scott (2015, p.177).

Tratamentos anônimos e o caso dos Alcoólicos Anônimos

Algumas comunidades e fóruns anônimos são majoritariamente terapêuticos. Esses grupos fornecem aos participantes um espaço social para expressar sua vulnerabilidade (junto com sofrimento, medo, solidão e outros estados emocionais relacionados), buscar apoio para um problema que eles geralmente negariam ou manteriam em segredo e oferecer suporte a outras pessoas ao relatar suas próprias experiências.[142] Isso inclui uma série de instituições de recuperação e dependência química (também conhecidas como grupos de doze passos), como Alcoólicos Anônimos, Narcóticos Anônimos e Al-Anon (para familiares e entes queridos de pessoas que sofrem de dependência química e abuso de substâncias). Elas também incluem vários grupos que abordam outras questões com base no modelo de doze passos/recuperação, como Codependentes Anônimos,[143] Dependentes de Amor e Sexo Anônimo (Dasa), Devedores Anônimos, Jogadores Anônimos e muitos outros.[144] Hoje, o anonimato e o pseudonimato proporcionados pela comunicação mediada por computador permitem a uma ampla gama de comunidades e fóruns terapêuticos com culturas implícitas ou explícitas de anonimato ou pseudonimato se unir online. Isso inclui grupos de sobreviventes autoidentificados de abuso sexual na infância e outras experiências traumáticas, indivíduos que abandonaram uma importante afiliação religiosa, aqueles que estão começando a viver uma nova orientação sexual ou identidade de gênero e muitos outros que fomentam o compartilhamento de questões profundamente sensíveis, dolorosas ou traumáticas.[145] Em um nível fundamental, "o uso estratégico do anonimato na internet" oferece "uma forma vital

142 Ver também Goffman (1963, p.20). Ver Curlew (2019) sobre comentários terapêuticos/de apoio feitos por meio do aplicativo anônimo Yik Yak.

143 Ver Irvine (1999).

144 Ver o site dos Codependentes Anônimos (https://www.codabrasil.org.br/), do Dasa (https://www.dasa-sp.org/), dos Devedores Anônimos (https://devedoresanonimos-sp.com.br/) e dos Jogadores Anônimos (https://jogadoresanonimos.com.br/). (N. T.)

145 Ver DeGloma (2007, 2014a,b).

de autoproteção contra possíveis criminosos"[146] e outros agentes de controle social, o que é crucial, dado que quem compartilha histórias pessoais online pode não estar seguro ou ser capaz de discutir livremente suas preocupações em seu ambiente e comunidade físicos. O fato de tais espaços online poderem ser acessados publicamente também permite um grau maior de "observação anônima"[147] e, portanto, um alcance social maior. Ele permite que qualquer pessoa descubra anonimamente o espaço e as histórias de seus participantes, o que pode ampliar seu impacto, mas também expõe os participantes a um risco maior de serem pessoalmente identificados por pessoas de fora que reconhecem os detalhes de seus relatos. Em todos esses casos, o anonimato ou pseudonimato praticado pelo grupo permite aos participantes criar um espaço transcendental ou transformador onde podem experimentar livremente novas identidades enquanto redefinem suas situações e experiências.

A comunidade terapêutica e de recuperação anônima prototípica é o Alcoólicos Anônimos (A.A.). O anonimato mencionado no nome do programa deriva das rotinas normativas e práticas interativas que definem suas reuniões e eventos – o que Norman K. Denzin chama de "mundos sociais da recuperação".[148] Assim como outras comunidades e fóruns anônimos, o A.A. usa o anonimato e o pseudonimato para formar um espaço protetor que liberta os participantes para se expressarem de maneiras que eles gostariam de separar de sua identidade pessoal.[149] Além do estigma carregado pela dependência em si, os participantes das reuniões geralmente se envolvem em "conversas que em interações comuns seriam definidas como uma 'humilhação'". Isso inclui "choro, revelações de transgressões sob a influência de álcool, discussões sobre rompantes

146 Christopherson (2007, p.3052). Ver Spears et al. (2002, p.572) sobre algumas implicações do apoio social via comunicação mediada por computador, sobretudo como um meio de "fomentar a resistência coletiva" a forças poderosas.

147 Adut (2018, p.67).

148 Denzin (1987, p.11ss). Ver também Frois (2009a,b). Minha discussão sobre os Alcoólicos Anônimos se baseia fortemente nesse trabalho.

149 Ver Alcoólicos Anônimos ([1981] 2011, p.5) para uma declaração explícita desse princípio.

de insanidade, menções a medos ou depressões paralisantes e conversas sobre fracassos em casamentos e relacionamentos sociais".[150] Os novos participantes rapidamente aprendem que devem proteger sua própria identidade pessoal e evitar a de outras pessoas de diversas maneiras – basicamente evitando usar ou perguntar sobrenomes ou outros dados de identificação.[151] O uso só do primeiro nome tem uma qualidade generalizante e pseudônima.[152] Além disso, as políticas de uso apenas do primeiro nome não exigem que o nome usado seja aquele legalmente associado à identidade pessoal de alguém. De forma mais geral, os participantes colocam em prática uma "dupla parede" de precaução –[153] uma prática de "não pergunte, não diga" em relação à identidade pessoal –, juntamente com um imperativo moral de nunca expor alguém como participante das reuniões fora do contexto delas (o que quebraria a segregação de identidades no cerne da cultura anônima).[154] Ademais, a arquitetura social dos espaços de encontro, muitas vezes escondidos em porões de igrejas ou isolados do público, ajuda a dar vida ao anonimato do grupo.

Durante as reuniões de A.A., geralmente realizadas pessoalmente mas cada vez mais oferecidas online (uma prática que se disseminou com a pandemia de covid-19 para muitos grupos de recuperação), os participantes são encorajados a (e, em última instância, espera-se que eles o façam) compartilhar suas experiências de vida protegendo

---

150 Denzin (1987, p.115). Ver também Frois (2009a, p.150-1).

151 Ver Denzin (1987, p.64). Ver também Frois (2009a, p.158).

152 O A.A. foi fundado em 1935 por "Bill W." e "dr. Bob", que são pseudônimos na medida em que obscurecem o suficiente o nome de cada indivíduo para mascarar sua identidade pessoal. Embora a identidade pessoal de ambos seja amplamente conhecida hoje (eles são William Wilson e o dr. Robert Smith), seus pseudônimos ainda são comumente usados em respeito à tradição e à prática do anonimato na comunidade.

153 Ver Bar-On (1989, p.328) sobre a "dupla parede" do silêncio. Ver também Zerubavel (2006).

154 Ver Frois (2009a, p.161-71; 2009b, p.99-101) sobre as fronteiras que separam o grupo do mundo exterior. Se e quando membros do grupo se encontram em público, podem fingir uma falta de reconhecimento mútua. Quando membros do A.A. se relacionam fora dos espaços protetores do A.A., eles geralmente evitam mencionar qualquer informação coletada em espaços anônimos quando estão na presença de pessoas que participam do grupo.

sua identidade pessoal, o que generaliza seus relatos e lhes permite se concentrar no que eles têm em comum. No processo, eles adotam a identidade geral de "alcoólico". Muitas vezes se referindo uns aos outros como "A.A.s",[155] o alcoólico se torna, desse modo, alguém despersonalizado, em vez de um indivíduo singular.[156] Na amplamente conhecida (e às vezes parodiada) apresentação convencional de A.A., "Meu nome é ________ e eu sou um alcoólico", o identificador estigmatizante porém genérico (alcoólico) é proferido e adotado enquanto se evita a característica personalizadora de um sobrenome. Na prática e na *performance*, o termo "alcoólico" substitui um sobrenome. Ao ritualmente excluir e substituir o sobrenome por um significante compartilhado, os participantes vivenciam a comunidade de recuperação como um tipo de família.[157] Além disso, o caráter formulaico da apresentação impessoal (conforme indicado pelo espaço em branco na minha reprodução da frase, que pode ser preenchido com *qualquer* primeiro nome) propicia uma estrutura comum que fomenta e define o caráter compartilhado da revelação confessional, uma revelação que "prepara o cenário para construções subsequentes do eu" para se alinhar a um arcabouço interpretativo e a uma narrativa de recuperação compartilhados.[158]

Como outras comunidades anônimas, o A.A. é um exemplo particular das "instituições reinventivas" discutidas por Susie Scott.[159]

---

155 Esse rótulo genérico para aqueles que participam dos Alcoólicos Anônimos também aparece na publicação principal do coletivo, *Alcoólicos Anônimos* (2001), amplamente conhecida como o "Grande Livro". Ver, por exemplo, "Foreword to Fourth Edition" [Prefácio à quarta edição] (p.xxiv).

156 Ver Denzin (1987, p.18) sobre o alcoólico em tratamento se tornar "*um singular universal*" ou uma "instância de um processo" compartilhado por outros que estão em tratamento ou em recuperação (ver também p.31, 38-9, 54, 93, 102, 105). Ver também Frois (2009a,b); Wolf (2019).

157 Ver Denzin (1987, p.122). Ver também Frois (2009b, p.104; 2009a, p.156).

158 Holstein e Gubrium (2000, p.182). Sobre a narrativa formulaica no A.A., ver Denzin (1987, p.31, 39, 98, 110, p.167-70, 197); Rappaport (1993); Pollner e Stein (1996); Holstein e Gubrium (2000, p.176-86); Frois (2009a, p.70-9).

159 Scott (2011, p.30-53; 2015, p.177-204). Ver também Gubrium e Holstein (2000). Ver também Denzin (1987, p.155-93) sobre "a recuperação do eu" e Frois (2009a, p.178-9; 2009b, p.90).

Os participantes usam o anonimato e o pseudonimato para participar de *performances* ritualizadas de transformação autorreflexiva durante reuniões em que a identidade compartilhada de "alcoólico" é adotada e aplaudida, apesar de ser estigmatizada em outros ambientes. No entanto, ao contar suas histórias sob as fachadas protetoras do anonimato e do pseudonimato, os membros de A.A. transmitem ao mesmo tempo sua necessidade de proteção, definindo sua condição compartilhada como uma questão de vergonha ou constrangimento em algum nível fundamental. Assim, à medida que "os membros [...] renegociam suas identidades" de acordo com normas coletivas, eles simultaneamente reproduzem e institucionalizam o próprio grupo.[160] Eles cumprem e reafirmam ritualmente a necessidade de *Os doze passos e as doze tradições* de A.A., que estabelecem o anonimato como "o alicerce espiritual"[161] da comunidade e de todas as suas práticas. De fato, o grupo acredita que cada participante "toma parte na confecção de um manto protetor que cobre toda a nossa Irmandade e sob o qual nos é dado crescer e trabalhar em conjunto".[162] Essa cultura de anonimato não apenas protege os membros individuais, mas também o próprio grupo como um universo alternativo de significado e um refúgio de sobriedade e recuperação.

Fóruns anônimos mediados por computador

A evolução da comunicação mediada por computador levou a uma proliferação radical de fóruns anônimos de diversos tipos.[163] Os fóruns online permitem a interação síncrona ou assíncrona entre participantes descorporificados que podem ser anônimos ou

160 Wolf (2019).

161 Alcoólicos Anônimos ([1953] 2017, p.184).

162 Alcoólicos Anônimos ([1953] 2017, p.187). Como apontam Holstein e Gubrium (2000, p.179), esses passos e tradições fornecem "um verdadeiro conjunto de regras para a autocaracterização".

163 Ver Auerbach (2015b). Baizerman (1974, p.300) discute o anonimato "como um valor social e como uma norma social" no que concerne às linhas telefônicas diretas.

pseudônimos e que podem estar atuando com uma ou várias representações de fachada. Muitos também fornecem uma plataforma para indivíduos se comunicarem sob os olhares de audiências públicas ou semipúblicas compostas de outras pessoas igualmente anônimas (incluindo coparticipantes e espectadores). Assim, tais fóruns geralmente funcionam como "públicos alternativos"[164] – espaços paralelos de diálogo e debate que têm "um caráter discursivo característico" devido à maneira como os participantes coletivamente protegem e evitam identidades pessoais.[165] Embora o "verdadeiro anonimato técnico" possa não existir em muitos fóruns online (porque os operadores de sites normalmente registram os endereços IP de seus usuários), a "cultura [interativa] de [tais sites] gira em torno da *ideia* de anonimato", que atua como um forte imperativo social.[166]

Fóruns anônimos online incluem inúmeros sites de financiamento coletivo ou compartilhamento de informações que atendem a grupos específicos, como aqueles em que médicos dividem casos que geram dúvidas e pedem a opinião dos colegas[167] ou sites em que indivíduos no mercado de trabalho acadêmico compartilham informações sobre busca de emprego ao mesmo tempo que exprimem frustrações, inquietações e opiniões sobre diversos assuntos da área.[168] O Yik Yak, uma rede social anônima, permite a criação temporária de fóruns anônimos de acordo com a proximidade geográfica dos usuários. Os fóruns anônimos também incluem locais online multifocais muito maiores, como o 4chan

---

164 Esse termo vem da discussão de Fraser (1990, p.67) sobre "*contrapúblicos subalternos*" como "arenas discursivas paralelas" (grifo do autor).

165 Moore (2018, p.174). Ver também Poletti (2011, p.26) sobre o projeto PostSecret "como um público íntimo". Ver Auerbach (2015b) sobre o 4chan e Dias (2003, p.31) sobre sites pró-anorexia como um "refúgio" que oferece um meio para participantes descorporificados escaparem da "vigilância implacável na esfera pública".

166 Knuttila (2011, grifo do autor). Ver também Coleman (2014, p.42-3).

167 Ver Girgis (2014).

168 Ver, por exemplo, Sociology Job Market Rumors, https://www.socjobrumors.com/.

(famoso fórum anônimo online do tipo *imageboard*, em que usuários interagem por meio da publicação de imagens; no momento em que este texto foi escrito, o 4chan afirma ter mais de vinte milhões de usuários únicos por mês e cerca de um milhão de postagens por dia)[169] e o Reddit (site de discussão pseudônimo muito visitado que afirma ter mais de 430 milhões de "usuários ativos por mês em média" e mais de 130 mil "comunidades").[170] Tanto o 4chan quanto o Reddit são estruturados em torno de diferentes subfóruns centrados em assuntos atuais ou discussões temáticas em que os participantes se concentram em questões ou temas específicos, como eventos atuais, *video games*, comida, esportes, sexo, pornografia e muito mais.[171] Certos espaços anônimos de interação também estão enraizados na "*dark web*", mais amorfa (onde os indivíduos podem interagir anonimamente com inúmeras finalidades, sobretudo para se envolver em atividades ilícitas).[172] Eles incluem sites que funcionam como "criptomercados" em que indivíduos anônimos (que geralmente usam codinomes digitalmente criptografados, ou criptônimos, e criptomoedas) compram e vendem drogas ilegais ou outros contrabandos.[173]

Na tradição do carnaval e dos bailes de máscaras, alguns fóruns anônimos online permitem aos usuários participar performativamente de brincadeiras e fantasias ou atuar de forma estranha e até

169 https://www.4chan.org/advertise.

170 https://www.redditinc.com.

171 Ver Auerbach (2015a). Ver Hipp et al. (2017) para uma análise de posts do Reddit em que usuários compartilharam anonimamente relatos sobre terem cometido agressões sexuais.

172 Ver Farrall (2012); Bartlett (2014); Linder, Pryciak e Elsner (2020); Linder e Xiao (2020).

173 Martin (2014). Martin (2014, p.356) aponta que, na época de sua pesquisa, localizou com facilidade "links para mais de cem criptomercados diferentes que ofereciam uma gama de bens e serviços ilícitos, incluindo, entre outros: informações de cartões de crédito roubados; documentos de identidade falsificados; trabalhos universitários plagiados; serviços para hackear/crackear; lavagem de dinheiro; pornografia infantil; armas de fogo e munições ilegais; e até mesmo assassinato por encomenda". Ver também Foley, Karlsen e Putniŋš (2019); Linder, Pryciak e Elsner (2020, p.7-8).

mesmo agressiva, comportamentos que desejam manter separados de sua identidade pessoal. Em sua discussão persuasiva e esclarecedora sobre o 4chan e fóruns semelhantes como "bailes de máscaras da internet", David Auerbach descreve os padrões de interação e o estilo de comportamento comunicativo singulares dentro desses fóruns anônimos como "cultura-A".[174] Assim como ocorre em outras comunidades e fóruns anônimos, Auerbach observa que a cultura-A pode envolver simultaneamente vergonha e orgulho. Criando o que equivale a um universo contrapúblico ou paralelo, os participantes desempenham a *vergonha* em seus atos por meio do fato de que escondem sua identidade pessoal e o *orgulho* por meio de seus comportamentos de reivindicação e glorificação que normalmente seriam vergonhosos. Essa combinação peculiar de vergonha e orgulho pode proporcionar uma sensação de excepcionalismo (que Auerbach reconhece como "elitismo") entre os participantes, pois "o estigma individual que alguém pode sentir é substituído por um estigma *coletivo* que pertence à totalidade da cultura-A, já que sites como o 4chan são rotulados como fossas de ódio e obscenidade – para o deleite de muitos de seus participantes".[175]

Embora grande parte da interação comunicativa nesses fóruns anônimos seja focada em tópicos ou temas específicos, a cultura subjacente permite e até mesmo encoraja obscenidade, trapaça, trollagem, várias formas de humor grosseiro e mentiroso, maldade e outros atos degenerados que podem ser cativantes, envolventes e, em última instância, de fato coesivos. Como afirma Abigail E. Curlew em relação aos fóruns anônimos promovidos pela rede social Yik Yak, um "amortecimento do poder disciplinar" vivenciado pelos participantes nesses fóruns "é frequentemente associado a uma proliferação de um comportamento rancoroso", incluindo comentários que são racistas e sexistas por natureza.[176] No entanto, acima de tudo, argumenta Auerbach, "a cultura-A é um espaço

174 Auerbach (2015a,b). Ver também Knuttila (2011).

175 Auerbach (2015b, grifo do autor).

176 Curlew (2019, p.6, 8).

para brincar com noções irrestritas de identidade e afiliação e para o estabelecimento de um conjunto privado de piadas e referências internas" que unem os participantes como membros iguais de uma comunidade alternativa.[177] Embora trollagem, obscenidades, discursos de ódio e outros atos agressivos sejam comuns, juntamente com "suspeitas" desenfreadas e "um sentimento geral de irrealidade", essas dimensões da cultura-A ganham vida pelo jogo de identidade possibilitado pelo anonimato. "O mundo" do fórum anônimo se torna "um parquinho gigantesco" que é "cuidadosamente regimentado e circunscrito", um universo que "é distinto e apartado do mundo real".[178] As fachada protetoras do anonimato e do pseudonimato estimulam a criação de tais universos sociais paralelos, onde pessoas que normalmente não se reuniriam se unem para dizer e fazer coisas que geralmente não diriam e fariam, desempenhando novas versões de si e encenando novas realidades que são cindidas da ordem social dominante.

Consumo e troca anônimos

Alguns produtos e serviços são comprados e consumidos por indivíduos que ocultam sua identidade pessoal para se protegerem da vergonha e do constrangimento, escapar de punições ou simplesmente evitar uma atenção social indesejada. Se por um lado Thorstein Veblen definiu o "consumo conspícuo" como um "instrumento de respeitabilidade" para a classe ociosa rica, uma maneira de demonstrar abertamente o *status* social de alguém ou sua filiação a um grupo de elite,[179] por outro lado podemos pensar no *consumo anônimo* como uma maneira de cindir o uso que uma pessoa faz de certos produtos ou serviços de sua reputação pessoal e posição social. As pessoas geralmente compram ou consomem mercadorias e

177 Auerbach (2015b). Ver também Knuttila (2011) sobre a "alteridade" do 4chan.
178 Auerbach (2015b).
179 Veblen (p.32, 38).

serviços como pornografia, prostituição, certos produtos de saúde e sanitários, medicamentos, determinados livros, drogas ilícitas e vários outros itens, legais e ilegais, de forma anônima. Quanto menos expostos e suscetíveis à identificação pessoal, seja por meio de reconhecimento social ou registros, maior a probabilidade de os consumidores comprarem certos produtos, como preservativos[180] ou livros,[181] por exemplo.

Por essas razões, alguns setores estabelecem proteções normativas que resguardam a identidade pessoal de seus clientes.[182] Portanto, embora medicamentos para depressão e disfunção erétil devam ser nominalmente prescritos para indivíduos específicos que os consomem (deixando um registro relativamente permanente que torna sua identidade pessoal rastreável), as regras oficiais de confidencialidade e privacidade da lei de portabilidade e responsabilidade de seguro saúde (HIPAA – Health Insurance Portability and Accountability Act, de 1996), aliadas a padrões normativos de evitação e discrição, permitem que o consumo de tais medicamentos seja relativamente anônimo na maioria dos casos. Quando entregues por correspondência física, mercadorias tabu, como pornografia ou produtos para incontinência, geralmente são colocadas em embalagens discretas. Da mesma forma, lojas que comercializam material erótico ou pornográfico geralmente não têm janelas e vitrines (ou as cobrem).[183] Isso cria um efeito duplo: protege os transeuntes de ver acidentalmente o que podem não querer ver, mas também permite aos consumidores se proteger de um olhar mais público – uma medida de privacidade que fomenta um anonimato protetor durante as compras. Além disso, como sugere a vitrine da loja Babeland

---

180 Ver Young et al. (2017).

181 Ver Tattered Cover, Inc. contra a cidade de Thornton, 44 P.3d 1044 (2002), Suprema Corte do Colorado, En Banc (https://law.justia.com/cases/colorado/supreme-court/2002/01sa205-0.html).

182 Ver Karp (1973, p.438-9) sobre "escudos institucionalizados" e sobre pressões normativas para evitar outras pessoas ao visitar estabelecimentos pornográficos (p.435, 439-44, 447-8n1).

183 Ver também Karp (1973, p.439). Esse é um exemplo de "bloqueio", um dos doze "movimentos de neutralização" discutidos por Marx (2016, p.155).

retratada na Figura 6, tais fachadas protetoras podem transmitir uma mensagem contraditória que simultaneamente promove orgulho em sua comunicação aberta e passa uma ideia de vergonha em seu design obstrutivo. Em uma linha semelhante, várias lojas online promovem o consumo anônimo ao mesmo tempo que oferecem fóruns para os consumidores discutirem sem pudor, mas anonimamente, seus gostos e preferências.[184]

Figura 6. Apesar de sua mensagem inequivocamente positiva e orgulhosa em relação ao sexo, a loja Babeland, especializada em brinquedos eróticos, obscurece suas vitrines. Bergen Street, Park Slope, Brooklyn. Foto tirada pelo autor.

A distinção entre anonimato e identificabilidade pessoal no comércio chama nossa atenção para as diferentes características sociais das transações que envolvem dinheiro e daquelas que envolvem crédito ou débito bancário,[185] bem como para as diferen-

184 Ver, por exemplo, a discussão de Jones e Hannem (2018, p.492) sobre "fóruns de resenha erótica online". Ver também Auerbach (2015a) sobre 4chan e pornografia e Martin (2014) sobre "criptomercados" online anônimos.

185 Ver também Marx (1999, p.103).

ças entre transações conduzidas na copresença física de outros e aquelas que ocorrem online ou são mediadas por terceiros. Embora o dinheiro seja genérico e universal e, portanto, possa ser usado sem deixar um registro rastreável,[186] ele é mais frequentemente empregado quando as partes envolvidas na transação estão presentes no mesmo espaço físico. Consumidores e vendedores (que se veem e talvez se conheçam) provavelmente serão mais expostos pessoalmente nesse nível de troca interpessoal física. Por sua vez, os cartões de crédito são únicos e particulares, deixando um registro relativamente permanente que em geral pode ser vinculado à identidade pessoal do consumidor. No entanto, esse e outros meios bancários de compra de bens promovem transações mais distanciadas, que podem ocorrer por correspondência física, por telefone, online ou por alguma outra forma de comunicação mediada, despersonalizando, assim, as transações no nível da interação. Em outras palavras, diferentes métodos de pagamento permitem aos atores se anonimizar de maneiras distintas, em relação a públicos específicos em situações variadas. Hoje, o comércio online fomenta um anonimato prático ao oferecer uma fachada tecnologicamente mediada para os compradores *e* para os produtores e distribuidores dos bens e serviços que eles consomem, tornando as transações mais automatizadas e impessoais.[187] Contudo, a mediação por computador também torna a vigilância mais rotineira e fomenta a definição de perfis pessoais (*profiling*) por meio do rastreamento detalhado de atividades e da existência de registros. Para impedir essa exposição pessoal, criptomoedas como o *bitcoin* combinam as características de anonimização do dinheiro em espécie e do comércio digital ao permitir aos consumidores fazer pagamentos eletrônicos que não estão atrelados a contas pessoais. Em vez disso, as transações com *bitcoin* e a moeda *bitcoin* armazenada são vinculadas a chaves alfanuméricas pseudônimas chamadas "endereços *bitcoin*", que podem ser

186 Ver Simmel ([1978] 2011, p.321). Ver também Agnew (1986, p.9).

187 Simmel ([1903] 1950, [1978] 2011) associou a crescente impessoalidade das trocas à modernidade de forma mais geral.

exclusivas para cada transação. Embora o registro de todas as transações seja público e transparente, o endereço IP e a identidade pessoal de quem paga e de quem recebe não fazem parte desse registro, permitindo aos usuários ocultar sua identidade pessoal e fugir das forças e tecnologias da vigilância eletrônica.[188]

Em muitos casos de consumo e troca anônimos, terceiros, como proprietários de empresas e operadores de sites, atuam como intermediários que protegem registros de identificação pessoal e outras informações. Neles, o comprador, o vendedor ou ambos podem permanecer anônimos um para o outro e para o mundo exterior. Para compras feitas online usando uma fachada pseudônima, a plataforma web ou o servidor de e-mail tecnicamente atua como um terceiro que protege a ligação entre a representação de fachada de um comprador e/ou vendedor e as informações de identificação pessoal de sua conta ou seu endereço IP.[189] Isso também ocorre quando os indivíduos fazem compras por meio de uma conta corporativa ou usando outros tipos de representantes legalmente estabelecidos, como fundos e "associações privadas" que protegem sua identidade pessoal.[190] A compra anônima de imóveis pode ser realizada por meio de uma sociedade de responsabilidade limitada (LLC, ou *limited liability company*), por exemplo. Da mesma forma, algumas casas de leilão preservam o anonimato de compradores e vendedores. No caso de Tattered Cover, Inc. contra a cidade de Thornton (2002), a Suprema Corte do Colorado decidiu a favor da dona de uma livraria chamada Tattered Cover que exigiu proteger a identidade pessoal de seus clientes. Concordando com a autora da ação, que argumentou que revelar a identidade pessoal dos

188 Pesquisadores desenvolveram técnicas para extrair "mapeamentos de endereços para IP de Bitcoins" que podem vir a expor a identidade pessoal de inúmeros usuários (Koshy, Koshy e McDaniel, 2014, p.2, 6-14). As autoridades também adaptaram técnicas para monitorar e identificar atividades ilegais envolvendo criptomoedas. Ver Foley, Karlsen e Putniŋš (2019, p.1807-8). Para discussões iniciais sobre dinheiro digital, ver Froomkin (1995, 2003).

189 Ver Brazier et al. (2004, p.154); Froomkin (1995, especialmente §17).

190 Nicoll (2003, p.114-6).

compradores de livros às autoridades estaduais "teria um efeito inibidor substancial" na compra e leitura de livros, o tribunal reconheceu o anonimato como um elemento vital para o livre consumo de informações.[191] No entanto, embora muitos terceiros prometam proteger as informações pessoais de seus clientes, essas promessas geralmente não são totalmente infalíveis. Como testemunhamos com o vazamento de dados do site Ashley Madison (que promovia casos extraconjugais) em 2015, quando informações de identificação pessoal dos usuários foram roubadas por *hackers* e publicadas online, as medidas de anonimato protetor são sempre, em certa medida, violáveis e precárias.

Os atores adotam uma série de práticas e usam diversas estruturas, relações e tecnologias na tentativa de atingir consumo e troca anônimos em diferentes situações. No processo, eles se protegem por razões distintas, mas também reforçam o imperativo social de obscurecer a identidade pessoal. A mensagem é que as pessoas precisam se esconder para consumir certos produtos e serviços e quando participam de inúmeras relações de troca.

Explorando o anonimato protetor

Atores ardilosos podem se aproveitar de arquiteturas, tecnologias, rituais e políticas que proporcionam anonimato protetor, usando-os para cometer atos fraudulentos. Agindo por trás de fachadas protetoras, eles podem espalhar desinformações com diversos propósitos oportunistas. Por exemplo, qualquer indivíduo pode tirar vantagem das proteções de linhas de denúncia anônimas sobre crimes para acusar falsamente um inimigo pessoal e/ou desviar a atenção das autoridades do verdadeiro criminoso – assim como aqueles que faziam denúncias anônimas durante a Inquisição espanhola ou os que, hoje em dia, postam acusações em fóruns

---

191 Tattered Cover, Inc. contra a cidade de Thornton, 44 P.3d 1044 (2002). Ver também Garner (2012).

anônimos online, podiam muito bem estar se aproveitando da fachada protetora propiciada pela situação para fazer alegações falsas enquanto se esquivam da responsabilização pessoal. Na verdade, a facilidade com que um ator fraudulento ou de má índole pode adotar uma fachada anônima ou pseudônima online, juntamente com "a velocidade com que reputações podem ser feitas e alteradas" na internet, cria um terreno fértil para a exploração do anonimato protetor para vários fins nocivos.[192] De forma semelhante, um pesquisador ou repórter, ou um de seus informantes, pode tirar vantagem de políticas acadêmicas ou jornalísticas que protegem a identidade pessoal de fontes para disseminar informações falsas ou enganosas, qualquer que seja o motivo. Como esse potencial de manipulação ou engano é uma característica do anonimato em geral, um tipo particular de *confiança* é exigido do público para uma *performance* anônima. Assim, o valor e a eficácia de fontes anônimas na mídia dependem do quanto os leitores confiam no veículo de comunicação, no repórter e, por meio de sua verificação profissional, também na fonte anônima. De todo modo, o público confiará na veracidade de um ato ou expressão anônimo apenas quando imaginar que o ator por trás da representação de fachada é genuíno e está sendo representado sinceramente.

Da mesma forma, pode-se explorar o anonimato ou pseudonimato das plataformas de avaliação online para prejudicar a credibilidade de um concorrente comercial (um tipo particularmente enganoso de difamação) ou para inflar falsamente a reputação positiva do próprio negócio (uma prática ilegal conhecida como *astroturfing*,[193] devido à falsa impressão positiva que cria).[194] Alunos

192 Levmore e Nussbaum (2010, p.3). Ver também Levmore (2010, p.55).

193 A prática consiste em ocultar os patrocinadores de depoimentos que favoreçam determinada empresa ou produto, fazendo-os parecer declarações espontâneas de clientes e usuários. O termo faz referência à marca de grama sintética AstroTurf, cuja aparência é muito semelhante à de um gramado natural. (N. T.)

194 Ver Scott e Orlikowski (2014, p.884-5) para uma discussão sobre avaliações enganosas publicadas no site da indústria de viagens TripAdvisor.

também podem usar as avaliações anônimas de cursos ou plataformas de avaliação online com intenções que não sejam realizar uma avaliação honesta do curso e de seu instrutor.[195] As fachadas protetoras da avaliação anônima abrem margem para alegações falsas que são particularmente insidiosas porque se aproveitam de nossas suposições normativas de que o anonimato permite um relato mais verdadeiro das reais experiências do avaliador. De modo semelhante, candidatos políticos enviaram correspondências anônimas em massa que deslegitimam e enfraquecem seus adversários ao mesmo tempo que fortalecem suas próprias campanhas, criando a falsa impressão de que a comunicação vem de algum membro não afiliado do público ou de alguma associação "popular".[196] Em todos esses casos, atores traiçoeiros tiram vantagem da percepção generalizada de que o anonimato protetor fomenta a articulação de verdades omitidas para promover uma mentira ou caracterização equivocada que pode deturpar, para o bem ou para o mal, o alvo da ação.

Em outros casos, atores bisbilhoteiros podem explorar, de maneira oportunista, pressupostos culturais sobre (ou promessas de) anonimato protetor para obter informações pessoais que do contrário seriam inacessíveis para seu próprio ganho ou para expor publicamente outros que acreditavam que estavam agindo em um espaço ou fórum protegido. Veja as formas como arquiteturas anônimas e pseudônimas permitem que bisbilhoteiros, *voyeurs* e espiões entrem sem serem detectados. Por exemplo, qualquer um pode se posicionar atrás da treliça no confessionário para assumir o papel de confessor[197] ou usar um pseudônimo para se juntar a um grupo de apoio e assumir o papel de participante, obtendo, assim, acesso às informações privilegiadas reveladas por outros nesses confins aparentemente protegidos. As características protetoras do anonimato não estão

195 Ver, por exemplo, Fish (2010).

196 Ver Froomkin (1995, §64-5) sobre Griset contra Fair Political Practices Commission (Califórnia, 1994).

197 Ver o filme de George Seaton de 1962, *O falso traidor*, para uma representação ficcional desse caso.

disponíveis apenas para indivíduos que buscam refúgio de várias ameaças sociais, mas também para aqueles que visam perpetrar danos – que querem se envolver em atividades fraudulentas ou atacar ou difamar outros sem assumir nenhuma responsabilidade pessoal por suas ações. Nesse sentido, as representações de fachada protetoras propiciadas pela comunicação mediada por computador podem permitir a criminosos extrair informações pessoais de suas vítimas para manipulá-las ou explorá-las de inúmeras maneiras. Mesmo antes da internet, alguns exploravam o anonimato protetor das linhas telefônicas diretas para sua própria satisfação sexual não consensual.[198] Em todos esses casos, os atores encenam o anonimato ou o pseudonimato de maneiras enganosas, geralmente às custas de outros e para seu próprio benefício.

Conclusão

Em todos os diversos casos que explorei ao longo deste capítulo, que abrangem uma ampla variedade de circunstâncias e situações que ocorrem em momentos e lugares diferentes, os atores usam o anonimato ou o pseudonimato para fins de proteção. Seja obscurecendo sua própria identidade pessoal, a identidade pessoal de outras pessoas ou ambas, eles colocam em prática comportamentos, sentimentos e perspectivas reprimidos. No processo, esses atores também encenam a dinâmica social e cultural de proteção, definindo dramaticamente e dando vida às forças normativas de poder e controle social enquanto tentam escapar dessas forças. Em muitos casos, à medida que os atores dão vida ao anonimato protetor, eles expressam éticas ou princípios sociais profundamente arraigados relacionados a privacidade pessoal, igualdade e justiça ou à necessidade de proteger pessoas vulneráveis de retaliações por parte de forças mais poderosas. Todavia, ao mesmo tempo que alcançam uma voz que do contrário permaneceria silenciada, os atores que

198 Ver Baizerman (1974, p.304) sobre "o masturbador".

encenam o anonimato protetor muitas vezes reforçam o caráter estigmatizado ou marginal das ações e sentimentos que eles dissociam da identidade pessoal, ressaltando a noção de que as pessoas devem se esconder para serem ouvidas, se ocultar para serem vistas e, de maneira geral, se proteger da associação pessoal com certas questões, condições e comportamentos.

Seja envolvendo esforços individuais ou cooperativos, as *performances* de anonimato protetor ilustram o caráter profundamente social, relacional e situacionalmente fortuito de nossas identidades ocultas. Quem sempre dá vida ao anonimato e ao pseudonimato são atores que agem em tempos e lugares específicos para definir situações para seus públicos. À medida que usam suas diversas representações de fachada para obscurecer sua identidade pessoal, eles se libertam para colocar em prática ideias e sentimentos que normalmente evitariam expressar – para definir inúmeras situações e circunstâncias em virtude de seu estado oculto e protegido. Dada a liberdade associada a essa forma protegida de expressão, os significados de atos anônimos são frequentemente subversivos, pois desafiam ou solapam normas e perspectivas dominantes de diversas maneiras. No próximo capítulo, exploro esse caráter subversivo do anonimato e discuto mais profundamente como as *performances* de identidades ocultas podem ser enraizadas em dinâmicas sociais de contenção e poder.

3
ANONIMATO SUBVERSIVO

Q é todo mundo. Não sabemos quem é Q em particular; Q é um movimento.

Apoiador do QAnon em um comício Blue Lives Matter no Brooklyn, Nova York[1]

Estamos em todos os lugares.

Q[2]

No final de outubro de 2017, alguém identificado como "Q Clearance Patriot" [Patriota da autorização Q] (agora conhecido simplesmente como "Q") começou a postar mensagens políticas conspiratórias e muitas vezes enigmáticas no fórum anônimo 4chan. Esse ator alegou ser uma pessoa do alto escalão de Washington com uma autorização de segurança nível Q.[3] Q declarou estar estrategicamente vazando informações confidenciais sobre os esforços contínuos de Donald Trump para expor e prender uma "nefasta rede

1 ABC News (2020).

2 Publicação de Q de 4 de março de 2018, recuperada em dezembro de 2020 (https://qanon.pub/index2.html).

3 "Autorização Q" é um nível legítimo de autorização de segurança no Departamento de Energia dos Estados Unidos, concedido àqueles que precisam de acesso a informações ultrassecretas.

corrupta de pessoas" (frequentemente chamada de "Deep State" [Estado Profundo]) que rotineiramente tenta derrubar a democracia americana.[4] Q estava supostamente usando o 4chan "para soltar migalhas" de informações, acrescentando que, em sua totalidade, "a verdade é inacreditável e não pode ser totalmente exposta".[5]

Nos três anos seguintes, o ator (ou vários atores, como alguns afirmam) conhecido como Q usou três fóruns online para postar milhares de mensagens.[6] Ao longo desse período, e especialmente no primeiro ano da pandemia de covid-19 e durante o drama político em torno da eleição presidencial dos Estados Unidos em 2020, o movimento de fiéis conhecido como QAnon cresceu de uma pequena rede para uma cruzada popular relativamente significativa.[7] Essa crescente comunidade de seguidores via as mensagens postadas em nome de Q, as chamadas "Q drops" [gotas Q], como revelações codificadas e usaram diversas redes sociais para compartilhar suas interpretações.[8] Muitos desses seguidores afirmaram que as postagens de Q eram um chamado aos verdadeiros "companheiros patriotas" para apoiar a liderança política de Donald Trump em sua tentativa de libertar os Estados Unidos de uma trama moralmente corrupta que inclui democratas do alto escalão, personalidades conhecidas de Hollywood e outras figuras poderosas. Parte dos seguidores do QAnon acredita que algumas dessas elites nefastas participam de rituais de adoração a Satanás, de exploração sexual de

4 Ver as publicações de Q de 29 de outubro de 2017 e 10 de maio de 2018 (https://qanon.pub/index2.html).

5 Publicações de Q de 29 de outubro e 5 de novembro de 2017 (https://qanon.pub/index2.html).

6 Todas as publicações atribuídas a Q estão, até o momento da publicação desta obra, arquivadas no site https://qanon.pub/. Linguistas forenses apontaram Paul Furber e Ron Watkins, apoiadores declarados do QAnon, como os autores que provavelmente postaram em nome de Q. Ver Kirkpatrick (2022). Ambos negam a acusação.

7 Ver, por exemplo, Campbell (2018); LaFrance (2020).

8 Alguns desses seguidores e intérpretes de Q também agem anônima ou pseudonimamente online, mascarando informações pessoais que poderiam minar suas alegações.

crianças e pedofilia e do assassinato de crianças para extrair e consumir uma substância rejuvenescedora feita a partir da adrenalina no sangue das vítimas.[9] A narrativa geral do QAnon usa um enredo apocalíptico cristão para incitar revolta política, profetizando a vitória das forças virtuosas na luta contra as forças do mal[10] e culminando na "tempestade" (a prisão em massa e o encarceramento de agentes do Estado Profundo) e no "grande despertar", quando o mal será derrotado e os seguidores fiéis serão recompensados com uma nova ordem mundial livre e gloriosa.[11]

O caso do QAnon mostra como atores podem desempenhar o anonimato e o pseudonimato de maneiras *subversivas*. Em um nível, qualquer ator que se passe por Q subverte a própria identidade. A fachada pseudônima "Q" permite a um ator fugir das restrições e transcender as limitações impostas pela identidade pessoal (independentemente de quem seja essa pessoa). No entanto, em outro nível, o pseudonimato permite a esse ator dar vida a um *personagem subversivo*. O pseudonimato fomenta a atuação de um nobre membro com conhecimentos privilegiados, um rebelde preocupado que está correndo um grande risco para revelar "verdades" profundamente importantes com o propósito de minar um aparato poderoso e corrupto e despertar um virtuoso exército de massa. Como afirma Adrienne LaFrance, "[a] história de Q é baseada na necessidade de Q permanecer anônimo" e "os adeptos do QAnon veem o anonimato de Q como prova da credibilidade de Q".[12] Em outras palavras, a subversão da identidade pessoal de Q possibilita os atos política, moral e culturalmente subversivos desse misterioso ator.

---

9 Ver Francescani (2020); Griffin (2020); Roose (2020). Ver também Cooper (2021).

10 Ver LaFrance (2020).

11 Ver, por exemplo, as publicações de Q de 29 de outubro de 2017, 8 de julho de 2019 e 28 de março de 2020 (https://qanon.pub/index2.html). Ver também Francescani (2020); LaFrance (2020). O início do governo Biden causou desordem entre os seguidores do QAnon: alguns ajustaram suas crenças conspiratórias para se adequarem às novas circunstâncias, e outros se perguntaram se foram "manipulados" (Brewster, 2021).

12 LaFrance (2020).

Além disso, o pseudonimato de Q também permite a seus seguidores se projetar imaginativamente na alcunha Q, para reivindicar coletivamente a identidade do personagem Q, como quando os apoiadores ecoaram a famosa cena de *Spartacus*, filme de Stanley Kubrick de 1960, segurando cartazes que diziam "Nós somos Q" nos comícios de Donald Trump.[13] Isso lhes permite universalizar seu ponto de vista moral e político compartilhado, assim como os apoiadores fazem quando descrevem Q como "todo mundo" ou quando Q afirma ser "nós" e "todos os lugares", como nas epígrafes deste capítulo. Esse senso de identidade coletiva é ainda mais evidente no *slogan* do QAnon "Onde vamos um, vamos todos". Usando a representação de fachada Q como uma pretensão a uma autoridade coletiva, os sectários do movimento têm tentado subverter formas de pensar sobre política preponderantes e há muito aceitas. Em nome de Q, eles se esforçaram para minar a legitimidade do sistema político dos Estados Unidos e das instituições sociais dominantes, bem como para fomentar ações subversivas que em alguns casos foram violentas e ilegais.[14]

Neste capítulo, exploro como indivíduos e comunidades encenam o anonimato e o pseudonimato para participar de atos subversivos. Tomando as dimensões protetoras do anonimato discutidas no Capítulo 2 como um dado, concentro-me em como os atores ocultam sua identidade pessoal para suspender, minar e subverter normas interpessoais, culturais, políticas e morais estabelecidas. No processo, esses atores geralmente dão vida a significados alternativos e contranormas. As dimensões protetora e subversiva do anonimato estão inseparavelmente entrelaçadas. Lembrem-se de três casos abordados no Capítulo 2 no que concerne ao caráter protetor do anonimato: os enfermeiros que compartilharam anonimamente online histórias da linha de frente da pandemia de covid-19,

13 Ver ABC News (2020).

14 Além de outros atos violentos e ilegais, o QAnon foi um fator motivador para alguns dos que invadiram o Capitólio, tumultuaram o congresso e interferiram na sessão que certificaria a vitória do presidente Joe Biden em 6 de janeiro de 2021.

apesar do risco de retaliação administrativa; as mulheres que trabalhavam na mídia que expuseram anonimamente o assédio sexual desenfreado por parte de poderosos colegas e empregadores do sexo masculino; e as mulheres sauditas que fizeram campanha anonimamente contra o sistema de tutela masculina em seu país. Todos esses atores também encenam o anonimato de forma subversiva, usando-o como um meio de criticar e minar as desigualdades e os sistemas de poder do *status quo* ao mesmo tempo que exprimem valores alternativos no processo. Essa dimensão subversiva do anonimato requer nossa atenção se desejamos entender mais completamente a *performance* e o impacto de identidades ocultas nessas e em muitas outras situações.[15]

Philip Zimbardo foi um dos primeiros a explorar sistematicamente a ligação entre o anonimato e a subversão de normas sociais. Para Zimbardo, que estava preocupado com ações destrutivas e violentas que ocorrem durante protestos e tumultos, o anonimato promove a "desindividuação", que ele descreveu como um estado psicológico no qual os indivíduos perdem seu senso de identidade pessoal e se dissociam das forças sociais que os mantêm sob controle.[16] A desindividuação geralmente provoca um "comportamento antissocial" ou "comportamento de violação das normas estabelecidas de adequabilidade", afirma Zimbardo, porque ocorre durante "condições [que] minimizam a auto-observação e a avaliação, bem como a preocupação com a avaliação por outros".[17] Em um experimento importante, ele descobriu que as pessoas que eram anonimizadas (aquelas obrigadas a usar capuzes e jalecos grandes enquanto os responsáveis pelo experimento se abstinham de usar seus nomes) aplicavam choques elétricos dolorosos em outras pessoas (cúmplices do experimento que fingiam receber o choque) que eram mais longos do que os aplicados por pessoas cujos rostos estavam expostos e cujos nomes pessoais eram usados. Em outras palavras, o

15 Cf. Wallace (1999, p.29).

16 Zimbardo (1969). Ver também Le Bon ([1895] 2002, p.6); Diener (1976).

17 Zimbardo (1969, p.251).

anonimato levou ao aumento da agressão e da disposição para fazer mal a outras pessoas, medidas principalmente por meio da duração dos choques que os sujeitos do experimento acreditavam estar aplicando em outros seres humanos.[18] Alegando que seus experimentos lançam luzes sobre a agitação e a revolta social, Zimbardo afirma que, "onde as condições sociais de vida destroem a identidade individual ao fazer as pessoas se sentirem anônimas", veremos um "grande gasto de energia e esforço direcionado para a destruição de formas tradicionais e estruturas institucionalizadas".[19] Para Zimbardo, o anonimato está ligado ao "caos" e ao "lado mais sombrio" da ação e da expressão humanas,[20] a uma "perda de controle sobre o próprio comportamento", uma "perda de racionalidade" e uma ruptura geral das normas sociais.[21]

Nas últimas décadas, alguns psicólogos sociais criticaram corretamente Zimbardo e outros teóricos clássicos da desindividuação por se apoiarem em "um modelo dessocializado do eu".[22] Esses pesquisadores desenvolveram e promoveram um modelo de identidade social de efeitos de desindividuação (ou SIDE, Social Identity model of Deindividuation Effects),[23] afirmando que "o anonimato não produz uma perda de identidade, mas sim uma mudança para uma

---

18 Zimbardo (1969). No caso do famoso experimento com choques de Stanley Milgram (1963), o "professor" (o sujeito ingênuo do experimento) e o "aluno" (um cúmplice do experimento, a pessoa supostamente recebendo os choques) inicialmente se encontraram pessoalmente, mas foram então separados de modo que o "aluno" ficou em outra sala e, portanto, fora do alcance visual do sujeito que dava os choques. Em experimentos posteriores, Milgram (1965, 1974, p.33-6) descobriu que, quanto mais distante a vítima estava do sujeito, maior a probabilidade de este obedecer às ordens de um pesquisador para dar choques na outra pessoa e para fazê-lo com mais gravidade. Zimbardo e Milgram ocultaram a identidade pessoal de diferentes maneiras para mostrar que o aumento do anonimato pode levar a uma maior disposição para causar danos.

19 Zimbardo (1969, p.282).

20 Zimbardo (1969, p.237, 240).

21 Reicher, Spears e Postmes (1995, p.168).

22 Reicher, Spears e Postmes (1995, p.163). Ver também Spears e Lea (1992).

23 Ver Lea e Spears (1991); Spears e Lea (1994); Reicher, Spears e Postmes (1995); Postmes, Spears e Lea (1999); Lea, Spears e Watt (2007); Spears et al. (2014); Spears e Postmes (2015).

identidade social (ou um aumento de sua relevância) em contextos de grupo".[24] Em outras palavras, aqueles que vivenciam identidades pessoais obscurecidas em contextos de grupo geralmente obedecem normas enraizadas nesses grupos e as exprimem, em vez de agir sem razão ou completamente contra as normas sociais.[25] Assim, o anonimato não é *anti*ssocial. Na verdade, o anonimato e o pseudonimato podem libertar indivíduos e grupos para quebrar normas e resistir a forças sociais poderosas, estimulando-os a expressar normas e valores sociais alternativos que normalmente permaneceriam silenciados.[26]

Embora nos ajudem a entender como o anonimato dissocia os indivíduos de diversas formas de controle social, tanto os teóricos clássicos da desindividuação quanto os pesquisadores do modelo Side em geral tratam o anonimato como uma "variável de entrada" imposta[27] – como uma condição social que produz mudanças psicológicas e comportamentais que eles tentam criar em laboratório. Indo além dos limites de ambos os arcabouços, enfatizo como atores anônimos encenam criativamente o anonimato e o pseudonimato subversivos enquanto tentam ativamente criar significado no mundo. Esses atores projetam e exercem seu anonimato e pseudonimato para subverter a identidade em si de maneiras criativas que lhes permitem confrontar, alterar ou transcender alguma parte normativa da ordem social, incluindo relações normativas de poder. No processo de subverter normas sociais, eles ativamente criam significados alternativos com seus atos anônimos. Mesmo quando os atores usam o anonimato e o pseudonimato para perpetrar danos, para expressar atitudes e pontos de vista execráveis ou discriminatórios ou para se envolver em comportamentos agressivos

---

24 Spears e Lea (1994, p.444). Ver também Reicher (1984); Postmes e Spears (1998, p.254).

25 Reicher, Spears e Postmes (1995, p.173, 175). Ver também Postmes, Spears e Lea (1999).

26 Ver Spears e Lea (1994); Reicher, Spears e Postmes (1995, p.187-91); Spears et al. (2002); Christopherson (2007, p.3045, 3048-9); Spears et al. (2014, p.30-4).

27 Postmes e Spears (1998, p.242). Ver também Kim, Lee e Lee (2019) para essa perspectiva.

ou destrutivos (os tipos de comportamento que preocupavam Zimbardo), eles estão subvertendo alguma ordem de normas e valores sociais ao mesmo tempo que trazem contranormas e valores alternativos à vida. Nessa linha, por exemplo, aqueles que objetificam mulheres em fóruns online anônimos, "tratando-as como meros conjuntos de partes do corpo, meras aparências", usam suas fachadas anônimas para dar vida a ideologias profundamente arraigadas de misoginia.[28] Esse anonimato é subversivo não apenas porque os atores o usam para fugir do controle social, mas também porque o utilizam para violar normas civis dominantes ao encenar comportamentos e valores alternativos, criando, assim, uma ordem social alternativa abertamente agressiva e misógina em seu fórum online, que tem "consequências no mundo real para [...] as mulheres".[29] Mesmo atos anônimos que promovem discórdia e destruição também tipicamente fomentam alguma forma de coesão e construção na medida em que os atores subversivos dão vida a formas alternativas de entender o mundo e estar nele.

Para entender melhor a dinâmica social do anonimato subversivo, precisamos explorar como indivíduos e comunidades usam suas representações de fachada para expressar, de maneira performativa, certas crenças, ideologias, valores, opiniões morais e sentimentos ao mesmo tempo que minam outros. Nesse sentido, autores e artistas visuais de diferentes gêneros e períodos ocultaram sua identidade pessoal para vários fins subversivos. O anonimato subversivo também é evidente nas *performances* mascaradas de bailes de máscaras e carnavais, quando os participantes se entregam ao que é convencionalmente considerado degenerado ou tabu.[30] Da mesma forma, os dissidentes políticos ao longo da história agiram por trás

---

28 Nussbaum (2010, p.79). Ver também Rodriguez (2015, p.29) sobre grafites que fomentam "discursos sexistas, racistas e homofóbicos". Ver também Cole (1991, p.402).

29 Nussbaum (2010, p.85). Ver também Moore (2018, p.178).

30 Ver Bakhtin ([1965] 1984); Wiles (2000, p.153). Para uma representação ficcional de um ritual mascarado sexualmente subversivo, ver *De olhos bem fechados*, filme de Stanley Kubrick de 1999.

de várias representações de fachada para atingir seus objetivos subversivos. A qualidade subversiva da identidade pessoal obscurecida é evidente no termo francês para pseudônimo, *nom de guerre*, cuja tradução literal é "nome da guerra", que estabelece uma ligação etimológica entre pseudonimato e atividade de "guerrilha", um tema que discutirei em relação à arte e a protestos políticos. Somente por meio da análise do anonimato subversivo como *performance* em todos esses casos podemos entender como os atores usam representações de fachada para dar vida a significados alternativos e rebeldes em seus contextos e situações.

Arte e literatura subversivas

Para o produtor de qualquer texto ou obra de arte, o ato de obscurecer a identidade pessoal de alguém implica uma subversão fundamental das normas contemporâneas que regem as maneiras como atribuímos autoria e definimos a ligação entre uma criação e seu criador. Em nossa leitura de artes visuais, literatura ficcional, música, poesia, autobiografia, filosofia ou propaganda política, frequentemente vemos o significado da obra, e a *performance* social de forma mais geral, como algo diretamente relacionado à identidade do autor. Desejamos conhecer o autor para compreender por completo a obra, a qual vinculamos ao ponto de vista social, à orientação moral, à motivação e a outras características daqueles que criam.[31] Ao ocultarem sua identidade pessoal e frequentemente

31 Schütz (1979b, p.217) chama nossa atenção para "artefatos de qualquer tipo, que carregam testemunho do contexto de significado subjetivo de alguma pessoa desconhecida". Foucault (2001, p.277) escreve: "Parece-me, por exemplo, que a maneira com que a crítica literária, por muito tempo, definiu o autor – ou, antes, construiu a forma autor a partir dos textos e dos discursos existentes – é diretamente derivada da maneira como a tradição cristã autentificou (ou, ao contrário, rejeitou) os textos de que dispunha. Em outros termos, para 'encontrar' o autor na obra, a crítica moderna utiliza esquemas bastante próximos da exegese cristã, quando ela queria provar o valor de um texto pela santidade do autor".

estabelecer um ar de mistério no processo, artistas e autores anônimos e pseudônimos sabotam esse processo de diferentes maneiras. Além disso, eles usam suas representações de fachada para desafiar regras, transmitir significados alternativos ou promover valores subversivos com seu trabalho.

Por exemplo, ao adotar a assinatura pseudônima comum "Por uma dama", autoras do início do século XVIII conseguiam falar mais livre e subversivamente para um público feminino, "para um grupo de leitoras receptivas, mas falando contra as normas apropriadas". Em outras palavras, elas adotaram o título genérico, porém generificado, "dama" visando solapar sutilmente normas de expressão e comunicação de gênero, atingindo, assim, a "subversão por meio do mimetismo ou da performance irônica das expectativas culturais do grupo dominante no poder".[32] No século XIX, Charlotte, Emily e Anne Brontë publicaram sob os nomes Currer, Ellis e Acton Bell, escolhendo esses primeiros nomes por causa de sua ambiguidade de gênero (em vez de sua especificidade de gênero). Mais do que simplesmente subverter seu próprio gênero, elas conscientemente subverteram o gênero em si como parte do mistério que buscavam cultivar com seu trabalho.[33] Quando Charlotte publicou *Jane Eyre* como Currer, uma representação de fachada tão conscientemente ambígua foi "um convite para se especular sobre o sexo do autor", e muitos se surpreenderam com, ou simplesmente rejeitaram, a possibilidade de se tratar de uma mulher.[34] Da mesma forma, quando Mary Ann Evans publicou anonimamente no início de sua carreira, ela criou uma "voz narrativa ambiguamente generificada" que levou os leitores a "desenvolver uma simpatia que cruza as fronteiras de gênero".[35] Tendo posteriormente adotado o pseudônimo George Eliot, ela continuou subvertendo as normas de gênero do mundo literário que moldaram as expectativas e interpretações

32 Ezell (2003, p.76).
33 Mullan (2007, p.78).
34 Mullan (2007, p.82).
35 Easley (2004, p.124).

das contribuições das mulheres.[36] Como seu "pseudônimo masculino era uma reivindicação de autoridade",[37] Evans levou os leitores a apreciar seu trabalho quando um nome convencionalmente feminino poderia ter sido um obstáculo à sua apreciação. De forma semelhante, a autora nascida Amantine Lucile Aurore Dupin, que às vezes se vestia e vivia como um homem e outras vezes como uma mulher, escreveu como George Sand e publicou romances que abordavam temas impregnados de questões políticas relacionadas a desigualdades de gênero e classe na França do século XIX, muitas vezes centrados nas amarras do casamento. A autoria pseudônima de Dupin expressava algo do "estilo transgressor de vestimenta e comportamento" da autora e subvertia ainda mais normas arraigadas de identidade de gênero como uma façanha literária.[38]

Há inúmeros tipos diferentes de casos. O livro *Natureza*, de Ralph Waldo Emerson, de 1836, que estabeleceu os alicerces morais e práticos do transcendentalismo, foi publicado pela primeira vez anonimamente porque contestava as ideologias religiosas predominantes da América do século XIX. Embora Emerson defendesse a crença de que Deus permeava o mundo natural, ele ao mesmo tempo delineou os princípios fundamentais de um movimento espiritual que minou a autoridade das instituições religiosas e governamentais dominantes de sua época (e, no fim, estimulou a não conformidade com elas). Romain Gary, o celebrado romancista francês e vencedor do Prix Goncourt de 1956 (o maior prêmio literário da França), brincou com e subverteu o impacto que sua fama teria na recepção de seus trabalhos subsequentes ao publicar sob vários pseudônimos. Gary ganhou o Prix Goncourt pela segunda vez em 1975, apesar de as regras proibirem que o prêmio fosse dado a qualquer indivíduo mais de uma vez, porque publicou seu

36 Easley (2004, p.117, 125, 128-9). Nesse sentido, compositoras contemporâneas têm, por vezes, adotado pseudônimos masculinos ou ambíguos em termos de gênero para evitar discriminação em seu campo de atuação, dominado por homens. Ver Bennett et al. (2019).

37 Mullan (2007, p.104).

38 Ciuraru (2011, p.39).

romance vencedor do Goncourt em 1975, *A vida pela frente*, sob o nome de Émile Ajar, uma identidade falsa que ele manteve até depois de sua morte. A capacidade de Gary de brincar com múltiplas identidades literárias gerou um ar de mistério em torno de sua *persona* e seu personagem, levando alguns a defini-lo como "o maior impostor literário de todos os tempos" ou a levantar questões como "Émile Ajar é o maior escritor que nunca existiu?".[39] Nesses e em muitos outros casos, os autores usaram o anonimato e o pseudonimato para contestar, de maneira subversiva, as normas, os valores, as práticas e/ou as regras dominantes.

Esse anonimato subversivo é ainda mais evidente no caso do grafite e de formas relacionadas de arte urbana, muitas das quais são produzidas anônima ou pseudonimamente.[40] O pseudonimato é tipicamente estabelecido quando a arte é feita com uma etiqueta (uma alcunha ornamentada) ou sob a forma de uma ou com um estilo estabelecido e reconhecido. Em geral, o grafite é politicamente subversivo em seus contextos sociais, pois os artistas o usam para chamar atenção para questões e causas que normalmente permaneceriam "atormentadas pelo silêncio".[41] Contudo, ele também é *artisticamente subversivo* (na medida em que o grafite contesta a definição de arte junto com a estrutura de autoridade e legitimidade artística no campo), *esteticamente subversivo* (visto que desafia a definição do que constitui uma paisagem urbana visualmente adequada e bonita) e *legalmente subversivo* (uma vez que os grafiteiros violam as regras que regem o direito de alterar propriedades públicas e privadas, incluindo banheiros,[42] muros externos, ruas, bairros, espaços semi-isolados e controlados[43] ou a paisagem

39 Baena (2015); van den Berg (2011).

40 Alguns artistas e acadêmicos distinguem entre diferentes tipos de arte urbana ilícita. Aqui, utilizo os termos "grafite" e "arte urbana" da forma mais geral, agrupando várias formas possivelmente distintas na mesma categoria.

41 Barnett (2016).

42 Ver Meade (2015) sobre "*latrinalia*" [grafite de banheiro].

43 Lovata e Olton (2015, p.139-40); Pozorski e Pozorski (2015); Beck, Falvey e Drollinger (2015).

natural).[44] Assim, Jean Baudrillard descreveu o grafite como uma "insurreição pelos signos" – uma revolta contra "a cultura dominante" que governa o espaço e estrutura as relações sociais.[45]

Embora o grafite seja inerentemente comunicativo e performativo, seu caráter clandestino e transformador também o torna um meio ideal para fazer críticas sociais subversivas e promover mudanças sociais.[46] Por exemplo, artistas-ativistas misturaram temas locais ricos com formas globalizantes ao usar grafite para solapar a legitimidade da presidência de Hosni Mubarak durante a revolução no Egito em 2011.[47] Outros espalharam diversas mensagens subversivas "desenhando com giz nos muros e calçadas" da Inglaterra do século XVIII,[48] e alguns criam grafites hoje "para resistir à colonização capitalista do espaço em [...] Berlim"[49] ou para promover a causa da independência de Porto Rico.[50] Da mesma forma, o artista conhecido como Black Hand [Mão Negra] usa uma fachada pseudônima para desempenhar um papel subversivo no Irã, produzindo arte pública que critica o Estado enquanto desafia a censura estatal e as definições legais de arte aceitável. Em atos subversivos que prefiguraram o movimento Me Too, mulheres nas Universidades Brown e Columbia picharam paredes de banheiros com o nome de homens que acusavam de agressão e assédio sexual, incitando diálogos públicos e mudanças nas políticas dos *campi*.[51] Nos casos de Brown e Columbia, "o grafite é um meio alternativo de expressão para as mulheres".[52] Em geral, o "grafite pode ser visto como um texto paralelo dentro de uma cultura",[53] mas também

44 Ver Lovata (2015) sobre "árvores culturalmente modificadas".
45 Baudrillard (1996, p.99-100). Ver também Bush (2013); Olton e Lovata (2015, p.12-3); Barnett (2016).
46 Ver Kukla (2020) sobre essa ligação.
47 Lennon (2015).
48 Thompson ([1975] 2011, p.281).
49 Kukla (2020).
50 Mikael-Debass (2017).
51 Rodriguez (2015, p.25-6); Starr (1990). Ver também Cole (1991).
52 Cole (1991, p.401).
53 Olton e Lovata (2015, p.14). Ver também Bush (2013).

como uma forma de criar "espaços alternativos".[54] Para esse fim, em um caso incomum, um grupo conhecido como "enxertadores de guerrilha" enxertou secretamente galhos frutíferos em árvores públicas, subvertendo e transformando efetivamente as distinções normativas entre cidade e campo, o domesticado e o selvagem, um ambiente urbanizado e o mundo natural.[55] O artista israelense conhecido como Dede Bandaid transforma estruturas urbanas que geralmente passariam despercebidas na paisagem, mudando nossa atenção ao dar a elas novos significados visualmente marcados que são frequentemente absurdos ou fora do lugar.[56] Ao "redirecionar a atenção" e transformar "*não lugares em lugares*", o grafite "também pode mudar nosso movimento por um espaço, [...] efetivamente mudando sua forma e temporalidade experimentadas",[57] transformando o mundo não apenas por meio de sua mensagem, mas também de sua forma. Em todos esses casos, os artistas ocultam sua identidade pessoal em atos que resgatam e transformam espaços sociais. No processo, eles subvertem significados tradicionais ou dominantes e promovem visões alternativas do mundo em que atuam.

Talvez o artista urbano pseudônimo mais famoso do mundo atualmente seja Banksy, que usa seu trabalho não apenas para criticar a guerra, a violência policial e as políticas que levam às mudanças climáticas, por exemplo, mas também para subverter os valores predominantes do mundo tradicional da alta arte. Em uma *performance* de 2005 criada para solapar a exclusividade da cultura do museu, Banksy secretamente pendurou várias imagens política e culturalmente subversivas de autores não identificados em quatro museus tradicionais de Nova York – o Museu de Arte Moderna (MoMA), o Museu Metropolitano de Arte (MET), o Museu do Brooklyn e o Museu de História Natural. Ele já havia feito façanhas semelhantes em Londres e Paris.[58] Além disso, ao intitular seu filme de 2010

54 Kukla (2020).
55 Burrows (2020).
56 Ver https://www.dedebandaid.com/site-specific-dede.
57 Kukla (2020, grifo do autor).
58 Ver também Banksy (2006, p.168-85); Ellsworth-Jones (2012, p.9-21).

Saída pela loja de presentes, Banksy adotou uma postura crítica contra o caráter comercial da cultura de museus. Em agosto de 2015, Banksy inaugurou sua exposição crítica *Dismaland*,[59] um parque temático de mentira que fez uso de uma variedade de técnicas artísticas para ralhar o caráter corporativo da marca Disney. Em cada caso, Banksy contrapõe sua identidade oculta e seu estilo clandestino à exclusividade e ao foco nos lucros que definem as instituições dominantes de arte e cultura. No processo, ele promove uma ética artística subversiva como uma alternativa ao mundo da arte convencional – "um novo mundo da arte para um novo público, correndo lado a lado com o mundo existente e agora, lenta mas seguramente, dentro dele".[60]

Ademais, Banksy frequentemente brinca com as contradições de ser famoso em seu pseudonimato (o fato de ser amplamente apreciado mas pessoalmente desconhecido), uma contradição que ele expressa em sua representação de um retratista desenhando um sujeito mascarado (Figura 7). Os retratistas são conhecidos por capturar os aspectos particulares e característicos do rosto e/ou corpo de uma pessoa, conforme ilustrado pelos retratos de várias pessoas famosas no fundo da cena. Entretanto, máscaras de esqui e balaclavas são usadas para ocultar toda a singularidade a fim de projetar uma fachada genérica. Com a imagem na Figura 7, Banksy ilustra criativamente o fenômeno contraditório de ser *distintamente desconhecido* no mundo.

Nesse sentido, enquanto a pessoa por trás do pseudônimo (ou "máscara") renuncia à fama pessoal, Banksy é mundialmente famoso por renunciar à fama pessoal.[61] Sua fachada de pseudonimato (e o misterioso fascínio de alguenidade que ela fomenta) se tornou uma parte inseparável do caráter rebelde do artista, que está entrelaçado

59 Em inglês, uma brincadeira que substitui a marca Disney do nome Disneyland pelo adjetivo *dismal*, que indica algo lúgubre, soturno, que causa ou demonstra tristeza, formando, portanto, o termo Dismaland, que, em tradução livre, seria algo como "Lugubrelândia". (N. T.)

60 Ellsworth-Jones (2012, p.297).

61 Ver também Ellsworth-Jones (2012, p.20-1).

Figura 7. Imagem de Banksy de um retratista desenhando uma pessoa mascarada. Cortesia de Pest Control Office, Banksy, imagem de https://banksy.co.uk/, 2022.

com o significado, a relevância e o valor de sua arte. Assim, "o anonimato, antes uma necessidade, tornou-se uma espécie de ferramenta de marketing" e "criou seu próprio interesse".[62] Ao encenar um personagem conhecido que é pessoalmente desconhecido, o vândalo misterioso se tornou uma sensação internacional.

Bem antes da ascensão de Banksy, as Guerrilla Girls brandiam coletivamente máscaras de gorila para criticar o sexismo inerente às principais instituições do mundo da arte.[63] Esse coletivo anônimo de artistas mulheres se formou originalmente em 1985 para protestar contra uma exposição no Museu de Arte Moderna (MoMA) de Nova York pelo fato de seu programa ser dominado por homens,[64] criticando, assim, a caracterização generificada da alta arte e, ao mesmo tempo, estabelecendo uma voz feminista alternativa no campo. O grupo também buscou subverter o caráter "classista" dos

62 Ellsworth-Jones (2012, p.103).

63 Ver https://www.guerrillagirls.com/.

64 Maniak (2018, p.87).

principais museus e galerias.[65] Em 1990, elas publicaram o *Código de ética das Guerrilla Girls para museus de arte*, um ataque à natureza corporativa e dominada por homens da cultura dos museus. Assim, o coletivo trabalhou para "minar a ideia de uma narrativa predominantemente aceita ao revelar o subtexto, as entrelinhas, aquilo que foi negligenciado e o que é totalmente injusto".[66] No processo de chamar atenção para a ausência de certas vozes nas instituições dominantes do campo, o grupo também deu vida à sua própria arte feminista crítica, ao mesmo tempo que membros individuais resgataram o nome de artistas mulheres já falecidas como pseudônimos. Ao quebrar as normas convencionais e promover uma ordem artística alternativa, as Guerrilla Girls subverteram o "papel [de proteção] do curador e colecionador".[67]

Enquanto Banksy produz sua arte subversiva com um pseudônimo individual único, as Guerrilla Girls se apresentam sobretudo como um grupo anônimo; os pseudônimos usados por cada uma das membras se misturam à sua fachada coletiva anônima. O anonimato não é apenas a base do estilo singularmente subversivo e clandestino das Guerrilla Girls, mas também permite a essas ativistas se posicionar *como* e *para* as mulheres em geral, exigindo mais atenção e reconhecimento para as mulheres em seu campo de atuação, ao mesmo tempo que evitam o reconhecimento individual em suas *performances* ativistas. Como uma membra que usa o pseudônimo Alma Thomas observa, o anonimato das participantes serviu sobretudo "para manter o simbolismo das Girls intacto"[68] como um movimento coletivo. Assim, enquanto Banksy cultiva principalmente uma misteriosa alguenidade com seu pseudônimo individual, as Guerrilla Girls cultivam principalmente uma forma feminista de todosidade com seu anonimato compartilhado.

---

65 Entrevista com a Guerrilla Girl que usa o pseudônimo Frida Kahlo. Smithsonian Archives of American Art (2008a).

66 Guerrilla Girls (2021). Ver também Maniak (2018, p.88).

67 Olton e Lovata (2015, p.15).

68 Entrevista com a Guerrilla Girl que usa o pseudônimo Alma Thomas. Smithsonian Archives of American Art (2008b).

O primeiro permite o *engrandecimento indireto do ego* – a promoção e a celebração performativas de uma identidade individual alternativa. O último envolve a *depreciação do ego* – uma minimização do individualismo por meio da acentuação de uma comunidade de massa amorfa. Essa depreciação do ego, como discuto nas próximas seções deste capítulo, é uma característica fundamental de todos os movimentos sociais anônimos.

As Guerrilla Girls usaram o anonimato para democratizar a identidade e a autoridade artísticas, declarando diretamente: "Poderíamos ser qualquer um. Estamos em toda parte".[69] De fato, da perspectiva de seus fãs e do público em geral, qualquer um poderia estar por trás da máscara de gorila. No entanto, ao usar o anonimato para evitar a fama pessoal e o reconhecimento individual em favor de uma identidade coletiva e de um movimento artístico amorfo, algumas membras sugeriram que elas podem ter, em última análise, minado um objetivo vital. Em uma nota reflexiva e crítica, a Guerrilla Girl que usa o pseudônimo Alice Neel afirmou: "De certa forma, ser anônimo vai contra aquilo por que estamos lutando. Na verdade, estamos nos impedindo de ser totalmente reconhecidas, recompensadas e fazer parte da história".[70] Outra membra que usa o pseudônimo Kathe Kollwitz declarou que uma consequência do anonimato era que "ele impedia a pessoa de ser creditada [...]. Não recebemos crédito pessoal por isso, embora o trabalho seja tão fantástico e interessante de se fazer".[71] Embora a arte subversiva desse movimento anônimo tenha impulsionado o reconhecimento de um grupo sub-representado, o caráter coletivo de seu trabalho anônimo dificultou o reconhecimento de artistas individuais ao fundir suas contribuições performativas em uma representação de fachada compartilhada.

---

69 Guerrilla Girls (2021).

70 Entrevista com a Guerrilla Girl que usa o pseudônimo Alice Neel. Smithsonian Archives of American Art (2007).

71 Entrevista com a Guerrilla Girl que usa o pseudônimo Kathe Kollwitz. Smithsonian Archives of American Art (2008a).

Movimentos sociais mascarados e rebelião anônima

Ativistas que representam movimentos sociais que abarcam o espectro da ideologia política têm usado máscaras e outras representações de fachada para expressar suas posições rebeldes e participar de atividades insurgentes. Tais movimentos incluem a norte-americana Ku Klux Klan e a rede de *hackers* que leva o próprio nome Anonymous, bem como a rede anarcoativista contemporânea Antifa (abreviação de "antifascista"), juntamente com diversos movimentos subversivos ou de guerrilha de diferentes períodos e contextos, incluindo o Exército Zapatista de Libertação Nacional. À medida que os atores por trás desses movimentos tão diferentes se envolvem em *performances* anônimas mascaradas, eles confrontam e solapam sistemas estabelecidos de significado para subverter diferentes formas de poder. No processo, eles promovem ativamente valores e sistemas alternativos de significado.

Minha análise aqui se baseia no trabalho de E. P. Thompson e James C. Scott. Thompson discutiu "a tradição anônima" e o "contrateatro" como duas das três mais importantes "características da ação popular" na Inglaterra do século XVIII.[72] Scott desenvolveu essa perspectiva para discutir sistematicamente o anonimato como uma das "múltiplas estratégias que os grupos subordinados usam para insinuar a sua resistência, sob formas disfarçadas, no discurso público".[73] Atos subversivos de anonimato, como Scott percebeu à sua maneira,[74] geralmente envolvem o movimento que vai de significados desenvolvidos em mundos de vida alternativos e espaços de resistência ao litigioso domínio público. No entanto, tanto Thompson quanto Scott viam o protesto anônimo dentro da estrutura marxista de dinâmica de poder de classe. Ambos descreveram

72 Thompson (1974, p.398-400). A terceira característica foi a "ação direta rápida" (p.401). Todas as três são características dos movimentos que estudo neste capítulo. Ver também Thompson ([1975] 2011).

73 Scott (2013, p.195).

74 Scott (1990, p.151-2).

o anonimato como uma ferramenta que as massas da(s) classe(s) subordinada(s) usam para se opor à vontade e às políticas da classe dominante. Aqui, baseio-me no trabalho deles para lançar luzes sobre as maneiras como diferentes tipos de movimentos usam o anonimato para se posicionarem e se apresentarem como o *todos e qualquer um numeroso* se erguendo contra um poder opressor quando tal interpretação não é estruturalmente evidente ou universalmente aceita. Embora "o rosto mascarado" possa ter "o potencial de tornar visível a maioria até então invisível",[75] ele também, e mais comumente, generaliza a posição de uma minoria barulhenta. Em outras palavras, o anonimato não é simplesmente uma ferramenta expressiva para dar voz a interesses objetivos de massa. Na verdade, os movimentos que analiso neste capítulo usam o anonimato enquanto tentam afirmar o caráter popular e estabelecer o significado de suas reivindicações. Na minha opinião, embora suas ações normalmente exprimam tensões sociais subjacentes, esses atores usam as ferramentas e o simbolismo cultural da ação subversiva anônima para mobilizar adversários e definir antagonismos particulares. Eles usam suas *performances* mascaradas para definir questões, eventos e experiências e para promover significados alternativos de opressão, injustiça e emancipação.

As raízes religiosas, teatrais e festivas do protesto social mascarado

Para compreender por completo o anonimato subversivo praticado por diferentes movimentos sociais da modernidade e da modernidade tardia, devemos primeiro nos aprofundar no uso histórico de máscaras em rituais religiosos, *performances* teatrais e carnavais. Os protestos sociais mascarados modernos evoluíram desses predecessores históricos e culturais e mantêm algumas de suas características centrais. Essas características acumuladas incluem o uso de máscaras para promover: (a) a expressão simbólica da solidariedade

75 Ruiz (2013, p.264).

social e da identidade coletiva; (b) a transformação de indivíduos em personagens culturalmente codificados; (c) a produção de uma teatralidade crítica e socialmente reflexiva; e (d) o cultivo de sistemas de significado alternativos e subversivos. Nesse sentido, o protesto social mascarado contemporâneo é um fenômeno cultural que surgiu ao longo do tempo porém preservando os legados de eras passadas.

O mascaramento tem sido historicamente usado para suspender ou subverter normas cotidianas e para alcançar transformações ritualísticas durante cerimônias religiosas em sociedades com visões de mundo coletivas politeístas ou animistas. Tomando uma série de exemplos diferentes, podemos considerar o uso social e a relevância cultural das máscaras durante os ritos do antigo culto grego de Dionísio, os rituais indígenas xintoístas no Japão e algumas cerimônias de povos originários das Américas (de diferentes sociedades mesoamericanas às diversas comunidades do noroeste do Pacífico). Em cada caso, apesar de suas diferenças significativas, as máscaras eram usadas para criar espaços e tempos rituais sagrados nos quais membros conhecidos da comunidade se transformavam em divindades, espíritos, demônios ou outros personagens totêmicos para pôr em prática crenças compartilhadas sobre a natureza do mundo e a ordem do cosmos. Com relação a algumas culturas indígenas mesoamericanas, "quando usada em um ritual, a máscara permitia aos homens se tornarem deuses", e "o mundo do espírito e o mundo da existência cotidiana se encontravam".[76] Da mesma forma, em alguns *kagura* (rituais xintoístas de dança) que aconteciam à noite, os participantes usavam máscaras para dar vida a demônios que "retornariam ao *mundo deles* ao amanhecer".[77] Em tais contextos

76 Markman e Markman (1989, p.66). Ver Andrew (2014, p.215) a respeito dos rituais de diversas comunidades africanas. Ver também Lévi-Strauss (2014, loc.4393), que comenta que, em certas culturas, "[a]s máscaras também representam ancestrais, e ao portá-la, o ator encarna o ancestral".

77 Kobayashi (1981, p.7, grifo nosso). Esse estudo se baseia em manifestações modernas de ritos antigos. Da mesma forma, aponta Napier (1986, p.22), os homens das comunidades indígenas Kwakiutl da América do Norte "adquirem suas máscaras sobrenaturais em iniciações realizadas apenas no inverno, apenas à noite".

cerimoniais, *não* faz sentido falar do anonimato dos atores por trás das máscaras. Eles não estavam escondendo sua identidade pessoal nem eram vistos como agentes que manipulavam ou agiam "por trás" dos seres que se tornavam em contextos sagrados. Na verdade, suas identidades pessoais desapareciam temporariamente para serem substituídas durante o episódio sagrado. Essas transformações – de pessoas vivas em personagens sagrados – eram possíveis e poderosas porque expressavam a visão de mundo metafísica e os sentimentos compartilhados da comunidade por trás delas.[78]

Na Grécia clássica, a ascensão do drama profissional, que se desenvolveu a partir do ritual religioso dionisíaco, marcou o estabelecimento de uma esfera artística de *performance* que era separada e distinta da esfera religiosa, a qual fomentou uma nova reflexão intelectual e crítica sobre a sociedade.[79] Os atores gregos continuaram usando máscaras, mas as utilizavam como ferramentas para criar personagens cultural e politicamente codificados – *dramatis personae* – aos quais davam vida com o intuito de construir mundos alternativos de significado pelos quais esperavam que o público fosse cognitiva e emocionalmente absorvido.[80] Em outras palavras, as máscaras teatrais promoveram a transformação, mas de uma natureza diferente – definida por um arcabouço artístico em vez de religioso e por "um esforço consciente e pragmático para criar efeito dramático" em uma era de crescente "complexidade social

---

78 Sobre práticas de mascaramento e simbolismo nesses rituais religiosos, ver Lévi-Strauss (1963, p.261-6, [1975] 1988); Napier (1986); Wiles (2000). Em *As formas elementares da vida religiosa*, Émile Durkheim ([1912] 1995) mostra como o poder atribuído a itens sagrados e figuras totêmicas advém da energia e do sentimento coletivos coordenados e expressos em rituais.

79 Ver a importante discussão de Alexander (2004, p.540-7) sobre a ascensão do drama grego, que moldou significativamente minha perspectiva e análise nesta seção. Ver também Alexander (2017, p.4-6); Turner (1982). Cf. Schechner ([1977] 2003, p.152). Ver também a breve discussão de Calame (1986, p.137) sobre "o valor cívico da tragédia grega" e o comentário de Napier (1986, p.35) sobre "o papel muito especial das *dramatis personae* ao se comentar eventos reais".

80 Ver Alexander (2004) sobre o conceito de fusão performativa. Ver também Calame (1986, p.127, 135); Turner (1982, p.18).

e cultural", quando tal façanha de realização dramática não podia ser dada como certa.[81] Nesse sentido, as máscaras permitiam aos atores expressarem e incorporarem uma noção muito flexível de identidade, e "a ideia de deixar de lado seu eu individual para se tornar [...] um personagem [...] não era, portanto, nem ameaçadora nem problemática".[82] Elas também permitiam a "um único ator fazer diversos papéis (incluindo aqueles de diferentes idades e gêneros) na mesma peça".[83] Ademais, as máscaras permitiam aos atores "dizerem e fazerem coisas que não poderiam ser ditas e feitas na vida cotidiana e [...] apresentarem ao público eventos, ações e ideias que eram horripilantes ou ridículos, inspiradores ou fantásticos".[84] Todavia, assim como no caso do mascaramento em ritos religiosos, ainda *não* faz sentido falar do anonimato dos atores por trás das máscaras teatrais. Em vez disso, o teatro se tornou uma arte definida pela manipulação hábil e criativa da *persona*.[85] Atores profissionais eram conhecidos (e às vezes celebrados) agentes criativos que usavam máscaras para subverter conscientemente a identidade pessoal a fim de transmitir mensagens significativas (e muitas vezes politicamente subversivas) sobre o mundo.[86]

---

81 Alexander (2017, p.5).

82 Wiles (2000, p.151). Ver também Tseëlon (2001b, p.24).

83 Rehm (1992, p.41). Ver também Johnson (1992, p.24).

84 "A Greek Theatre Mask", Museu Britânico, http://www.teachinghistory100.org/objects/about_the_object/greek_theatre_mask.

85 Como aponta Napier (1986, p.8), "[a] palavra grega *prosōpon* era, assim como a palavra latina *persona*, usada para designar uma máscara". Além disso, "a palavra *prosōpon* podia significar a máscara, o papel dramático, a pessoa e o rosto; da mesma forma, *persona* [...] também podia se referir a alguém que interpreta um papel ou aos personagens representados".

86 Podemos também considerar o surgimento das formas de teatro Noh e Kyōgen séculos depois no Japão. O Noh foi inicialmente concebido em torno de princípios budistas durante o século XIV, mas evoluiu (em termos de forma e conteúdo) a partir de ritos religiosos e festivais folclóricos cerimoniais muito anteriores, tanto nativos do Japão quanto estrangeiros. Ver Tyler (1987); Ortolani (1990). O teatro Noh não criticava diretamente a autoridade como seu correspondente grego. No entanto, o Noh era certamente reflexivo em termos sociais. Os atores usavam suas máscaras, túnicas e outros elementos do figurino para dar vida a personagens-símbolo cultural e emocionalmente

Com o crescimento do poder cultural e político cristão no Ocidente, autoridades eclesiásticas buscaram substituir o pluralismo e o politeísmo herdados do mundo clássico e helenístico por uma sociedade unificada por um único código moral. Em seu cerne, a autoridade cristã era fundamentalmente hermenêutica, ou interpretativa, uma vez que a Igreja lutava para estabelecer um monopólio sobre o significado de eus, textos, atividades rituais, *performances* e comportamentos de todos os tipos. À medida que as autoridades cristãs atacavam a ordem mundial politeísta, elas redefiniram o teatro grego (como expresso no desdobramento romano que incluía festivais elaborados em nome de Baco, a versão romana de Dionísio) como enganoso e maligno. Tertuliano (c. 155-c. 220 d.C.) comparou o teatro a um esgoto e atacou especificamente seu caráter como um espaço no qual as normas cotidianas eram violadas, argumentando que "nunca e em lugar algum é certo fazer o que você não pode fazer em todos os momentos e em todos os lugares".[87] Além disso, Tertuliano era "particularmente reprovador dos atores no que concerne à mimese que é fundamental para seu ofício" e afirmou que "Deus odeia especificamente a hipocrisia e as coisas falsas, incluindo máscaras, vestir-se como outro gênero ou tentar soar como ou parecer com qualquer pessoa além de si mesmo".[88] Dois séculos depois de Tertuliano, Agostinho também criticou fortemente o caráter falso e corruptível do teatro romano, vendo-o como uma distração pecaminosa de uma orientação cristã adequada e verdadeira.[89] "Em suma", como afirma A. David Napier, "o palco era visto pelos cristãos não apenas como imoral, mas também como a completa antítese da visão de mundo cristã".[90]

codificados e transmitir histórias significativas que carregavam uma moral profundamente arraigada e fortes sentimentos sobre os costumes, valores e tradições japoneses. Ver Udaka (2010) sobre o simbolismo das máscaras Noh.

87 Tertuliano (~197-202, cap.20). Vera também Barish (1981, p.44-52).

88 Brandon (2013, p.18). Ver também Tertuliano (~197-202, cap.23); Barish (1986, p.44-52).

89 Ver Agostinho ([397-398] 1961). Ver também Barish (1981, p.52-65).

90 Napier (1986, p.6). Ver também Nixey (2017, p.201-9).

À medida que se manifestavam contra as artes teatrais, as autoridades cristãs redefiniram a máscara como um meio de esconder a verdadeira identidade e os reais motivos de alguém. Eles associaram o mascaramento ao mal e ao pecado (em um nível moral) e à rebelião (no nível da estrutura social e política).[91] Assim, "no mundo cristão e pós-cristão", a flexibilidade de identidade no cerne das práticas de mascaramento era vista como "abandonar a responsabilidade pela própria alma ou eu individual", o que "se tornou intolerável".[92] Na verdade, a própria essência do mascaramento contradizia a ideia cristã da "'pessoa moral'" como uma "entidade metafísica", como um ser singular e essencial que "possui valor metafísico e moral",[93] e, portanto, solapava os esforços para responsabilizar indivíduos perante a Igreja e sua visão de Deus. Nesse momento, o mascaramento passa a ser associado a engano, falsidade, ilusão e pecado, descrito como a antítese de honestidade, verdade, autenticidade e bondade. Atividades mascaradas, e de fato a própria noção de uma identidade fluida ou flexível, passaram a ser vistas como tipicamente mentirosas, estratégicas e até mesmo sinistras.[94] É aqui que vemos o surgimento de um anonimato subversivo que se tornaria uma característica fundamental do carnaval e, mais tarde, dos protestos sociais mascarados. À medida que os cristãos buscavam unificar a ordem social e moral e que as máscaras passavam a ser vistas como algo que ocultava atores com um intuito subversivo – como algo que separava suas identidades verdadeiras e singulares de suas ações mascaradas –, os atores usavam cada vez mais as máscaras para obscurecer sua identidade pessoal enquanto desafiavam as definições dominantes da situação e subvertiam o poder.

---

91 Ver Napier (1986, p.11-5). Ver também Tseëlon (2001a, p.4).

92 Wiles (2000, p.151).

93 Mauss ([1938] 1985, p.19, 22). Ver também Agnew (1986, p.101-48); Napier (1986, p.4-10).

94 Turner (2015, p.51-2) observa como os puritanos ingleses atacaram e criminalizaram ainda mais as artes dramáticas, incluindo "as produções teatrais, as mascaradas, os cortejos cívicos, as apresentações musicais e, naturalmente, os gêneros populares, como o carnaval, os festivais, charivaris, cantigas de baladas e encenações de milagres". Ver também Agnew (1986).

Com o tempo, como explica Efrat Tseëlon, "a máscara passou do ritual para o teatro e, por fim, para as ruas".[95] À medida que o mascaramento se tornou uma característica central do carnaval na era feudal, seus frequentadores "pareciam ter construído, ao lado do mundo oficial, um segundo mundo e uma segunda vida", criando o que Mikhail Bakhtin chamou de uma "dualidade do mundo" ou uma "dualidade na percepção do mundo e da vida humana".[96] Os foliões alcançavam essa segunda ordem mundial usando máscaras e fantasias para obscurecer sua identidade pessoal, ao mesmo tempo que violavam restrições normativas sobre o comportamento, muitas vezes frustrando regras e restrições cristãs no processo (por exemplo, aquelas associadas ao ascetismo da Quaresma).[97] Esse era o mundo "da sensação popular do mundo, da cultura popular", que se opunha ao mundo oficial "da seriedade sem falha" e subvertia sua "verdade dominante e [o] regime vigente",[98] expressando uma "luta de poder muito real".[99] Como uma atividade teatral popular de massa, o carnaval "ignora toda distinção entre atores e espectadores".[100] As pessoas e a peça se atam em um mundo de vida alternativo e subversivo. Em tais ocasiões, como no caso dos atores rurais do Krampus austríaco[101] na segunda metade do século XX,

95 Tseëlon (2001b, p.20-1).

96 Bakhtin (1996, p.5, 8).

97 Ver Kinser (1990, p.5). Ver também Tseëlon (2001a, p.11) sobre o mascaramento como um "recurso para desestabilizar categorias" e "subverter significados estabelecidos".

98 Bakhtin ([1965] 1984, p.6, 9, 10).

99 Holquist (1985, p.xxi). Sobre inversões subversivas no que se refere ao carnaval, ver também Scott (2013, p.240-52). Scott (2013, p.251) observa que "os verdadeiros rebeldes imitam o carnaval" porque "o carnaval, pela sua estrutura ritual e natureza anônima, abre um espaço privilegiado a um discurso e a uma agressividade que são normalmente reprimidos".

100 Bakhtin (1996, p.6).

101 O Krampus é uma figura mitológica de aspecto bestial, metade cabra e metade demônio. Conhecido em países da Europa Central e da Europa Oriental, sobretudo na Áustria, trata-se de uma figura que acompanha São Nicolau em sua visita às crianças na noite de 5 de dezembro (véspera do Dia de São Nicolau) e pune aquelas que não se comportaram bem. (N. T.)

as "máscaras [...] fomentam [...] um comportamento no qual as pessoas são levadas a transformar seus eus normais, a transcender papéis cotidianos ou a voar além do nível da realidade cotidiana".[102]

Esbocei essa breve história cultural para mostrar que as principais características do protesto social mascarado e anônimo moderno foram herdadas dos predecessores históricos e culturais descritos acima. Eles incluem o mascaramento como um meio de corporificar personagens sagrados e icônicos de maneiras que expressem os valores compartilhados e a identidade coletiva de uma comunidade de movimento, participando de *performances* criticamente reflexivas para moldar a cultura política e impactar públicos amplos, e de criar mundos alternativos paralelos significativos em meio à ordem social dominante, tudo isso enquanto subverte a identidade pessoal e, assim, escapar da associação pessoal com motivos e ações subversivos. Essas características se acumularam para definir um modo moderno de protesto social mascarado no qual os atores suspendem e transcendem suas identidades pessoais para vários fins morais e políticos. Os atores de movimentos sociais mascarados modernos dão vida a personagens rebeldes icônicos e significados políticos alternativos em arenas públicas plurais e contenciosas, extraindo um rico simbolismo de seus ambientes culturais para satisfazer suas situações e objetivos políticos.

Movimentos mascarados e suas ordens mundiais subversivas

Nos primórdios da era moderna, os revolucionários geralmente usavam o anonimato e o pseudonimato para articular suas posições

102 Honigmann (1977, p.278). Máscaras e fantasias continuam sendo essenciais para eventos e experiências carnavalescas contemporâneos, incluindo diversos festivais e feriados populares como o Halloween e rituais relacionados em diversas partes do mundo: o Día de los Muertos no México, o Dia de Guy Fawkes na Grã-Bretanha, o Desfile dos Mummers na Filadélfia (ver nota 138), o Mardi Gras em Nova Orleans e o festival Burning Man no deserto de Nevada.

políticas e desempenhar insurgência. François-Marie Arouet, pensador iluminista francês e crítico da Igreja Católica, escreveu sob o pseudônimo de Voltaire. O famoso panfleto norte-americano *Common Sense*, da época da Guerra de Independência dos Estados Unidos e agora amplamente conhecido por ter sido escrito por Thomas Paine, foi publicado e circulou anonimamente no início. Os *Federalist Papers* – escritos por Alexander Hamilton, James Madison e John Jay – foram publicados sob o pseudônimo "Publius", o primeiro nome de um dos fundadores da república romana, Publius Valerius Publicola (Públio Valério Publícola), e um nome muito semelhante à palavra latina *publicus*, que significa "público" ou "do povo". Assim como os liberais britânicos John Trenchard e Thomas Gordon, que publicaram seus ensaios extremamente influentes sob o nome "Catão" décadas antes de Hamilton, Madison e Jay usarem "Publius", muitos revolucionários da época do Iluminismo usaram os nomes de partidários gregos ou romanos clássicos como pseudônimos para vincular performativamente seus ideais revolucionários modernos aos berços da democracia e do republicanismo. Esses pseudônimos ganharam vida como "papéis antigos [...] interpretados" em um contexto moderno em que significavam valores culturais como "virtude pública e patriotismo", junto a honra, sacrifício e experiência, bem como "tradição e autenticidade".[103] Ademais, o Boston Tea Party foi um ato fantasiado e amplamente anônimo que concretizou dramaticamente uma hostilidade popular de massa em relação à tributação britânica das colônias dos Estados Unidos, uma "*performance* coletiva" que "dramatizou com sucesso a oposição colonial à coroa britânica, esclareceu uma questão-chave no antagonismo e mobilizou fervoroso apoio popular".[104] O caráter fantasiado desse protesto provavelmente aumentou sua atratividade,

103 Shalev (2003, p.172, 165, 167). Essa observação geral foi feita pela primeira vez por Karl Marx (2002, p.25-6) quando discutiu o fato de que os revolucionários franceses "enfrentaram a missão da sua época" com "o figurino romano e a fraseologia romana" (2002, p.26).

104 Alexander (2004, p.546).

permitindo a pessoas de todas as origens se identificarem com os heróis anônimos do ato desafiador e subversivo ou experimentarem ter afinidade com eles. Em tais casos, o anonimato e o pseudonimato focam a atenção na *performance* revolucionária e no conteúdo da mensagem ao mesmo tempo que minimizam a personalidade dos indivíduos responsáveis. Isso também permitiu aos atores obscurecerem ou deturparem seu *status* de classe, como quando John Adams escreveu editoriais de jornal sob o nome "Humphrey Ploughjogger", adotando a representação de fachada de um fazendeiro comum.

Depois que as forças políticas por trás das revoluções da modernidade chegaram ao poder, o ato de esconder a identidade de alguém foi mais comumente associado ao enfraquecimento dos valores modernos de responsabilidade pública, verdade e transparência.[105] Em 1790, poucos meses depois de as forças revolucionárias tomarem o poder na França, as máscaras foram oficialmente proibidas, pois eram vistas como uma violação da dignidade da nova ordem social e como um símbolo da "servidão [...] da vida sob uma tirania".[106] Da mesma maneira, em meados do século XIX, John Stuart Mill afirmou: "O disfarce em todas as suas formas é um emblema da escravidão" e "já passou da hora de as pessoas aprenderem o dever de afirmar abertamente suas opiniões e agir de acordo com elas".[107] A imagem de se ocultar a identidade de alguém, sobretudo quando se desempenha uma função pública, era considerada incivilizada e uma ameaça à razão, à verdade e à justiça. Essa visão permanece um princípio fundamental da maioria dos órgãos deliberativos (congressos, senados, associações comunitárias etc.) em sociedades democráticas.[108] Essa contradição histórica no posicionamento li-

105 Ver De Hert (2003). Marx (2002, p.26-7) também abordou esse fenômeno ao reconhecer que, após as revoluções dessa época terem sido vencidas com segurança, "a sociedade burguesa [...] não se apercebeu de que os fantasmas da época romana haviam embalado o seu berço".

106 Johnson (2001, p.90).

107 Mill (1859, p.47). Ver também Adut (2018, p.91).

108 Ver De Hert (2003, p.56). Ver Moore (2018) para uma abordagem alternativa a esse princípio.

beral em relação a obscurecer a identidade pessoal – adotada na prática revolucionária porém rejeitada como princípio de governança, "elogiada por libertar cidadãos" em alguns casos e "condenada por fornecer uma fachada conveniente para comportamentos prejudiciais ou democraticamente indesejáveis" em outros[109] – mostra como a avaliação moral do anonimato e do pseudonimato é socialmente estruturada em torno da dinâmica de poder.

Em nossa era pós-revolucionária, movimentos sociais com objetivos e ideologias muito distintos usaram o anonimato para escapar das restrições da ordem social dominante e dar vida a atividades subversivas (e às vezes ilegais). Usando máscaras, fantasias e outras representações de fachada padronizadas, os atores do movimento se transformam em personagens rebeldes para promover cooperativamente alternativas críticas às condições e relações sociais do *status quo*. Em um nível geral, essas *performances* subversivas transmitem uma *depreciação do ego* e uma *acentuação da massa*. Apesar das diferenças significativas em uma gama de casos, a depreciação do egoísmo, fomentada por "vestimentas estilizadas nas quais [...] desaparecem contornos pessoais",[110] serve para fazer o espectador (tanto público quanto interno à comunidade do movimento) focar nos significados, nas motivações e nos objetivos políticos impessoais por trás dos atos do movimento social, em vez de na identidade pessoal dos atores.[111] Tal depreciação do ego também obscurece e nivela as distinções dentro do grupo, propiciando a seus membros certa intercambialidade e qualquer um-dade.[112]

Enquanto a depreciação do egoísmo enfatiza certa qualquer um-dade na participação no movimento, a acentuação da massa

109 Gardner (2011, p.929).

110 Simmel (1950c, p.373).

111 Ver também Marx (1999, p.102).

112 Ver Coleman (2014, p.46-51) sobre a "ética coletivista e anticelebridade" do Anonymous e "o autoapagamento do indivíduo" (p.47). Ver Nail (2013, p.36) sobre a "prática [zapatista] de uso coletivo de máscaras", que "cria uma igualdade visual entre os sujeitos, sem líderes" e expressa a ideia de que o movimento está "aberto a qualquer pessoa".

dá ao próprio grupo o caráter de todosidade.[113] Os atores de movimentos sociais usam suas máscaras para transmitir a ideia de que inúmeras pessoas acreditam, no âmbito privado, no movimento, mas temem retaliações de autoridades poderosas e repressivas, e de que suas ações mascaradas expressam crenças e valores reprimidos de uma comunidade de massa. Uma vez que qualquer um pode colocar a máscara, que serve como o rosto compartilhado da *performance* subversiva, os participantes do movimento frequentemente afirmam que ela representa todos os membros de uma população específica, um "nós" coletivo que pode lutar pela inclusão em massa ao mesmo tempo que exclui pessoas de fora com base na ideologia ou em alguma outra variável (como classe ou raça). Além disso, da perspectiva do indivíduo mascarado, agir por trás da representação de fachada compartilhada funde a identidade pessoal de alguém (incluindo seus motivos, sua agência e sua responsabilidade) na identidade coletiva da comunidade do movimento e em um propósito comum compartilhado contraposto a uma força opressora.[114] Assim, as representações de fachada usadas por subversivos anônimos podem estabelecer uma *uniformidade simbólica* e "uma visão impressionante de solidariedade"[115] em contraposição à frente uniformizada tipicamente exibida por representantes oficiais da ordem social dominante (normalmente forças policiais e/ou militares).[116]

O anonimato dos movimentos sociais também pode mudar a dinâmica da repressão estatal. Por um lado, ao obscurecer identidades pessoais, os movimentos mascarados dificultam às autoridades

113 Cf. Coleman (2014, p.395) sobre o "Anonymous Everywhere".

114 Ver Nail (2013, p.33-4), que afirma que o uso de máscaras por movimentos na era moderna tardia expressa um "horizontalismo antiautoritário" e um "anonimato indistinguível" que "cria uma subjetividade de grupo" que mina formas liberais mais tradicionais de representação pelo Estado ou por outras autoridades. Ver também Koch (2014, p.449, 453-4, 462); Spiegel (2015); Boyd e Field (2016, p.356); Eyerman (2006, p.209).

115 Coleman (2014, p.399). Ver também Ruiz (2013, p.266). Simultaneamente, as máscaras também podem obscurecer a diversidade dos participantes do movimento.

116 Ver também Spiegel (2015).

vigiar suas atividades, identificar líderes e punir atores. Por outro lado, o anonimato dos agentes subversivos permite às autoridades justificarem o fato de serem muito abrangentes ao identificarem ativistas e punirem infratores. Tal dinâmica política permitiu a prisão de John Cookenboo e Vincent Yochelson em Berkeley, Califórnia, em 15 de abril de 2017, um dia após ativistas mascarados confrontarem fisicamente manifestantes de direita, "sob *suspeita* de usarem máscaras ao cometer um crime".[117] Além disso, para fazer frente contra o impacto do anonimato dos movimentos sociais, legislações antimáscara foram adotadas em diferentes momentos e lugares ao redor do mundo. Em muitos casos, essas leis não apenas criminalizam "o obscurecimento da identidade ao cometer um crime, mas simplesmente o obscurecimento da identidade pessoal em si".[118] Ao alvejar e procurar expor indivíduos que usam máscaras, essas práticas de aplicação da lei minam a capacidade de um movimento de se apresentar como uma força coletiva de massa.[119]

Além dessas características gerais, ativistas subversivos usam o anonimato de outras maneiras culturalmente significativas. Suas máscaras, capas e outras representações de fachada geralmente carregam significados simbólicos profundos e historicamente arraigados.[120] Além disso, ativistas mascarados de movimentos sociais dão vida a esse simbolismo cultural enraizado e o mobilizam usando roteiros, vocabulários e formatos teatrais populares.[121] Eles dão vida a referências simbólicas e códigos culturais profundos sob a forma de dramas sociais com enredos, personagens-tipo e morais

117 Miller (2017, grifo nosso).

118 Spiegel (2015, p.790-1).

119 Spiegel (2015, p.787-8).

120 Ver Alexander (2004, p.530) sobre "o histórico profundo das representações coletivas para a *performance* social". Ver também Turner (1967, p.20; 1982, p.22); Tseëlon (2001b, p.19).

121 Ver Alexander (2004, p.530) sobre o "primeiro plano" simbólico da *performance* social. Nesses casos, o anonimato é uma característica central de todos os quatro aspectos técnicos da dramaturgia dos movimentos sociais identificados por Benford e Hunt (1992): "roteirização, montagem, encenação e interpretação" (p.36).

conhecidos que o público pode entender (independentemente de esse público concordar ou não com as reivindicações do movimento). Eles então usam seus atos anônimos para promover ordens sociais paralelas como uma ameaça ou contestação aos sistemas dominantes de significado. Assim, o simbolismo das máscaras, capas e outras representações de fachada usadas por atores anônimos do movimento e as maneiras como esses símbolos são postos em ação precisam ser interpretados e compreendidos com relação ao meio cultural, histórico e político no qual a atividade subversiva se desenrola. Quando atores de movimentos sociais se envolvem em *performances* anônimas, eles posicionam seus personagens mascarados *com* algumas pessoas e *contra* outras visando definir situações, problemas e *personas* no mundo, bem como para definir diversos eventos, experiências, questões, lugares e ações à medida que contestam as ordens sociais e as estruturas de poder dominantes.[122] Com o tempo, suas máscaras e outras representações de fachada passam a carregar uma grande força cultural e iconográfica.

As *performances* anônimas do terror da Ku Klux Klan

As representações icônicas de fachada e outros símbolos usados pela Ku Klux Klan desde sua segunda fase, no início do século XX, carregam significados profundamente arraigados sobre raça, religião e nação nos Estados Unidos. A brancura do capuz e das vestes, juntamente com o legado cristão de seus símbolos, visam emoldurar as ações da Klan, incluindo linchamentos e outras formas de violência e terrorismo, como o cumprimento de um destino religioso racista que está acima e além da identidade pessoal de qualquer indivíduo ou de qualquer encontro interpessoal específico.[123]

122 Ver Benford e Hunt (1992) sobre o uso de "técnicas dramáticas" por parte dos movimentos sociais para "construir e comunicar poder" (p.36).

123 Linda Gordon (2017, p.88) descreve a Klan da década de 1920 como "um movimento evangélico pan-protestante". Ver também Fossett (1997, p.36); Bouie (2015).

A "cruz em chamas", ou *crann tara*, usada anteriormente para reunir clãs e vilas escoceses para enfrentar um inimigo estrangeiro, constrói um elo simbólico ancestral com a Europa medieval e uma continuidade histórica com uma comunidade étnico-religiosa imaginada.[124] Com esses símbolos uniformes, os membros da Klan não apenas obscureciam sua identidade pessoal, mas também, e simultaneamente, mobilizavam códigos culturais duradouros para definir limites entre o *puro* e o *poluído*, o *sagrado* e o *depravado*, o *autêntico* e o *estrangeiro* e o *civilizado* e o *bárbaro* a fim de reivindicar performativamente a bondade e a retidão da nacionalidade protestante-cristã branca nos Estados Unidos.[125] Assim, os membros da Klan usaram seu anonimato como um meio de subverter performativamente o progresso rumo à igualdade racial e para impor o que os adeptos alegavam ser uma ordem classificatória correta e natural no mundo.

Todo esse simbolismo foi inspirado pelo filme de D. W. Griffith, *O nascimento de uma nação* (1915), baseado no romance de 1905 de Thomas Dixon Jr. intitulado *The Clansman: An Historical Romance of the Ku Klux Klan*.[126] O filme forneceu um modelo para o anonimato da Klan como o conhecemos hoje. Ele também apresentou um roteiro narrativo que definiu o membro mascarado da Klan como um novo herói norte-americano agindo com base em um código masculino de proteção da honra e do dever para defender a família, a pátria e a sociedade civil de uma barbárie imposta

---

124 Mahboob (2017). Ver também Gordon (2017, p.26-8, 202) sobre o "nativismo" da Klan e a ideia de "herança anglo-saxônica não diluída", bem como sua descrição da insígnia padrão da Cruz de Ferro da Prússia nos trajes da Klan do início do século XX (p.71). Sobre continuidade ancestral e histórica, ver Zerubavel (2003, 2012).

125 A "Ku Klux Kreed" original (Ku Klux Klan, 1917) declara dedicação aos "princípios sublimes de um americanismo puro". Ver também Gordon (2017, p.34, 56).

126 Dixon (1905). Esse foi o segundo volume de uma trilogia, que também incluía *The Leopard's Spots* (1902) e *The Traitor* (1907). Ver Fossett (1997) para uma discussão importante.

por homens negros com poder político. Uma cruz em chamas é retratada em uma das várias ilustrações do romance de Dixon com a legenda "A Cruz em Chamas das colinas da velha Escócia!".[127] Ela também era empunhada por um membro da Ku Klux Klan encapuzado e vestido com uma túnica e montado em um cavalo com os mesmos trajes na imagem amplamente usada para divulgar o filme de Griffith, uma imagem que refletia uma cena-chave da ação da Klan no final do filme (Figura 8).[128] Conforme os rebeldes da Klan transpunham os capuzes e túnicas brancos e as cruzes em chamas da tela do filme para as ruas, eles estabeleciam esses símbolos como uma força icônica da supremacia branca e do terrorismo racista na vida norte-americana.

A Ku Klux Klan da década de 1920 operava com frentes performativas cindidas – uma aberta e desvelada, a outra sigilosa e mascarada. Ambas, no entanto, eram fachadas encenadas para espectadores na esfera pública.[129] Por um lado, a fachada aberta e desvelada consistia em "eventos públicos de massa organizados" na forma de festivais, desfiles e cerimônias religiosas realizadas em todo o país, "*performances* de massa, encenadas para espectadores" e "produções extravagantes que geravam entretenimento para todos" que compareciam.[130] A identidade pessoal de muitos líderes da Ku Klux Klan era bem conhecida, e os membros de base geralmente não usavam máscaras nesses eventos patrocinados pela Klan. Por outro lado, a fachada sigilosa e mascarada era composta de rituais com capuzes e túnicas que transmitiam uma sensação de mistério e exclusividade, exercendo uma atração magnética para recrutas em potencial ao mesmo tempo que estabeleciam uma divisão

127 Dixon (1905, p.326). O ilustrador foi Arthur I. Keller.

128 Ver também Simcovitch (1972). O filme inspirou a revitalização da Klan, e a organização, por sua vez, "valeu-se muito do filme como uma importante fonte de propaganda" (p.52).

129 Ver sobretudo Blee e McDowell (2013); Gordon (2017).

130 Gordon (2017, p.2, 79, 81-8). Ver também Blee e McDowell (2013, p.258-60) sobre os "espetáculos públicos" da Klan.

clara entre comunidades internas e externas.[131] Esses rituais mascarados frequentemente coincidiam com festivais e celebrações públicas, nos quais visavam mostrar o poder e a organização da Klan e se transmitiam ameaças públicas àqueles que a Klan definia como seus inimigos. Essa fachada também incluía inúmeros atos de terrorismo e violência de justiceiros mascarados, que normalmente ocorriam sob o manto da escuridão, sendo divulgados após o fato.[132] Assim, a Klan era ao mesmo tempo *tanto* pública *quanto* secreta, *tanto* aberta *quanto* exclusiva, *tanto* familiar *quanto* anônima. Essas duas frentes performativas se complementavam à medida que o movimento trabalhava para promover sua visão de "americanismo",[133] definida por uma ordem social e política de supremacia branca que se opunha às visões liberais que vinculavam o crescimento da diversidade, da inclusividade e do globalismo ao progresso norte-americano.

No entanto, a fase original da Ku Klux Klan surgiu aproximadamente cinco décadas antes, no período da Reconstrução. Durante essa primeira onda, os membros da Klan adotaram um estilo de *performance* oriundo de práticas teatrais, musicais e de festivais populares do sul dos Estados Unidos, que incluíam desfiles trajando fantasias e *performances* noturnas.[134] Usando um formato de carnaval misturado com a teatralidade dos menestréis, os rebeldes da Klan da época da Reconstrução adaptaram e deram vida a essas "formas culturais populares" ao mesmo tempo que tentavam ampliar as relações de poder racial e político da ordem anterior à Guerra de Secessão para o mundo do pós-guerra.[135] Conforme se

131 Gordon (2017, p.31, 71-7).

132 Gordon (2017, p.93-107).

133 Blee e McDowell (2013, p.250); Gordon (2017). Gordon observa que "a Klan também reivindicou o Boston Tea Party como um ancestral honroso, nomeando-o a primeira reunião registrada da Klan" (p.218n8).

134 Parsons (2005, 2015). Ver sobretudo (2005, p.819, 823; 2015, p.88) sobre "serenatas populares".

135 Parsons (2005, p.811, 812, 818; 2015, p.78); Silver (2000, p.356). As práticas carnavalescas europeias influenciaram as práticas norte-americanas dos séculos XIX e XX. Antecedentes europeus incluíam "o uso abundante de máscaras nas ruas", juntamente com "orquestras barulhentas a pé", onde "manequins

Figura 8. Cartaz de divulgação de *O nascimento de uma nação*, de D. W. Griffith.

envolviam em atos anônimos de terror racista e "violência noturna" contra sulistas negros recentemente libertos, os membros da Klan usavam um leque de materiais prontamente disponíveis para se disfarçarem, incluindo panos ou estopa (por exemplo, "sacos de juta pintados"), papel, peles de animais, fantasias de carnaval e bailes de máscaras, uniformes militares e roupas femininas (Figura 9).[136]

Esses primeiros ativistas da Klan frequentemente usavam suas máscaras para atuar como soldados confederados voltando do túmulo, às vezes vestindo uniformes de gala de militares confederados enquanto encenavam suas cenas subversivas.[137] Assim como as máscaras usadas em *mummers' plays*[138] facilitavam os ritos de "revivificação" centrais para essas peças,[139] os radicais da Klan do período da Reconstrução usavam máscaras e fantasias para reviver soldados confederados mortos e a ordem social pela qual lutavam. Nesse sentido, as primeiras *performances* de terror da Klan alcançaram o que Claude Calame considera uma inovação essencial do drama grego. A "estrutura espaço-temporal" da narrativa (apenas o relato) era voltada para o passado, ao passo que a *performance* dramática permite ao público conhecer personagens anacrônicos "no

---

[...] eram queimados", e sátiras e "insultos mordazes" eram comuns (Kinser, 1990, p.8, 9). Além disso, as tropas populares do Mardi Gras norte-americano geralmente se referiam a si mesmas como "Cavaleiros", como nos "Cavaleiros da Folia" (Kinser, 1990, p.13). Trata-se de uma influência feudal-cristã que fora adotada anteriormente pelos Cavaleiros da Ku Klux Klan. Na verdade, "a legitimação do carnaval de Nova Orleans geralmente corria paralelamente à incorporação da Klan e de suas ideias à cultura dominante" (Parsons, 2005, p.834).

136 Ver Parsons (2005, p.812, 813, 819, 821, 823, 824-6; 2015, p.41-4, 76-96). Ver também Silver (2000, p.342); Fossett (1997).

137 Silver (2000, p.345); Parsons (2015, p.81-4).

138 Manifestação teatral popular do século XVIII que surgiu no Reino Unido e se espalhou pelas antigas colônias inglesas. Nela, grupos informais de atores amadores (geralmente homens) conhecidos como *mummers* usavam fantasias e máscaras e faziam encenações nas casas de moradores, em bares ou nas ruas em determinadas datas festivas. Seu enredo geralmente consistia no combate entre dois personagens, do qual resultava a morte de um deles, posteriormente ressuscitado por um médico. (N. T.)

139 Napier (1986, p.18-9).

Figura 9. Ilustração feita a partir de uma fotografia que retrata membros da Ku Klux Klan capturados em 1871. A imagem foi publicada originalmente na *Harper's Weekly* em 27 de janeiro de 1872 com a legenda "Membros da Ku-Klux do Mississippi nos disfarces em que foram capturados". Wikimedia Commons (https://commons.wikimedia.org/wiki/File:Mississippi_ku_klux.jpg). Imagem em domínio público.

aqui e agora" e "cara a cara". Da perspectiva do público, "a máscara restabelece parcialmente, por meios visuais, [...] a estrutura atoral e espaço-temporal da narrativa mítica e o mundo de outros possíveis que ela constrói".[140] Contudo, enquanto o palco teatral formal cria uma "distância" entre personagem e espectador,[141] os atos mas-

140 Calame (1986, p.139-40).

141 Calame (1986, p.140).

carados de terror da Klan eliminaram essa fronteira e trouxeram "fantasmas" racistas "dos confederados mortos"[142] diretamente para as comunidades e bairros locais do período pós-guerra. Nesse processo, a Klan forçou seus alvos/vítimas a se tornarem parte de suas cenas subversivas violentas, que eles encenavam para públicos locais e nacionais.

Assim, os ativistas da Klan usaram suas encenações noturnas para emoldurar seus atos terroristas e também para dar continuidade aos métodos de controle sociais e psicológicos geralmente usados no sul dos Estados Unidos no período antes da Guerra de Secessão para disciplinar escravizados, que incluíam "fomentar suspeita" e perpetuar "um estado contínuo de angústia e medo".[143] Essas táticas foram projetadas para restringir movimentos, tolher a organização social e política e limitar o envolvimento econômico.[144] O caráter anônimo das atividades da Klan, reforçado pela noite como uma *mise en scène* performativa, fomentou esses objetivos, pois "ninguém sabia quem seu inimigo era".[145] Em outras palavras, a Klan se organizou de tal modo que qualquer pessoa branca poderia ser alguém que veste um capuz e interpreta o fantasma. Os sulistas negros libertos, portanto, tinham de se preocupar com a Klan dia e noite e, sempre que interagiam com uma pessoa branca, ela poderia muito bem ser da Ku Klux. Esse mecanismo de vigilância geral, juntamente com uma ameaça misteriosa e persistente de violência transmitida sob a forma de uma assombração, também é evidente no caso de uma carta escrita em 1868 para Davie Jeems, homem negro eleito para xerife na Geórgia, por um ator anônimo que adotava a alcunha da Ku Klux Klan. O autor da carta diz ter morrido "em Manassus (sic) em 1861" e existir agora "como uma Locusta

142 Parsons (2005, p.820). Ver também Parsons (2015, p.81); Silver (2000, p.345); Fry ([1975] 2001). Com o renascimento da Klan no início do século XX, a ordem foi dedicada aos "valentes e venerados Mortos" (Ku Klux Klan, 1917).

143 Fry ([1975] 2001, p.53, 56).

144 Ver Parsons (2015, p.2, 117). Ver também Silver (2000).

145 Fry ([1975] 2001, p.54).

durante o Dia", afirmando: "à noite eu sou um Ku Klux enviado aqui para cuidar de você e de todos os outros radicais e fazer você saber qual é o seu lugar".[146]

Tanto presentes quanto obscuros, simultaneamente impetuosos e misteriosos, os ativistas da Klan usaram o anonimato para acentuar o caráter de massa da resistência ao controle federal enquanto agiam para desfazer a reconstrução social moral, cultural, política e, mais diretamente, racial imposta pelo norte dos Estados Unidos depois da Guerra de Secessão, uma ordem social considerada "opressora" e "radical" pelos primeiros líderes da Klan.[147] Essa ênfase no caráter de massa do movimento da Klan é evidente na afirmação de 1868 de Nathan Bedford Forrest (ex-general confederado e um dos primeiros líderes da Ku Klux Klan) de que a Klan comandava "cerca de 550 mil homens" no sul dos Estados Unidos.[148] Embora muitos duvidassem dessa alegação, o anonimato da Klan impossibilitou prová-la ou refutá-la. A ênfase na massa é ainda mais evidente na proclamação de William Joseph Simmons para reviver a Klan em 1917, que começa com o preâmbulo: "Eu, e os cidadãos do Império Invisível por meio da minha pessoa, proclamo a vocês o seguinte".[149] O termo "império invisível" (*invisible empire*), usado pela primeira vez no título do terceiro livro da trilogia de Dixon, *The Traitor: A Story of the Fall of the Invisible Empire* (1907), também expressa a *performance* da Klan *como* uma ordem política alternativa – uma entidade política de uma massa oprimida pronta para exercer controle sobre a sociedade.

Tanto na primeira quanto na segunda fases, o poder do terror da Klan dependia da maneira como suas representações de fachada se

---

146 Ku Klux Klan (1868). Maiúsculas no original. Em sua publicação *K.K.K. Sketches*, Beard (1877, p.82) escreve: "A força incursora sempre se movia à noite, e os membros da Ordem nunca se mostravam no papel da Ku-Klux durante o dia".

147 Forrest (1868). Ver Parsons (2015, p.111-43) sobre a "ordem racial do pós-guerra".

148 Forrest (1868).

149 Ku Klux Klan (1917).

colocavam acima do individualismo e da identidade pessoal para expressar um sistema de significado e uma ordem social coletivos – um mundo paralelo que foi derrotado mas não aniquilado, que está em suspenso, é da noite e se encontra por trás do capuz. Nesse sentido, o anonimato subversivo do terror da Klan sempre esteve (e continua estando) em contraste semiótico com a visão da Reconstrução de uma sociedade democrática racialmente inclusiva. As ações anônimas da Klan, além de aterrorizar escravizados libertos e seus descendentes, buscavam definir os negros norte-americanos como incompatíveis com a sociedade civil – uma tentativa performativa também direcionada a brancos do norte dos Estados Unidos que estavam promovendo as causas da Reconstrução e dos direitos civis.[150] Dessa forma, o anonimato se tornou uma ferramenta crucial da força subversiva contra a legitimidade de uma sociedade reconstruída e da igualdade racial democrática, uma força que visava à manutenção de um sistema de supremacia branca e de opressão racial durante todo o período posterior à Guerra de Secessão.

Desempenhando a insurgência digital de guerrilha: as redes de *hackers* do Anonymous

Tomando um exemplo completamente diferente e mais contemporâneo de anonimato de movimentos sociais, podemos observar as redes de *hackers* mascarados conhecidas pelo nome Anonymous. "Com exceção de um compromisso fundamental com a manutenção do anonimato e uma ampla dedicação ao fluxo livre de informações, o Anonymous não tem uma filosofia ou programa político consistente."[151] Ademais, o Anonymous não é uma organização

150 Ver Parsons (2005, p.813-4; 2015). Parsons (2015, p.126) comenta: "O ataque da Ku-klux foi, acima de tudo, um ritual de exclusão, no qual o sujeito foi extirpado do corpo político".

151 Coleman (2014, p.3). É notável que um "compromisso com a manutenção do anonimato", que envolve o bloqueio de informações vitais de identificação, e "uma ampla dedicação ao livre fluxo de informações" podem ser vistos como contraditórios.

formal com uma estrutura e uma liderança definidas. Gabriella Coleman descreve com aptidão esse movimento misterioso como "uma hidra – abrangendo inúmeras redes diferentes" e discute as "rixas internas e impulsos sectários" que são bastante comuns entre os participantes.[152] De fato, logo após esse movimento se formar e começar a se envolver em um ativismo direto, a entidade se dividiu em "várias seitas e grupos dissidentes, cada um com iniciativas e campanhas únicas".[153] No entanto, o Anonymous é amplamente percebido como um movimento social organizado com uma pauta hacktivista rebelde.[154] Com o tempo, diferentes ativistas deram vida a esse senso de coerência organizada usando uma representação de fachada compartilhada para desempenhar seu anonimato subversivo.

Depois de surgir pela primeira vez no fórum online 4chan, onde os participantes defendem uma forte ética de anonimato, aqueles que agem sob a alcunha Anonymous transcenderam essa configuração em 2008 e começaram a coordenar diversas campanhas e confrontos públicos. Seus alvos incluíram organizações como a Igreja da Cientologia, a Ku Klux Klan, a Igreja Batista de Westboro e o Estado Islâmico, bem como inúmeras agências corporativas e governamentais nos Estados Unidos e ao redor do mundo. Usando

---

152 Coleman (2014, p.75, 106). Ver também Klein (2002, p.8), que afirma que o movimento global contemporâneo contra o neoliberalismo e o capitalismo tem "várias cabeças, sendo impossível decapitá-lo".

153 Knuttila (2011).

154 O termo "hacktivista" deriva da combinação das palavras *hacker* e "ativista". A publicação online *United States Cybersecurity Magazine* define "hacktivismo" de forma simples e ampla como "hackear em prol de mudanças políticas e sociais". Ver Putman (s. d.). Como descreve Gary Alan Fine (2015, p.20) em relação ao mundo do xadrez, o hacktivismo "é tanto uma subcultura, amplamente disseminada, quanto uma idiocultura – uma cultura compartilhada encontrada em grupos coesos". O crescente apelo da subcultura hacktivista no século XXI ficou evidente com a popularidade de filmes (como a trilogia Matrix), programas de televisão (como *Mr. Robot*, da USA Network) e livros (como a série Millennium, de Stieg Larsson) que retratam o hacktivismo e os protagonistas hacktivistas de diversas maneiras positivas.

várias táticas de hackeamento e propaganda política (que em muitos casos incluíram a produção e circulação de vídeos e cartazes online), o Anonymous atuou visando revelar informações ou intervir para apoiar várias causas notórias em nome da justiça social e da responsabilidade pública. Essas atividades incluíram, por exemplo, expor informações relativas à ocorrência de estupro de 2012 na Steubenville High School, em Ohio, e ao caso de Michael Brown, assassinado a tiros por um policial em Ferguson, Missouri, em 2014, bem como oferecer apoio à Primavera Árabe e ao Occupy Wall Street. Os atores do Anonymous se orgulham de manter uma estrutura descentralizada e sem liderança, e a maioria dos indivíduos que agem como Anonymous (embora geralmente se refiram a si mesmos como "Anons") optam por manter sua identidade pessoal oculta. Via de regra, "a identidade pessoal e o indivíduo permanecem subordinados" à identidade coletiva e ao posicionamento público da comunidade em geral.[155]

A representação de fachada mais reconhecível e icônica associada ao Anonymous é a máscara usada pelo herói rebelde feroz, astuto e poético de *V de vingança*, história em quadrinhos de Alan Moore e David Lloyd de 1982 que foi adaptada para os cinemas em um filme popular dirigido por James McTeigue em 2006 (Figura 10). Como um personagem justiceiro mascarado e pseudônimo com uma pauta revolucionária, V é semelhante tanto aos protagonistas quanto aos vilões das histórias de super-heróis.[156] Ele usa uma máscara representando o rosto de Guy Fawkes, membro de um grupo católico radical que planejava detonar uma explosão no parlamento inglês em 1605 em uma tentativa de assassinar o rei Jaime I. O fracasso dessa tentativa, que ficou conhecida como Conspiração da Pólvora, vem sendo celebrado na Grã-Bretanha ao longo dos séculos no dia 5 de novembro, com encontros semelhantes a festivais nos quais os foliões, que geralmente usam fantasias e máscaras, às vezes agiram de forma antiautoritária e até

155 Coleman (2014, p.46).
156 Koch (2014, p.457).

mesmo tumultuosa.[157] Ao resgatar a imagem de Fawkes em sua obra, Moore e Lloyd reviveram simbolicamente seu fantasma e reformularam sua missão fracassada (e inacabada), que passou a envolver uma tentativa de derrubar um regime fascista ambientado em uma Inglaterra distópica fictícia. Fawkes, um vilão na história popular da Conspiração da Pólvora de 1605, tornou-se um símbolo de alienação política – um símbolo que foi invertido e transformado no rosto de um herói popular porém misterioso pelo romance e depois pelo filme, lançado mais de duas décadas depois. Como *The Clansman*, de Thomas Dixon, e *O nascimento de uma nação*, de D. W. Griffith, porém com políticas muito diferentes, *V de vingança* é a história de uma rebelião outrora fracassada que ressurge.

Figura 10. O protagonista V veste uma máscara de Guy Fawkes no filme *V de vingança*, de James McTeigue.

Em nome do Anonymous, muitos ativistas vestiram a máscara de Guy Fawkes ao divulgar avisos ou ameaças em mensagens de vídeo online ou ao aparecer pessoalmente em protestos públicos. Posteriormente, a máscara e sua imagem, que também foram usadas em uma ampla gama de arte e propaganda política, foram adotadas

---

157 Ver Sharpe (2005).

por muitos outros ativistas de esquerda envolvidos em protestos populares ao redor do mundo, incluindo participantes do movimento Occupy (figuras 11 e 12).[158] Assim, ao mesmo tempo que se tornou uma força política significativa por si só, o Anonymous também se tornou a expressão arquetípica de um estilo iconográfico que cresceu muito além de qualquer grupo, organização ou evento político individual.[159]

Figura 11. Manifestantes acampados durante o Occupy Wall Street, 31 de outubro de 2011. Foto de Lee Hassl (Leepower). Wikimedia Commons (https://commons.wikimedia.org/wiki/File:Occupy-Wall-Street.jpg). Licença Creative Commons Atribuição-Compartilha Igual 3.0 Não Adaptada (https://creativecommons.org/licenses/by-sa/3.0/deed.pt-br).

158 O movimento mundial Occupy começou em 2011 com o acampamento Occupy Wall Street no Parque Zuccotti, em Nova York. David Lloyd, ilustrador de *V de vingança*, comenta: "A máscara de Guy Fawkes se tornou agora uma marca comum e um cartaz conveniente para se usar em protestos contra a tirania – e estou feliz que as pessoas estejam usando-a; parece bastante singular, um ícone da cultura popular sendo usado dessa forma". Relatado em Waites (2011).

159 Ver sobretudo a fascinante análise de Koch (2014) sobre "a máscara de Guy Fawkes como ícone político".

Figura 12. Manifestantes em um protesto em Madri, 17 de junho de 2016. Foto de Daniel López García. Wikimedia Commons (https://commons.wikimedia.org/wiki/File:Manifestaci%C3%B3n_Puente_de_Vallecas._24_(27645807402).jpg). Licença Creative Commons Atribuição 2.0 Genérica (https://creativecommons.org/licenses/by/2.0/deed.pt-br).

No entanto, por mais recente e visualmente distinta que essa iconografia política possa ser, a atividade subversiva mascarada do Anonymous representa uma nova versão de práticas mais antigas. Para entender por completo a importância cultural e política da máscara de Guy Fawkes hoje em dia e para compreender mais profundamente o anonimato subversivo daqueles que a usam, devemos ver essa representação de fachada como uma ferramenta performativa usada para promover *uma manifestação contemporânea de um modo de performance política anônima que tem precedentes históricos.*

Em meados da década de 1990, bem antes da ascensão do Anonymous, o Exército Zapatista de Libertação Nacional, ou zapatistas de Chiapas, no México, estabeleceu um modelo de ativismo político mascarado na era pós-Guerra Fria. Por um lado, os zapatistas estavam atuando segundo a tradição das muitas insurgências de guerrilha do sul global que os precederam, movimentos que também influenciaram ativistas no norte global. Por outro lado, os zapatistas expressaram um novo estilo de resistência política e insurgência da modernidade tardia. Na esteira de seu levante em 1º de janeiro de 1994, um ato de oposição ao Acordo de Livre Comércio da América do Norte (NAFTA – North American Free Trade Agreement), os zapatistas se tornaram um dos movimentos mais amplamente influentes de sua era. Expressando uma cultura popular local de resistência para se opor às forças globais do neoliberalismo e do militarismo estatal, os zapatistas normalmente mascaravam o rosto com *paliacates* (bandanas mexicanas) ou balaclavas pretas. Por meio de seu representante mascarado e pseudônimo, o Subcomandante Marcos, os zapatistas promoveram uma visão que enfatizava a integridade dos movimentos locais ao mesmo tempo que reforçava o universalismo da luta subversiva. Eles promoveram o que Thomas Olesen chama de "consciência global" e um espírito de "solidariedade mútua [...] que obscurece a distinção" entre ativistas de nações mais ricas e aqueles de países mais pobres e "enfatiza semelhanças entre atores física, social e culturalmente distantes, ao mesmo tempo que respeita e reconhece diferenças locais e nacionais".[160] Ativistas ao redor do mundo e do norte global celebraram os zapatistas como uma força revolucionária inspiradora contra os efeitos opressores do capitalismo globalizado, adotando sua ênfase no igualitarismo democrático local, sua oposição tática às crescentes tecnologias de vigilância estatal e seu apelo simbólico a um movimento global e inclusivo por justiça social.[161] À medida que a influência dos zapatistas crescia, as gerações de ativistas do Norte da modernidade tardia adotaram não apenas princípios políticos desse movimento popular do sul global, mas também estéticas e práticas dramáticas dele ao forjarem e executarem atos de oposição

---

160 Olesen (2005, p.108-9, 110). Ver também Olesen (2005, p.9-10, 102-26) para uma discussão mais ampla.

161 Ver Olesen (2005) sobre todas essas questões. Ver também Nail (2013, p.21, 33-37), que discute "o uso político de máscaras" como uma dimensão importante que demonstra a influência dos zapatistas sobre o movimento Occupy. Ver também Klein (2002, p.4); Ruiz (2013, p.267-8); Spiegel (2015, p.795).

política.[162] Conforme o poder político e a cultura neoliberais se globalizavam em escala cada vez maior, o mesmo ocorria com uma nova cultura política de resistência, que fomentava *performances* significativas de anonimato subversivo.[163]

Ao se mascararem em ações políticas, os zapatistas vincularam símbolos da cultura indígena e do sul do México a uma qualquer um-dade e todosidade que expressavam por meio da força generalizadora de seu anonimato. Embora adotassem esse modo de *performance* subversiva em princípio e forma, os dissidentes do norte global inicialmente não tinham uma iconografia cultural definida que pudessem chamar de sua. Com o lançamento em massa do filme *V de vingança*, da Warner Brothers, em março de 2006, James McTeigue (que notavelmente reivindica *A batalha de Argel* como inspiração) e as irmãs Wachowskis (como roteiristas) forneceram esse ícone quando transpuseram a narrativa gráfica de Moore e Lloyd (1982) para a telona. Somente após o lançamento do filme a máscara de Fawkes foi reapropriada para *memes* no 4chan e em diversos outros fóruns online.[164] E posteriormente, a partir de

---

162 Meu argumento aqui está em consonância com o que Eyerman (2006, p.204-5) afirma sobre "o atual movimento antiglobalização".

163 Antes dos zapatistas, as máscaras se tornaram vestimentas comuns para vários grupos de influência anarquista praticantes de táticas de *black bloc*, que começaram com os movimentos autonomistas italiano e principalmente alemão das décadas de 1970 e 1980. Esses "autonomistas vestiam-se de preto com os rostos cobertos por capacetes de motocicleta, balaclavas ou outras máscaras para criar uma massa uniforme e anônima de revolucionários preparados para realizar ações militantes" (Bray, 2019, loc.1717). Ver também Gilligan (2017). Tais táticas são normalmente praticadas hoje em dia sob a bandeira antifa (abreviação de "antifascista"), uma rede de ativistas em expansão, cada vez mais visível e controversa que frequentemente funde sua noção de antifascismo diretamente com uma "organização antirracista" e um "anti-imperialismo" transnacional (Bray, 2019, loc.2039, 2145). Quando ativistas antifa se mascaram com lenços ou bandanas em comícios políticos, esse mascaramento também é uma *performance* de uma identidade subversiva compartilhada enraizada na solidariedade política com as diversas comunidades rebeldes do mundo, tanto quanto um meio de autoproteção.

164 No final de 2006, antes de a máscara de Fawkes ser adotada em nome do ativismo, ela era usada como um personagem de meme conhecido como "Epic

2008, a imagem de V/Fawkes foi usada por ativistas em campanhas públicas.[165]

Ao adotar a máscara de Guy Fawkes atualmente, ativistas ao redor do mundo,[166] incluindo aqueles que agem sob o estandarte do Anonymous, dão vida ao icônico personagem V, que incorpora ambições revolucionárias, antiautoritarismo e uma postura clandestina, juntamente com um estilo carnavalesco inteligente, brincalhão e transgressor. No livro e na tela, V é uma figura marginalizada, entusiasmada e rebelde que é sempre conhecida apenas por sua representação de fachada. Usando a máscara de V/Fawkes, atores subversivos expressam sua prontidão para agir de maneira extrema e sua aversão a levar os créditos, estabelecer liderança ou alcançar a fama de forma pessoal por tais ações. Entretanto, eles também expressam uma afinidade formal e ideológica com o modelo de insurgência de guerrilha nativa defendido pelos zapatistas. Dessa perspectiva, assim como o rebelde subalterno com um lenço no rosto está para os conflitos locais resultantes da ordem mundial globalizante, o *hacker* mascarado está para a rede global multifacetada da rede mundial de computadores. Este último é uma versão típica da modernidade tardia relativamente privilegiada e tecnologicamente aprimorada de um guerrilheiro que luta pela liberdade.

Em diversas ocasiões, indivíduos que agem sob a bandeira do Anonymous postaram vídeos ameaçadores online para abordar

---

Fail Guy" [Cara do Fracasso Épico] no fórum 4chan. O Epic Fail Guy, assim como o verdadeiro Guy Fawkes, é conhecido principalmente pelo fracasso.

165 Ao participar de um protesto público físico pela primeira vez em 2008, o Anonymous estabeleceu um "código de conduta" que instava seus membros a "usar cachecóis, chapéus e óculos de sol" para cobrir o rosto durante a manifestação. Muitos optaram por usar a máscara de Guy Fawkes (em vez de um cachecol) porque ela simbolizava a ética política expressa no filme *V de vingança*. Ver Coleman (2014, p.64-5).

166 Ver Koch (2014, p.472-5) sobre "a máscara de Guy Fawkes como um fenômeno transnacional" (p.472), "influenciado por estruturas locais" (p.473) quando e onde os ativistas a usam. Cf. Nail (2013, p.35-7) para uma discussão relacionada.

uma situação preocupante.[167] Como forma de comunicação, esses vídeos geralmente emulam uma cena do filme *V de vingança* em que V toma um estúdio de televisão e faz um discurso televisionado para o povo da Inglaterra (como mostra a Figura 10). Em alguns casos vestindo uma máscara de Guy Fawkes, em outros simplesmente exibindo o emblema do grupo contendo uma pessoa de terno escuro com um ponto de interrogação no lugar da cabeça (Figura 13), e tipicamente usando uma distorção vocal computadorizada, um porta-voz anônimo costuma articular uma queixa que serve para justificar ameaças de retaliação direta ou uma promessa mais geral de revolta popular.

Figura 13. Uma versão do emblema associado ao grupo Anonymous no centro de uma bandeira. Autor: Anonymous. Wikimedia Commons (https://commons.wikimedia.org/wiki/File:Anonymous_Flag.svg). A imagem está em domínio público com a seguinte descrição: "Esta bandeira é fictícia ou foi proposta, mas não adotada. Ela pode ser nomeada como uma bandeira oficial de uma entidade geográfica ou de outra natureza e ter alguns elementos visuais semelhantes aos logotipos ou bandeiras oficiais dessa entidade, mas não é oficial e não tem nenhum reconhecimento oficial".

167 Ver, por exemplo, Anonymous (2012b, 2013a, 2019).

Seja confrontando a Cientologia, atacando o Federal Reserve (equivalente ao Banco Central nos Estados Unidos), desafiando o Departamento de Polícia de Los Angeles ou emitindo um aviso público para algum outro alvo, tais decretos performativos em vídeo combinam práticas de mascaramento mais tradicionais com as ferramentas de redes sociais eletrônicas para gerar uma dupla fachada de anonimato e mistério. Eles fornecem um exemplo claro de como o "espaço virtual" pode servir "como uma região de *performance*" que permite aos atores "controlar informações" e proteger a identidade de novas maneiras.[168] Ao mesmo tempo, aqueles que agem em nome do Anonymous usam essa dupla representação de fachada para alegar que representam a vontade popular, ou mesmo para *ser* "o povo".[169] A natureza do meio eletrônico, que permite que as mensagens sejam hospedadas em vários sites e que links sejam amplamente compartilhados, acaba reforçando a todosidade transmitida pelo ato mascarado e anônimo.

Com um tom sincero, embora muitas vezes seu conteúdo seja excêntrico (e comumente emoldurado por trilhas sonoras abertamente dramáticas), os vídeos postados sob a bandeira do Anonymous dão a ilusão de serem uma declaração oficial que representa a posição de um movimento de resistência organizado. Na verdade, contudo, essas *performances* em vídeo poderiam ter sido produzidas e postadas por qualquer um que adote o estilo e o simbolismo icônicos da rede. Por um lado, essa incerteza de autoria decorre da depreciação do ego adotada como princípio por aqueles que agem como Anonymous.[170] Como afirma um ator misterioso em um vídeo postado

---

168 Benford e Hare (2015, p.646). Ver também Gottschalk e Whitmer (2013); Markham (2013).

169 Anonymous (2012a). Ver também Anonymous (2014a), onde o porta-voz retrata o Anonymous como o "nós" universal com comentários como "Nós, como em você e nós. Nós, como em tudo e todos. [...] Nós somos você. Nós somos seus vizinhos. [...] Nós somos eles, e eles são nós". Ver também Koch (2014, p.461).

170 Coleman (2014, p.48-9).

para relançar o "Projeto Chanology"[171] (ataque público e coordenado do Anonymous à Igreja da Cientologia), "nós não temos rosto, não temos liderança e somos descentralizados de tal modo que será impossível nos deter".[172] Por outro lado, o fato de qualquer um poder alegar falar como o Anonymous ou em nome dele também alimenta conflitos entre facções e leva a especulações sobre a autenticidade de algumas mensagens públicas. Por exemplo, vários comentadores questionaram abertamente a legitimidade de um vídeo do Anonymous intitulado "Message to the President of the United States (Donald Trump)" [Mensagem ao presidente dos Estados Unidos (Donald Trump)], que apoia a vitória política de Trump em 2016, critica o islamismo e se opõe à política norte-americana de receber refugiados migrantes.[173] Esses comentadores questionaram a autenticidade dessa *performance* em vídeo simplesmente porque o conteúdo não se encaixava em suas ideias sobre o Anonymous, apesar de a forma da mensagem ser idêntica à maioria das anteriores e *como se* outros vídeos lançados em nome do Anonymous fossem de alguma forma mais oficiais ou sancionados por uma autoridade.[174] Essas controvérsias destacam o fato de que diversos atores podem agir por trás da icônica máscara de Guy Fawkes e de outros simbolismos coletivos e que essa representação de fachada compartilhada e homogeneizadora é a única maneira como o fenômeno do Anonymous aparece como um movimento social discernível e distinto.

---

171 "Chanology" é uma palavra formada pela junção dos termos 4chan (nome do fórum online já discutido na obra) e *Scientology* [Cientologia]. O Projeto Chanology foi criado em 2008 em resposta às tentativas da Igreja da Cientologia de tirar do ar trechos de uma famosa entrevista com o ator e cientologista Tom Cruise, uma empreitada que o Anonymous classificou como censura. (N. T.)

172 Anonymous (2019). Ver também Anonymous (2008).

173 Anonymous (2017). Nessa época, uma onda de vídeos semelhantes surgiu sob a bandeira do Anonymous.

174 Ver também Coleman (2014, p.49); Woolf (2016). Da mesma forma, alguns criadores da Ku Klux Klan questionariam a legitimidade de outros atores que usavam a representação de fachada. Ver Parsons (2005, p.815-6; 2015, p.68-9).

A Klan e o Anonymous: características compartilhadas do anonimato subversivo

Apesar de suas muitas diferenças significativas, a Ku Klux Klan e o Anonymous compartilham algumas características gerais que derivam da forma mascarada e anônima de sua atividade subversiva. Essas características gerais mostram que, independentemente de suas políticas e preocupações particulares, seus estilos de *performance* são moldados de muitas maneiras pelo uso que fazem do anonimato para propósitos subversivos. Por exemplo, em ambos os casos o uso de máscaras uniformes permite aos participantes e apoiadores compreender o movimento como uma *ideia* geral que se manifesta por meio de *performances* anônimas específicas. Quando norte-americanos brancos usavam capuzes e túnicas da Klan, eles encarnavam os "princípios imutáveis" do "Império Invisível"[175] e os traduziam em atos específicos de violência e terror. Assim, o caráter anônimo do terrorismo da Klan permitiu o florescimento do que Elaine Frantz Parsons chama de "a *ideia* da Ku-Klux" – uma noção "descorporificada" e "composta da Klan" que tomou forma sobretudo nos relatos da mídia nacional.[176] Consequentemente, "o ataque da Klan foi sempre a imposição de uma ideia translocal não apenas aos corpos de vítimas reais, mas também a comunidades concretas".[177] Com relação a um ponto de vista político muito diferente, esse fenômeno geral também é expresso pelo Anonymous com suas variações da frase "você não pode matar uma ideia".[178] Aqueles que agem sob a bandeira do Anonymous comumente

175 Ku Klux Klan (1917).

176 Parsons (2015, p.9, 10, grifo nosso).

177 Parsons (2015, p.75).

178 A frase "você pode matar um homem, mas não pode matar uma ideia" é atribuída ao líder dos direitos civis Medgar Evers. No entanto, esse sentimento também foi expresso no filme *V de vingança*. Quando, perto do final do filme, o diretor da polícia secreta Peter Creedy pergunta a V "Por que você não morre?", ele responde: "Por baixo desta máscara há mais do que carne. Por baixo desta máscara há uma ideia [...], e as ideias são à prova de balas". Ver também Coleman (2014, p.16).

expressam variações desse sentimento, como "Nós nunca seremos destruídos [...]. Nós, como uma ideia. Ideias não podem ser presas, mortas ou quebradas".[179] Em ambos os casos e em outros, ao vestir máscaras, os indivíduos suprimem sua identidade pessoal e seu ego para dar vida a tais ideias impessoais e princípios coletivos. Ao enfatizar a vitalidade da ideia impessoal e imperecível, tais grupos reforçam tanto seu caráter de massa quanto seu destino. Indivíduos vêm e vão, afirmam, ao passo que a ideia, que serve como a alma imortal do movimento, prevalecerá.

Tanto a Klan quanto o Anonymous têm origem em trapaças e um humor ácido, características centrais do carnaval. Ambos usaram humor, brincadeiras e um estilo dionisíaco como molduras para envergonhar, humilhar e atacar seus alvos. Embora, ao pensarmos na Ku Klux Klan, visualizarmos as cenas de terror abertamente racista que definiram os atos mais conhecidos do grupo, as primeiras manifestações dessa atividade foram frequentemente "concebidas e popularmente recebidas como cômicas" por sulistas brancos que serviam como público para o drama da Klan, e tais atos foram de fato inicialmente encenados como "pegadinhas" dramáticas que promoviam "a aterrorização de negros norte-americanos e republicanos resistentes".[180] Em outras palavras, os membros da Klan enquadraram o terror racista "como uma extensão adequada de sua peça cômica original, o espaço carnavalesco de fantasias postas em prática rapidamente se metamorfoseando em um local real de tortura".[181] Esses atos violentos também foram apresentados ao público em geral como "uma mercadoria cômica" pela imprensa democrata do sul dos Estados Unidos.[182] Da mesma forma, uma motivação fundamental para o Anonymous, bem como para os *hackers* modernos e *trolls* em geral, é semear a desordem e envergonhar publicamente seus alvos pelo "LULZ", corruptela de "LOL", abreviação

179 Anônimo (2014a).

180 Silver (2000, p.340, 342).

181 Silver (2000, p.342). Ver também Parsons (2005, p.824).

182 Silver (2000, p.342).

para *laughing out loud* [rir alto] usada online. O LULZ é um tipo particular de humor e riso que decorre da humilhação ou vitimação de outros, "inequivocamente imbuído de perigo e mistério" resultantes dos "prazeres da transgressão".[183] O cerne emocional do LULZ envolve a externalização da vergonha em uma vítima, o que se torna uma forma poderosa de cultivar a solidariedade entre os próprios envergonhadores. Como afirmou Mikhail Bakhtin em relação ao carnaval medieval, esse humor "ácido" é subversivo porque o riso que ele provoca "[c]onstrói seu próprio mundo contra a Igreja oficial, seu Estado contra o Estado oficial".[184] Ele cria uma fronteira entre aqueles que estão e "aqueles que não estão por dentro da piada".[185] Em ambos os casos, movimentos sérios com consequências graves resultaram de ações enquadradas como humor, e a ligação entre humor ácido e agressão foi obscurecida.

Tanto a Ku Klux Klan quanto o Anonymous usaram os privilégios proporcionados por suas máscaras para escapar da vigilância das forças oficiais ao mesmo tempo que vigiavam os outros. Em ambos os casos, o anonimato facilita um voyeurismo protegido, ou o ato de assistir por trás da máscara. Por conseguinte, tais movimentos criam uma atmosfera de medo e paranoia para seus alvos e aqueles fora de seus círculos íntimos. Dessa posição, ambos os movimentos praticam uma forma ameaçadora de vigilantismo. O da Klan prolongou a violência legalizada da punição de escravizados do período após a Guerra de Secessão para a era pós-emancipação. No entanto, o do Anonymous "inclui punições reprovativas em vez

183 Coleman (2014, p.31). Ver também onde Coleman define "o lulz" como "um estilo dissidente de humor e um estado quase místico de ser" (p.2). Ver também Auerbach (2015a,b). Essa "travessura", como demonstra John Mullan (2007, p.9-40), também foi uma motivação fundamental para que alguns autores de diversas épocas permanecessem anônimos.

184 Bakhtin (1996, p.76). Ver também Thompson (1974, p.400-1), que demonstra que *performances* teatrais e cômicas, bem como música satírica, também eram comuns em protestos populares ingleses contra a elite dominante. Ver também Auerbach (2015b) e Moore (2018, p.185) sobre o jogo como uma característica de espaços online anônimos, como o 4chan.

185 Coleman (2014, p.2).

de violência" e geralmente inclui tentativas de manchar a imagem pública ou minar os interesses e objetivos de seus alvos.[186]

Com o tempo, as máscaras e outros símbolos usados como representações de fachada pela Ku Klux Klan e pelo Anonymous evoluíram para atingir um *status* icônico. Deixando de lado diferenças consideráveis, em ambos os casos o simbolismo subversivo foi popularizado conforme versões de um modelo de personagem mascarado apareciam na imprensa (na trilogia de Dixon e na história em quadrinhos de Moore e Lloyd) e mais tarde no cinema (*O nascimento de uma nação*, de Griffith, e *V de vingança*, de McTeigue). Em ambos os casos, a mídia popular (auxiliada pela propaganda impressa e pela imprensa na época da Klan e pela propaganda digital e pela tecnologia da internet no caso do Anonymous) foi fundamental para a difusão cultural da narrativa e da imagética que mais tarde foram mobilizadas por subversivos anônimos. Como as máscaras em ambos os casos atingiram "*status* icônico [...] depois de transcender a página e a tela",[187] elas acabaram sendo produzidas em massa e vendidas comercialmente para atender à demanda subversiva popular. No entanto, embora em ambos os casos a mídia impressa e cinematográfica forneceu um modo e um meio de difusão cultural e tecnológico, ativistas de base fizeram o trabalho de dar a esses personagens mascarados uma nova vida por meio de suas *performances* de anonimato subversivo.

Todos os movimentos sociais mascarados que discuti evocam figuras e eventos do passado, traçando analogias históricas e aproximando o passado e o presente de diversas maneiras.[188] Enquanto as Guerrilla Girls deram vida às *personas* de artistas mortas e o EZLN usou suas máscaras para canalizar o espírito de Emiliano Zapata (o revolucionário do sul do México do início do século XX),[189] os

---

186 Serracino-Inglott (2013, p.217, 228-33).

187 Koch (2014, p.457).

188 Sobre analogias históricas e pontes mnemônicas, ver Zerubavel (2003); DeGloma (2015).

189 Ver Schafer e Dickens (2016) sobre a batalha mnemônica em torno do legado de Emiliano Zapata. Ver também Olesen (2005, p.117-8) sobre a "fusão" de Zapata com "mitos indígenas locais" para criar "a figura de Votán Zapata".

radicais da Klan as utilizaram para reviver soldados confederados mortos. Dando continuidade a essa tradição, a Klan do século XX professou ser a versão "revivida, reconstruída, remodelada, refinada e expandida" de sua predecessora do período da Reconstrução.[190] Da mesma forma, o Anonymous usa a imagem histórica em evolução de Guy Fawkes. Em todos os casos, atores mascarados revivem personagens do passado que têm negócios inacabados e reinventam performativamente essas figuras em uma tentativa de fazer mudanças voltadas para o futuro. Conforme descrito por Karl Marx ao refletir sobre a história moderna da Revolução Francesa, tais atores do movimento social "conjuram temerosamente a ajuda dos espíritos do passado, tomam emprestados os seus nomes, as suas palavras de ordem, o seu figurino, a fim de representar, com essa venerável roupagem tradicional e essa linguagem tomada de empréstimo, as novas cenas da história mundial".[191] Tal estratégia de conexão temporal também fica evidente no lema impresso com o tratado de Klan de 1917, de W. J. Simmons, "ABC do Império Invisível", que afirma: "Estávamos aqui ontem. Estamos aqui hoje. Estaremos aqui para sempre".[192]

À medida que os participantes de cada grupo separam sua identidade pessoal dos personagens subversivos que interpretam, eles expressam tensões culturais mais profundas (com implicações morais e políticas) subjacentes à situação social em questão. Usando essa divisão entre pessoa e personagem, subversivos mascarados criam e promovem ordens sociais alternativas como uma forma de ameaçar ou contestar as estruturas políticas, os códigos culturais e os sistemas de significado dominantes. Assim, a Klan criou um drama de resistência à visão da sociedade da Reconstrução imposta pelo governo federal e definiu a emancipação negra como um mal ameaçador. No processo, eles buscaram reviver a ordem social do período anterior à Guerra de Secessão. As redes de *hackers* do

190 Ku Klux Klan (1917).
191 Marx (2011, p.25-6). Ver também Alexander (2004, p.530).
192 Ku Klux Klan (1917).

Anonymous também criaram um drama de resistência, mas a uma centralização crescente e descontrolada do poder estatal e corporativo e a formas correspondentes e difundidas de vigilância na modernidade tardia. No processo, os participantes defenderam novas ideias sobre liberdade e responsabilidade enraizadas no acesso público aberto à informação e em uma vontade igualitária de massa. Apesar de suas diferenças significativas, ambos os grupos usaram suas máscaras para interpretar seus heróis e definir seus vilões enquanto tentavam dramatizar conflitos e mudar as relações de poder.

Contrainteligência do FBI e a subversão do Anonymous de atividades subversivas

Em 1956, sob a direção de J. Edgar Hoover, o FBI estabeleceu um programa de contrainteligência (COINTELPRO) para "expor, abalar, desviar, desacreditar e neutralizar as atividades" de inúmeros movimentos sociais proeminentes nos Estados Unidos.[193] O COINTELPRO foi mantido em segredo até 1971, quando ativistas invadiram um escritório do FBI na Pensilvânia e roubaram documentos que enviaram anonimamente para vários veículos de imprensa visando expor a operação secreta. Ao longo desse programa, o FBI usou estrategicamente um anonimato subversivo, juntamente com uma série de outras táticas, para atingir seus objetivos. Lembre-se de sua carta anônima a Martin Luther King Jr. exibida na Figura 2, por exemplo. Ao agirem anonimamente, os agentes do FBI frequentemente fabricavam pistas para controlar as impressões de seus alvos e levá-los a conclusões específicas porém equivocadas, muitas vezes os fazendo suspeitar que o ator por trás da fachada anônima era membro de uma facção dissidente ou de

193 Diretiva do FBI, 25 ago. 1967. Reimpresso em Glick (1989, p.77). A diretiva citada foi escrita especificamente para abordar o caso de grupos nacionalistas negros nos Estados Unidos, mas também exemplifica os propósitos gerais do COINTELPRO.

outra organização. Na verdade, uma das principais intenções do COINTELPRO era manipular o imaginário (e atiçar as paranoias) de ativistas de movimentos sociais, desacreditando e minando os líderes do movimento no processo.

Observe o seguinte caso. Em dezembro de 1969, o FBI lançou anonimamente uma charge com o intuito de criar uma divisão entre os membros do Partido Socialista dos Trabalhadores (SWP, na sigla em inglês) e outros grupos que faziam parte da coalizão conhecida como Comitê de Mobilização Nacional para o Fim da Guerra do Vietnã (National Mobilization Committee to End the War in Vietnam, comumente referido apenas como Mobe). O panfleto anônimo retratava um ganso no qual estava marcado "SWP" estuprando, em pleno voo, outro ganso no qual se lia "Novo Mobe", estando a imagem acompanhada da legenda "Voar junto? Que idiotice!" e sendo seguida por um texto extremamente crítico do impacto da liderança do SWP nas atividades e na integridade geral da coalizão Mobe.[194] A intenção desse ato anônimo (que foi precedido por várias cartas anônimas elaboradas para atingir o mesmo objetivo) não era simplesmente difamar o SWP, mas também levantar suspeitas entre os membros de todos os grupos que o compunham sobre quem era o autor do panfleto. O objetivo maior era fragmentar a coalizão que se opunha à Guerra do Vietnã. Nesses casos, conforme a imaginação corre solta, dedos são apontados. A desconfiança e a paranoia crescem. Os fundamentos sociais de organização, coordenação e unidade são subvertidos e desestabilizados. O FBI usou táticas semelhantes com objetivos parecidos para atrapalhar o movimento de independência de Porto Rico, organizações afiliadas ao movimento dos direitos civis (como o Comitê de Coordenação Estudantil Não Violenta [SNCC – Student Nonviolent Coordinating Committee]) e diversos grupos ligados à Nova Esquerda, ao Movimento Indígena

194 Churchill e Vander Wall (1990, p.57-60). *The COINTELPRO Papers*, de Churchill e Vander Wall, são uma das coleções mais abrangentes de documentos oficiais do FBI emitidos em conjunto com esse programa e uma fonte fundamental de informações. O FBI também mantém um banco de dados online abrangente de documentos do COINTELPRO. Ver https://vault.fbi.gov/cointel-pro.

Norte-Americano (AIM – American Indian Movement) e muitos outros.[195] Nesses casos, agentes do FBI usaram o anonimato para criar cisões entre indivíduos e grupos, desacreditar líderes, dissuadir participantes de base e, de modo geral, demover atividades políticas subversivas organizadas durante o processo.

O anonimato subversivo dos agentes do COINTELPRO, do FBI, difere daquele de movimentos sociais como a Ku Klux Klan e o Anonymous. Na maioria dos casos, quando participantes de movimentos sociais usam máscaras e obscurecem sua identidade pessoal, eles costumam usar uma forma *representacional sincera* de anonimato para simbolizar uma comunidade subversiva específica e sua causa. No entanto, quando agentes do COINTELPRO ocultavam sua identidade, eles geralmente desenvolviam uma forma *enganosa e ardilosa* de anonimato subversivo para dar a impressão de que eram alguém ou algo diferente de agentes do FBI (muitas vezes fingindo ser outros ativistas, por exemplo). Eles criavam representações de fachada ambíguas, capciosas e intencionalmente enganosas para atingir seus objetivos. A distinção entre esses dois subtipos de anonimato – o representacional sincero e o enganoso e ardiloso – geralmente não fica imediatamente evidente durante a interação em questão, o que mostra como o anonimato é propício para operações de "bandeira falsa" nas quais os atores intencionalmente deturpam tanto a fonte quanto o motivo de suas ações. Embora em ambos os casos os atores usem o anonimato subversivo para criar um ar de mistério em torno de suas atividades, os agentes que empregam o tipo enganoso e ardiloso combinam estrategicamente elementos da *máscara* e do *disfarce*. "As máscaras escondem uma identidade verdadeira de forma visível. O disfarce afirma uma identidade, uma identidade *falsa*, mas se obscurece a ocultação".[196] Sobrepondo esses elementos para que a fachada anônima também seja ao mesmo tempo um disfarce, os agentes do FBI criaram fachadas anônimas falsas, pois havia uma maior "discrepância entre as aparências alimentadas e a realidade",

195 Churchill e Vander Wall (1990).

196 Johnson (2001, p.96, grifo do autor). Ver também Ruiz (2013, p.266).

criada por "um impostor" cujas ações "dissimulam, enganam e trapaceiam".[197] No caso do COINTELPRO, os agentes atuavam para afastar pressupostos sobre a fonte, o motivo e a responsabilidade do ato do FBI e direcioná-los a outras fontes. Assim, os agentes anônimos do COINTELPRO atingiram uma camada adicional de obscuridade e assumiram ainda menos responsabilidade do que ativistas mais sinceramente mascarados. Em geral, aqueles que desempenham um anonimato enganoso e ardiloso desfrutam de uma maior liberdade para manipular as definições de suas situações e estão em uma posição que lhes permite culpar os outros.

Além disso, como pode ser determinado a partir do caso da charge do SWP/Mobe, o tipo enganoso e ardiloso de anonimato empregado pelo FBI é ideal para executar a estratégia de *divide et impera* (dividir para conquistar) discutida por Georg Simmel, na qual um terceiro provoca e se beneficia oportunisticamente de conflitos entre os outros dois (ou mais) "para assumir uma posição dominante".[198] Por exemplo, como parte de suas tentativas coordenadas de tumultuar o movimento de independência de Porto Rico, os agentes da COINTELPRO conspiraram para elaborar e distribuir centenas de cartas, folhetos e charges anônimos que visavam provocar suspeita, conflito e discórdia generalizada em organizações como o Movimento Pró-Independência de Porto Rico (MPIPR – Movimiento Pro-Independencia de Puerto Rico) e a Federação Universitária Pró-Independência (FUPI – Federacíon Universitaria Pro-Independencia).[199] Uma dessas cartas, "supostamente escrita por um veterano anônimo do MPIPR", alegava uma "tomada comunista da organização" para cindir as opiniões dos membros sobre o comunismo e Cuba.[200]

---

197 Goffman (2002, p.60). Ver também Goffman (1969, p.9, 10, 13, 71).

198 Simmel (1950b, p.162). Ver também Goffman (1969, p.73-7) para uma discussão sobre a dinâmica triádica do controle de informações.

199 Ver "FBI Records: The Vault: Puerto Rican Groups" para um registro abrangente de documentos. https://vault.fbi.gov/cointel-pro/puerto-rican-groups. Ver também Churchill e Vander Wall (1990, p.63-90).

200 Memorando do FBI do Agente Especial Encarregado do Escritório de Campo do FBI em San Juan para o Diretor do FBI, 13 nov. 1967. Citado em Churchill e Vander Wall (1990, p.74).

Outras visaram publicamente o líder estabelecido do MPIPR, Juan Mari Brás, apresentando diversas acusações, condenações e alertas com o intuito de impedir uma unidade entre o MPIPR e outros grupos locais.[201] Nesses casos, os agentes do COINTELPRO elaboraram estratégias de como manipular pressupostos sobre as fontes desses documentos e se esforçaram muito para criar "condições seguras para proteger o FBI como fonte".[202] Ao mesmo tempo que levantava dúvidas sobre a liderança do movimento, o FBI agia estrategicamente para incitar conflitos entre diferentes organizações pró-independência que poderiam forjar laços de solidariedade política. Como afirmam Ward Churchill e Jim Vander Wall: "Esses métodos foram usados não apenas para dividir os porto-riquenhos, mas para impedir alianças entre qualquer um dos vários elementos do movimento *independentista* e grupos progressistas nos Estados Unidos contíguos".[203] Embora claramente enganoso e ardiloso, esse uso estratégico e subversivo do anonimato é feito para direcionar as suspeitas, acusações e hostilidades de duas ou mais partes umas contra as outras, colocando, assim, em segundo plano suas semelhanças e enfraquecendo sua causa comum.

Em todos esses casos, a exposição de memorandos e diretivas oficiais do FBI que até então eram confidenciais (comunicações internas protegidas) revelou onde tais *performances* anônimas eram planejadas e onde membros da "equipe de *performance*" (aqueles que operam por trás das fachadas do anonimato) elaboram estratégias e coordenam seus esforços para gerenciar as impressões de seus alvos.[204] De acordo com o plano, a própria presença do FBI na dinâmica deveria ter permanecido desconhecida, oculta por trás da fachada construída. Esses agentes usaram seu anonimato para

201 Churchill e Vander Wall (1990, p.77).

202 Memorando do FBI do Diretor do FBI para o Agente Especial Encarregado, Escritório de Campo de San Juan, 11 maio 1967. Reimpresso em Churchill e Vander Wall (1990, p.81).

203 Churchill e Vander Wall (1990, p.76).

204 Sobre a "região de fundo" ou "bastidores", ver Goffman (2002, p.106). Sobre a "equipe de representação", ver Goffman (2002, p.78, 76-100).

subverter as atividades subversivas de outros ao mesmo tempo que permaneciam invisíveis como parte envolvida na situação.

Conclusão

Neste capítulo, analisei uma ampla gama de casos de diferentes épocas e lugares para lançar luzes sobre as formas como os atores usam o anonimato e o pseudonimato para propósitos subversivos. Em cada caso, os atores dão vida a personagens subversivos e encenam suas identidades ocultas de maneiras que minam algumas normas interpessoais, culturais, políticas ou morais, ao mesmo tempo que promovem maneiras de ver e estar no mundo, ideias e valores alternativos. À medida que subvertem a própria identidade pessoal, eles agem para criar significado – para definir situações, eventos, questões e relações enquanto contestam ou solapam alguma forma de poder social.

Seja atuando como indivíduos (como muitos dos autores e artistas que discuti) ou coletivos (como movimentos sociais mascarados), os subversivos anônimos dão vida ao anonimato em seus contextos para atuar para seus públicos. Tomadas em conjunto, essas *performances* de anonimato subversivo demonstram o caráter completamente social e situacional de nossas identidades ocultas. Os atores criam e dão vida a suas representações de fachada para promover certas causas – para o bem ou para o mal – que estão enraizadas em suas circunstâncias sociais e históricas. Precisamos interpretar a rica relevância semiótica de suas representações de fachada, juntamente com as dimensões formais, dinâmicas e inter-relacionais de suas *performances* anônimas, para entender por completo o caráter subversivo de seus atos anônimos. Como discutirei no próximo capítulo, os atores também podem usar vários sistemas sociais e instituições impessoais para proteger sua identidade pessoal enquanto agem e criam significados no mundo ao seu redor.

4
O ANONIMATO DE SISTEMAS SOCIAIS

Veja a seguinte conversa entre um meeiro defendendo sua casa de um tratorista contratado para demolir várias fazendas, como retratado por John Steinbeck em *As vinhas da ira*.

— Mas eu construí a minha casa com as minhas próprias mãos. Endireitei pregos velhos e enferrujados para pregar as tábuas. Os caibros são amarrados com arame. É tudo meu. Eu fiz tudo sozinho. Se você se meter a derrubar a minha casa, vai me ver na janela, de rifle na mão. Chega só perto e vai ver. Meto uma bala como se mata um coelho.

— Mas eu não tenho culpa! Vou perder meu emprego se não fizer o que me mandam. E olhe, suponha que você me mate? Eles vão enforcar ocê direitinho, mas antes disso já vai ter outro camarada no trator e esse outro vai derrubar a sua casa. Não adianta você me matar, não sou o homem que você procura.

— É, tá certo — disse o meeiro. — Quem deu estas ordens procê? Vou atrás dele, isto sim, vou matar é ele.

— Não, cê tá enganado. Ele também não tem culpa. Recebe ordens do banco. O banco lhe disse: dê um jeito naquela gente, mande todos embora, ou será despedido.

— Bem, deve haver o presidente do banco, os diretores, os que mandam. Vou carregar meu rifle e vou procurar eles no banco.

E o homem do trator disse:

— Me falaram que o banco também recebe ordens do Leste. E as ordens são: faça as terras produzirem de qualquer jeito, ou terá que cerrar as portas.

— Mas então quem é que manda? Quem eu tenho que matar? Não vou morrer de fome sem primeiro matar quem quer me tirar o pão.

— Não sei. Talvez não tenha ninguém a quem matar.[1]

Com essa passagem, Steinbeck cria uma cena e um diálogo que captam o desespero dos agricultores desalojados em meio ao Dust Bowl, tempestade de areia da década de 1930, mas que poderia ser facilmente transposto para a crise do mercado imobiliário do século XXI. Na verdade, ao escrever sobre as frustrações de proprietários de imóveis em dificuldades que se inscreveram no Home Affordable Modification Program [Programa de Modificação de Moradias Acessíveis] do governo Obama para evitar a execução de hipotecas, David Peterson e Daina Cheyenne Harvey comentam:

> Os entrevistados expressaram sua irritação com as falhas do programa [...], mas suas respostas não tiveram a unidade que seria esperada caso houvesse um agente claramente responsável. Como o homem que espera para encontrar a Lei [uma referência a *O processo*, de Franz Kafka], não estava claro quem ou o que era o responsável.[2]

Crucial para ambas as situações é o anonimato dos atores que, protegidos por instituições financeiras ou governamentais, tomaram medidas que impactaram inúmeras vidas. O meeiro de Steinbeck fica perplexo com relação à identidade pessoal daqueles que

1 Steinbeck (2013, p.60).

2 Peterson e Harvey (2015, p.207).

destruiriam sua fazenda e o matariam de fome. Aqueles que estão executando a hipoteca da fazenda recebem um grau significativo de anonimato devido à sua capacidade de agir sob a fachada de um banco, ou do ainda mais confuso "Leste", ambos os quais representam um sistema amplo e impessoal que contrasta com o caráter pessoal da casa do meeiro. Seu anonimato ganha vida no ato de retomada de posse e demolição que leva à pergunta do arrendatário: "Quem eu tenho que matar?". Evidentemente, esse anonimato não se estende totalmente ao seu claro substituto, semelhante a uma marionete, que dirige o trator e é o rosto local da operação. Embora Steinbeck se refira a ele como "o homem do trator", ele também é reconhecido como "o filho do Joe Davis" pelo arrendatário.[3] No entanto, como insiste o motorista, se ele não fizesse o trabalho, outra pessoa o faria. Apesar do fato de ele ser visto e conhecido, poderia ser qualquer pessoa agindo em nome do poderoso sistema impessoal.

Como Steinbeck mostra com essa cena, os atores podem usar instituições impessoais, incluindo comitês, organizações, corporações, Estados e nações, juntamente com os sistemas sociais gerais nos quais estão enraizados, como representações de fachada para suas ações. Tais instituições ganham vida própria, concedendo aos indivíduos que operam nelas, e especialmente àqueles com o poder de conduzi-las, certa liberdade de ação, ao mesmo tempo que evitam o reconhecimento pessoal, a responsabilidade e a imputabilidade por suas ações.[4] No entanto, tais instituições também moldam e restringem as ações de seus funcionários em diversos níveis, os quais frequentemente agem de acordo com lógicas sistêmicas

3 Steinbeck (2013, p.58).

4 Alguns têm mais poder para direcionar essas forças institucionais do que outros, e, como reconhecem Spears e Lea (1994, p.448), "o anonimato de pessoas em posições de poder ou *status* elevado pode lhes dar a liberdade de expressar e exercer o poder devido à sua posição". Além disso, frequentemente enfrentamos pressões para não procurarmos agentes poderosos por trás dos sistemas, como expresso na famosa frase de *O mágico de Oz*, filme de Victor Fleming de 1939: "Não prestem atenção àquele homem atrás da cortina".

amplas, "levado[s] por uma mão invisível a promover um fim que não era parte de sua intenção".[5] Até mesmo interesses pessoais e o pensamento racional podem ser assimilados e roteirizados por instituições e sistemas sociais que os atores, agindo em arranjos complexos de acordo com lógicas sistêmicas, utilizam coletivamente para atingir objetivos intimidadores e às vezes aterrorizantes sem o peso da responsabilidade pessoal.[6] Ao atuar sob a fachada de instituições impessoais, os atores dão vida a essas poderosas forças sociais de maneiras que moldam os significados de inúmeras experiências, situações e eventos no mundo.

Organizações formais e instituições burocráticas obscurecem identidades pessoais ao classificar indivíduos específicos como quaisquer uns genéricos. Como Max Weber reconheceu e Talcott Parsons posteriormente elaborou, ambientes burocráticos são caracterizados por lógicas racionais instrumentais expressas sob a forma de regras e procedimentos oficiais que tornam irrelevantes as identidades particulares e pessoais dos indivíduos.[7] Esses sistemas impessoais, geralmente definidos por objetivos estratégicos e táticas calculadas – o que Weber chamou de "modo de cálculo especificamente moderno" –,[8] podem ser contrastados com o caráter mais pessoal e íntimo do que Jürgen Habermas chamou de cenários de "mundo de vida".[9] Tendemos a ver os atores como genéricos

---

5 Smith (2017, p.351). Ver também Smith ([1759] 2010, p.165).

6 Bauman (1989, p.102-6, 135-49).

7 Weber ([1922] 1978; [1930] 1992). Ver Parsons ([1951] 1991) sobre variáveis de padrão e a distinção entre "universalismo" e "particularismo". Ver também Wallace (1999, p.24), que menciona "o anonimato natural ou social que é o subproduto de forças e arranjos sociais complexos".

8 Weber (2015, p.53). Ver também Simmel ([1978] 2011, p.481) sobre "o caráter calculista dos tempos modernos".

9 Habermas (1987). O anonimato dos sistemas sociais é contrabalançado pela intimidade de pequenas comunidades e do lugar local. Sobre este último, ver Fine (2012); Gould (1995). No entanto, embora as relações em pequenos grupos sejam tipicamente pessoais e íntimas, grupos como famílias, equipes e comunidades de movimentos sociais também podem servir como fachadas coletivas que obscurecem a identidade individual de seus membros quando vistos de fora.

no primeiro caso e singularmente distinguíveis no segundo, o que molda como nos relacionamos com os outros em cada tipo de situação. Assim, tendemos a ver os funcionários de instituições burocráticas ou sistemas complexos como completamente substituíveis por qualquer outra pessoa que possa fazer o mesmo trabalho.[10] Embora eu possa trocar gentilezas com a pessoa atrás do caixa de um banco, um funcionário da divisão estadual de veículos motorizados ou um técnico trabalhando para um serviço de suporte de informática, realmente não me importa *quem* eles são nem se outra pessoa os substitui, contanto que o indivíduo seja competente em relação aos requisitos da função.

Nossa experiência de atores institucionais como quaisquer uns anônimos pode ser aprimorada pela mera escala dos sistemas em que eles atuam. Como Georg Simmel notoriamente argumentou, cidades grandes e complexas preparam para uma experiência de anonimato que contrasta com a vida em pequenas cidades, vilarejos e comunidades locais.[11] Nas primeiras, as pessoas se misturam à multidão; nas segundas, carregam consigo sua identidade pessoal (e aqueles que não são pessoalmente conhecidos são frequentemente marcados e chamam a atenção). Para Simmel, quanto maior o grupo, menos personalizados e mais anônimos são seus membros, o que permite graus mais elevados de obscuridade e liberdade.[12] Tal anonimato, proporcionado pela fachada de grupos de massa e ambientes populosos, explica a relativa facilidade com que se pode

---

10 Ver Simmel (1950b) sobre a substituibilidade como uma característica que distingue a tríade da díade e, por extensão, uma característica de grandes grupos em geral. Como afirma Thompson (1980, p.909), "Nas organizações, as pessoas geralmente são intercambiáveis", fornecendo uma base para "desculpas causais" como aquela dada pelo tratorista de Steinbeck ao justificar suas ações alegando que, se ele não demolir a casa, outra pessoa o fará. Como aponta Thompson, "[s]e a desculpa for válida, ninguém é responsável".

11 Simmel ([1903] 1950). Ver também Wirth (1938); Grazian (2008, p.5-13).

12 Ver também Simmel (1950b; [1978] 2011). Ver também Auerbach (2015b) e Moore (2018, p.184-5) sobre essa liberdade como uma característica de espaços anônimos e pseudônimos online.

observar estranhos em locais públicos cheios[13] ou em praias de nudismo lotadas,[14] onde o ato de ver é despersonalizado. O anonimato propiciado por grandes grupos também explica o fato de estudantes terem uma maior capacidade de se esconder em palestras enormes em comparação com aulas em turmas menores, a diferença na forma como encaramos e-mails coletivos se comparados a mensagens pessoais diretas e a maneira como as distinções pessoais se apagam, transformando-se em uma massa indistinta, durante algumas peregrinações religiosas grandes,[15] por exemplo. Em cada caso, a multidão fornece uma fachada impessoal para indivíduos que podem se misturar ao coletivo.[16] Mesmo quando alguns membros conhecem outros pessoalmente, como é comum em grandes multidões,[17] tais ambientes despersonalizam as interações com aqueles que não são conhecidos. Eles tornam os atores anônimos para os espectadores, tanto dentro quanto fora do grupo.

Além dessas dimensões de impessoalidade, tendemos a ver grupos, instituições e sistemas como atores *sui generis*, como agentes que existem e persistem "além de [seus] elementos individuais", assumindo um caráter independente próprio.[18] Sobretudo à medida que as instituições e os sistemas sociais se tornam mais complexos organizacional ou tecnologicamente – exigindo níveis consideráveis de diferenciação interna e formas altamente especializadas de conhecimento –, sua complexidade aumenta consideravelmente sua *opacidade social*.[19] Torna-se mais difícil para pessoas de fora entender como tais instituições e sistemas realmente funcionam e saber quem é responsável por suas operações. Na verdade, "as

---

13 Adut (2018).

14 Douglas, Rasmussen e Flanagan (1977).

15 Singh (2017, p.145).

16 Ver Darley e Latané (1968) para um estudo psicológico clássico que demonstra que a dispersão de responsabilidade em multidões é um dos principais fatores que inibe a resposta de observadores a situações de emergência. Ver também Diener et al. (1976).

17 Schweingruber e Wohlstein (2005, p.139-40).

18 Simmel (1898, p.664).

19 Ver Olesen (2019, p.286-7).

contribuições individuais podem não ser identificáveis" e, muitas vezes, "não é possível as distinguir significativamente das contribuições de outras pessoas".[20] Assim, tendemos a atribuir tais ações e operações ao próprio sistema ou instituição. Mesmo quando a identidade pessoal daqueles que agem em seu nome são conhecidas ou facilmente rastreáveis, quando funcionários são pessoalmente expostos e oficiais de alto escalão são amplamente reconhecidos, e mesmo considerando que pessoas de dentro de tais sistemas normalmente se conhecem, as ações são, em geral, impessoais, e a responsabilidade é frequentemente difusa e pouco clara. Vivenciamos o próprio sistema como o ator e *locus* de agência principal, enquanto seus representantes não têm poder para fazer muito além de seguir suas regras e apoiar seus objetivos maiores. Portanto, qualquer decisão significativa "parece ser tomada por alguma autoridade supraindividual",[21] um ninguém anônimo que detém grande poder sem ser um *quem* definido e responsável.

Essas características duais de qualquer um-dade e ninguenidade se complementam e se reforçam mutuamente para estabelecer o anonimato de sistemas sociais. Assim, comumente atribuímos as ações de pessoas reais que dão vida a esses sistemas ao "tipo ideal de pessoa do coletivo social".[22] Tal lógica permeia a linguagem comum, pois "usamos frequentemente sentenças nas quais tipos ideais como 'o Estado', a' imprensa', 'a economia', 'a nação', 'o povo' ou talvez 'a classe operária' aparecem como sujeitos gramaticais. Ao fazer isso, tendemos naturalmente a personificar essas abstrações".[23] Em outras palavras, tratamos e vivenciamos o sistema e suas instituições como responsáveis pelas ações de seus funcionários anônimos.[24] Considere as maneiras como atribuímos

20 Thompson (1980, p.907).

21 Simmel (1950c, p.375).

22 Schütz (1979d, p.286). Ver também Fine (1991, p.171; 2021, p.13-14).

23 Schütz (1979d, p.285). Da mesma forma, Fine (1991, p.171) menciona "o governo, a polícia, as escolas, as corporações, o mercado de ações, as redes".

24 Em consonância com esse argumento, Max Weber (2015, p.9, grifo do autor) escreve: "Para a Sociologia, [...] não existe [...] uma personalidade coletiva

diferentes decisões (bem como poderes e responsabilidades legais) a coletivos organizados, como conselhos penitenciários, comissões de transplante de órgãos e júris; ou as maneiras como atribuímos agência a grupos de movimentos sociais, a corporações, à sociedade ou mesmo à "civilização";[25] ou simplesmente explicamos diversos fenômenos com uma vaga referência ao "sistema". Tais maneiras de pensar e falar, que envolvem atribuir motivo e agência a forças sociais impessoais, moldam o significado de inúmeros eventos e ações para diferentes públicos.

Quando atribuímos agência a uma entidade ou sistema impessoal, geralmente focamos nossa atenção em suas principais operações e ignoramos diversas atividades, decisões e interações específicas que ocorrem nos bastidores.[26] Invalidamos agências pessoais levando em conta os procedimentos impessoais do sistema. No processo, também isentamos pessoas reais de responsabilidade, incluindo aquelas que conduzem essas instituições e as usam para ganhos pessoais. Essa forma de compreender a agência também leva as pessoas que agem dentro (ou em nome) do sistema a dissociar suas ações individuais de suas consequências, a vivenciar suas contribuições como relativamente insignificantes e impessoais e até mesmo a perceber aqueles cujas vidas podem ser impactadas pela instituição mais ampla ou por forças sistêmicas como *unidades anônimas* em vez de pessoas específicas.[27] Esses funcionários do sistema podem "ver o mundo através de um conjunto de códigos particularistas" vinculado aos objetivos do sistema "que envolvem certa cegueira aos efeitos sociais mais abrangentes de suas operações".[28] Assim, o anonimato proporcionado pelos sistemas sociais

---

'em ação'. Quando fala do 'Estado', da 'nação', ou da 'sociedade por ações', da ' família', da 'corporação militar' ou de outras 'formações' semelhantes, refere-se *meramente* a determinado curso da ação social de indivíduos, efetivo ou construído como possível".

25 Freud ([1930] 1961).

26 Cf. Snow, Zurcher e Peters (1981, p.31-2) sobre "a *principal atividade da tarefa*" e "*atividades subordinadas da tarefa*" em multidões (grifo do autor).

27 Ver também Ponesse (2013, p.341).

28 Olesen (2019, p.292).

pode desvincular as pessoas de suas ações de maneiras que definem as interações e as relações sociais para todas as partes envolvidas.

Neste capítulo, exploro como atores anônimos usam instituições e sistemas sociais como representações de fachada para moldar certas relações, realizar tarefas específicas e definir situações para diversos públicos. Ao atuarem com essas frentes sistêmicas, os atores criam significados no mundo. Eles também mobilizam o poder de instituições específicas para atingir objetivos pessoais e do sistema. Com essa finalidade, apresento análises focadas de cinco casos: a crise financeira do início do século XXI; o conceito de pessoalidade corporativa e a decisão da Suprema Corte dos Estados Unidos de 2010 no caso Citizens United contra Federal Election Commission; a vigilância eletrônica de cidadãos norte-americanos pela Agência Nacional de Segurança (NSA – National Security Agency) e pelas maiores empresas de tecnologia do mundo; o fenômeno de mortes à distância que evoluiu e passou a caracterizar as guerras ao longo do último século; e as execuções estatais modernas nos Estados Unidos, com atenção especial ao método de execução mais comumente usado hoje: a injeção letal. Ao abordar cada um desses casos, concentro-me nas maneiras como instituições e sistemas sociais de vários tipos promovem atos anônimos. Em cada caso, aqueles que agem dentro e por meio de frentes sistêmicas sociais criam e definem eventos e situações que têm profundas consequências para os outros. Eles dão vida aos sistemas sociais e os dotam de agência, responsabilidade e poder. Outros, então, vivenciam o sistema como o ator, o que obscurece ou torna desprezível a identidade pessoal dos operadores na relação – anonimizada de várias maneiras por estruturas, tecnologias, procedimentos e regras. Em seguida, complementando minha discussão sobre consumo anônimo do Capítulo 2, discuto brevemente o caráter social e as consequências do trabalho e da produção anônimos. Ao desenvolver todas essas discussões, examino como a força de anonimização dos sistemas sociais pode promover alienação social, apatia e uma dispersão da responsabilidade que pode ir contra nossos ideais de comunidade, participação democrática e responsabilidade pública.

Instituições e sistemas como representações de fachada

Wall Street e a crise financeira

A enorme crise financeira que se desenrolou do final de 2006 até 2010 teve início com uma onda sem precedentes de execuções de hipotecas, resultando em "um efeito dominó catastrófico"[29] que prejudicou a economia dos Estados Unidos e se propagou pelo mundo. Nos anos que antecederam esse colapso econômico, agentes de crédito concederam milhões de hipotecas *subprime* e de taxa ajustável insustentáveis para mutuários que acabaram sendo soterrados por suas dívidas crescentes, incapazes de efetuar os pagamentos. À medida que as dívidas disparavam e o valor dos imóveis despencava, muitos proprietários acabaram devendo mais do que o valor de suas casas. A onda resultante de inadimplências e execuções de hipotecas devastou o mercado imobiliário, o que acabou afundando o mercado de ações e prejudicou vários grandes bancos de investimento que usavam esses pacotes de hipotecas para garantir os investimentos de inúmeros clientes. Em setembro de 2008, o Lehman Brothers, um dos maiores e mais antigos bancos de investimento dos Estados Unidos, entrou com pedido de falência. Vários outros, muitos à beira do colapso, logo receberiam bilhões de dólares dos contribuintes como pacote de resgate. A pressão esmagadora sobre os cofres públicos levou a anos de medidas de austeridade social debilitantes.

A crise financeira foi marcada por uma estrutura assimétrica de responsabilização que ilustra o anonimato das instituições e dos sistemas sociais. Por um lado, os milhões de pessoas que deixaram de pagar suas hipotecas tomaram decisões financeiras que se revelaram prejudiciais, tanto pessoal quanto cumulativamente. Esses indivíduos, muitos dos quais acabaram perdendo suas casas, foram pessoalmente alvejados quando os bancos iniciaram ações de execução hipotecária. Eles foram responsabilizados de acordo

29 Eren (2017, p.1).

com uma *ética de responsabilidade pessoal* e sofreram consequências alinhadas a uma *ética de imputabilidade pessoal*. Por outro lado, corretores de hipotecas e banqueiros de investimento trabalharam para maximizar o lucro, apesar dos riscos óbvios e independentemente do impacto de suas ações em milhões de vidas. Durante os anos que antecederam a crise e durante o colapso, em um ambiente cultural marcado por regulamentação fraca e conduta fraudulenta,[30] esses agentes agiram de maneiras que culminaram na crise. No entanto, enquanto os proprietários inadimplentes sofriam consequências pessoais, grande parte dos atores do setor financeiro evitou o escrutínio pessoal e a responsabilidade por suas ações. A maioria permaneceu anônima, enquanto os bancos e o sistema financeiro em geral suportaram o peso da culpa, seguindo uma *ética da responsabilidade institucional*. Ademais, o público carregava um ônus financeiro significativo pelas perdas corporativas, em consonância com uma *ética da imputabilidade socializada*. Apesar de pessoas reais no setor financeiro tomarem decisões estratégicas e se beneficiarem de diversas maneiras da situação, as instituições e os sistemas corporativos serviram como fachadas que efetivamente anonimizaram a maioria dos atores por trás da operação.

Em geral, as pessoas formam e usam corporações para atingir objetivos que não conseguiriam alcançar como indivíduos. Durante esse processo, os atores individuais se separam das ações da entidade corporativa, que se mantém independentemente e opera de acordo com suas próprias regras e procedimentos. Ao estruturar suas ações de acordo com as regras burocráticas oficiais e os procedimentos calculados de suas instituições corporativas, os atores do setor financeiro despersonalizaram seu trabalho e se distanciaram das consequências de suas atividades. Em relação ao setor financeiro em geral, "as pessoas que trabalham nessa área frequentemente

30 Muitas dessas instituições fazem parte do sistema "bancário paralelo" (*shadow banking*), o que significa que não estão sujeitas à regulamentação e supervisão bancária governamental (pública). Ver Friedrichs (2013, p.16) sobre "práticas do setor financeiro como crimes".

tomam decisões que não parecem ter implicações para indivíduos específicos notáveis". Além disso, elas "tomam suas decisões de maneira relativamente anônima, o que não cria um senso de responsabilidade em relação a determinado ato". Consequentemente, suas ações "podem parecer não ter vítimas", visto que eles "trabalham em organizações e sistemas institucionais maiores" que criam a sensação "de que muitos na verdade não são diretamente responsáveis por suas próprias decisões".[31] Embora "a cisão entre a identidade de uma pessoa e seus atos não seja total ou completamente indetectável, [...] a conexão é difusa" o suficiente para dissipar a responsabilidade pessoal e dar a todos os envolvidos, incluindo os próprios atores corporativos, a sensação de que o sistema é, em última análise, o culpado.[32] Tal modo de operação estabelece a instituição corporativa como o *locus* de agência e responsabilidade. A partir dessa perspectiva, a execução hipotecária é uma realização performativa encenada por indivíduos e equipes que realizam atos econômicos em nome de uma entidade financeira corporativa construída. No processo de confisco ou retomada de posse, os atores mobilizam o discurso jurídico e códigos culturais profundos do capitalismo (que colocam em primeiro plano as responsabilidades e obrigações individuais dos proprietários e a justiça econômica de ações fundamentais dos bancos) na tentativa de legitimar tais atos e defini-los como legal e moralmente sensatos. Operando segundo procedimentos oficiais concebidos para beneficiar essas instituições, poderosos atores corporativos despersonalizaram e legitimaram as ações que levaram à própria crise, buscando ganhos privados a um custo social e se esquivando da responsabilidade pessoal.[33]

Quando reconhecemos uma corporação como um ator, atribuímos a ela motivo, interesses, agência e até mesmo personalidade. Também a culpamos pelos problemas. Dada essa atribuição de agência e estrutura de responsabilização, proprietários em difi-

31 Pitesa (2015, p.358, 360).

32 Boyd e Field (2016, p.338).

33 Ver também Ansart e Monvoisin (2015).

culdades ou cujos imóveis foram desapropriados geralmente não conseguiam identificar indivíduos específicos que pudessem ajudá-los com seus problemas individuais. Eles lutavam para encontrar respostas e para localizar agentes responsáveis, já que os bancos com os quais lidavam "permaneciam quase totalmente opacos".[34] Enquanto buscavam desesperadamente por uma assistência eficaz, a grande maioria dos proprietários de imóveis sentia que "o verdadeiro *locus* de agência" era seu próprio banco, ao passo que as pessoas com quem interagiam eram "meros funcionários" com "pouco poder". Alguns achavam que o verdadeiro problema era todo o sistema financeiro em si.[35] Em todas as etapas da crise, os proprietários tiveram experiências semelhantes.[36] Mesmo quando a identidade pessoal dos atores corporativos é publicamente exposta ou rastreável, eles permanecem como símbolos inacessíveis da agência corporativa mais ampla (como é o caso de diretores e presidentes) ou como peças insignificantes (como no caso de representantes comerciais). Nas interações sociais que definiram suas experiências, os proprietários de imóveis acabaram enfrentando sistemas corporativos anônimos.[37]

---

34 Peterson e Harvey (2015, p.201).

35 Peterson e Harvey (2015, p.204-5).

36 Ver Kiel (2012, p.9).

37 Cf. Eren (2017) sobre Bernie Madoff como um vilão personalizado (face) de atos ilícitos cometidos por bancos. Eren afirma que a "culpa [de Madoff] passou a representar a culpa de todo um sistema" em "uma cultura que busca explicações individualistas para problemas sociais" (p.15). Isso inclui "deslocar a culpa para indivíduos por problemas sistêmicos" e "o uso da punição como panaceia para problemas sistêmicos" (p.149). Em consonância com meu argumento, o foco social na prisão, no julgamento e na sentença rigorosa de Madoff pode, na verdade, ter ajudado a reforçar o anonimato de outros atores que foram protegidos pelo fato de ele ter assumido a culpa por problemas que eles ajudaram a criar. Esse caso suscita a ideia de "bode expiatório" como aquele que fornece um único rosto pessoal para problemas sociais maiores. Da mesma forma, quando empresas ostentam o nome de seus fundadores ou proprietários, esses indivíduos normalmente se tornam a fachada pública para a atividade corporativa, mesmo quando não são mais pessoalmente responsáveis pelas atividades empresariais. Além disso, quando o presidente de

Em consonância com as percepções dos proprietários de imóveis, muitos especialistas apresentaram alguma versão do argumento de que "Wall Street", os "grandes bancos", o "mercado de hipotecas", o "governo" ou o sistema capitalista desenfreado eram os culpados. Em um sentido mais amplo, alguns até culparam todos que faziam parte do sistema econômico e afirmaram que "a população norte-americana, por padrão, era cúmplice".[38] Culpar todos, ou mesmo uma ampla e diversa gama de atores, significa, na prática, não responsabilizar ninguém, o que reforça nossa sensação de que a crise foi causada por um sistema complexo e nebuloso. De fato, para muitos, a própria crise se tornou uma força agencial, um rolo compressor que incutiu medo, inaugurou "uma nova onda de pessimismo" e solapou a confiança na economia, uma força que "poderia levar o país a uma recessão absoluta".[39] Assim, o discurso público que abordou a situação foi marcado tanto por uma "extraordinária abrangência na atribuição de culpa pela crise financeira" quanto por uma sensação de que "a estrutura do atual sistema financeiro, sua cultura e suas práticas e políticas coletivas" eram, em última instância, as culpadas.[40]

Embora aqueles que perderam suas casas fossem frequentemente nomeados e pessoalmente retratados em vários relatos na mídia detalhando as dificuldades enfrentadas, a maioria dos atores financeiros permaneceu anônima por trás de fachadas institu-

---

uma empresa se torna a face pública da corporação ou de seu produto (como nos casos de Lee Iacocca para a Chrysler nos anos 1980, Phil Knight foi para a Nike nas décadas de 1990 e 2000 e Mark Zuckerberg para o Facebook no momento em que este texto foi escrito), esse indivíduo personifica o produto e a marca, enquanto a grande maioria dos outros envolvidos no processo de produção, ocupando cargos de diretores ou associados de outra forma à empresa, permanecem relativamente anônimos para os consumidores e para o público em geral.

38 Zuckerman (2010). Ver Thompson (1980, p.907-8) sobre a estrutura de "responsabilidade coletiva".

39 Bianco (2008, p.18, 20).

40 Friedrichs (2013, p.6). Ver também Eren (2017).

cionais e sistêmicas.[41] Em um relato típico, temos, de um lado, as lutas de Dirma Rodriguez e sua filha com deficiência, Ingrid Ortiz, e, de outro, o gigante Bank of America. Nessa e em muitas narrativas públicas semelhantes, o banco é representado por um porta-voz nomeado que, como o motorista de trator de Steinbeck que aparece na citação no início deste capítulo, meramente representa uma instituição impessoal que opera fora do controle pessoal de qualquer indivíduo.[42] Da mesma forma, temos Jennifer Ryan Voltaire e o Wells Fargo de lados opostos.[43] De maneira semelhante, ao detalhar meticulosamente o complicado e difícil infortúnio de Sheila Ramos, que perdeu sua casa na Flórida devido à execução hipotecária, um jornalista aponta para "a máquina hipotecária de Wall Street" (com suas várias partes institucionais) como o poder por trás da crise.[44] Inúmeras histórias se encaixam nesse modelo, no qual pessoas nomeadas sofrem devido às ações de instituições que causam danos sem que seja culpa de ninguém em particular. Até mesmo ativistas, como aqueles associados ao movimento Occupy, comumente identificavam sistemas e instituições, como "Wall Street e os Bancos",[45] como agentes responsáveis. O próprio fato de analistas poderem atribuir e debater publicamente responsabilidades em termos tão vagos em relação a uma situação global tão grave, tipicamente culpando instituições impessoais, cria uma atmosfera de negação plausível para todos os envolvidos. Assim, os "grandes bancos" (enquanto instituições) e "Wall Street" (enquanto código

---

41 Ver Nicol (2016). Ver também, por exemplo, Dunbar e Donald (2009). Embora alguns – por exemplo, *Time* (2009); Wallison (2011) – tenham nomeado e culpado indivíduos específicos (incluindo presidentes de empresas do setor financeiro; burocratas como Alan Greenspan, que presidiu o Federal Reserve (equivalente ao Banco Central nos Estados Unidos) até 2006; e políticos como o congressista de Massachusetts Barney Frank, que defendeu iniciativas liberais de moradia), as instituições que eles representam (corporativas ou governamentais) foram mais fortemente impactados pela culpa pública.

42 Holland (2012). Ver também, por exemplo, Brooks (2010).

43 Arnold (2010).

44 Kiel (2012).

45 Ver Milkman, Luce e Lewis (2013, p.23). Ver também Eren (2017, p.151).

metonímico para o sistema financeiro) funcionam *tanto* como atores centrais para a crise financeira *quanto* como fachadas para a "posição e concentração de poder nas mãos de determinados agentes privilegiados".[46]

Pessoalidade corporativa e política eleitoral

Organizações corporativas funcionam como representações de fachada para indivíduos em um amplo leque de atividades econômicas, políticas e jurídicas. Esse fenômeno foi reforçado por decisões judiciais que confirmam o princípio de que as empresas têm direitos de pessoalidade sob a lei, reforçando, portanto, o anonimato dos indivíduos *que atuam como* tais entidades em determinadas situações. O conceito de pessoalidade corporativa surgiu no final do século XIX com a noção de que a cláusula da Décima Quarta Emenda da Constituição dos Estados Unidos, que garantia a cada "pessoa" proteção igual perante a lei, aplicava-se igualmente às empresas. Todavia, decisões mais recentes da Suprema Corte norte-americana, especialmente as dos casos First National Bank of Boston contra Bellotti (1978) e Citizens United contra Federal Election Commission (2010) (juntamente com vários outros relacionados), ampliaram essa lógica ao reconhecer proteções constitucionais da Primeira Emenda à liberdade de expressão para empresas, liberando os indivíduos para usá-las para financiar iniciativas políticas e campanhas eleitorais.

Embora os tribunais tenham, em geral, mantido o requisito básico de que as campanhas políticas nomeiem seus doadores, em consonância com os princípios democráticos de transparência e responsabilidade pública, o caso da Citizens United abriu novos caminhos para que financiadores ricos exercessem uma influência desproporcional sobre os resultados das eleições ao mesmo tempo que mascaravam sua identidade por trás de camadas de fachada corporativa. A decisão invalidou especificamente restrições pre-

46 Ansart e Monvoisin (2015, p.285, 287).

viamente estabelecidas ao financiamento corporativo na política, liberando as empresas para gastar enormes quantias de dinheiro com o intuito de influenciar eleições, contanto que não se coordenassem oficialmente com a campanha que apoiam. Na prática, a decisão criou um arcabouço que permite aos agentes formar "super PACs" (comitês de ação política [PAC – political action committees], que, além de arrecadar somas ilimitadas de dinheiro corporativo, são frequentemente financiados por "organizações sem fins lucrativos obscuras" que, por sua vez, arrecadam fundos corporativos porém "não divulgam seus doadores".[47] Isso permite a atores poderosos atuar por trás de vários grupos organizados, muitas vezes com "nomes inócuos",[48] para conduzir a política democrática anonimamente.[49]

Usar um grupo de ação política organizado como fachada separa atos de fala políticos (como anúncios impressos, televisivos ou online) da identidade e dos interesses pessoais de seus patrocinadores financeiros. Também obscurece as motivações de apoios e ataques políticos e os distancia do candidato beneficiado, generalizando e popularizando uma opinião ao mesmo tempo que aumenta a percepção de credibilidade e objetividade.[50] Apesar de contradizer o princípio democrático geral de responsabilidade pessoal perante a população e a determinação de divulgar fontes de financiamento político estabelecida pela Lei Federal de Campanhas Eleitorais de 1971, esse "dinheiro obscuro"[51] se tornou uma força poderosa no cenário político contemporâneo. Nesses casos, atores ricos e até mesmo agentes estrangeiros podem ocultar suas identidades por trás de múltiplas camadas de fachada corporativa enquanto

---

47 Lau (2019).

48 Dowling e Wichowsky (2013, p.969, 985).

49 Ver também Boyd e Field (2016, p.353-4).

50 Dowling e Wichowsky (2013); Ridout, Franz e Fowler (2014).

51 No original, *dark money*. A expressão é usada em inglês para se referir a dinheiro gasto com o intuito de influenciar políticas públicas e o resultado de eleições sem que a verdadeira origem desse financiamento seja divulgada. As quantias geralmente são doadas a políticos e partidos por alguns tipos de ONG (como é o caso da Citizens United, mencionada no texto) que, por sua vez, não precisam revelar de quem receberam o dinheiro inicialmente. (N. T.)

moldam os processos e resultados democráticos dos Estados Unidos. Eles podem "mascarar seus valores e políticas por trás de um véu enganoso de anonimato"[52] ao mesmo tempo que usam o Super PAC como fachada para gerenciar as impressões populares.

A NSA, as grandes empresas de tecnologia e a vigilância eletrônica

No início de 2013, Edward Snowden, consultor de informática que trabalhava para a Booz Allen Hamilton, contratada pela Agência Nacional de Segurança (NSA), começou a vazar informações confidenciais para a imprensa. Em junho de 2013, vários dos principais veículos de comunicação, incluindo o *The Guardian* e o *The Washington Post*, começaram a publicar matérias baseadas nessas informações vazadas, detalhando operações de vigilância da NSA até então não divulgadas, principalmente o altamente controverso programa Prism. Sob a justificativa de segurança de Estado, a NSA – aliada a diversas das principais empresas privadas de tecnologia e comunicação (incluindo Google, Facebook, Verizon, Yahoo, Skype e outras) – rastreava, registrava e analisava secretamente a atividade pessoal na internet e em celulares de milhões de cidadãos norte-americanos e de pessoas ao redor do mundo, incluindo muitos líderes de alto escalão de diferentes nações, amigas e inimigas. A extensão da vigilância governamental e corporativa, demonstrou Snowden, era profunda (monitorando os aspectos mais íntimos da vida das pessoas) e global.

As revelações de Snowden servem para nos conscientizar de que estamos sendo vigiados. Mesmo que, antes dele, suspeitássemos disso, agora sabemos que nossas vidas são continuamente monitoradas e registradas e que nosso perfil pessoal é traçado para diversos fins governamentais e comerciais. Na esteira dessas revelações, grandes empresas de mídia e tecnologia como Facebook, Google e Apple têm sido repetidamente criticadas por como abordam

52 Boyd e Field (2016, p.354).

rotineiramente os direitos de privacidade de indivíduos, tanto dos usuários quanto daqueles indiretamente conectados às suas plataformas.[53] Snowden nos mostrou que instituições estatais dependem dessas empresas para acessar "*big data*" (o conteúdo agregado e pesquisável da atividade online de milhões de usuários) e metadados (que incluem endereços IP atrelados a dispositivos específicos, informações de localização sobre atividades móveis, detalhes referentes a relações e contatos e outras informações que podem, muitas vezes com bastante facilidade, ser diretamente vinculadas a identidades pessoais) nos quais se baseiam suas práticas massivas de vigilância.[54] Essas empresas privadas de tecnologia seguem um modelo de negócios que inclui a coleta e o armazenamento constante de dados que os usuários geram com suas atividades, dados esses que são rotineiramente compartilhados com terceiros. A NSA e outras agências estatais usam esse *big data* para traçar perfis e para fins de previsão e prevenção nas esferas governamental e política.[55] Muitos usuários agora têm uma consciência básica desse fato e até mesmo se acostumaram a esses termos normais na vida na modernidade tardia. De fato, essa vigilância por parte de grandes e poderosas agências é complementada e fomentada por novas normas de autoexposição, à medida que os indivíduos, consciente ou inconscientemente, expõem constantemente suas informações pessoais online em diversos fóruns públicos ou semipúblicos ou simplesmente carregam consigo e usam os dispositivos que os conectam a outras pessoas.[56]

---

53 Ver Harcourt (2015, p.2-3) para uma discussão introdutória.

54 Lyon (2014).

55 Lyon (2014, p.4, 6).

56 Ver Harcourt (2015, p.13-4, 19, 129). Ver também Bauman et al. (2014, p.137-40). Uma forma de dados que compartilhamos são as informações que geramos quando observamos outras pessoas online. Como observa Marx (2016, p.141), a vigilância pode "envolver laços horizontais em vez de verticais e compartilhar, fundir ou confundir os papéis de observador e observado". Uma análise tão astuta da complexa estrutura da vigilância em nosso mundo moderno tardio se encaixa perfeitamente na discussão de Adut (2018) sobre a condição de espectador e a esfera pública. Ao democratizar atos de vigilância,

Denunciantes como Edward Snowden expõem os segredos de instituições poderosas, transmitindo ao público a mensagem de que as operações dessas agências, antes ocultas e agora expostas, representam certa ameaça ou causam algum tipo de dano que deve ser abordado e remediado.[57] Ao mesmo tempo que "desafiam e interrompem os códigos do sistema dominante" e "abandonam o raciocínio instrumental" central para as instituições que traem, eles encenam "uma *persona* democrática" a serviço da esfera civil.[58] Eles então assumem uma posição pessoal contra o sistema impessoal que outrora habitaram, geralmente alcançando fama pessoal (sendo celebrados ou vilanizados) no processo. Entretanto, os vazamentos de Snowden também deixa oculta a identidade de nossos *voyeurs* não nomeados atrás de enormes agências estatais e empresas privadas. Em outras palavras, "os vigilantes" permanecem "anônimos para os vigiados".[59] Essa dinâmica social, na qual nossa exposição pessoal contrasta com o anonimato de instituições e sistemas, molda o caráter e o impacto da vigilância em massa em nossas vidas.

De uma perspectiva, poderíamos esperar que uma crescente conscientização sobre a vigilância tivesse um efeito controlador, tornando os vigiados intimidados e desempoderados.[60] Tal conscientização pode "induzir [...] um estado consciente e permanente de visibilidade que assegura o funcionamento automático do poder". Ela pode criar uma "consciência inquieta de ser observado" que impele aqueles "submetido[s] a um campo de visibilidade" a eles próprios regularem seus comportamentos e se disciplinarem.[61] Assim,

---

as pessoas se tornam cada vez mais cientes do fato de que estão possivelmente sendo observadas, sempre e por toda e qualquer pessoa.

57 Ver sobretudo Olesen (2019, p.283-5). Ver também Elliston (1982, p.168); Marx (2016, p.166).

58 Olesen (2019, p.282, 284).

59 Doyle e Veranas (2014, p.215). Ver também Spiegel (2015, p.792), que aborda "a lógica assimétrica de codificação e vigilância de indivíduos ao mesmo tempo que se *obscurecem* as ações de forças públicas que, em princípio, servem e respondem a esses mesmos indivíduos" (grifo do autor).

60 Foucault ([1975] 1995).

61 Foucault (2021, p.195, 196).

os agentes de vigilância normalmente querem que saibamos (ou pensemos) que eles estão sempre nos observando e monitorando nosso comportamento. Frederick Douglass percebeu isso quando observou as táticas do brutal feitor, sr. Covey. Visto que Covey frequentemente se esgueirava e surpreendia os escravizados que estavam trabalhando ou deixava que eles os vissem os observando por trás de uma cerca ou árvore, os escravizados presumiam que ele estava sempre de olho, mesmo quando não podia ser visto, e "o trabalho fluía na sua ausência quase tão bem quanto na sua presença; e ele tinha a capacidade de nos fazer [os escravizados] sentir que sempre estava presente".[62] No entanto, Covey não era uma força anônima. Ele era uma força sorrateira, violenta e potencialmente letal que mantinha uma relação pessoal direta com as pessoas que observava.

Por outro lado, quando observadores operam atrás da fachada de grandes instituições e estão integrados a sistemas sociais complexos de tecnologia e comunicação, seu caráter anônimo e onipresente pode atenuar o impacto direto que exercem sobre ações individuais. Um "*voyeur*" na janela de alguém ou mesmo um *hacker* anônimo que rouba informações protegidas por senha provavelmente causarão uma indignação justificada, mas os efeitos difusos de agentes sem nome e sem rosto que usam grandes instituições para guiar um sistema onipresente de vigilância parecem mais distantes e, portanto, escapam mais facilmente à preocupação constante daqueles cuja privacidade é violada. Suas operações e as tecnologias de vigilância de *big data* também são atordoadoras e "obtusas para pessoas de fora, incluindo legisladores e cidadãos".[63] Além disso, a justificativa para uma vigilância tão onipresente está entrelaçada com as funções mais amplas dessas instituições em nossas vidas. Enquanto opositores da cultura da vigilância a veem como uma prática opressora, outros podem aceitá-la como uma condição necessária e uma medida de liberdade e segurança pessoais.[64] Da mesma forma, a

62 Douglass (2021, p.101).

63 Olesen (2019, p.287).

64 Ver também Lyon (2014, p.7). Harcourt (2015, p.54-8) observa que há três perspectivas principais do "Estado de vigilância" – uma considera o Estado

vigilância anônima está agora profundamente associada a experiências personalizadas e sob medida e inseparavelmente vinculada à nossa capacidade de manter relações interpessoais (profissionais, casuais e íntimas) facilitadas pelas redes sociais e plataformas de comunicação que escolhemos.[65] Abrir mão disso despersonaliza nossas experiências e desconecta nossas vidas.

Após Snowden, pouca coisa de fato mudou. Com a enxurrada de cobertura da mídia detalhando as práticas de vigilância da NSA e de empresas, houve um aumento correlato nas buscas online pelo navegador anonimizador Tor, o que sugere que mais pessoas buscaram estabelecer um anonimato protetor online.[66] Contudo, apesar desse crescimento limitado do interesse pela navegação online anônima, as revelações de Snowden foram recebidas com um grau surpreendente de indiferença pela maioria da população em geral e "trouxeram poucos novos usuários para tecnologias que aumentam a privacidade".[67] Ademais, instituições estatais e privadas continuam participando de consideráveis atividades de vigilância como parte de seus modos normais de operação. Empresas privadas que praticam uma vigilância rotineira online normalmente prometem proteger a privacidade do usuário anonimizando as informações que coletam e compartilham, que no geral são agregadas ("grandes") e, portanto, "muitas vezes [vão] além da representação direta

---

como um protetor benevolente, outra como um monstro ludibriador e uma terceira como um administrador necessário e eficiente.

65 Bauman et al. (2014, p.142) identificam a familiaridade, o medo (associado à ameaça de terrorismo) e a satisfação proporcionada pelas relações como fatores que tornam a vigilância "publicamente aceitável para muitos".

66 Linder e Xiao (2020). O The Onion Router (Tor) é um navegador gratuito que criptografa e retransmite a atividade de navegação de um usuário por meio de uma rede complexa de computadores de terceiros, dificultando muito a determinação do endereço IP exclusivo de um usuário, efetivamente anonimizando-o enquanto ele realiza suas atividades online. Ver https://www.torproject.org/. Embora "o Tor tenha vulnerabilidades [que] foram exploradas por *hackers* e autoridades policiais para expor usuários no passado", explicam Linder e Xiao (2020, p.5), "ele continua sendo um dos meios mais seguros de mascarar a identidade de alguém online". Ver também Harcourt (2015, p.271-4).

67 Preibusch (2015, p.55). Ver também Bauman et al. (2014, p.143).

para a simulação e da narrativa para a forma numérica",[68] transformando pessoas específicas em ninguéns obscuros. No entanto, promessas corporativas de anonimato (que muitas vezes são expressas em termos éticos) contrastam com o caráter cada vez mais personalizado dos serviços e anúncios online que os indivíduos recebem por meio de seus navegadores, e-mails e plataformas de redes sociais, evidência clara de que "o sujeito da vigilância não é, portanto, simplesmente a população, [...] mas, acima de tudo, o sujeito individual da comunicação".[69] As garantias que recebemos sobre procedimentos anônimos de coleta de dados também contrastam com o fenômeno cada vez mais comum de vazamentos de dados que expõem nossas informações pessoais ao escrutínio público. Atualmente, nossas informações pessoais podem ser obtidas por qualquer pessoa com conhecimentos tecnológicos, e tais habilidades são cada vez mais "reapropriada[s] por agentes leigos",[70] à medida que as tecnologias digitais saturam nossas vidas. Em suma, os praticantes de vigilância em massa são obscurecidos por instituições opacas e sistemas tecnológicos complexos, enquanto nossa identidade pessoal é ativamente classificada, digitalizada, armazenada e distribuída. O anonimato de instituições e de sistemas sociais é um fator-chave que molda a dinâmica da vigilância e do controle da informação em nosso mundo em rápida transformação.

Mortes à distância e a nação em guerra

Atos de guerra, sempre postos em prática por pessoas reais que dão vida à violência, têm sido historicamente realizados por forças armadas organizadas. Os exércitos normalmente mesclam as identidades pessoais dos indivíduos em um sistema formal para expressar violência em nome de um reino, Estado ou país. Uniformes e símbolos coletivos (geralmente nacionais ou religiosos) servem

68 Marx (2016, p.57).
69 Bauman et al. (2014, p.140). Ver também Lyon (2014, p.7-8).
70 Giddens (1991, p. 152).

como fachadas que organizam, motivam e justificam as ações coordenadas de soldados individuais.

Durante séculos, o modo típico de combate era o cara a cara, "ao alcance da mão", e os soldados se viam no campo de batalha.[71] Embora as identidades pessoais dos combatentes fossem obscurecidas por uma identidade coletiva e pela frente militar, matar era um ato íntimo. Todavia, à medida que as tecnologias de guerra se desenvolveram com a Revolução Industrial, e especialmente ao longo dos séculos XX e XXI, "matar à distância" se tornou "a forma normal de combate".[72] Essa possibilidade se expandiu com o desenvolvimento de tecnologias de armas que permitem matar em massa (por exemplo, soltar ou lançar explosivos, incluindo bombas atômicas e nucleares, à distância) e de maneira direcionada com equipamentos de longo alcance (com armas e, mais recentemente, drones cada vez mais precisos e potentes). Apesar de uma forma de matar ser indiscriminada (em massa) e a outra ser discernida (direcionada), essas tecnologias de guerra reforçam a fachada dos agentes individuais que realizam atos de violência, despersonalizando ainda mais o ato de matar em nome da pátria e tornando os agentes da morte ainda mais anônimos para suas vítimas.

Em assassinatos em massa, incluindo muitos atos terroristas, as vítimas também geralmente são anônimas para seus assassinos. Nesses casos, os perpetradores da violência em massa normalmente têm como alvo nações, governos ou sistemas financeiros e às vezes grupos religiosos ou étnicos inteiros, em vez de indivíduos específicos cuja morte é considerada parte de um objetivo maior.[73] Contudo, assassinatos direcionados ou de "precisão", como aqueles realizados com veículos aéreos não tripulados ou drones, visam ser

71 Gusterson (2014, p.193).

72 Sluka (2013, p.172).

73 Em relação tanto à guerra quanto ao terrorismo, a prática comemorativa de listar o nome daqueles que morreram (como no caso do Memorial dos Veteranos do Vietnã em Washington, DC e do Memorial do 11 de Setembro em Nova York) serve para personalizar tais atos de violência em massa. Ver Wagner-Pacifici e Schwartz (1991); Simko (2015).

mais pessoais em seu objetivo. Embora frequentemente criticados como uma forma de execução sumária, os ataques direcionados com drones são geralmente justificados como um meio de evitar mortes em massa que resultariam de outras formas de ataque. Eles se tornaram mais comuns em conflitos modernos considerados "assimétricos" porque as forças armadas estatais estão mobilizando agentes não estatais e organizações paramilitares.[74] Além disso, esses atos de guerra empregam "tecnologias virtuais que mediam tanto o combate quanto a tomada de decisões".[75] Essas tecnologias simplificam "dinâmicas de reespacialização" que tornam o conflito ainda mais assimétrico, separando "a arma de quem a opera" por grandes distâncias.[76] Assim, uma dimensão central dessa forma de guerra envolve o fato de que os alvos da violência são vigiados e pessoalmente expostos (alguns são nomeados e caçados), enquanto quem realiza os ataques é protegido e anonimizado, não apenas por trás da fachada de uma instituição militar, mas pela distância entre eles e a arma em si. Dada essa distância, a arma (por meio de seu efeito violento) serve como uma representação de fachada para seu operador anônimo, o que fica evidente na linguagem que usamos para descrever drones e suas operações. Quando os militares se referem a drones como "veículos aéreos *não tripulados*" ou quando nos referimos a eles como "máquinas assassinas",[77] os chamamos de "predadores" ou publicamos manchetes como "Obama pede desculpas após *drone matar* norte-americano e italiano capturados pela

---

74 Ver Colonomos (2016) para um engajamento crítico sobre essa questão. Ver Brunstetter e Braun (2011) para um panorama das questões éticas centrais.

75 Whitehead e Finnström (2013, p.2). Ver também Brunstetter e Braun (2011, p.352-5).

76 Gusterson (2014, p.197). A distância não parece mitigar o impacto psicológico e o fardo moral de matar. Pilotos de drones sofrem de transtorno de estresse pós-traumático de forma semelhante ao que ocorre com outros militares de combate. Ver Dao (2013).

77 Sluka (2013, p.175). Embora esse estudioso crítico reconheça e discuta explicitamente a situação dos pilotos de drones, o termo demonstra uma norma cultural mais ampla que se refere aos drones como agentes.

Al-Qaeda",[78] descrevemos a tecnologia como um ator independente, em vez de uma ferramenta de agentes-operadores que, por mais distantes que estejam, *realizam* o ato *com* um drone. A partir dessa perspectiva, os operadores poderiam ser qualquer um; seu *status* como funcionários genéricos destrói sua relevância pessoal para a operação, um fenômeno que os denunciantes tentam desfazer ao se exporem publicamente como operadores e assumirem responsabilidade pessoal por assassinatos.[79]

A identidade pessoal dos pilotos de drones é geralmente obscurecida, ao passo que a Agência Central de Inteligência dos Estados Unidos (CIA) se refere aos seus ataques com drones como "ataques de *personalidade*" – quando um indivíduo conhecido é o alvo do assassinato – e "ataques de *assinatura*" – quando indivíduos específicos, cuja identidade pessoal normalmente é desconhecida, tornam-se alvos após a vigilância revelar "padrões de vida associados ao terrorismo".[80] Ambos os termos transmitem a noção de que o ato violento é justificado pela culpa pessoal daqueles que são alvejados e mortos. Da perspectiva de quem realiza os ataques, esses indivíduos específicos se tornaram alvos porque orquestraram atos de violência (geralmente violência terrorista indiscriminada) no passado e/ou, alega-se, provavelmente o farão no futuro. Assim, usando suas tecnologias e sistemas de assassinatos de "precisão", atores violentos realizam anonimamente atos de guerra como iniciativas inteligentes, cirúrgicas, civilizadas e humanizadas que removem e previnem o mal e os danos em nome da sociedade civil boa e amante da paz.

No entanto, o grau de "precisão" de tal violência é controverso. Embora "evidências sugiram que drones são tecnicamente capazes de satisfazer a condição de discriminação", a prática de coleta de informações e interpretação de dados é imperfeita e "frequentemente sofre com informações em solo insuficientes e possivelmente

---

78 Baker (2015, grifo nosso).

79 Ver, por exemplo, *National Bird*, documentário de 2016 de Sonia Kennebeck.

80 Ackerman (2016). Ver Gusterson (2014, p.194) sobre essa distinção. Os itálicos nos termos são meus.

não confiáveis para contextualizar a situação tática".[81] Em relação ao processo de seleção de alvos, "ficou claro" que os pilotos de drones "geralmente não sabem quem estão matando, fazendo, na verdade, uma estimativa imperfeita".[82] Como os "ataques de assinatura" são normalmente baseados em perfis de vigilância que se valem de metadados coletados de telefones celulares, qualquer pessoa inocente pode ser erroneamente considerada um terrorista ou combatente inimigo e ser executada por um míssil Hellfire, juntamente com qualquer um nas proximidades, sem uma espécie de processo legal e sem aviso à comunidade local.[83] Assim, os críticos afirmam que os drones regularmente causam inúmeras mortes de civis e fomentam indignação entre a população em geral dos países em que são empregados, onde "são vistos como temíveis assassinos indiscriminados de civis".[84] Estimativas sobre o número de vítimas civis variam. Alguns afirmam que até 50 civis são mortos para cada militante alvejado.[85] Embora representantes do governo dos Estados Unidos geralmente neguem ou minimizem as baixas civis resultantes de ataques de drones norte-americanos, tornando essas vítimas invisíveis ou anônimas para o mundo fora de suas comunidades locais,[86] evidências crescentes e um número cada vez maior de casos, incluindo o ataque de agosto de 2021 que matou um trabalhador humanitário afegão e várias crianças, servem para solapar essas negações.[87]

---

81 Brunstetter e Braun (2011, p.348, 351).

82 Shane (2015).

83 Ver, por exemplo, Ahmed Salem Bin Ali Jaber e Esam Abdullah Abdulmahmoud Bin Ali Jaber contra os Estados Unidos da América, Barack Obama, Leon Panetta, David Petraeus, Réu Desconhecido Um, Réu Desconhecido Dois e Réu Desconhecido Três, Petição Inicial na Ação Civil n.1:15- cv- 840, Tribunal Distrital dos Estados Unidos, Distrito de Columbia (apresentado em 7 jun. 2015).

84 Sluka (2013, p.186; ver p.182-8). Ver também Kilcullen e Exum (2009).

85 Gusterson (2014, p.194). Ver também Watson (2012).

86 Ver Monbiot (2012).

87 Ver Aikins e Rubin (2021); Levenson (2021).

Da perspectiva daqueles que são atacados, tais atos de violência representam um sistema estrangeiro opressor. A arma – uma força impessoal de morte – torna-se o rosto da entidade nacional que a empunha. Por exemplo, como declarou Farea Al-Muslimi em seu depoimento à Subcomissão de Constituição, Direitos Civis e Direitos Humanos do Senado norte-americano, "os ataques com drones são o rosto dos Estados Unidos para muitos iemenitas".[88] Além disso, mesmo antes de atacarem, os drones podem de fato ser notados por quem vive abaixo, como no caso de uma aldeia paquistanesa onde foi relatado que "o zumbido de drones pairando aterroriza os moradores, que vivem constantemente com medo de uma explosão vinda do céu".[89] Dados todos esses fatores, os drones são considerados agentes sem rosto que perpetuam o terror e um trauma constante em nome do país que representam.[90]

Considerar as assimetrias de identificação e significado que caracterizam os ataques direcionados com drones nos permite entender melhor como outras armas de precisão de longo alcance anonimizam os perpetradores da violência. Os fuzis de precisão permitem aos operadores permanecer invisíveis enquanto dão *zoom*

---

88 Ver "Drone Wars: The Constitutional and Counterterrorism Implications of Targeted Killing", audiência perante a Subcomissão de Constituição, Direitos Civis e Direitos Humanos da Comissão do Judiciário, Senado dos Estados Unidos, 23 abr. 2013, https://www.govinfo.gov/content/pkg/CHRG-113shrg26147/html/CHRG-113shrg26147.htm.

89 Walzer (2016, p.16). Ver também o relatório de 2012 da Clínica Internacional de Direitos Humanos e Resolução de Conflitos da Faculdade de Direito de Stanford e da Clínica de Justiça Global da Faculdade de Direito da Universidade de Nova York, "Living under Drones: Death, Injury, and Trauma to Civilians from US Drone Practices in Pakistan", p.80-8 (https://law.stanford.edu/projects/living-under-drones/). Também citado por Walzer (2016). Como observa Walzer, o fato de drones serem vistos e ouvidos pode ser intencional, semelhante ao caso do sr. Covey abordado anteriormente. Ver também Gusterson (2014, p.195).

90 Ver especialmente o relatório de 2012 da Clínica Internacional de Direitos Humanos e Resolução de Conflitos da Faculdade de Direito de Stanford e da Clínica de Justiça Global da Faculdade de Direito da Universidade de Nova York, "Living under Drones: Death, Injury, and Trauma to Civilians from US Drone Practices in Pakistan".

para alvejar uma pessoa específica. Da mesma forma, considere a metralhadora M230 acoplada a helicópteros Apache norte-americanos, que tem um alcance de ataque de até 4 mil metros. Essa arma aparece em um vídeo vazado pela denunciante Chelsea Manning por meio site WikiLeaks, onde foi apelidada de "assassinato colateral".[91] O vídeo mostra um ataque ocorrido em Bagdá em 12 de julho de 2007, a uma distância tão grande que os alvos parecem completamente alheios ao fato de estarem sendo vigiados por um helicóptero. Os perpetradores estão totalmente protegidos pela distância proporcionada pela tecnologia de suas armas. Aqueles que operam o helicóptero e sua arma, e nós que assistimos ao vídeo online, vemos os homens em solo apenas como imagens tecnologicamente mediadas, seus seres transformados em avatares não muito diferentes daqueles encontrados em *video games* com temática de guerra, tornando muito difícil "distinguir entre combatentes e não combatentes" durante a operação de guerra.[92] Nesse caso, a distância também permitiu que determinados indivíduos em solo fossem erroneamente definidos como combatentes e, portanto, como alvos legítimos (ao menos dois eram jornalistas profissionais, carregando câmeras que foram definidas como armas). Da perspectiva das pessoas em solo, os soldados norte-americanos no helicóptero são representados apenas pelo próprio ato de violência, que se torna a manifestação dos Estados Unidos como país naquele momento. Podemos contrastar essa violência despersonalizada com o caráter mais pessoal da violência em períodos passados, como captado pelo comando da Guerra de Independência dos Estados Unidos: "Não atire até ver o branco dos seus olhos".

---

91 Esse vídeo, juntamente com diversos comentários na mídia, pode ser encontrado com uma simples busca e visualizado online no momento da escrita deste livro.

92 Vasquez (2008, p.96; ver também p.98). Ver também Brunstetter e Braun (2011); Robben (2013). Ver pessoas reais como imagens em uma tela também fomenta sua desumanização, como fica evidente em gírias usadas por pilotos de drones, como *squirters* (pessoas vistas em uma tela se dispersando para se proteger) ou *bug splat* (uma pessoa cujo corpo é aniquilado por um ataque). Ver Mayer (2009); Hastings (2012).

Com "o uso crescente de formas impessoais de guerra", especialmente "entre Estados ricos" e com o aumento da guerra "por controle remoto",[93] a violência comumente se manifesta como um ato anônimo. Muito em breve, provavelmente veremos o uso de armas automatizadas ou robóticas que anonimizarão ainda mais a violência e a morte.[94] A partir dessa perspectiva, a guerra é um feito performativo encenada por indivíduos e equipes que cometem atos violentos enquanto estão protegidos por frentes militares organizadas e seus sistemas tecnológicos. Tais indivíduos agem por trás das, e com as, frentes de países ou organizações paramilitares para fins particularmente violentos enquanto dissociam sua própria identidade pessoal de suas ações.

O Estado moderno como executor "humanizado"

Quando médicos e outros profissionais de saúde realizam execuções por injeção letal ordenadas pelo Estado nos Estados Unidos, eles normalmente o fazem de forma anônima para o condenado, para as testemunhas presentes e para o público em geral. Seu nome geralmente é omitido dos registros oficiais, "e eles normalmente recebem em dinheiro".[95] Vários estados estabeleceram leis que reforçam o anonimato daqueles que realizam as execuções, argumentando que tais medidas são necessárias para sua segurança e proteção, bem como para proteger a integridade do próprio sistema.[96] Mais do que simplesmente manter ocultas a identidade

93 Torpey e Hooiveld (2016, p.3, 11). Veja também Benjamin (2013).

94 Ver Horowitz (2016) sobre "sistemas de armas autônomas letais". A característica que distingue essas armas "é que o sistema da arma, e não uma pessoa, seleciona e ataca os alvos" (p.26). Pessoas reais obviamente programariam, iniciariam e manteriam esses sistemas caso fossem usados em guerras, pessoas que permaneceriam anônimas por trás do sistema técnico durante o ato de matar.

95 Arie (2011, p.1286). Ver também Davidson e Barajas (2014, p.84).

96 Roko (2007, p.2808-11). Como aponta Roko, "agentes prisionais expressaram preocupações de que a identificação dos membros da equipe de execução tornaria difícil encontrar alguém disposto a assumir a tarefa" (p.2800). Ver também Japenga (1989), que entrevistou um executor anônimo do estado de

pessoal dos participantes individuais, alguns – como o estado de Missouri, por exemplo – consideram legalmente responsável por danos qualquer pessoa que intencionalmente identifique os participantes no processo de execução.[97] De fato, as execuções modernas nos Estados Unidos são caracterizadas pelo anonimato, juntamente com uma estratégia mais geral de ocultação e obscuridade – o que John Lofland chama de "dramaturgia oculta".[98] Manter a identidade pessoal dos executores ocultas nos permite definir o Estado moderno, com sua autoridade impessoal pautada em um fundamento legal, como o agente punitivo do processo de execução. Tal atribuição de agência ao sistema estatal é evidente na forma como nos comunicamos, permitindo-nos afirmar e compreender que o "Texas executou 33 pessoas desde 2017" ou, contrapondo o sistema impessoal ao prisioneiro pessoal, "Alabama executou Nathaniel Woods apesar das muitas dúvidas iminentes".[99]

Washington e relata que, embora seu trabalho não lhe cause conflitos internos, a possibilidade de as pessoas o identificarem como o executor o incomoda.

97 Ver Davidson e Barajas (2014, sobretudo p.51-2, 68, 76-84). Para o estatuto do Missouri (MO Rev Stat § 546.720), ver https://law.justia.com/codes/missouri/2011/titlexxxvii/chapter546/section546720/.

98 Lofland (1975, sobretudo p.84-7). Como aponta Lofland, as estratégias rotineiras de ocultação praticadas na era moderna não servem apenas para evitar que o público veja o ato de matar, mas também para "despersonalizar" o processo para os envolvidos (p.281, 287, 290). Ver também Bessler (1997); LeGraw e Grodin (2002); Roko (2007); Garland (2010, p.268-72); Davidson e Barajas (2014). Em junho de 2020, 28 estados norte-americanos aplicavam a pena de morte. Destes, a maioria possui uma legislação que protege a identidade dos indivíduos que participam do processo de execução (geralmente chamados de "equipe de execução"). Três estados (Califórnia, Oregon e Pensilvânia) têm suspensões que concernem execuções estatais. Desde 1976, nos Estados Unidos, 1.338 execuções foram realizadas por injeção letal, 163 por eletrocussão, 11 por gás, 3 por enforcamento e 3 por pelotão de fuzilamento. Ver o Centro de Informações sobre a Pena de Morte, https://deathpenaltyinfo.org/state-and-federal-info/state-by-state e https://deathpenaltyinfo.org/executions/methods-of-execution. Para informações sobre as leis estaduais que protegem a identidade dos executores e dos membros da equipe de execução, ver https://deathpenaltyinfo.org/executions/lethal-injection/state-by-state-lethal-injection-protocols.

99 Strong (2021); Gill (2020).

Em contrapartida, durante a era pré-moderna e início da era moderna na Europa, as execuções eram geralmente atos abertos de espetáculo público que frequentemente envolviam grandes multidões e uma teatralidade ostensiva.[100] Durante esses períodos, um soberano ou alguma autoridade estatal contratava um executor profissional para organizar e executar o ato. A profissionalização da execução deslocou os assassinatos cometidos por multidões, centralizou a autoridade por trás de castigos físicos e "simbolizou o poder e a ira do Estado".[101] Os executores não escondiam sua identidade pessoal. Em vez disso, na verdade, eles "se comportavam de maneiras que os dotavam de identidades públicas e pessoais características", e cada um era conhecido publicamente por seu "estilo pessoal".[102] De fato, a imagem do executor medieval encapuzado e anônimo parece ser um mito criado nos tempos modernos, que serve para fazer as execuções estatais modernas parecerem civis e justas por comparação.[103] À medida que a era moderna avançava,

100 Lofland (1975, p.272, 293). Ver também Hornum (1968, p.331-2); Foucault ([1975] 1995); Sarat (1999, p.154-9); Smith (2008, p.34-56). A convenção na literatura tem sido contrastar métodos modernos de punição no Ocidente com práticas europeias pré-modernas e do início da era moderna. Contudo, as execuções públicas não são exclusivamente pré-modernas nem se restringem à história da Europa. Como detalha Garland (2010, p.27-32), os "linchamentos--espetáculos" eram comuns no sul dos Estados Unidos ao longo do final do século XIX e da primeira metade do século XX. Essas execuções públicas eram realizadas por hordas de justiceiros brancos que torturavam e matavam indivíduos negros acusados, muitas vezes de forma comunitária e celebratória. Garland afirma que "o espectro desses linchamentos há muito assombra o sistema jurídico norte-americano e foi crucial para moldar a pena de morte reinventada que surgiu no final do século XX" (p.33).

101 Hornum (1968, p.128).

102 Lofland (1975, p.284, 285).

103 Kinney (2016, p.32). Embora o anonimato do executor feudal seja, em grande medida, um mito, há algumas evidências de que os executores "mantinham distância dos leigos da comunidade" (Hornum, 1968, p.135) e, portanto, devem ter causado um fascínio misterioso. Além disso, há algumas evidências de que executores profissionais justificavam suas ações com um "distanciamento profissional" racionalizado do ato de matar em si, de seus sentimentos pessoais em relação ao condenado e dos lados conflitantes em debates sobre o caráter moral e político da execução estatal. Ver Applbaum (1995, sobretudo

as execuções ordenadas pelo Estado se tornaram cada vez mais controversas (tanto moral quanto politicamente), e sua legitimidade e adequação aos ideais liberais modernos da sociedade civil foram repetidamente questionadas. Assim, nos Estados Unidos, as autoridades políticas passaram a se preocupar cada vez mais em estabelecer métodos refinados e esclarecidos de execução. As crescentes preocupações e controvérsias incitaram mudanças nos métodos e estimularam o ímpeto de anonimizar os executores por trás dos sistemas e instituições estatais.

Nas últimas quatro décadas, a injeção letal tem sido, de longe, o método mais comum de execução penal nos Estados Unidos. Após diversas contestações legais à constitucionalidade da pena de morte,[104] estados começaram a adotar protocolos de injeção letal, alegando que o método era humanizado, respaldado pela ciência médica e, portanto, legalmente sensato e em conformidade com as proteções da Oitava Emenda contra punições cruéis e incomuns. O novo procedimento surgiu como uma alternativa à morte na cadeira elétrica (que era cada vez mais vista como grotesca e dolorosa, apesar de anteriormente ter sido adotada como o método humanizado), por enforcamento (profundamente associada à "conduta dos linchamentos no sul [dos Estados Unidos], cuja violência selvagem havia recentemente dado um novo e indesejado significado ao antigo símbolo do nó de forca")[105] e por fuzilamento (que era, em suas origens,

---

p.483). Esse mecanismo de distanciamento ou compartimentalização, provavelmente reforçado pelo anonimato em nossa era moderna tardia, também pode permitir a alguns médicos e enfermeiros participar dessas mortes hoje, apesar de suas ações conflitarem de muitas maneiras com seus papéis médicos profissionais. Ver Lifton ([1986] 2000, p.418-29) sobre o caráter psicossocial da cisão ou duplicação. Ver também Ponesse (2013, p.342-3) para uma discussão relacionada sobre "identidades segregadas".

104 Ver sobretudo Furman contra a Geórgia (408 U.S. 238, 1972) e Gregg contra a Geórgia (428 U.S. 153, 1976), que marcaram o fim de uma suspensão nacional das execuções que durou quatro anos. Ver Garland (2010), que argumenta que a decisão do caso Gregg "inaugurou todo um novo complexo de pena de morte – a pena de morte nos Estados Unidos em um modelo moderno tardio" (p.261).

105 Garland (2009, p.264).

um método militar que provavelmente parecia estar em desacordo com a autonomia civil do sistema penal na sociedade moderna). Esses métodos estabelecidos do passado frequentemente tornavam a dor, a lesão corporal ou a desfiguração, e até mesmo o sofrimento do condenado, claramente visíveis para aqueles que testemunhavam o ato. O protocolo básico usado em execuções por injeção letal surgiu como uma alternativa, elaborado em 1977 pelo dr. Jay Chapman, legista do estado de Oklahoma, e revisado pelo dr. Stanley Deutsch, anestesista da Universidade de Oklahoma.[106] Esses médicos mobilizaram os conhecimentos da medicina moderna para controlar a dor e o sofrimento dos condenados.

Essa não é a primeira vez que uma nova forma de pena de morte foi justificada como mais humanizada por ter sido concebida e sancionada por médicos. O famoso médico francês Joseph-Ignace Guillotin usou a mesma lógica para promover um método que se tornou bastante famoso após a Revolução Francesa.[107] No entanto, a injeção letal não foi simplesmente concebida por autoridades médicas; na verdade, ela medicaliza todo o ato de matar. Assim, como explica Atul Gawande,

> as autoridades gostaram desse método. Por se apropriar de técnicas anestésicas consagradas, a execução se assemelhava a procedimentos médicos familiares, em vez do espetáculo pavoroso e que suscitava reações negativas que ela havia se tornado. [...] Era menos perturbador de se testemunhar. [...] E as autoridades podiam recorrer a médicos e enfermeiros para ajudar com dificuldades técnicas, confirmar a indolência e a confiabilidade da técnica e dar um ar mais profissional aos procedimentos.[108]

106 Ver Sanburn (2014) para uma entrevista com Chapman.

107 Ver Applbaum (1995, p.460, 463, 472-3). Como alguns também apontaram, "[o]s nazistas usaram a imagética da medicina para justificar o ato de matar" (Groner, 2002, p.1028). Ver também Lifton ([1986] 2000).

108 Gawande (2006, p.1222).

Apesar de sua concepção médica, no entanto, as contestações legais persistiram e os querelantes continuaram alegando a crueldade inconstitucional do processo. Hoje, o método da injeção letal (assim como a pena de morte em geral) permanece extremamente controverso, tanto moral quanto politicamente.[109]

Dado que esse novo processo dependia de conhecimentos técnicos da área médica, as autoridades estatais se depararam com a necessidade prática e legal de solicitar a participação de médicos e enfermeiros. Para garantir sua cooperação, diretores de presídios e funcionários públicos prometeram aos profissionais de saúde que seu trabalho permaneceria anônimo. O anonimato protege médicos e enfermeiros participantes diante da possibilidade de repreensão por seus pares e contra potenciais danos à sua reputação perante a população em geral, ambas situações que podem ter consequências para suas carreiras e posições profissionais. No entanto, dadas as implicações bastante graves da execução, essa promessa de anonimato se tornou ela mesma uma questão de controvérsia política e legal. Muitos argumentam que o prisioneiro condenado, a imprensa e o público em geral têm o direito de conhecer a identidade pessoal dos membros da equipe de execução, a fim de garantir que sejam qualificados para conduzir execuções legalmente adequadas e constitucionalmente sólidas.[110] Se profissionais de saúde nomeados supervisionam injeções letais, podemos avaliá-los com base em sua reputação pessoal. Contudo, quando um médico anônimo conduz ou supervisiona a execução, o diploma de Medicina e a licença para exercer a profissão, ambos despersonalizados – esse capital simbólico compartilhado por todos os médicos em exercício –, são colocados em primeiro plano em detrimento da identidade pessoal e da história do autor individual, permitindo a uma autoridade

---

109 Ver Roko (2007) para uma revisão de diversos desafios legais. Ver LeGraw e Grodin (2002, p.419) para um argumento de que "o uso de um procedimento médico para executar seres humanos é, por si só, uma violação da ética médica e dos direitos humanos".

110 Ver Emanuel e Bienen (2001); LeGraw e Grodin (2002); Gawande (2006); Roko (2007); Davidson e Barajas (2014).

médica geral conceder legitimidade ao ato enquanto o indivíduo específico se esquiva da responsabilidade pessoal. Ademais, tal arranjo também permite que *um* médico participe de diversas execuções ao longo de sua carreira, enquanto seu anonimato deixa em aberto a possibilidade, e pode até gerar essa percepção, de *muitos* médicos terem estado envolvidos.[111] O médico anônimo poderia ser *qualquer* médico, reforçando a impressão de que o ato penal é sancionado pela *instituição* da medicina moderna.[112]

Ao assimilar uma autoridade médica anônima e impessoal, autoridades estatais fundiram as lógicas sociais contraditórias das instituições médicas e penais em uma complexa frente sistêmica que molda o significado dos atos de execução sancionados pelo Estado.[113] Elas fundem o papel do profissional médico com o papel penal, um ato de cuidado com um ato de execução, dissolvendo fronteiras morais significativas que separam nossas instituições de cura e punição. A vida humana é codificada de forma diferente de acordo com os

---

111 Em um caso particularmente notável, um médico anônimo "supervisionou as injeções letais de 54 detentos no Missouri ao longo de uma década" (Roko, 2007, p.2791). Como ele foi chamado a depor durante um processo federal contra o Estado (Tylor contra Crawford, 2007), o que lhe foi permitido fazer anonimamente (como "John Doe I"), foi revelado que ele havia "sido processado por negligência médica mais de 20 vezes", teve privilégios negados em dois hospitais locais devido a questões éticas, foi repreendido publicamente pelo Estado por não divulgar informações pertinentes à sua prática da medicina e alterou pessoalmente o protocolo estatal de injeção letal (Kohler, 2006). Uma investigação subsequente realizada por jornalistas do *St. Louis Post-Dispatch* revelou que o executor era o dr. Alan Doerhoff. Kohler (2006) relata que tanto o Gabinete do Procurador-Geral do Estado quanto a Secretaria Penitenciária do Estado tentaram preservar o anonimato do dr. Doerhoff.

112 LeGraw e Grodin (2002, p.410-1, 385) afirmam que, "como a injeção letal utiliza habilidades e procedimentos médicos para esterilizar e legitimar a pena de morte", a profissão médica como um todo é cúmplice do que, em última análise, equivale a uma violação dos direitos humanos e a um "homicídio judicial".

113 Sobre a importância do significado em relação à pena de morte, parto do importante trabalho de Philip Smith (2003, 2008) e David Garland (2006, 2010). Como afirma Garland (2006, p.428), esse foco no significado serve para "aprimorar nossa compreensão do poder penal, da violência penal, das técnicas penais e dos recursos penais, e não para inibi-los ou deslocá-los".

valores de cada esfera social – sacrossanta em uma e dispensável na outra. Os corpos são alvo de restauração protetora e cura em uma e de força punitiva e danos na outra. Questões morais de culpa e inocência são irrelevantes para uma e centrais para a outra. O objetivo da assistência à saúde é a libertação da doença e a fuga da morte; o objetivo do sistema penal é o confinamento corporal, a humilhação e a morte social ou às vezes física.

As contradições dessa frente sistêmica combinada permitem aos atores enraizados em uma esfera justificar suas ações fazendo referência à outra. Assim, os profissionais médicos com frequência justificam suas ações de execução apontando para o fato de que estão em conformidade com a lei do Estado e o poder democrático.[114] Ao mesmo tempo, as autoridades estatais justificam suas ações de execução como humanizadas e até mesmo cuidadosas, de acordo com a lógica da medicina moderna. A própria presença de profissionais de saúde, equipamentos hospitalares, uma sala medicalizada, medicamentos e o uso da linguagem médica visam fazer a atividade parecer menos brutal, até mesmo indolor e pacífica e, portanto, mais agradável ao público, gerando o que David Garland chama de "uma estética civilizada".[115] Ao assimilar as características gerais e os adereços do sistema médico para definir a *mise en scène* do ritual da execução, os atores estatais são capazes de codificar esta última como moderna (em vez de primitiva e antiquada), limpa e estéril (em vez de suja/sangrenta/olente/maculada) e civilizada (em vez de bárbara). Como observaram algumas testemunhas e críticos, o cenário de uma execução por injeção letal se assemelha a um quarto de hospital, e o ato "imita um procedimento realizado milhares de vezes por dia em hospitais nos Estados Unidos".[116] Alguns médicos e enfermeiros chegam a se vestir como o fariam para procedimentos médicos e utilizam técnicas de esterilização ao participar do

---

114 Ver Farber et al. (2001); Gawande (2006). Em geral, "[o] carrasco anônimo é, ao mesmo tempo, um substituto da comunidade em cujo nome a execução foi realizada" (Sarat, 1999, p.157n24).

115 Garland (2010, p.271).

116 Groner (2002, p.1027, 1026).

processo, como se a prevenção de infecções pós-operatórias fosse uma preocupação.[117] Além disso, o uso obrigatório de uma substância paralisante, destinado a impedir que o corpo do condenado lute de maneira expressiva pela vida, contribui para a apresentação da cena como pacífica e cirúrgica. Nessa perspectiva, a execução é uma realização performativa conduzida por profissionais médicos anônimos que sanitarizam o ato ritual da execução estatal e o embalam para a consciência do público.

Como alguns afirmaram, a "imagem de um símbolo de cuidado, de jaleco branco, trabalhando com o executor de capuz preto ou como essa figura, contrasta fortemente com a ética médica estabelecida".[118] De fato, a Associação Médica Norte-Americana (AMA – American Medical Association) defende a posição de que "como membro de uma profissão dedicada a preservar vidas quando há esperança de fazê-lo, um médico não deve participar de uma execução legalmente autorizada".[119] Outras associações médicas profissionais adotam posições semelhantes.[120] No entanto, ao mesclar lógicas médicas e penais, atores estatais usam as credenciais médicas anônimas dos membros de sua equipe de execução para legitimar suas ações controversas, enquadrando o Estado moderno como um executor humanizado.

***

117 Gawande (2006).

118 Emanuel e Bienen (2016, p.922). Ver também Gawande (2006) sobre essa questão.

119 Parecer 9.7.3 do Código de Ética Médica da Associação Médica Norte-Americana (AMA, na sigla em inglês), https://www.ama-assn.org/delivering-care/ethics/capital-punishment. Ver também LeGraw e Grodin (2002, p.407-12). Arie (2011, p.1286) relata que, "quando órgãos médicos tentaram expulsar ou punir médicos que participaram de execuções, suas decisões foram anuladas pelos tribunais dos estados envolvidos".

120 Ver, por exemplo, a posição da Sociedade Norte-Americana de Anestesiologistas, https://www.asahq.org/standards-and-guidelines/statement-on-medical-nonparticipation-in-legally-authorized-executions. Ver também a posição da Associação Norte-Americana de Enfermeiros, https://www.nursingworld.org/practice-policy/nursing-excellence/official-position-statements/id/capital-punishment-and-nurse-participation-in-capital-punishment/.

O anonimato dos sistemas sociais é uma realização performativa. Por um lado, os atores utilizam sistemas e instituições sociais, como bancos corporativos, agências de inteligência, forças armadas nacionais ou secretarias penitenciárias – com suas regras, procedimentos e tecnologias de operação – como frentes impessoais para agir e definir diversas situações. Por outro lado, quando atribuímos uma crise econômica a Wall Street, quando falamos de vigilância por parte das grandes empresas de tecnologia, quando dizemos que um país está em guerra ou que um Estado executa um prisioneiro, anonimizamos ativamente os agentes envolvidos nessas atividades. Atribuímos motivação e agência a instituições e sistemas – que muitas vezes são obtusos e bastante indiferentes a quem é de fora – em vez de responsabilizarmos as pessoas específicas que dão vida a eles. Ao fomentar o anonimato, esses sistemas sociais organizados autorizam os indivíduos a agir de maneiras que provavelmente não fariam se fossem responsabilizados direta e pessoalmente. Embora esse anonimato proporcione, portanto, certo grau de liberdade, também impõe sua própria forma de restrição social. Quando os indivíduos agem dentro dessas estruturas sistêmicas, tornam-se subservientes ao propósito e ao poder dessas agências coletivas. Por conseguinte, suas ações e relações podem ser moldadas por objetivos institucionais e práticas estratégicas; elas são assimiladas ao sistema impessoal que executam.

Quando Stanley Milgram conduziu seu famoso experimento com choques elétricos, sua principal preocupação era entender como e por que os indivíduos obedeceriam aos comandos de uma figura de autoridade que os obrigava a agir de maneiras que eles talvez considerassem moralmente repreensíveis. Profundamente preocupado em compreender as circunstâncias que levaram milhões a seguir o regime genocida nazista na Europa, Milgram explorou as condições sob as quais figuras de autoridade conseguiam ordenar a pessoas comuns que fizessem mal a outras. A pesquisa revelou que, quanto mais distantes os participantes estavam de outro ser humano, maior a probabilidade de obedecerem aos comandos do pesquisador para dar choques nessa pessoa (um cúmplice do experimento) em níveis cada vez mais dolorosos e perigosos. Quanto maior a distância, menos eles viam "o ato de empurrar uma alavanca" – a alavanca que lhes foi dito que daria o choque – como "relevante para o julgamento moral, pois não [estava] mais associada ao sofrimento da vítima".[121] Ao explorar as implicações de sua pesquisa para compreender a dinâmica da violência interpessoal e em massa, Milgram fez uma observação mais geral que diz respeito às maneiras como certos contextos sociais cultivam a impessoalidade por meio de suas lógicas sociais e definições normativas de ação. Ele especulou que, quanto maior a fronteira entre o sujeito da pesquisa e o participante que supostamente recebeu o choque, mais o sujeito poderia estar preocupado (total ou principalmente) com sua *performance* como um bom assistente do pesquisador, "tão preocupado com o espetáculo que está apresentando ao pesquisador que influências de outras partes do campo social não ganham tanto peso quanto normalmente ganhariam" em outras situações.[122] Em outras palavras, ser *bom* significava agir de acordo com os códigos do arcabouço do experimento, o que exigia ações (neste caso, choques elétricos) que fizessem sentido de acordo com a lógica instrumental e racional do processo científico. Quanto mais o anonimato fosse um fator, com mais facilidade e profundidade essas ações se tornavam significativas e legítimas de acordo com a lógica da pesquisa e seu ambiente – o que Milgram chama de "autoridade em segundo plano" das instituições.[123]

Quando indivíduos agem como funcionários anônimos de instituições e sistemas sociais, ficam "enredados em uma estrutura social" com lógica, objetivos, relações e regras estratégicas de operação próprios.[124] Seus motivos pessoais são subsumidos e remodelados por forças institucionais que os despersonalizam e

121 Milgram (1965, p.63). Ver também Bauman (2012, p.169, 171-3) sobre "o papel da burocracia" e sobre a relevância das descobertas de Milgram para compreender o Holocausto.

122 Milgram (1965, p.65).

123 Milgram (1965, p.69-71).

124 Milgram (1965, p.73). Ver também Bauman (1989, p.154, 156-7, 164).

anonimizam de maneira funcional em situações específicas e em determinadas relações com outros, ao mesmo tempo que definem essas situações (e a natureza de suas ações) de acordo com objetivos institucionais impessoais. Ser bom significa agir em conformidade com esses objetivos impessoais – dar vida à vontade do sistema que se habita. Desse ponto de vista, aprimoramos nosso foco moral "[n]a tarefa a realizar e [n]a excelência com a qual é realizada".[125] Ademais, transferimos nossa avaliação de responsabilidade do pessoal para o sistema.[126] Embora a identidade pessoal de muitos que agem com fachadas sistêmicas seja publicamente conhecida ou rastreável, o próprio sistema social permite que seu anonimato surja como parte fundamental da *performance* dos objetivos do sistema. Isso pode levar ao que Zygmunt Bauman chamou de "responsabilidade flutuante", em que "a organização como um todo é um instrumento para eliminar responsabilidade".[127] Ao anonimizar seus funcionários e, com isso, despersonalizar suas ações e relações, as instituições e os sistemas sociais não apenas dificultam a atribuição de responsabilidade pessoal, mas também, em alguns casos, a determinação de responsabilidade no geral – a possibilidade de se responsabilizar alguém ou alguma coisa de forma significativa. Um desmonte semelhante da identidade pessoal e uma anonimização geral do trabalho caracterizam muitos sistemas sociais de produção no mundo contemporâneo.

Trabalho anônimo e sistemas de produção

As economias modernas invisibilizaram muitos tipos de trabalho. Nesses casos, deixamos de reconhecer que o trabalho existe. Podemos ver o trabalhador (como no caso daqueles que trabalham

125 Bauman (2012, p.250).

126 Ver Milgram (1974, p.132-4); Bauman (1989, p.162-3).

127 Bauman (2012, p.255, grifo excluído). Ver também Zerubavel (no prelo) sobre impessoalidade e desumanização.

rotineiramente em casa enquanto seu trabalho é ignorado, condições tradicionalmente vivenciadas pelas mulheres)[128] ou não (como no caso daqueles que limpam escritórios à noite enquanto outras pessoas não estão presentes), mas em nenhum dos casos vemos o trabalho em si. Ele "permanece oculto", e as pessoas frequentemente agem como se ele não existisse.[129] Contudo, em muitas situações, a atividade de trabalho e/ou seu produto são bastante visíveis, ao passo que o trabalhador permanece anônimo. Nesses casos, temos consciência de que alguém está trabalhando para produzir os bens e serviços que consumimos, mas dissociamos esses produtos e serviços da identidade pessoal daqueles que realizam o trabalho em si. Em vez disso, vivenciamos alguma empresa, indústria ou marca – ou, em alguns casos, um indivíduo famoso – como a agência por trás do ato. Esse anonimato do trabalho se tornou uma parte cada vez mais preponderante de nossas economias da modernidade tardia, à medida que um número crescente de pessoas realiza seu trabalho como funcionários genéricos e intercambiáveis de sistemas corporativos maiores de produção ou de relações de serviço institucionalizadas.

Ao desenvolver sua análise crítica do sistema de produção capitalista, Karl Marx lançou luzes sobre as raízes do trabalho invisível e anônimo. Para ele, os trabalhadores que participam das atividades industriais do capitalismo são separados de várias maneiras de seu trabalho (que é despersonalizado) e de seu produto (que é abstraído de seu caráter humano) de forma rotineira.[130] Para o capitalista (ou, poderíamos acrescentar, de forma mais geral, do ponto de vista de muitos sistemas corporativos), o trabalhador é como qualquer outra ferramenta, e seu trabalho é como qualquer outra matéria-prima, na medida em que é indispensável porém genérico e substituível. Seguindo essa lógica, à medida que os processos de produção (e hoje

128 Ver Daniels (1987); DeVault (1994).

129 Poster, Crain e Cherry (2016, p.3).

130 Marx ([1845-1846] 1978, p.158-63). Veja também a discussão de Zerubavel (no prelo) sobre o caráter impessoal do capitalismo.

podemos incluir a prestação de serviços) se tornam mais sistematizados, eles também se tornam mais impessoais e anonimizados. Os produtores de bens e os consumidores de seus produtos frequentemente vivenciam uns aos outros como seres distantes, "abstratos" e "absolutamente anônimos".[131]

Desenvolvendo um conjunto de ideias relacionadas em suas discussões sobre o fetichismo da mercadoria, Marx explorou como as relações entre as pessoas assumem "a forma fantasmagórica de uma relação entre coisas" e, portanto, os "produtos do trabalho" nos parecem independentes de seus produtores, dissociados das reais condições humanas e sociais que lhes dariam significado.[132] Assim, como consumidores no mundo, vemos a mercadoria (o produto do trabalho) como uma abstração, como algo separado do trabalho, "a aparência objetiva do caráter social do trabalho".[133] Essa separação do produto das circunstâncias e da história daqueles que trabalham pode tornar o próprio trabalho invisível em alguns casos (ele desaparece no produto, cuja existência vemos como algo natural) e os trabalhadores anônimos em outros (o produto parece existir independentemente da contribuição pessoal de qualquer indivíduo).[134] Em relação a esta última situação, mesmo nos casos em que os trabalhadores podem ser vistos, ouvidos ou nomeados, eles frequentemente trabalham como parte de uma fachada sistêmica que torna sua identidade pessoal irrelevante para todo o processo, para o produto e para as trocas econômicas de sua área. Esses trabalhadores normalmente *não* são anônimos para seus empregadores, colegas e comunidades locais, mas, no que concerne ao público e aos consumidores em geral, sua identidade pessoal é obscurecida por uma fachada corporativa ou por algum produtor nomeado que recebe todo o crédito pessoal.

---

131 Schütz (1979d, p.287). Ver também Simmel ([1903] 1950, p.411-2).

132 Marx (2022, p.206-7).

133 Marx (2022, p.209).

134 Ver também Natanson (1979, p.538), que afirma que, quando um "ato é tomado por si só, como autônomo, então [...] o ator se torna anônimo".

Considere a produção de alimentos no mundo industrial como um dos muitos casos possíveis. Os consumidores em economias industriais e pós-industriais normalmente desconhecem quem produz seus alimentos. Os produtos alimentícios, na verdade, são mais comumente representados por marcas corporativas, às quais os consumidores atribuem crédito e responsabilidade pelo ato de produção. Se alguém compra frango Tyson ou quer uma sopa Campbell's, Tyson e Campbell (ambos sobrenomes dos fundadores da empresas que não são mais associados a pessoas específicas) são nomeadas como as agências por trás do produto. Essas marcas impessoais são fundamentais para a cultura comercial, mas também transformam as pessoas que trabalham e dão vida a elas em *quaisquer uns* genéricos e substituíveis – funcionários anônimos que são pessoalmente irrelevantes para seu produto. Um indício da nossa atribuição de agência produtiva à marca corporativa consiste no fato de que esperamos que o produto seja consistente e previsível ao longo do tempo e do espaço, apesar de, na prática, diferentes pessoas realizarem o trabalho de produção. Quando pedimos um *cheeseburger* do McDonald's, por exemplo, esperamos que ele tenha o mesmo sabor quer ele seja produzido em uma fábrica na Califórnia e preparado em Seattle, quer seja produzido na Alemanha e preparado na França. Em qualquer uma das suas cerca de 39 mil lojas (em 2020), o McDonald's produz a comida, enquanto os funcionários são anônimos.

Em alguns casos, empreendedores buscam personalizar produtos alimentícios e desfazer o anonimato que caracteriza a maior parte da produção alimentar contemporânea. Para isso, movimentos locais de alimentos, feiras livres, cooperativas de alimentos e iniciativas de agricultura comunitária ou local geralmente promovem uma conexão direta entre consumidores, agricultores e outros produtores do ramo (como padeiros e equipes de pesca). Esses e outros agentes promovem essas conexões como uma prática ética, com o intuito de dissolver o anonimato do trabalho e a invisibilidade do processo produtivo. Além disso, como resultado desses movimentos, a personalização dos alimentos se tornou uma forma de expressar uma qualidade superior. Dentro desse ambiente cultural, algumas operações locais e pessoais se transformaram em empreendimentos corporativos de grande porte, enquanto outras empresas corporativas mais tradicionais tentaram associar seus produtos a pessoas específicas. Os ovos que às vezes compro trazem fotografias da família proprietária da fazenda, juntamente com informações sobre suas práticas de criação de galinhas e produção de ovos. O frango que comprei recentemente anuncia "conheça seu agricultor" com o endereço de um site. Essas iniciativas visam combater a alienação do consumidor em relação aos alimentos ao enfatizar o vínculo do consumidor com o produtor nomeado (fornecendo informações pessoais sobre os agricultores) e, frequentemente, ao localizar práticas de produção (fornecendo informações sobre a fazenda). Ao destacar essas informações, que normalmente são ocultadas pelos sistemas corporativos de produção mais tradicionais, o intuito é transformar nossa relação com o produto em si.

Analisemos também a prática de a marca de um produto alimentício comercial ser o nome de um membro da família (molho picante Tia Lupita) ou simplesmente o primeiro nome dos fundadores da empresa (sorvetes Ben and Jerry's) ou da filha dos fundadores (sopas Amy's). Da mesma forma, considere a prática contemporânea de diferenciar produtos alimentícios associando-os ao nome de um *chef* famoso que reivindica crédito pessoal pela receita e responsabilidade pela qualidade culinária do produto ou casos em que uma personalidade conhecida assume a responsabilidade pelos padrões éticos de produção, salvaguardando, assim, a qualidade moral do consumo (como no caso da empresa beneficente de alimentos Newman's Own, de Paul Newman). Esses casos de *branding de personalidade* chamam nossa atenção para o fato de que a maioria dos produtos alimentícios de fato *não* é marcada dessa forma; a maioria não está diretamente associada a nenhuma identidade pessoal.[135]

135 Sobre o marcado e o não marcado, ver Brekhus (1996, 1998, 2003) e Zerubavel (2015, 2018).

Ao acrescentar um nome pessoal a um produto ou desenvolver uma marca em torno de uma identidade pessoal, as empresas tentam criar confiança em torno da representação de responsabilidade pessoal e talvez até mesmo uma ilusão de relação pessoal. A pessoa por trás da marca se torna, na prática, o "autor" (aquele que *autoriza*) do produto. Seu caráter pessoal está inscrito no significado do alimento e na experiência de consumo. No entanto, apesar desses esforços para personalizar os alimentos, a grande maioria daqueles que os produzem permanece obscurecida por trás do *branding* de personalidade.

Da mesma forma, enquanto alguns autores e artistas anônimos produzem uma obra e não a assinam, *ghostwriters* e restauradores de arte ocultam sua identidade pessoal por trás do nome de outra pessoa mais célebre que normalmente recebe o crédito.[136] Esses sistemas são projetados e contratados por editoras e museus, que também são creditados pela produção ou curadoria do produto. Quando as contribuições de *ghostwriters* e restauradores de arte não são reconhecidas, o trabalho pode permanecer invisível. No entanto, quando o fato de ter havido uma assistência ou restauração é conhecido porém os artesãos empregados não são nomeados, o trabalho é anônimo, apesar de criar ou alterar fundamentalmente o produto. De fato, *ghostwriters* são mais comumente empregados para ajudar celebridades a escrever autobiografias.[137] Assim, "o *ghostwriting* também pode ser visto [...] como a apoteose do sistema de estrelas [isto é, de celebridades]", um sistema que "na mesma medida impossibilita a publicação anônima e exige a composição anônima".[138] Em outras palavras, os *ghostwriters* são anônimos especificamente em seu contraste com as pessoas identificadas às quais os textos que escrevem são atribuídos. De forma semelhante, "os *designers* Frederick Law Olmsted e Calvert Vaux receberam grande parte do crédito" pela construção do Central Park de Nova York, mas aqueles

136 Ver Zweig (2014, p.39-40). Ver Price (2003) para uma discussão fascinante sobre a história, bem como a dinâmica generificada e classe, do *ghostwriting*. Ver Scott (2017) sobre restauração de arte.

137 Ver Price (2003, p.228).

138 Price (2003, p.214, 215).

que realizaram o trabalho físico de construção do parque permaneceram relativamente anônimos.[139] Da mesma maneira, revisores de periódicos acadêmicos se envolvem em uma forma de trabalho oficialmente anonimizada que gera crédito para autores nomeados e lucro para editoras.[140]

Nesse sentido, considere o caso dos saboraítas, os editores ("redatores") anônimos do Talmud Babilônico. Estudiosos críticos do Talmud distinguem "entre dois estratos literários principais: *meimrot*, tradições atribuídas a sábios nomeados (os amoraítas, ca. 200-450 d.C.), [...] e *setam hatalmud*, o material não atribuído ou anônimo", que foi acrescentado pelos saboraítas ao longo de várias gerações posteriores (ca. 450-650 d.C.).[141] Esses estudiosos anônimos "não atuaram como condutores passivos", mas sim como agentes criativos anônimos que "acrescentaram extensas discussões e comentários" enquanto organizavam, contextualizavam e, por fim, alteravam o significado do texto sagrado.[142] Assim como os *ghostwriters* contemporâneos, suas contribuições são nitidamente anônimas em contraste com as autoridades rabínicas nomeadas creditadas no texto. Ademais, o anonimato dos saboraítas lhes permitiu desempenhar uma voz generalizada, fidedigna e até mesmo antiga e divina que emoldurou suas intervenções no texto e suas contribuições para o seu significado.[143] Todavia, suas intervenções sempre se basearam em suas perspectivas e preocupações sociais em evolução.[144] Assim, o Talmud foi produzido ao longo do tempo,

---

139 Anonymous (2014b).

140 As práticas de periódicos de listar os nomes de todos os revisores em uma edição por ano ou práticas mais recentes, como o sistema de identificação Open Research and Contributor ID (Orcid), reconhecem essa questão ao fornecer algum grau de reconhecimento individual do revisor ao mesmo tempo que mantêm o anonimato do indivíduo em relação a cada processo específico de revisão.

141 Rubenstein ([2005] 2019, p.1, grifo do autor). Ver também Rubenstein (2003, p.4).

142 Rubenstein ([2005] 2019, p.1).

143 Eisen (2013, p.7, 99-138).

144 Rubenstein ([2005] 2019, p.5). Ver também Rubenstein (2003); Moster (2018).

à medida que atores anônimos continuaram a injetar seus entendimentos e práticas contemporâneos do judaísmo no texto, revisando compreensões anteriores no processo.[145]

Além disso, como Jeffrey L. Rubenstein sugere de forma convincente, os atores dos saboraítas foram de fato anonimizados no contexto de uma instituição emergente de sua época – as academias rabínicas formais, que eram "organizações permanentes com identidades corporativas que transcendiam os indivíduos presentes em qualquer momento".[146] As academias eram arenas agitadas e competitivas de discussão e debate interpretativo – o que Rubenstein chama de "argumentação dialética" – que provavelmente substituíram práticas anteriores mais íntimas e personalizadas dos amoraítas.[147] Assim, os saboraítas "estavam falando em nome da instituição que" servia ela própria como "o sábio cuja tradição eles estavam transmitindo".[148] Sua edição do Talmud Babilônico levou a um texto multivocal, complexo e até argumentativo que refletia gerações de diálogo e debate entre grandes grupos de acadêmicos. O texto, em última análise, expressava um sistema social de autoria interpretativa retroativa que anonimizou muitos produtores de "um documento que se tornou a base do programa rabínico, o alicerce da lei judaica e uma fonte de interpretação bíblica, costumes, teologia e ética".[149] Em suma, esse sistema de produção anônima definiu um aspecto central da religião do próprio judaísmo, tanto em seu produto quanto no processo refletido naqueles escritos sagrados.

O anonimato também é uma característica central de vários relacionamentos de serviço e formas de transação econômica. Considere a prática comum de terceirizar o atendimento ao cliente (como quando centrais de atendimento telefônico são organizadas e alocadas em

145 Ver Boyarin ([2005] 2019, p.238). Ver também Rubenstein (2003, p.159-60); Moster (2018).

146 Rubenstein (2003, p.16).

147 Rubenstein (2003, p.2, 22–3).

148 Eisen (2013, p.110).

149 Rubenstein (2003, p.143).

diferentes partes do mundo). As tecnologias de comunicação globalizadas reduzem a distância geográfica e integram fusos horários díspares,[150] mas, simultaneamente, reforçam o anonimato dos trabalhadores que são mascarados por tecnologias e roteiros corporativos que facilitam seus papéis genéricos. Nesses casos, mesmo quando os clientes ouvem a voz do funcionário por telefone ou veem seu rosto em uma tela de computador, e mesmo quando esses funcionários informam seu nome (ou são facilmente rastreáveis por meio de um número de identificação de funcionário, um endereço de e-mail ou um registro de conversa online), tais marcadores de identidade pessoal muitas vezes não importam para a relação porque os trabalhadores são, na verdade, funcionários impessoais mediados. Além disso, o caráter mediado por computador de outras formas de trabalho de apoio (como design de sites ou gerenciamento de banco de dados) converte o próprio trabalho em "um fluxo descorporificado de signos e símbolos" transmitidos eletronicamente,[151] podendo o sistema e suas tecnologias obscurecerem a identidade pessoal dos trabalhadores. Da mesma forma, os varejistas também podem atuar como agentes mediadores, enquanto suas marcas servem de representações de fachada que mascaram a identidade daqueles que produzem as mercadorias nas prateleiras. Quando os consumidores compram roupas numa loja da Gap, por exemplo, eles geralmente pensam na "Gap" como o agente por trás do produto, apesar de as roupas vendidas pela Gap, Inc. serem produzidas por trabalhadores em fábricas em vários locais ao redor do mundo.[152]

A prática agora comum de encomendar uma variedade cada vez maior de produtos online permite um maior distanciamento social e uma anonimização mais profunda do trabalho e da produção. Quando pedimos comida, roupas ou livros ou mesmo compramos

---

150 Aneesh (2006, p.5, 67-99).

151 Aneesh (2006, p.9).

152 Ver https://www.gapinc.com/en-us/values/sustainability/people/supply-chain-working-conditions/supplier-partnerships para obter informações detalhadas sobre a localização das fábricas e os esforços da Gap, Inc. para monitorar e melhorar as condições de trabalho.

um carro ou uma casa por meio de um site ou aplicativo de celular, nem sequer vemos ou interagimos diretamente com outro indivíduo. Embora os compradores sejam frequentemente identificáveis por meio das informações de seu cartão de crédito ou do endereço de entrega, os produtores de bens e outros envolvidos nos processos de produção, distribuição e troca são mais profundamente anonimizados. Nesse sentido, o caráter impessoal e anônimo do trabalho é acentuado pelo código e pelo hardware do computador.[153] À medida que o produto chega à nossa porta, o sistema é conveniente, mas totalmente opaco. Em muitos casos, o comércio online pode criar a sensação ilusória de que itens produzidos em outras partes do mundo têm um caráter "local". Encomendamos roupas em nosso computador pessoal e elas chegam à nossa residência, apesar de terem sido produzidas por outros anônimos que trabalham em condições estrangeiras que não são vistas. Como Ethel C. Brooks demonstra em relação às condições globalizadas e ao caráter generificado do trabalho na indústria da moda, a vida daqueles que produzem nossas roupas geralmente permanece obscura. Vivenciamos o produto como real porém o trabalho como abstrato. Como afirma Brooks, "[o] fornecimento de prova viva – sob a forma de testemunho e da presença física de mulheres do Terceiro Mundo como testemunhas – revela as impossibilidades do trabalho abstrato".[154] Em outras palavras (abordando seu argumento no contexto da minha discussão atual), o que Brooks chama de "prova viva" personaliza as condições e experiências de trabalhadores geralmente mascarados e anonimizados por sistemas globais de produção e troca.

Conclusão

Ao longo deste capítulo, mostrei como os atores usam e vivenciam sistemas sociais organizados – incluindo corporações, Estados,

153 Para uma discussão aprofundada, ver Aneesh (2006, p.13, 133-52).
154 Brooks (2007, p.151).

países e outras instituições – como representações de fachada enquanto tentam realizar diversas tarefas e atingir seus objetivos. Durante esse processo, eles obscurecem identidades pessoais ao dar vida a essas entidades sistêmicas, definindo diversas situações para seus públicos, que incluem as pessoas diretamente impactadas por suas ações. Enquanto os atores usam sistemas e instituições sociais de maneiras que obscurecem sua identidade pessoal, o público desempenha um papel nos significados que tais atores criam quando aceita que – e fala como se – o próprio sistema agisse. Em outras palavras, o anonimato dos sistemas sociais é uma conquista absolutamente social e performativa que se manifesta quando e somente porque as pessoas usam fachadas do sistema para definir ações, situações, eventos, produtos e questões no mundo.

Sistemas e instituições sociais podem libertar indivíduos e equipes para agir, mas também podem restringi-los ao moldar suas ações e experiências (juntamente com seus motivos e justificativas) à lógica do sistema, criando diversas tensões entre, de um lado, a ética e os valores pelos quais normalmente responsabilizamos os indivíduos e, de outro, aqueles que aplicamos a agências impessoais como empresas e Estados. Nas palavras de Louis Wirth, essas entidades poderosas "não têm alma",[155] o que significa que, quando elas agem, ou, mais precisamente, quando as pessoas agem por meio delas, suas ações despersonalizadas não se vinculam a ninguém em particular. Assim, quando indivíduos usam sistemas e instituições como representações de fachada, podem alcançar objetivos que, do contrário, estariam fora de seu alcance, mas também podem agir de maneiras que transcendem ou violam padrões morais associados ao comportamento pessoal. Ademais, em muitos dos casos que discuto ao longo deste capítulo, os indivíduos podem sentir graus maiores de alienação, substituibilidade e até mesmo desumanização, tanto quando trabalham como funcionários genéricos dos sistemas que os anonimizam *quanto* quando são influenciados por aqueles

155 Wirth (1938, p.13).

que são anonimizados por uma fachada sistêmica.[156] Em geral, o anonimato dos sistemas sociais pode alimentar uma manifestação mais disseminada do mal-estar psicológico e das frustrações políticas que C. Wright Mills associou a uma forma distintamente burocrática de vida moderna.[157] Em alguns casos, tais sentimentos levam à apatia social. Em outros, incitam revolta. Contudo, em todos os casos que discuti neste capítulo, o anonimato de sistemas sociais levanta profundas questões de interesse moral e político, levando-nos a considerar maneiras de aumentar a responsabilidade e o reconhecimento pessoais no mundo. No próximo capítulo, ampliarei essa discussão para analisar as tensões entre o reconhecimento pessoal e o anonimato que criamos quando vemos as pessoas como tipos e categorias.

156 Ver também Zerubavel (no prelo) sobre impessoalidade e desumanização.
157 Mills ([1951] 2002, p.224-38, 324-32).

5
O ANONIMATO DE TIPOS E CATEGORIAS

Nas primeiras páginas de *As almas do povo negro*, W. E. B. Du Bois descreveu uma experiência de infância em que seu cartão de visita foi rejeitado por uma colega branca. A garota, uma "recém--chegada" à sua escola integrada em Massachusetts no período após a Guerra de Secessão, "recusou meu cartão – e de forma categórica, com um olhar". Refletindo sobre o impacto desse encontro, ele escreveu: "Foi quando me veio a percepção quase imediata de que eu era diferente dos demais; ou semelhante, talvez, em termos de coração e de força vital e de aspirações, mas apartado do mundo deles por um enorme véu". Com essas palavras, Du Bois capturou uma importante dimensão da experiência vivida do racismo. Ele evocou a metáfora do véu para descrever ser visto *como* sua pele mais escura e "apartado" do mundo de seus colegas brancos. Além disso, Du Bois nos diz, a força desagregadora do véu cria uma dupla consciência de si mesmo. Ele se via "através da revelação do outro mundo [...] que se diverte ao encará-lo com desprezo e pena", mas também conseguia enxergar por trás do véu, "dotado de clarividência", uma visão que lhe permitia conhecer o mundo a partir de uma perspectiva que seus colegas de classe não tinham.[1] Em algumas

1 Du Bois (2021, p.23-4).

poucas palavras, Du Bois retratou uma dimensão sociopsicológica fundamental da opressão. Um aspecto central de sua experiência inclui ser anonimizado, julgado e rejeitado como um membro genérico de um grupo detestado, despojado de identidade pessoal dentro de uma relação estruturada definida por um desequilíbrio social de poder.

Embora Du Bois tenha usado a metáfora do véu para descrever a experiência interpessoal e sociopsicológica do racismo, suas famosas observações introdutórias em *As almas do povo negro* também fornecem um exemplo particular do fenômeno mais geral da *tipificação*. A tipificação envolve ver e tratar as pessoas como tipos ou categorias genéricas, em vez de indivíduos particulares e únicos com identidades pessoais distintas. Alfred Schütz desenvolveu a teoria geral da tipificação como um componente central de sua visão sociológica do conhecimento. Ele também associou essa maneira de ver e vivenciar as pessoas ao anonimato.[2] Para Schütz, a vida social envolve "um sistema de relevâncias e tipificações", uma estrutura social de percepções, classificações e expectativas que "transforma ações individuais únicas de serem humanos únicos em funções típicas de papéis sociais típicos, que se originam de motivações típicas e têm como objetivo realizar fins típicos". Além disso, "os outros membros do grupo interno esperam da pessoa incumbida de um determinado papel social que aja do modo típico definido por esse papel".[3] Segundo Schütz, vemos muitos dos atores que encontramos *como tipos* enraizados na estrutura das relações sociais, muitas vezes obscurecendo sua pessoalidade individual e impondo rótulos genéricos e modos rotineiros de comportamento. Assim, ao longo de nossas interações e encontros, imputamos identidades sociais que eclipsam a identidade pessoal dos outros.[4] Quando agimos com os outros com base na maneira como percebemos seu

---

2 Schütz (1979a, p.119). Ver também McKinney (1969); Natanson (1979, 1986).

3 Schütz (1970, p.120).

4 Ver Goffman (2004, p.5-37, 46-56) sobre a diferença entre "identidade social" e "identidade pessoal". Ver também Snow e Anderson (1987, p.1347).

tipo ou posição categórica e antevemos seus motivos e comportamentos com base em tais "atos de tipificação",[5] essencialmente os anonimizamos. Nesses casos, o outro é "anônimo, no sentido de que sua existência é tão somente a individualização de um tipo".[6] Essa ideia foi posteriormente ampliada por Peter Berger e Thomas Luckmann, que discutiram brevemente "o anonimato do tipo" e afirmaram que "toda tipificação naturalmente acarreta uma anonimidade inicial".[7] Segundo esses estudiosos, organizamos muitos elementos do mundo (incluindo outras pessoas) em tipos e categorias gerais à medida que os interpretamos e apreendemos seu significado, e esse trabalho interpretativo é sempre moldado por normas sociais que estruturam os significados que esses tipos e categorias têm para nós.

Georg Simmel também abordou o fenômeno geral da tipificação para descrever a arriscada existência de certos sujeitos que "não são realmente concebidos como indivíduos, mas como *estranhos de um tipo particular*", uma situação social que "contém muitas possibilidades perigosas".[8] Da perspectiva de Simmel, objetificamos e classificamos pessoas que incorporam uma "unificação de proximidade e distância",[9] aquelas que estão presentes em nossas vidas e, simultaneamente, fora de nossos círculos mais familiares e íntimos. Quando encontramos esses estranhos, podemos interagir

---

5 Ver Natanson (1986, p.52) sobre "atos de tipificação". Ver também Scheff (1975, 1984) sobre rotulação.

6 Schütz (1979b, p.222-3). Para dar mais precisão à visão de Schütz, tais tipificações se situam em algum ponto entre o anonimato e o pseudonimato em termos de seu grau de generalidade e especificidade. A fachada categórica é compartilhada por muitos, mas o tipo também é identificado como apartado de outros tipos.

7 Berger e Luckmann (2003, p.50). Ver também Schutz e Luckmann (1973, p.79-84); Natanson (1986).

8 Simmel (1983, p.187, 185, grifo nosso). Ver Alexander (2013, p.78-98) para um importante desenvolvimento crítico da contribuição de Simmel. Ver também Marx (1999, p.105), que menciona que "existe um grau de anonimato *de facto* [...] em se estar longe de casa – seja como turista, viajante ou expatriado", onde se é enquadrado na "ampla classe de estrangeiro".

9 Simmel (1983, p.182).

com eles, até mesmo com frequência, mas eles permanecem distantes em um sentido *sociomental*. Dessa perspectiva, podemos tipificar alguém quando o conhecemos pela primeira vez ou alguém que encontramos há anos (como um zelador ou balconista em qualquer um dos cenários), assim como podemos tipificar alguém em nosso ambiente físico, uma pessoa sobre a qual lemos ou vemos em uma foto ou alguém com quem interagimos online. Em qualquer caso, quando vemos um indivíduo *como* um tipo e, portanto, o anonimizamos, geralmente exprimimos e reiteramos essa *distância sociomental* quando nos relacionamos com ele. Construímos uma fronteira significativa que exclui a intimidade ou o conhecimento pessoal do outro.

Neste capítulo, amplio esse trabalho fundamental. Exploro como o anonimato que decorre da tipificação se manifesta em e atribui significado a vários encontros, interações situadas e relações socialmente estruturadas. Classificar pessoas em tipos e categorias não as torna necessariamente anônimas. No entanto, esquemas de tipificação socialmente estabelecidos fornecem arcabouços ontológicos que normalmente usamos para *eclipsar identidades pessoais de maneiras significativas* que transformam os atores em unidades anônimas em vez de pessoas específicas em determinadas situações. Em oposição ao reconhecimento do pertencimento a um grupo ou da designação categórica como parte importante da identidade pessoal de um indivíduo – o que preserva a autonomia do indivíduo e também permite que inúmeros grupos, classes e traços de identificação convirjam na pessoa singular que os carrega[10] –, tais atos de tipificação obscurecem a identidade pessoal de indivíduos específicos por trás de uma *representação de fachada categórica* atribuída e de um conjunto relacionado de qualidades presumidas com base em características e expectativas generalizadas. Por exemplo, quando, durante um encontro ou interação social, um ator vê outro indivíduo e se refere a ele como "a enfermeira", uma "pessoa em

10 Ver Simmel ([1955] 1964). Ver também Brekhus (2003, p.74-94) sobre "integradores" de identidade.

situação de rua" ou "o garçom" ou quando descreve alguém como "a velha", um "terrorista" ou "o judeu", esse ator torna a identidade pessoal desses indivíduos irrelevante para a representação. Esse processo de tipificação das pessoas requer uma ênfase sociomental em uma ou em um pequeno número de características generalizadas (que às vezes são imaginadas ou inventadas) usadas para rotular e definir todos os membros de uma categoria, enquanto uma quantidade muito maior de atributos potencialmente significativos e mais pessoais são ignorados.[11] Além disso, os rótulos que os atores usam para classificar os outros são eles próprios inerentemente impessoais. Assim, "não importa quantas pessoas são categorizadas sob o tipo ideal, ele não corresponde a nenhuma delas em particular".[12] Tais rótulos incluem uma vasta e diversa gama de designações categóricas e títulos oficiais amplamente utilizados, bem como gírias comuns que podem consistir em referências históricas, eufemismos, disfemismos, metonímias, sinédoques ou outros recursos linguísticos e que podem ser depreciativos, deferentes ou relativamente neutros.[13]

Embora esse anonimato de tipos e categorias inclua obscurecer as características particulares e únicas de outra pessoa em termos individuais, ele também inclui, concomitantemente, enfatizar a homogeneidade e ignorar a heterogeneidade no que concerne a um grupo. Indivíduos que são tipificados como "membros de categorias sociais culturalmente marcadas são, portanto, frequentemente vistos como 'representantes' de outros membros dessas categorias",[14] reforçando ainda mais a homogeneização sociomental do grupo e levando "pessoas de fora [a] fazerem inferências gerais"

11 Ver McKinney (1969, p.3). Sobre os processos sociocognitivos de marcação e "coloração mental", ver Brekhus (1996). Ver também Mullaney (1999) sobre "ponderação mental"; Friedman (2013); Zerubavel (2018). Ver também Papadantonakis (2020) sobre a dinâmica interpessoal da racialização.

12 Schütz (1979b, p.221).

13 Ver também Bhatia (2005); Ivie (2005) sobre "a política da nomeação".

14 Zerubavel (2018, p.50). Ver também Brekhus (1996). Ver Zerubavel (no prelo) sobre a impessoalidade das "*cotas* sociais" (grifo do autor).

sobre as características de todos os indivíduos que são agrupados.[15] Ademais, tais *retratos homogeneizadores* frequentemente envolvem *lógicas essencialistas*, já que tipificar outros pode implicar associar membros do tipo a características intrínsecas e imutáveis, o que fica evidente na expectativa de que *todos* os membros da categoria sejam *sempre* os mesmos.[16] O anonimato no cerne desse processo fica patente pelo fato de que os atores geralmente veem quem eles tipificam como intercambiáveis com outros indivíduos *do mesmo tipo*.[17] Tal percepção de intercambiabilidade leva em conta a experiência um tanto constrangedora de confundir um membro de um grupo tipificado com outro, um fenômeno que revela os pressupostos classificatórios e discriminatórios que subjazem nossas percepções dos outros.[18] Essas lógicas de tipificação também orientam práticas de definição de perfis em diversas esferas da vida social, que incluem a criação de generalizações categóricas descritivas e preditivas para classificar indivíduos. Como prática de classificação, atos de tipificação buscam sobretudo responder à pergunta *que tipo de pessoa é essa*, em vez da pergunta *quem é esse*. Ao agrupar indivíduos em um tipo ou categoria, também os separamos de outros, essencializando ou naturalizando as distinções entre os grupos.[19] Nesse processo, os atores exprimem e reforçam *normas de tipificação* arraigadas em contextos culturais e interacionais.

Em um nível básico, a tipificação é fundamental para o pensamento e o conhecimento humanos. Sem essa capacidade, não conseguiríamos organizar e conhecer o mundo de forma significativa.

---

15 Adut (2018, p.128; ver também p.123-5, 129-31, 137).

16 Ver Zerubavel (2016) sobre o essencialismo.

17 Ver Simmel ([1978] 2011, p.322) sobre "a intercambialidade de pessoas". Ver também Simmel (1898, p.672-3) sobre a substituibilidade da liderança feudal, onde ele discute a frase "O rei nunca morre". Weber (1948) observou uma característica semelhante da autoridade jurídica instrumental moderna que considera o cargo político mais importante do que o indivíduo que o ocupa. Ver também Parsons ([1951] 1991, p.180-200) sobre lógicas "universalistas" e "particularistas" de valor e ação sociais.

18 Ver também Zerubavel (no prelo) sobre a intercambialidade.

19 Ver Zerubavel (1991) sobre agrupamento e divisão no geral.

No entanto, a tipificação sempre ocorre dentro de um sistema social de tipos e categorias – em uma "matriz de abstrações" socialmente estruturada.[20] Ademais, essa matriz de abstrações é normalmente organizada e expressa como aquilo que Patricia Hill Collins chama de uma "matriz de dominação".[21] Assim, as normas de tipificação são frequentemente organizadas em torno de dinâmicas de poder arraigadas que caracterizam as relações estruturadas de raça, classe, emprego, sexo, gênero, deficiência, cidadania e muito mais. À medida que tipificamos os outros, geralmente os definimos, bem como definimos nós mesmos, de acordo com desigualdades culturalmente codificadas, dando vida a essas desigualdades – bem como a conflitos e controvérsias – em nossas interações e relações. Dessa forma, o anonimato por tipificação contrasta com o efeito nivelador que pode ocorrer quando atores anônimos escapam de sinais sociais que indicam status, posição, classe ou categoria e, com isso, estabelecem uma posição mais igualitária entre si.[22] Em vez disso, certas características de pessoas diferentes servem como marcadores culturalmente significativos com os quais nós (muitas vezes de forma um tanto automática) as posicionamos como representações anônimas de certos pontos de vista dentro de estruturas complexas de poder, levando tanto a uma percepção quanto a uma experiência de anonimato enraizada em relações dinâmicas de privilégio e opressão, bem como de normalidade e estigma. Nesse ambiente social, uniformes (no que concerne a profissão e classe), estilos de roupa (com relação a classe, gênero, etnia ou religião), cor da pele (no que diz respeito à raça), partes do corpo (com relação ao sexo ou *status*

---

20 Natanson (1970, p.14).

21 Collins (2019, p.21).

22 Ver Christopherson (2007, p.3045-7) sobre a "hipótese da equalização" em relação ao anonimato na comunicação mediada por computador. Mesmo em interações sociais anonimizadas mediadas por computador, "pistas de pertencimento a uma categoria social [...] geralmente transparecem", levando os participantes a tipificar uns aos outros e ressaltar "diferenças entre grupos" (Spears et al., 2002, p.557-8).

de capacidade),[23] voz (no que concerne a idade, raça e/ou sexo)[24] e cor do cabelo (no que diz respeito à idade) desempenham, todos eles, um papel significativo. Eles atuam como "signos em um sistema de relações de signos"[25] que são estruturados de acordo com diversos eixos dinâmicos de poder. Meu foco no anonimato dos tipos em interações sociais é, portanto, também uma indagação sobre uma *semiótica social de poder* – uma investigação de como os atores usam diferentes signos sociais e características imputadas para organizar as pessoas (os outros e eles próprios) em relações impessoais e categóricas de desigualdade.

Levar em consideração esse anonimato de tipos e categorias chama nossa atenção para o fato de que representações de fachada categóricas podem ser voluntariamente assumidas ou impostas. Assim, precisamos distinguir entre *atos de autotipificação* (a *performance* autoimpulsionada de um tipo para obscurecer a identidade pessoal do próprio indivíduo) e *atos de altertipificação* (que envolvem a atribuição performativa de fachadas categóricas a outros em nossas interações e relações sociais).[26] No primeiro caso, os indivíduos ativamente se classificam e se anonimizam. Já no segundo, eles classificam e anonimizam os outros, portanto devemos distinguir entre *tipificador* e *tipificado* na dinâmica social. No entanto, também precisamos ter em mente que nossas interações sociais podem ser estruturadas por uma "reciprocidade de anonimato: sou anônimo para a maioria dos Outros assim como a maioria dos Outros é anônima para mim".[27] Em outras palavras, quando "estou me relacionando

---

23 Ver Friedman (2013) sobre a percepção social de corpos sexuados e generificados.

24 Ver Aneesh (2015) para um estudo sobre como trabalhadores de centrais de atendimento telefônico na Índia "neutralizam" seu sotaque para administrar a tipificação vocal. Ver também Marx (2016, p.159). Ver *Infiltrado na Klan*, filme de Spike Lee de 2018, para um caso fictício em que a definição de uma situação é moldada pela tipificação vocal.

25 Alexander e Mast (2006, p.4).

26 Ver Schütz (1962, p.19). Cf. a discussão de Zimbardo (1969, p.299-303) sobre a desindividuação como "imposição ou escolha".

27 Natanson (1986, p.24).

socialmente com os meus contemporâneos", a tipificação geralmente é "mútua". Por exemplo, "correspondendo ao meu tipo ideal 'maquinista' existe o tipo ideal 'passageiro' para o maquinista", e "pensamos um no outro como 'um deles'".[28] Sou o cliente para a vendedora de uma loja, e ela é a vendedora para mim. Sou o homem branco para a pedestre pela qual passo na rua, e ela é a mulher asiática para mim. Aqueles que classificamos e anonimizamos frequentemente nos classificam e nos anonimizam, por sua vez.

Além disso, atores que são tipificados e anonimizados em um contexto, interação ou relação são com frequência, ao mesmo tempo, conhecidos de forma pessoal e singular em outro contexto, em outra comunidade ou conjunto de relações. Em geral, embora "na maioria das vezes a maioria de nós seja anônima em público", onde normalmente somos "vistos como membros de uma categoria, não como indivíduos, pelos sinais que produzimos – inevitavelmente ou por escolha, acidente ou compulsão",[29] somos concomitantemente vistos como pessoas singulares por nossos amigos próximos e familiares. Assim, ao longo de nossas vidas e de cada dia específico, nossas diferentes relações são definidas por "diversos graus de intimidade e anonimato".[30] Consequentemente, o fato de alguém reconhecer e vivenciar o outro como pessoalmente distinguível ou genericamente anônimo depende do ponto de vista particular dessa pessoa no mundo – dentro do âmbito de algumas comunidades e fora dos limites de outras.[31] Por fim, podemos estar cientes da identidade pessoal dos indivíduos, ou ter acesso a ela, e ainda assim tipificá-los. A colega de classe de Du Bois podia saber o nome dele (ou ao menos conseguia descobri-lo facilmente), mas ainda assim o via como um tipo racial no contexto de uma sociedade racista. Um garçom servindo um cliente pode usar um crachá e ainda ser visto como "o garçom", assim como o cliente pode usar um cartão de crédito para pagar a conta e ainda ser visto como "o

28 Schütz (1979b, p.221, 223).
29 Adut (2018, p.36). Ver também Wirth (1938, p.17-8).
30 Schütz (1979c, p.293). Ver também Natanson (1986, p.29).
31 Ver Schütz ([1932] 1962, p.11-9).

cliente". Policiais geralmente deixam à mostra números de distintivos e placas de veículos, mas são frequentemente percebidos como "policiais". Nesses exemplos, o tipo impessoal define o indivíduo em interações específicas e relações situadas com outros, enquanto a identidade pessoal do indivíduo é ignorada e tornada irrelevante. Apesar da presença de identificadores únicos, um anonimato social marca a dinâmica dessas interações e situações.

Tipificação e *performance* social

Ao tentarem definir sua situação para diversos públicos, os atores geralmente usam fachadas categóricas para retratar os outros e eles próprios como *personagens-tipo* culturalmente codificados. No processo, eles anonimizam as partes envolvidas em circunstâncias, trocas e encontros específicos.

Por um lado, os atores realizam autotipificações usando uma fachada categórica. Nesse sentido, quando autoras anônimas do início do século XVIII assinavam suas obras com "Por uma dama", elas encenam "um tipo particular de voz", a de "uma mulher sábia, instruída e mais velha com uma missão moral, um tipo de mulher sábia 'universal'", independentemente de quem estivesse por trás da fachada categórica. Isso "atrai[u] uma comunidade feminina a partir de interesses compartilhados – uma mulher respeitável falando para mulheres". Ademais, deu origem a "uma comunidade compartilhada de escritores e leitores que não se distingue por características individuais, mas por uma feminilidade e por preocupações compartilhadas".[32] Esses casos, nos quais a fachada pseudônima de uma pessoa também é uma designação categórica, mostram como tipos e categorias podem servir, de forma mais geral, como fachadas para diversas atividades, mesmo quando os atores não escondem explicitamente sua identidade pessoal. Por exemplo, quando membros de um movimento social antiguerra falam como

32 Ezell (2003, p.74, 75).

veteranos de guerra, quando indivíduos criticam uma política pública como cristãos, ou quando militantes exigem reforma política como membros da comunidade LGBTQIAPN+, eles tiram o foco de sua identidade pessoal e enfatizam sua posição categórica visando estabelecer autoridade política. Tais atos de autotipificação normalmente servem para estabelecer o direito de alguém de falar em nome de um grupo ou comunidade ou de os representar. Assim, os atores ressaltam as características gerais que compartilham com o grupo em detrimento de sua identidade pessoal. Eles agem como um tipo ou categoria de pessoa para tornar sua voz e suas ações significativas e generalizáveis nesse sentido.

Os atores também podem se tipificar de maneiras que enganam os outros, reivindicando falsamente um tipo ou categoria, um fenômeno que é mais facilmente alcançado e, portanto, mais comum na era da comunicação mediada por computador. Por exemplo, quando, em dois casos, homens usaram pseudônimos para se passarem por blogueiras lésbicas, eles adotaram uma fachada categórica para estabelecer uma voz confiável em nome da comunidade lésbica. Quando sua identidade pessoal foi exposta, críticos e leitores expressaram sentimentos de raiva e traição por suas *performances* transgressoras.[33] Uma traição dessa espécie tem menos a ver com o fato geral de que esses escritores adotaram pseudônimos para disfarçar sua identidade pessoal e mais a ver especificamente com o fato de que, ao fazê-lo, usaram, de maneira enganosa, uma fachada categórica que vai de encontro ao ponto de vista social que rotineira e genuinamente ocupam. Alguns exprimiram um sentimento semelhante de raiva e traição depois que três homens (Jorge Díaz, Augustín Martínez e Antonio Mercero) revelaram ser a premiada autora Carmen Mola[34] ou quando uma mulher branca usou "um nome claramente do sul da Ásia" para publicar um livro infantil "com uma protagonista parda".[35] Em geral, quando

33 Ver Goldenberg e Addley (2011).
34 Ver Moran (2021).
35 Burrowes (2021).

autores obscurecem sua identidade pessoal usando uma fachada categórica enganosa, eles obtêm uma voz fidedigna que lhes permite comercializar histórias centradas nas perspectivas e experiências de outros para benefício próprio.[36] Além disso, "a capacidade de se passar por outros", seja online ou em algum outro meio, pode "perpetuar estereótipos" quando atores atuam pseudonimamente em consonância com representações prejudiciais ao mesmo tempo que legitimam tais representações ao se apresentarem como membros da categoria retratada.[37]

Por outro lado, atores retratam *outros* como personagens-tipo, anonimizando-os ativamente e estabelecendo fronteiras significativas entre grupos de pessoas à medida que definem sua situação. Por exemplo, Iddo Tavory mostra como não judeus tipificam judeus religiosos durante interações cotidianas e, ocasionalmente, ao fazer comentários antissemitas, devido aos quipás e outros símbolos que judeus religiosos usam no corpo. Esses itens, que são rotineiramente tidos como algo natural pelos indivíduos que os usam, tornam-se indicadores altamente marcados de "pertencimento étnico-religioso" e criam limites significativos em interações socialmente situadas. À medida que as pessoas percebem o quipá, "o usuário é reconstituído como um 'judeu'", mesmo quando não está conscientemente focado em sua judeidade.[38] Tipificadores externos agem em relação ao judeu tipificado de diversas maneiras (bondosas e hostis) que tornam o tipo judeu significativo e relevante no encontro. Ao usar

36 Ver Oswell (2015). Ver também Gilbert (2017) sobre homens que publicam dramas policiais sob pseudônimos femininos ou neutros em termos de gênero.

37 Froomkin (2003, p.9). Ver também Kang (2000), a quem Froomkin se refere. Embora atores que façam "*blackface*" possam não ocultar de fato sua identidade pessoal, eles estão participando de atos discriminatórios de tipificação. Além de seu histórico como uma ferramenta de ridicularização e uma forma de justificar a hierarquia e a opressão raciais, uma razão mais geral para o *blackface* ser tão ofensivo é que os atores que o praticam não o fazem (ou não o fazem apenas) para se tornarem outros indivíduos; eles o fazem para representar o "negro" como um tipo e para definir a negritude de um ponto de vista ilegítimo.

38 Tavory (2009, p.56, 57).

um quipá durante sua pesquisa etnográfica em uma comunidade chassídica, Tavory "se tornou tanto visível quanto invisível", marcado como um judeu religioso porém também classificado como tal.[39] Esse processo ilustra como, de uma perspectiva externa, outros veem símbolos religiosos (quipás) e não identidades pessoais, tipificando ativamente os judeus praticantes com os quais se deparam. Ecoando a teoria da dupla consciência e do véu de Du Bois, Tavory afirma que esses atos tipificadores impactaram a identidade e a autoconsciência daqueles que foram tipificados, nesse caso dando vida à "consciência marginal da judeidade" em meio à interação social.[40]

Tipificar os outros envolve simultaneamente a autotipificação.[41] Ao agrupar outros em um grupo ou categoria, o indivíduo também se situa como membro de um grupo ou categoria alternativo, separando o *outro* de *si* e *eles* de *nós*, estabelecendo o anonimato social de ambos os lados, um em relação ao outro.[42] Assim, personagens-tipo antitéticos e interdependentes ganham vida em nossas *performances* e interações, bem como nas histórias que contamos, formando "esquemas de relações" que "usamos [...] para cumprir as obrigações de solidariedade"[43] ao mesmo tempo que exprimimos divisões e disputas entre grupos tipificados no mundo. Tais tipificações inter-relacionais podem incluir uma designação básica de deveres complementares (como no exemplo de Schütz do passageiro e do maquinista). Contudo, auto/altertipificações também são normalmente estruturadas de acordo com códigos binários de viés moral e político, como as antíteses de fraco e poderoso, subserviente e dominante, bárbaro e civilizado, poluído e puro, perigoso e seguro, ou doente e saudável, bem como segundo códigos correspondentes de sentimentos que geralmente giram em torno de sentimentos de medo e confiança, desprezo e orgulho ou ódio e amor. Nesses casos, atos de auto/altertipificação estruturam e exprimem relações sociais

39 Tavory (2009, p.57).

40 Tavory (2009, p.62; ver também p.53n17, 66).

41 Schütz (1962, p.19).

42 Ver também Reicher, Spears e Lea (1995, p.177).

43 Polletta (2020, p.17).

de poder, desigualdade, conflito e disputa. Em muitos casos, os atores degradam ou desumanizam outros à medida que os tipificam e anonimizam,[44] justificando certos sentimentos e ações para com esses outros que considerariam moralmente repreensíveis se realizados por outros contra membros de seu próprio grupo. Ao difamar os outros com seus atos de tipificação, eles se santificam (ou, em alguns casos, podem santificar os outros ao difamar a si mesmos) ao mesmo tempo que definem e justificam seus motivos e ações.

O famoso experimento de aprisionamento de Stanford, conduzido por Philip Zimbardo e sua equipe, demonstra como essas auto/altertipificações podem ganhar vida em interações sociais situadas.[45] No experimento, pesquisadores dividiram os participantes (estudantes universitários do sexo masculino) em dois grupos – guardas e prisioneiros – e construíram uma prisão falsa no porão do Departamento de Psicologia da Universidade de Stanford, onde esses participantes foram colocados para desempenhar os papéis que lhes foram designados. Os participantes que atuaram como carcereiros receberam poder e autoridade. Eles "vestiram uniformes idênticos" e "todos usavam [...] óculos escuros espelhados [que] impediam as pessoas de ver seus olhos ou ler suas emoções", o que "ajudou a promover ainda mais seu anonimato".[46] Enquanto isso, os participantes designados como prisioneiros foram tirados de casa pela polícia, que tomou seus pertences pessoais e deu a eles um uniforme genérico e um número de matrícula de custodiado impessoal que substituiu seu nome pessoal. Cada um deles também era obrigado a usar um "gorro de meia-calça na cabeça [como] um substituto do ato de se raspar o cabelo do prisioneiro", que foi "criado em parte para minimizar a individualidade de cada ser humano".[47]

---

44 Ver também Zimbardo (1969, p.296); Zerubavel (no prelo) sobre impessoalidade e desumanização.

45 Zimbardo et al. (1971); Zimbardo (2021).

46 Zimbardo et al. (1971, p.4). Zhong, Bohns e Gino (2010) exploraram como os óculos de sol proporcionam às pessoas uma sensação de anonimato que pode moldar seu comportamento.

47 Zimbardo et al. (1971, p.3, 4).

Os prisioneiros também eram frequentemente vendados. Como indicava o bloqueio regular do contato visual (por meio de óculos escuros e vendas) entre guardas e encarcerados, "a regra era uma estrita impessoalidade" nesse drama experimental.[48] Os carcereiros rapidamente se comprometeram com o controle dos prisioneiros. Eles justificavam suas ações opressoras sob o arcabouço experimental da lei e da ordem, e os mais dominantes entre eles até se tornaram particularmente sádicos – "extremamente hostis, arbitrários, criativos em suas formas de degradação e humilhação, e pareciam desfrutar plenamente do poder que exerciam quando vestiam o uniforme de guarda e saíam para o pátio, com um grande cassetete na mão".[49] Em contraposição, e em resposta direta à despersonalização e degradação impostas pelos pesquisadores e seus guardas, os detentos eram forçados a agir *como prisioneiros*, seja por deferência ou resistência à autoridade, e, em última instância, a temer e obedecer os guardas. Nesse caso, os participantes foram transformados em personagens-tipo anônimos em um drama social, que dava vida a distinções e dinâmicas de poder culturalmente codificadas.

Historicamente, atores poderosos criaram e impuseram esquemas de auto/altertipificação para justificar ações violentas e opressoras, anonimizando as partes envolvidas. Por exemplo, ao tipificar outros não europeus ao longo da história, os europeus, demonstra Edward W. Said, ao mesmo tempo tipificaram a si mesmos, estabelecendo uma justificativa para a exclusão e para a exploração colonial.[50] Assim, "o Oriente é uma ideia" que os europeus produziram para construir a "ideia da Europa" em contraposição; para isso, anonimizavam milhões com amplas fachadas categóricas e "reiteravam a superioridade europeia sobre o atraso oriental" no processo.[51] Agentes poderosos usaram variações mais específicas

48 Bauman (2012, p.261).

49 Zimbardo et al. (1971, p.14).

50 Said (1978). Ver também Alexander (2013, p.87-8).

51 Said (1996, p.17, 19). Ver também Gordon (1997, 70), que comenta, a respeito do racismo, que "o Outro inferior se torna um projeto fundamental para o estabelecimento do Eu Superior".

desse esquema de tipificação amplo e em evolução para anonimizar inimigos em guerras, classificá-los como perversos ou desumanos e, com isso, justificar a violência contra eles. Considere o uso generalizado da sigla "VC", ou da gíria relacionada "Charlie", para designar o povo vietnamita como comunistas-inimigos anônimos durante a Guerra do Vietnã,[52] juntamente com o termo racista *gook*,[53] usado para se referir a qualquer pessoa de aparência asiática. Como testemunhou o veterano da Guerra do Vietnã e objetor de consciência Edward R. Sowders perante uma comissão do congresso norte-americano em 24 de maio de 1973, "os vietnamitas eram [...] todos considerados menos que humanos, inferiores. Nós os chamávamos de *gooks*, *slopes*. Suas vidas não valiam nada para nós porque fomos ensinados a acreditar que eram todos fanáticos e que eram todos VC ou simpatizantes de VC, até mesmo as crianças".[54] Ao tipificar todo e qualquer vietnamita como "VC" e *gook*, os militares norte-americanos codificaram milhões de indivíduos como manifestações anônimas de uma força inimiga homogênea, incivilizada e maligna. Eles se estabeleceram simultaneamente como a contraforça antitética heroica e do bem. Em virtude da racialização do contraste, tal esquema de tipificação também excluía os norte-americanos de ascendência vietnamita – e, de forma mais geral, os de ascendência asiática – da categoria de "norte-americano" que fundamentou a moral da guerra. Em comentários que ilustram como tal tipificação do inimigo-outro tornou todos os que foram agrupados nessa categoria alvos moralmente legítimos de violência, o general William Westmoreland, comandante das Forças Armadas

52 O termo "Charlie" vem do uso de "Victor Charlie" para indicar "VC", ou Viet Cong, no alfabeto fonético da Otan; Viet Cong deriva do termo vietnamita para "comunista vietnamita".

53 O termo *gook* é uma gíria militar dos Estados Unidos usada em diversas guerras para classificar diferentes inimigos estrangeiros. Com o tempo, o termo depreciativo passou a ser usado para se referir a pessoas de aparência asiática durante a Guerra do Vietnã. Ver https://www.etymonline.com/search?q=gook.

54 Comentários citados a partir de depoimentos exibidos em *Corações e mentes*, documentário de 1974 dirigido por Peter Davis.

dos Estados Unidos no Vietnã de 1964 a 1968, declarou: "O oriental não valoriza tanto a vida quanto o ocidental [...]. A vida é barata no Oriente [...]. A vida não é importante".[55] Esses atos de tipificação, do outro e de si mesmo, enquadraram o drama da guerra e justificaram atos de violência contra pessoas anonimizadas em nome da retidão, da liberdade e da própria "vida".

Mais recentemente, os Estados Unidos e outras forças "ocidentais" tipificaram e anonimizaram árabes e muçulmanos como terroristas malignos ameaçadores, codificando a si mesmos, por conseguinte, como esclarecidos, polidos e livres em contraposição.[56] Esses códigos culturais ficam imediatamente evidentes nos nomes dados às campanhas internacionais de violência, como a "Guerra ao Terror" e a "Operação Liberdade Duradoura" (nomes dados aos ataques militares liderados pelos Estados Unidos no Oriente Médio em resposta aos ataques de 11 de setembro de 2001), ambos os quais fornecem arcabouços interpretativos que impelem os participantes e observadores a definir os personagens-tipo anônimos envolvidos no conflito e a entender suas ações. Aqueles que praticam a violência militar são combatentes da liberdade civilizados e valentes, convocados para agir contra terroristas selvagens.[57] A "brutalidade essencial" atribuída ao "oponente" complementa e reforça "uma mitologia heroica ou patriótica" que emoldura a imagem e as ações da própria equipe do indivíduo.[58] Essa tipificação e anonimização do inimigo como terrorista se torna visível em fotos amplamente divulgadas de homens considerados terroristas que foram presos na Baía de Guantánamo, em Cuba, e obrigados a usar uniformes e toucas laranja, que significavam tanto perigo extremo (por conta da cor) quanto criminalidade. No entanto, a tipificação e anonimização desse inimigo-outro talvez seja mais visivelmente flagrante nas imagens amplamente divulgadas de detentos encapuzados

55 *Corações e mentes* (1974).
56 Ver Said (1978, p.284-325); Bhatia (2005).
57 Ver Ivie (2005).
58 Bhatia (2005, p.19).

sendo torturados por militares norte-americanos na prisão de Abu Ghraib, no Iraque (Figura 14). Com o rosto coberto, sem roupas e totalmente despersonalizados, eles são transformados em indivíduos genéricos e anônimos em atos de humilhação brutal.[59] Notavelmente, tais códigos e categorias são geralmente contestados pelas partes envolvidas no conflito, que disputam "a legitimidade dos atos violentos".[60] Da perspectiva de muitos que vivem em países do Oriente Médio ou do Sudeste Asiático, ocidentais anônimos são considerados os "terroristas". Assim como na dinâmica do conflito em geral, a qualidade moral dos personagens-tipo corresponde ao ponto de vista daqueles que realizam as tipificações. Consequentemente, os esquemas de tipificação normalmente expressam diversas posições dentro das relações de poder.

Embora todos os atos de tipificação reduzam pessoas com identidades pessoais complexas e multifacetadas a perfis uniformes, e muitos envolvam a atribuição de características inventadas ou fabricadas, certos casos em que os atores reconhecem e *tipificam equivocadamente* os outros podem expor como múltiplos eixos de poder se cruzam para anonimizar pessoas em consonância com pressupostos culturais dominantes e discriminatórios.[61] Por exemplo, quando alguém se refere à mãe de uma criança como sua "babá" porque seu tom de pele é mais escuro do que o de seu filho, a atribuição de um rótulo ocupacional generificado, racializado e de classe obscurece tanto sua identidade pessoal quanto sua ligação particular com aquela criança. Julgamentos culturais profundamente arraigados associados a raça e gênero, juntamente com crenças normativas sobre como esses atributos identitários se relacionam com a criação dos filhos, orientam a atribuição equivocada do rótulo de "babá" e a anonimização do indivíduo nesse caso hipotético (porém não

59 Ver Butler (2009). Ver também Archer (2014).

60 Bhatia (2005, p.6, 13).

61 A literatura que aborda o poder como um fenômeno intersecional é vasta, tendo sua origem no trabalho fundamental de Collins ([1990] 2000), Crenshaw (1991) e outros. Para uma declaração teórica recente, ver Collins (2019).

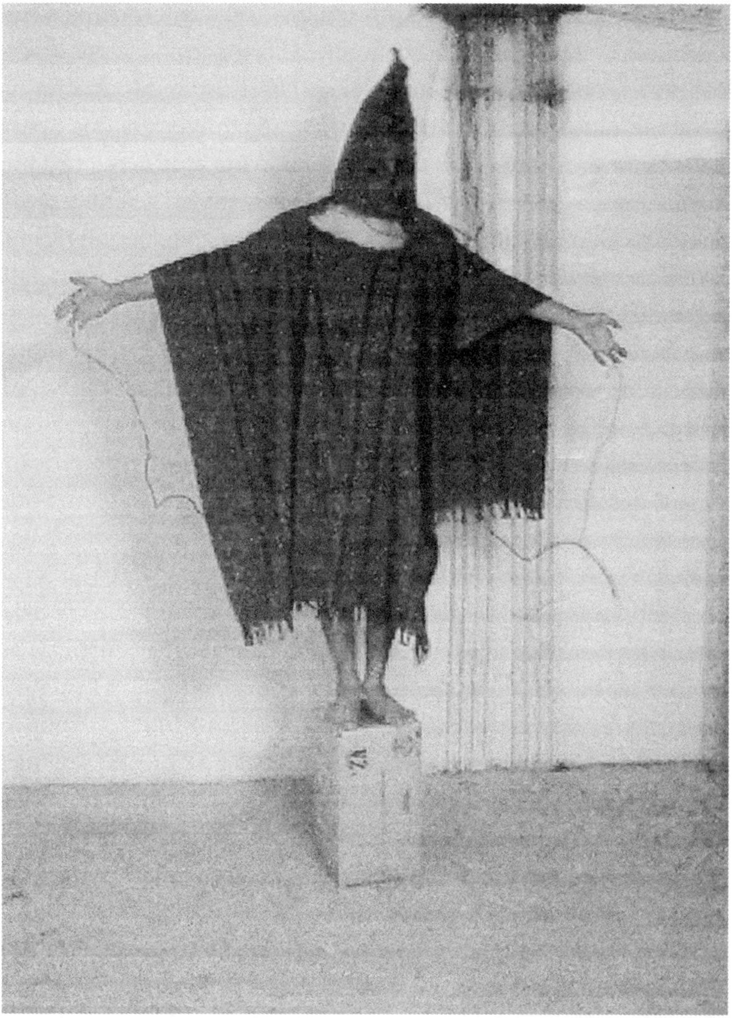

Figura 14. Prisioneiro encapuzado e torturado na prisão de Abu Ghraib, no Iraque. Foto tirada em 4 de novembro de 2003. Wikimedia Commons (https://commons.wikimedia.org/wiki/File:AbuGhraibAbuse-standing-on-box.jpg). Imagem em domínio público.

incomum). Da mesma forma, gênero e *status* profissional estão interligados em atos de tipificação equivocada quando pacientes se referem a médicas como "enfermeiras" ou a enfermeiros como "médicos", uma experiência comumente compartilhada por diversos profissionais de saúde em redes sociais. Ilustrando outra forma de anonimização por meio da tipificação equivocada que opera pela lógica da interseccionalidade, quando um ator se refere a um cidadão como "imigrante" com base em características étnicas percebidas (como tom de pele, estilo de roupa ou sotaque), simbolismo religioso visível ou simplesmente porque a pessoa tipificada fala determinada língua que o tipificador considera estrangeira, a atribuição do rótulo de "imigrante" revela como etnia, religião e proficiência linguística podem se relacionar com modos normativos de distinção entre cidadãos-tipo e estrangeiros-tipo para estabelecer arcabouços sociais de inclusão e exclusão. Quando atores tipificam outros dessa maneira, eles os anonimizam, ao mesmo tempo que reforçam visões culturais poderosas de pureza nacional e medos de poluição estrangeira.

Atores que são classificados e anonimizados por outros podem performativamente aceitar e se conformar, recusar e resistir ou se adaptar às suas representações de fachada categóricas. Em alguns casos, atores tipificados encenam o personagem-tipo, atendendo às expectativas do papel que lhes foi designado e mantendo um grau funcional (e às vezes protetor) de obscuridade pessoal.[62] Em outros casos, eles contestam a posição social designada ao personagem-tipo que lhes foi atribuído, mas no processo reivindicam e desempenham os mesmos tipos e categorias que os tornam anônimos. Quando um ator protesta publicamente contra o tratamento injusto de determinada classe ou grupo categorizado de pessoas, por exemplo, "ele está agindo mais como membro de uma categoria do que como indivíduo".[63] Medidas criadas para lidar com erros históricos

62 Schütz (1979a, p.119) comenta que, "ao cumprir esse papel", um ator "se tipifica, isto é, resolve agir do modo típico definido pelo papel social que assumiu".
63 Adut (2018, p.31).

exigindo a inclusão de grupos anteriormente excluídos, como políticas amplamente conhecidas como ação afirmativa, de fato exigem tipificação para impulsionar a representação categórica. Nesses casos, as tipificações impostas por outros são reivindicadas e frequentemente redefinidas pelos atores tipificados por várias razões. No entanto, em outros casos, os atores podem desafiar ativamente as lógicas classificatórias de tipos e categorias.[64] Nesses casos, o descumprimento de um esquema normativo de tipificação pode ser profundamente rebelde, mas também é geralmente tachado de perigoso e patológico por aqueles que aderem às normas sociais dominantes de tipos e categorias.

Outros anônimos em encontros situados

Abordarei agora diversos casos para lançar luzes sobre as maneiras como os atores usam fachadas categóricas para tipificar e anonimizar pessoas em meio a diferentes encontros, experiências e cenários interativos situados. No processo, exploro o que o anonimato de tipos e categorias nos diz sobre dinâmicas comuns de poder e a ligação entre relações interpessoais e estruturas culturais de classificação amplamente relevantes.

O anonimato de classe e profissão

Em 1946, o fotógrafo Walker Evans publicou uma série de fotografias na revista *Fortune*. Os sujeitos eram todos pessoas não identificadas que passavam pelo mesmo cruzamento em uma tarde de sábado no centro de Detroit, Michigan, nos Estados Unidos. Essas pessoas foram todas classificadas e emolduradas sob o título da matéria, *Labor Anonymous* [Trabalho anônimo], para serem vivenciadas pelos leitores-observadores como individuações de uma

---

64 Ver Butler (2018) sobre "subversões performativas" de tipos binários estabelecidos em relação a sexo e gênero.

classe nacional e econômica – "o trabalhador norte-americano".[65] Com exceção de uma mulher que acompanha um homem, todos os sujeitos nas onze fotos publicadas são homens, e apenas um desses homens parece ser negro, indicando o caráter generificado e racializado da classe trabalhadora norte-americana conforme imaginado por aqueles que produziram essa obra.[66] As pessoas retratadas nessa série de fotografias certamente não eram anônimas para suas famílias, amigos, colegas e comunidades locais. Todavia, cada uma é anônima para o observador geral, que é levado a considerá-las como manifestações do tipo de uma classe. Dessa perspectiva externa, embora possamos achar suas características particulares interessantes, cada sujeito está presente apenas genericamente na exibição e poderia muito bem se tratar de qualquer outra pessoa do mesmo grupo demográfico. Cada indivíduo se torna uma expressão de "trabalho anônimo" devido à maneira como Evans e a *Fortune* os apresentam a uma comunidade de observadores. Eles não estão envolvidos em atos anônimos. Na verdade, são tipificados e definidos pelo fotógrafo, pelo editor e pelos observadores, que os anonimizam no processo de *fazer* arte e mídia.

Enquanto Evans apresentava imagens de estranhos desavisados como individuações do trabalho norte-americano, seu *status* de estrangeiro tanto para a classe quanto para a comunidade local certamente moldou sua perspectiva. Evans tem uma origem de classe média alta protestante e "de colarinho branco",[67] uma pessoa de fora da classe trabalhadora que via seus sujeitos como manifestações anônimas de um grupo que lhe era estranho, e a *Fortune* de fato atendia uma classe profissional semelhante de leitores. Essa distância

65 Ver uma reimpressão do artigo de 1946 da *Fortune* em Zander (2016, p.20-1). Ver também Ryder (2016). O texto que acompanhava as fotos do *Labor Anonymous* se espanta com a diversidade e o "autocontrole" dos sujeitos ao mesmo tempo que enquadra todos como "trabalhadores norte-americanos" com força e caráter coletivos.

66 Evans fotografou várias mulheres, mas deixou essas fotos de fora da publicação. Ver Zander (2016).

67 Thompson (2016, p.7).

social, manifestada no ato de ficar em uma esquina desconhecida secretamente tirando fotos de estranhos enquanto eles viviam suas rotinas é fundamental para o quadro de referência do leitor e sua capacidade de vivenciar os indivíduos apresentados como um tipo de classe. Nesse sentido, as fotos de Evans chamam nossa atenção para a experiência mais geral e comum de encontrar estranhos e interagir com eles, seja por meio de fotografias impressas ou digitais, em filme ou vídeo, ou pessoalmente. Nesses casos, normas culturais profundas e enquadramentos situacionais geralmente chamam nossa atenção para significantes de classe, profissão, raça, gênero e outros pontos de vista categóricos, levando-nos a ver as pessoas como manifestações anônimas de tipos sociais. Embora esse anonimato categórico surja em diversos encontros sociais situados e mediados, ele também toma forma de acordo com normas culturais de classificação profundamente arraigadas que estruturam as distinções que fazemos e os significados que elas carregam.

Além da categoria mais geral de classe, podemos também considerar como a tipificação de acordo com a profissão ou o emprego obscurece a identidade pessoal de indivíduos que exercem diversas funções, levando outros a vê-los como zeladores, babás, vendedores, médicos ou policiais, por exemplo, em vez de pessoas específicas. Geralmente fazemos suposições sobre indivíduos com base em como eles apresentam seu papel ocupacional ou posição profissional, quaisquer que sejam suas habilidades específicas e independentemente de sua identidade pessoal (o que permite que empregos e profissões sirvam como excelentes fachadas para espiões, ladrões e charlatões). Quando atores tipificam indivíduos com uma categoria ocupacional, eles os responsabilizam tanto pelas responsabilidades relativas ao cargo quanto pelo *status* social associado àquela posição.[68] Nesse sentido, refletiu Schütz: "[...] estou sempre esperando que os outros se comportem de um determinado modo, sejam eles empregados do correio, alguém a quem estou pagando ou a polícia. [...] são simplesmente entidades anônimas,

68 Ver West e Fenstermaker (1995, p.26-7) sobre essa responsabilização.

cuja definição se esgota em suas funções".[69] Assim, "os indivíduos específicos envolvidos com a correspondência são e permanecem quase completamente anônimos. Sua identidade é irrelevante para o ato de enviar uma carta".[70] De forma semelhante, alguns músicos famosos e pessoalmente celebrados podem ficar incógnitos e continuar não sendo reconhecidos quando se apresentam em espaços cotidianos como estações de metrô precisamente porque são vistos pela maioria através do rótulo e do *status* de artista urbano.[71] Da mesma forma, quando nos referimos a alguém como "a empregada" ou "governanta", obscurecemos a identidade pessoal com um rótulo de classe e generificado e agimos em relação a essa pessoa de acordo com as relações de poder que tal categorização implica. Por outro lado, quando nos referimos a alguém como "o gerente", a fachada categórica lhe concede *status* e autoridade na situação, independentemente de sua identidade pessoal ou de suas habilidades específicas. Essa fachada, concedida por uma posição de *status* elevado, é retratada no livro de Gênesis, no Antigo Testamento, quando os dez irmãos de José viajaram ao Egito para comprar grãos. Ao chegarem, não reconheceram seu irmão, que "era o governador de todo o Egito". Eles o viram não como José, mas como "o senhor de toda a terra do Egito".[72]

Considere também o caráter sinedóquico de rótulos como "colarinho azul" (referindo-se a trabalhadores braçais) e "colarinho branco" (referindo-se a profissionais de escritório ou gerência) ou o rótulo derivado "colarinho rosa" (que toma emprestado a estrutura sinedóquica estabelecida para se referir a quem tem cargos tradicionalmente ocupados por mulheres). O simbolismo material desses rótulos, que fazem referência a características convencionais de vestimenta ou a "uniformes" normativos de classe e profissão (ou, no caso do rótulo "colarinho rosa", a um código de cores de

69 Schütz (1979b, p.221).
70 Natanson (1986, p.21).
71 Ver Weingarten (2007).
72 Gênesis 42.

sexo/gênero), serve como um mecanismo de tipificação que permite que diversas pessoas distintas sejam reduzidas a tipos genéricos.[73] O mesmo processo de tipificação e anonimização simbólicas ocorre quando nos referimos a executivos corporativos como "engravatados", a trabalhadores rurais ou fazendeiros como "caipiras" ou a burocratas como "funcionários públicos". No que concerne aos "policiais", cujo termo em inglês, *cop*, evoluiu do verbo *to cop*, que no século XVIII geralmente significava "pegar, apreender, capturar ou prender como prisioneiro",[74] vários indivíduos são frequentemente anonimizados por trás de seu *status* geral e de autoridade em relação aos "civis". Sua tipificação profissional também é fomentada pelo simbolismo de seu uniforme. Como servidores públicos, os policiais geralmente devem ser pessoalmente identificáveis, embora outros com frequência os tipifiquem durante suas interações. Todavia, quando policiais uniformizados evitam serem pessoalmente identificados, como foi o caso quando alguns policiais cobriram o número de seus distintivos com faixas pretas enquanto policiavam protestos contra o assassinato de George Floyd pelo policial Derek Chauvin em 2020[75] ou quando ativistas usam o acrônimo "Acab" (do inglês *all cops are bastards* [todos os policiais são canalhas]) em seus cartazes em protestos, eles reforçam a fachada e o anonimato profissionais que protegem os indivíduos policiais, permitindo que cada um deles aja e seja visto como qualquer policial ou como todos eles. Leis que exigem que policiais se identifiquem pessoalmente para os civis, como a Lei do Direito de Saber de 2018 da cidade de Nova York, visam desfazer esse anonimato de tipo.[76]

Além da tipificação e da anonimização de pessoas com base em categorias de trabalho e profissão, o *status* de sem-teto, sobretudo

73 Ver Burke ([1945] 1969, p.506-11) sobre metonímia e sinédoque.

74 Online Etymology Dictionary, https://www.etymonline.com/word/cop#etymonline_v_19052.

75 Ver, por exemplo, Almasy (2020).

76 Ver "'Right to Know' Act Begins in New York City for NYPD", *Eyewitness News*, 20 out. 2018, https://abc7ny.com/right-to-know-act-nypd-office-information/4515782/.

no que diz respeito àqueles que residem ou moram em locais públicos, serve como uma fachada categórica com a qual inúmeros indivíduos são tipificados e anonimizados como membros de uma subclasse social. Os atores geralmente usam um conjunto normativo de significantes para definir pessoas como "sem-teto", incluindo ter corpos sujos e desleixados, usar roupas quentes fora de época ou camadas excessivas de roupa, transportar uma grande quantidade de pertences pessoais, sentar ou dormir em uma calçada pública ou carregar uma placa pedindo dinheiro.[77] Muitas vezes colocados em um mesmo grupo, marcados e visíveis porém indistintos e despersonalizados em espaços públicos, aqueles tipificados como sem-teto são, ao mesmo tempo, colocados fora dos limites da sociedade civil, tanto presentes quanto codificados como doentes (física ou mentalmente), perigosos e ilegais.[78] Nesse sentido, o discurso do "problema dos sem-teto", embora frequentemente usado por atores sociais bem-intencionados, reforça a tipificação e a anonimização de um grupo diverso de pessoas que não têm um local de residência oficialmente reconhecido.[79] De forma um tanto quanto irônica, embora geralmente a falta de moradia seja um problema atribuído a falhas pessoais, a identidade pessoal é concomitantemente obscurecida pelo tipo social.[80] Além disso, os sem-teto também tipificam os sem-teto, seja para se distanciar do grupo estigmatizado ou para aceitar sua filiação à categoria de sem-teto e se distanciar da população normalizada de pessoas domiciliadas.[81]

---

77 Ver Snow e Anderson (1987, p.1339-40).

78 Ver Langegger e Koester (2016, p.1030-1). Para esses estudiosos, políticas que impedem pessoas em situação de rua de atender às suas necessidades pessoais básicas em espaços públicos marginais – aquelas que interrompem sua mobilidade social e seus "regimes de higiene pessoal" (p.1035) – podem prejudicar a capacidade desses indivíduos de serem, em termos gerais, anônimos e invisíveis nas cidades e, ao mesmo tempo, aumentam sua visibilidade *como pessoas em situação de rua*.

79 Wasserman, Clair e Platt (2012).

80 Ver discussão em Wasserman, Clair e Platt (2012, p.344-7).

81 Snow e Anderson (1987).

Em todos esses casos, tais atos de tipificação obscurecem identidades pessoais com fachadas categóricas.

Sexo anônimo

Encontros sexuais podem ser impessoais e anônimos, envolvendo a tipificação dos interagentes. Nesses casos, a *performance* e a experiência de um tipo ou papel genérico sexual obscurecem a identidade pessoal dos participantes e a tornam irrelevante para a interação (em contraposição a casos em que a identidade pessoal dos parceiros é fundamental para sua troca sexual). Na realidade, o anonimato e a tipificação podem até mesmo contribuir para a intensidade sexual da experiência, aumentando o fascínio do outro e da própria situação.[82]

Interações sexuais anônimas ocorrem entre pessoas que mal se conhecem em parques públicos, banheiros públicos,[83] cinemas pornográficos, saunas e clubes, bem como em festas de sexo em grupo, onde o número de participantes estabelece seu anonimato relativo durante a atividade sexual. Em cada caso, os participantes interagem uns com os outros devido aos seus tipos genéricos. Corpos e ações são colocados em primeiro plano, ao passo que os aspectos pessoais da identidade são irrelevantes.[84] Hoje, esses encontros sexuais impessoais são facilitados por sites e aplicativos que permitem aos participantes se comunicarem e se localizarem. No entanto, uma expressão estrutural arquetípica do encontro sexual anônimo que antecede a internet é o *glory hole* – um buraco aberto na parede que divide as cabines de um banheiro público.[85] O *glory hole* permite aos envolvidos participarem de um contato sexual anônimo (com o pênis de um participante inserido no buraco) ou se observarem anonimamente. Em sua estrutura básica, o *glory*

---

82 Ver, por exemplo, Jones e Hannem (2018, p.499).

83 Humphreys ([1970] 2017).

84 Ver Humphreys ([1970] 2017, p.13-4, 18).

85 Ver Humphreys ([1970] 2017, p.65, 67-8, 149).

hole expressa um anonimato de tipificação. Não é na pessoa que o praticante de sexo oral está interessado, mas no pênis, e os participantes são reduzidos a quem pratica e quem recebe o sexo oral. Da mesma forma, não é a identidade pessoal do masturbador que atrai o *voyeur*, mas o ato de masturbação, e os participantes são reduzidos a *voyeur* e exibicionista. Na verdade, o buraco reduz o encontro aos seus elementos impessoais básicos (pênis e boca ou olho e ato de masturbação), enquanto a parede ao redor bloqueia todo o resto. É uma expressão estrutural arquetípica do controle da informação no cerne da tipificação e do anonimato sexuais.

Podemos também considerar diversos tipos de trabalho sexual.[86] Embora alguns profissionais do sexo – incluindo atores pornográficos, dançarinos eróticos, artistas de *peep shows*, atendentes de sexo por telefone do final do século XX, trabalhadores de *webcam* do século XXI e prostitutas e acompanhantes de vários tipos – trabalhem sem ocultar sua identidade pessoal, muitos trabalham anonimamente e muitos outros usam pseudônimos profissionais. O ato de ocultar a identidade pessoal expressa algo do profundo estigma normativo que caracteriza a indústria do sexo e aqueles que participam dela, quer o trabalho sexual envolvido seja legal ou não. Quando os participantes obscurecem sua identidade pessoal, eles separam suas ações sexuais de suas relações e histórias pessoais, o que tem uma função protetora em muitos casos, mas também pode fomentar a exploração e a vitimação em outros. Contudo, os participantes de muitos encontros sexuais comercializados são frequentemente ainda mais anonimizados por meio de sua tipificação na situação. Em geral, a mercantilização de corpos e atividades sexuais, que são encenadas e consumidas, vendidas e compradas, despersonaliza o produto e o consumo, reforçando o fato de que as

86 Existem muitas variedades de trabalho sexual e uma vasta literatura que aborda o assunto, destacando uma gama diversificada de questões. Concentro minha discussão limitada aqui nas maneiras como o trabalho sexual pode envolver, embora nem sempre o faça, anonimato ou pseudonimato decorrentes da tipificação.

identidades pessoais são insignificantes. Assim, a pornografia é, mais comumente, um encontro mutuamente anônimo ou um encontro entre anônimo e pseudônimo. Os consumidores geralmente permanecem anônimos, confinados a espaços privados enquanto consomem os corpos e as ações de personagens que usam nomes artísticos ou que simplesmente não são nomeados, vistos apenas pelo personagem-tipo que representam.

Da mesma maneira, em sua forma mais básica, a prostituição é, em primeiro lugar, uma relação de troca e, em segundo lugar, uma relação sexual. Embora muitas relações sexuais sejam caracterizadas por um alto grau de intimidade pessoal e geralmente se limitem ao envolvimento exclusivo de duas pessoas em particular, em muitos casos de trabalho sexual a troca ocorre entre profissionais (que normalmente usam pseudônimos profissionais e são geralmente chamadas de "prostitutas" ou alguma gíria ou eufemismo sinônimo) e clientes (que frequentemente obscurecem sua identidade pessoal e são genericamente chamados de "clientes"). No sentido mais formal, normalmente não é a pessoa que o cliente compra, mas o ato sexual em si (ou o acesso temporário ao corpo de outra pessoa). Por outro lado, não é a pessoa que o profissional do sexo busca, mas o cliente (ou a posse do dinheiro impessoal). Consequentemente, cada um tipifica e anonimiza o outro a tal ponto que é principalmente a representação objetificada do outro que entra em jogo durante a associação, tornando-a um "exemplo marcante de degradação mútua a um mero meio". Nesse sentido, a tipificação e a anonimização dos interagentes facilita o caráter temporalmente restrito e focalmente delimitado da situação, que é "fugazmente intensificado e, na mesma medida, fugazmente extinto",[87] permitindo a ambas as partes se concentrarem em seu objetivo principal ao mesmo tempo que excluem os muitos aspectos de suas vidas vinculados à sua identidade pessoal. Exprimindo a importância da fronteira que separa os encontros sexuais mercantilizados da vida pessoal, uma profissional

87 Simmel ([1978] 2011, p.408, 407).

do sexo anônima relatou que nunca trabalha perto de onde mora, nunca muito perto de conhecidos pessoais e familiares, "porque", em suas palavras, "nunca quero que *ninguém* descubra o que eu faço".[88] Da mesma forma, um cliente relata: "*Ninguém* sabe que eu faço isso. *Ninguém* sabe".[89] Nessas declarações, o termo "ninguém", aparentemente abrangente, na verdade exclui aqueles com quem esses indivíduos se envolvem em relacionamentos sexuais comerciais (aqueles que sabem muito bem o que eles fazem) e, portanto, seus comentários exprimem a segmentação de identidade no cerne da atividade anônima.

Todavia, dentro do quadro geral dessas características formais, interações específicas entre profissionais do sexo e seus clientes são mais complexas e situacionalmente variáveis. Elas incluem diferentes preocupações e objetivos e, por conseguinte, *performances* distintas de anonimato e pseudonimato que moldam o caráter e marcam os limites do ato sexual mercantilizado. Em muitos casos, esses encontros e relações delimitados envolvem uma intimidade situada, desempenhada pelo profissional do sexo e vivenciada pelo cliente.[90] Além disso, quando prostitutas e clientes têm interações "regulares", encontros delimitados se tornam relações delimitadas com suas próprias histórias e rotinas específicas de interação.[91] Embora a intimidade situada e os encontros repetidos possam minar a forte sensação de anonimato vivenciada em encontros mais fugazes, tais relacionamentos sexuais mercantilizados frequentemente assumem um caráter mais pseudônimo. Apesar de sentimentos de intimidade poderem florescer para os clientes nessas situações[92] e de "relacionamentos sexuais comerciais pod[er]em espelhar [...] relacionamentos 'convencionais" de muitas maneiras,[93] eles geralmente ainda são

88 Apud Hubbard (2002, p.376, grifo nosso).
89 Apud Bernstein (2007, p.132, grifo nosso).
90 Ver sobretudo Bernstein (2007) sobre "autenticidade delimitada"; Sanders (2008); Jones e Hannem (2018, p.494, 507) sobre "intimidade delimitada".
91 Ver Sanders (2008); Jones e Hannem (2018, sobretudo p.496-9).
92 Jones e Hannem (2018).
93 Sanders (2008, p.400).

delimitados e separados da vida pessoal de ambos os participantes. Mesmo quando se sabe o nome da pessoa ou quando sua casa é usada como local de encontro, uma tipificação interativa continua definindo os papéis de ambas as partes (em termos de quem elas são uma para a outra *e* do que podem ou não fazer uma na vida da outra), o que separa a relação comercial de suas respectivas relações pessoais (como com cônjuges ou parceiros de longa data). Em outras palavras, esse elemento de intimidade não necessariamente nega a tipificação – ele simplesmente muda o caráter da *performance*.

A ligação entre tipificação e intimidade é ilustrada pelo fenômeno da "experiência da namorada", uma forma particular de encontro sexual comercializado analisada por Elizabeth Bernstein, que é vendida e executada por profissionais do sexo e escolhida por muitos clientes.[94] A experiência da namorada promete intimidade física e emocional "em uma forma desnaturalizada e explicitamente mercantilizada".[95] Tal encontro é realizado de modo a aparentemente transcender o caráter impessoal de formas mais tradicionais de sexo comercializado, mas, ainda assim, permanece fortemente tipificado *como* a "experiência da namorada" (uma interação na qual a profissional do sexo se distingue clara e necessariamente de uma namorada de verdade na visão de ambas as partes). Em outras palavras, a "experiência da namorada" é uma fachada categórica que enquadra a interação como pessoal/íntima/autêntica, porém também pode obscurecer e exclui a identidade pessoal e as relações pessoais dos interagentes na cena. Os personagens-tipo pseudônimos – "namorada" e "namorado" – são vitais para o significado da experiência característica *e* para manter fortes "barreiras entre a 'vida real' e o encontro mercantilizado".[96] De maneira semelhante, atendentes sexualizadas em "*breastaurants*",[97] geralmente

94 Bernstein (2007, p.126-30).

95 Bernstein (2007, p.127).

96 Jones e Hannem (2018, p.500).

97 Termo em inglês formado pela junção de *breasts* (seios) e *restaurant* (restaurante), usado para se referir a restaurantes que empregam majoritariamente

"mulheres jovens atraentes vestidas com trajes reveladores e sexualmente provocantes", desempenham suas funções de servir comida enquanto "oferecem aos clientes entretenimento sexual indireto e *intimidade simulada*".[98] Essa "intimidade simulada" é um trabalho de *performance* que inclui "trabalho estético e capital erótico", uma vez que a trabalhadora é reduzida a um ser tipificado – "a marca personificada do *breastaurant*"[99] – em suas interações comerciais e só é contratada e só recebe gorjetas para ser esse tipo.

Além das maneiras como a tipificação interativa anonimiza ou pseudonimiza os participantes em encontros sexuais comerciais, diversos participantes de cruzadas morais – incluindo autoridades religiosas, políticos, agentes estatais e outros – historicamente tipificaram profissionais do sexo e seus clientes de diferentes formas. Muitos definiram a prostituta anônima, por exemplo, como suja, doente, imoral e ameaçadora para a família e a sociedade civil.[100] No final do século XX, um movimento pelos direitos dos profissionais do sexo começou a contestar esse esquema de tipificação moralizante, promovendo um arcabouço voltado para o trabalho visando defender os direitos de profissionais do sexo ao comércio sexual consensual, seguro e legalmente protegido.[101] Na mesma época, algumas pessoas começaram a ver os trabalhadores do sexo como vítimas, ao mesmo tempo que definiam os clientes como atores obscenos, imorais e ameaçadores, bem como, em alguns casos, perpetradores de violência sexual.[102] Mudando ao longo do tempo, essas amplas estruturas discursivas servem para tipificar e anonimizar os participantes da troca sexual, definindo-os como personagens-tipo moralmente codificados, independentemente de sua identidade pessoal, ao mesmo tempo que muitas vezes reforçam a

mulheres para atender os clientes, as quais devem necessariamente se vestir de forma provocante. (N. T.)

98 Avery (2016, p.171, grifo nosso).

99 Avery (2016, p.171, 175).

100 Hubbard (2002, p.374-8).

101 Ver Bernstein (2007, p.75-111).

102 Ver Liao (não publicado).

vergonha associada ao comércio sexual.[103] As autoridades buscam personalizar essa vergonha quando ameaçam divulgar o nome de homens que foram flagrados com uma profissional do sexo, colocando em risco, dessa forma, o anonimato do cliente a fim de desencorajar o ato de prostituição.[104]

Tipificação racial, aplicação da lei e violência policial

Em uma sociedade racializada como a dos Estados Unidos, os atores tipificam e anonimizam outros por meio do obscurecimento de suas identidades pessoais por trás de categorias raciais. Tais atos de tipificação recorrem a normas de "significação racial" pelas quais os atores classificam as pessoas de acordo com como percebem e demarcam "diferentes tipos de corpos humanos", usando processos historicamente enraizados de racialização para fazer pressuposições sobre indivíduos e definir distinções entre aqueles que designam a diferentes grupos raciais.[105] No entanto, além de uma mera medida classificatória, esse processo de tipificação racial geralmente envolve a atribuição de códigos de caráter racial profundamente arraigados que dão vida a desigualdades estruturadas em interações e eventos situados.[106] Embora a atribuição de um caráter racial tipificado seja de fato uma conquista social, esse processo cria e perpetua "a noção de que membros de diferentes 'raças' *têm* naturezas essencialmente distintas, o que explica suas posições muito desiguais em nossa sociedade".[107] Além disso, como a raça é um modo tão difundido de classificar e definir pessoas, "aqueles envolvidos em praticamente qualquer ação podem ser responsabilizados por sua execução dessa ação como membros de sua categoria racial", e "participar de uma ação" significa fazê-lo

103 Ver discussões em Hubbard (2002); Bernstein (2007).
104 Ver Bernstein (2007, p.139).
105 Omi e Winant (1994, p.55).
106 Ver West e Fenstermaker (1995); Papadantonakis (2020).
107 West e Fenstermaker (1995, p.26, grifo do autor).

"correndo o risco de ser avaliado em termos raciais".[108] À medida que "a raça se torna [...] uma forma de compreender, explicar e agir no mundo",[109] as nuances e particularidades do caráter pessoal e da identidade pessoal são obscurecidas por trás de tipos e categorias raciais no processo.

As pessoas são submetidas a tipificações raciais codificadas de maneiras distintas e, portanto, anonimizadas e definidas como diferentes personagens-tipo raciais, dependendo da categoria à qual são designadas no tempo e no espaço. Utilizando as ideias de Alfred Schütz e Maurice Natanson para abordar a obra crítica de Frantz Fanon, o filósofo Lewis R. Gordon afirmou que o racismo impõe "formas peculiares de anonimato" a "corpos negros", um fenômeno que toma forma "em um mundo antinegro". Essa é, segundo Gordon, uma forma "desvirtuada" e "racialmente relativa de anonimato", na qual "a vida individual do negro deixa de funcionar como objeto de preocupação epistemológica, estética ou moral".[110] Observe o uso que Gordon faz da expressão "o negro", que enfatiza a objetificação, a genericidade e a tipificação.[111] Além de ser despojado de individualidade, "o negro", no mundo racista, afirma Gordon, "*é* crime e sexualidade licenciosa", juntamente com outras manifestações de ameaça, poluição e maldade, bem como "inadequação, fracasso, perversão, patologia, fraqueza, irracionalidade e uma série de deficiências".[112] Assim, para Gordon, a codificação moral no cerne do racismo define a experiência negra de anonimato. Como o narrador e protagonista não nomeado de *Homem invisível*, de Ralph Ellison,[113] "ser visto de forma racista é uma forma

---

108 West e Fenstermaker (1995, p.23-4).

109 Omi e Winant (1994, p.60).

110 Gordon (1997, p.74, 75).

111 Em relação a essa questão, Omi e Winant (1994, p.66) escrevem que a conquista colonial europeia "criou o 'nativo' onde antes havia pequots, iroqueses ou tutelos" e "criou o 'negro' onde antes havia axântis ou ovimbundos, Iorubás ou bacongos".

112 Gordon (1997, p.75, grifo do autor; 1995, p.41).

113 Ellison ([1952] 1995).

irônica de *não ser visto* apesar de *ser visto*".[114] Em outras palavras, a pessoalidade negra e até mesmo a consciência negra individual é invisibilizada, permanecendo apenas a caracterização racista da *negritude como um tipo*, que é, nas palavras de Fanon, "*fixada*" por "olhares brancos" que vem apenas um "tipo" e um "gênero" em vez de uma pessoa.[115]

Dado o caráter normativo da raça e o racismo nos Estados Unidos e em outras sociedades, uma cor de pele mais escura, como reconheceu W. E. B. Du Bois, está simbolicamente associada a essas qualidades morais e políticas, independentemente da identidade pessoal daqueles considerados "negros". A pele mais clara ou "branca" é tipificada em contraposição, estabelecendo bondade e superioridade por meio de uma antítese cultural e política, independentemente da identidade pessoal daqueles considerados "brancos". Qualquer que seja a categoria racial usada para classificar um indivíduo, ninguém é anônimo para suas famílias, amigos ou quaisquer outros conhecidos íntimos. No entanto, dado o caráter duradouro e difundido da tipificação racial, a anonimização de pessoas em muitos encontros públicos e em outras interações situadas é geralmente "codificada por cores" de acordo com esse esquema dominante, como observou Elijah Anderson. Conforme as pessoas percebem desconhecidos, "a pele branca denota civilidade, obediência à lei e confiabilidade, ao passo que a pele negra está fortemente associada a pobreza, crime, incivilidade e desconfiança".[116] Assim, a tipificação racial, com sua atribuição concomitante de personagens-tipo raciais, geralmente anonimiza os indivíduos de maneiras que expressam a dinâmica de poder arraigada do racismo. Os atores dão vida a esses personagens-tipo raciais por meio de atos de auto/altertipificação em situações específicas, muitas vezes enraizadas em instituições duradouras e estruturadas por elas.

114 Gordon (1995, p.58, grifo do autor).

115 Fanon (2020, loc.1562). Ver também Gordon (1997, p.73).

116 Anderson (1990, p.208). Ver também a discussão em Alexander (2013, p.90); Papadantonakis (2020); e a discussão de Ahmed (2007) sobre a branquitude.

No que diz respeito à aplicação da lei, a tipificação racial normalmente molda as práticas das agências policiais em campo – da vigilância comum ao uso de força letal. Em 1999, a União Americana pelas Liberdades Civis divulgou um relatório pioneiro intitulado "Driving While Black" [Dirigindo enquanto negro], que detalhou diversos casos e apresentou dados recém-compilados sobre raça e policiamento coletados ao longo de três processos judiciais.[117] Esses dados testemunhais e estatísticos revelaram evidentes padrões de discriminação racial nos quais motoristas negros e latinxs foram alvos de abordagem, revista e prisão em números bastante desproporcionais à população geral e à demografia do uso das vias, além de radicalmente desproporcionais às frequências de atividades criminosas, o que demonstrou que essas práticas policiais eram "baseadas em raça, não em resultados".[118] Ademais, as evidências da discriminação racial também revelam que motoristas brancos são desproporcionalmente vistos como cumpridores da lei e, além disso, agentes policiais com frequência cometem atos racistas de tipificação para patrulhar e proteger os limites geográficos da segregação racial. Por exemplo, quando um político negro foi parado enquanto dirigia por uma área majoritariamente branca, os policiais lhe perguntaram se ele sabia onde estava. Quando uma pastora negra foi abordada pela polícia, eles lhe perguntaram se ela conhecia alguém na região, e quando um repórter negro foi parado em um bairro predominantemente branco, os policiais lhe perguntaram: "Você está perdido?".[119] Nesses casos, identidades pessoais e outras características definidoras são obscurecidas por trás da fachada categórica da negritude, marcada e tipificada como ameaçadora e deslocada em contraposição à branquitude.

Observe também a controversa política de "abordagem e revista" da cidade de Nova York, que se refere à prática policial de parar,

117 Harris (1999).
118 Harris (1999).
119 Harris (1999).

revistar e às vezes usar a força contra civis. Essa prática é usada desproporcionalmente para policiar pessoas que não são brancas e, apesar de recentes reduções na frequência geral, "os alvos das atividades de abordagem e revista continuam sendo majoritariamente pessoas negras e latinas".[120] As justificativas mais comumente relatadas para abordagens nos últimos anos têm claramente sido que o civil visado "se encaixa em uma descrição relevante" ou "corresponde a uma descrição específica de um suspeito", e a maioria das outras justificativas relatadas também se baseia na percepção dos agentes policiais sobre atividades suspeitas por parte do civil em questão.[121] Assim, na maioria das vezes, essas intervenções policiais ocorrem independentemente de o alvo ter ou não de fato cometido um crime. Seja em uma rodovia ou na calçada de um bairro, os policiais normalmente usam "abordagens com pretexto" (abordagens sob o pretexto de que o policial observou ou tem razão para suspeitar de alguma atividade criminosa) para justificar uma intervenção adicional (revista e/ou uso da força) esperando na verdade encontrar evidências de um crime.[122] Todavia, como mostram os dados, a raça se torna um importante indício de suspeita – um significante de uma criminalidade em potencial e, portanto, o pretexto *de facto* na situação. Tais práticas de tipificação racial, apesar de serem conduzidas sob o disfarce de preocupações legítimas de aplicação da lei, revelam que cores de

---

120 NYCLU (2019, p.9). Ver também NYCLU (2011).

121 NYCLU (2019, p.7).

122 Em relação às abordagens de trânsito, a Suprema Corte dos Estados Unidos decidiu que "a detenção temporária de um motorista com base em causa provável para acreditar que ele tenha violado leis de trânsito não fere a proibição da Quarta Emenda da Constituição dos Estados Unidos contra apreensões injustificadas, mesmo levando em conta que, caso estivesse nessa situação, um policial sensato não teria parado o motorista na ausência de algum outro objetivo de aplicação da lei". Whren contra os Estados Unidos, 517 U.S. 806 (1996, p.806). Em outras palavras, policiais podem usar o pretexto de uma abordagem de trânsito se seu objetivo final for procurar drogas ou evidências de algum outro crime, independentemente de não possuírem tais evidências antes da abordagem.

pele mais escuras servem como "um indício de criminalidade"[123] em situações específicas e em uma escala coletiva.

Como esses casos demonstram, a associação mental entre pessoas não brancas e a categoria de *criminoso* e o código cultural de *culpa*, juntamente com a associação tácita entre pessoas brancas e a categoria de *lícito* e o código cultural de *inocência*, é evidente na maneira como os agentes policiais vigiam os cidadãos, realizam suas intervenções, exercem a autoridade estatal sobre corpos e movimentos e às vezes aplicam a força e praticam a violência.[124] Durante a dramática concretização desses julgamentos e dessas ações, tais atos de tipificação anonimizam muitos alvos de intervenção policial por trás de uma dinâmica sistematizada que minimiza suas características pessoais e circunstâncias particulares, ao mesmo tempo que ressalta um esquema genérico de justificação racializada. Em outras palavras, aqueles que se tornam objeto de intervenção e violência policial são normalmente tipificados e anonimizados à medida que o ato se desenrola, apesar do fato de que sua identidade pessoal será conhecida, e às vezes passará a ser bastante conhecida, como consequência dessa intervenção e dessa violência.

Observe o caso de Amadou Diallo, imigrante negro da Guiné que foi morto por policiais no Bronx em 1999 após, segundo eles, terem confundido sua carteira com uma arma. Antes de os policiais atirarem em Diallo e o matarem, eles traçaram seu perfil, em consonância com as práticas de abordagem e revista do Departamento de Polícia de Nova York da época, como um indivíduo suspeito por ficar parado na rua, tarde da noite, em frente ao seu apartamento em um bairro negro pobre. A avaliação deles exprime um esquema de tipificação racial arraigado com o qual significantes específicos ligados a corpos e espaços transmitem significados de acordo com códigos racistas subjacentes. Esse esquema de tipificação, que

---

123 Harris (1999).

124 Ver a importante discussão de Ahmed (2007, p.161-3) sobre uma "política de mobilidade" racial (p.162).

existia antes de aqueles quatro policiais abordarem Diallo naquela noite, provavelmente moldou a interpretação preliminar de seu caráter, de suas ações e de suas motivações. É muito difícil imaginar uma situação semelhante ocorrendo com um homem branco parado em frente à sua cara residência em um bairro nobre do Upper West Side de Nova York. Incidentes que seguem esse padrão não podem simplesmente ser explicados como erros de processamento de informações decorrentes do estresse da situação, como sugere Malcolm Gladwell. Não se trata simplesmente de "erros na leitura de mentes" ou casos de "autismo temporário".[125] Na verdade, os agentes policiais tipificam e anonimizam os sujeitos que abordam, em consonância com um sistema racial culturalmente codificado (que se relaciona também com distinções de classe). Eles dão origem a personagens-tipo raciais à medida que exercem a autoridade estatal. Em outras palavras, circunstâncias de confronto muito estressantes não fazem "carteiras invariavelmente se parece[re]m com armas".[126] O que ocorre é que os agentes policiais classificam pessoas negras pobres como suspeitos de serem criminosos portando armas independentemente de sua identidade ou de suas características pessoais e dão vida a essa definição em seus encontros. Como fica evidente nos conhecidos assassinatos de Trayvon Martin e Ahmaud Arbery, ambos tipificados como criminosos enquanto simplesmente circulavam em público, os justiceiros usam a mesma atribuição de personagens-tipo raciais para justificar suas intervenções e, em última instância, em muitos casos, suas ações violentas.

Embora existam muitos outros casos que poderíamos observar para ilustrar a operação de tipificação racial no trabalho policial, discuto o caso a seguir devido à maneira como ele demonstra o caráter complementar da estrutura de tipificação racial à medida que ela se desenrolava em uma situação social dinâmica. Em 5 de junho de 2015, policiais em McKinney, no Texas (Estados Unidos),

125 Gladwell (2005, loc.2766, 3091).

126 Gladwell (2005, loc.3367).

responderam a um chamado sobre uma festa na piscina com alunos de Ensino Médio que havia se tornado grande e barulhenta. No dia seguinte, um vídeo do incidente foi publicado online e rapidamente viralizou.[127] O vídeo mostrava vários policiais no local enquanto um cabo furioso, Eric Casebolt (que é branco), perseguia agressivamente adolescentes negros em trajes de banho e lhes mandava sentar no chão, algemando alguns deles antes de ter um embate corporal com uma garota de 15 anos, Dajerria Becton, no chão, imobilizando-a com os dois joelhos e, por fim, algemando-a enquanto ela gritava por sua mãe e chorava.[128] Durante o incidente, Casebolt sacou sua arma para ameaçar dois adolescentes negros que tentavam ajudar Becton. Cerca de dois minutos e meio depois, dois outros policiais (ambos brancos) retornam ao quadro do vídeo escoltando um adolescente negro algemado, um dos dois que haviam sido ameaçados por Casebolt, que agora parece estar com a boca sangrando, e o sentam no chão.

A dinâmica racial nesse vídeo fica evidente quando policiais brancos miram e algemam crianças não brancas. No entanto, uma chave adicional para entender esse evento como uma instância de tipificação racial está além do enquadramento e por trás da produção do próprio vídeo. Brandon Brooks, o jovem de quinze anos que participou da festa e conseguiu se manter ileso em meio ao caos da cena e filmar o vídeo de sete minutos, é branco. Mais tarde, ele explicaria a um repórter: "Todos que estavam sendo jogados no chão eram negros, mexicanos, árabes [...]. [O policial] nem olhou para mim. Era quase como se eu fosse invisível".[129] Aparentemente, nunca lhe mandaram se deitar no chão, ele nunca foi questionado e nunca sequer os policiais ao seu redor reconheceram sua presença ali. Em outras palavras, a tipificação desse adolescente branco, a partir da perspectiva dos agentes policiais, tornou-o um espectador

127 Ver Mack (2015a,b); Neuman (2015).

128 Vera também African American Policy Forum (2015, p.4, 36-7n3).

129 Conforme citado em Mack (2015a), onde as palavras "o policial" também aparecem entre colchetes.

anônimo, inocente, lícito e inofensivo e, portanto, imune ao olhar discriminatório das autoridades policiais.[130] O poder de significação de sua pele branca o tipificou como uma antítese sociomental às crianças de pele mais escura, as quais, no mesmo espaço, foram definidas e visadas como ameaçadoras e criminosas. Em outras palavras, o esquema de tipificação racial em vigor durante esse incidente anonimizou todas as crianças na situação, mas de maneiras diferentes, de acordo com personagens-tipo distintos. Em todos os casos, suas identidades particulares, características pessoais e grau de culpabilidade pessoal foram irrelevantes para as ações policiais. Embora essa força anonimizadora classificasse crianças de pele mais escura como problemas criminais, ela concomitantemente posicionava o cinegrafista amador de pele mais clara fora do problema, até mesmo fora da cena, e o deixava livre para observar.[131] Agindo em sua função oficial em nome do Estado, os agentes policiais realizaram a tipificação da negritude e da branquitude por meio de seu envolvimento com jovens civis na cena.

A tipificação racial também molda os significados que o público em geral atribui a casos notórios de violência policial e, portanto, ao debate sobre o caráter moral e político desses atos violentos. De forma mais geral, tais atos de tipificação racial direcionam as maneiras como os atores definem sujeitos individuais em relação ao poder e à autoridade do Estado. No que diz respeito à interpretação pública de tais situações, a perspectiva racista é geralmente a de que sujeitos negros, apesar de sua inocência, praticam a criminalidade (por exemplo, eles "pareciam suspeitos", pareciam ser "bandidos", usavam um moletom "ameaçador" ou resistiram à autoridade policial quando deveriam ter obedecido). Esse vocabulário de

---

130 Uma adolescente branca, Grace Stone, de 14 anos, que confrontou em alto e bom som moradores locais por fazerem comentários racistas aos seus amigos, foi algemada somente após insistir em explicar a situação aos policiais em defesa de seus amigos negros. Ver Mack (2015b).

131 Ver Goffman (2012, p.254-306) sobre "atividade fora de quadro".

tipificação racial culpa indivíduos negros por ações policiais ou de justiceiros. Em vez disso, contudo, policiais e justiceiros normalmente praticam a criminalidade de pessoas negras quando as tipificam e as anonimizam de acordo com os códigos raciais da ordem dominante. Eles então usam seus atos de tipificação para justificar agressões e violência. Essa *performance* de tipificação racial também fica evidente nas ações de muitos indivíduos que ameaçam chamar a polícia e denunciar indivíduos negros que não infringiram nenhuma lei. Nesses casos, bem como naqueles discutidos acima, a criminalidade é atribuída como uma propriedade do tipo racial. Em muitos casos, aqueles que definem a pessoa negra como um personagem-tipo criminoso também estão encenando sua própria branquitude em contraposição – como puros e inocentes protetores ou aplicadores da lei e da ordem moral. A partir dessa perspectiva, *negritude* e *branquitude* ganham significado em atos performativos de tipificação e anonimização no contexto de uma hierarquia racial. Até que compreendamos como esses esquemas de tipificação racial culturalmente codificados moldam percepções, estruturam relatos e fornecem um vocabulário de motivos em relação a atos de violência policial, não entenderemos completamente os alicerces culturais e interacionistas desse problema social.

Há inúmeros casos em que pessoas negras foram classificadas como perigosas e criminosas por agentes que acabaram as matando. Para se opor a essa caracterização racial anonimizadora, ativistas têm trabalhado para chamar atenção para os nomes e as características pessoais daqueles que foram mortos por policiais. Por exemplo, a campanha para divulgar e se opor à violência policial contra mulheres negras recebeu o nome de "Say Her Name" [Diga o nome dela] (#sayhername),[132] que também é o título do documentário de 2018 de Kate Davis e David Heilbroner para a HBO focado no caso de Sandra Bland, uma mulher negra que morreu de maneira suspeita sob custódia policial no Condado de Waller, no Texas (Estados

132 African American Policy Forum (2015).

Unidos), após ser parada por uma infração de trânsito e detida.[133] Da mesma forma, o grito "*Say their names!*" [Diga o nome deles] é comum em protestos contra a brutalidade policial. De maneira semelhante, quando ativistas fazem placas e cartazes com os nomes e os rostos (seja como fotografias ou representações artísticas), juntamente com outros detalhes pessoais, de indivíduos que foram mortos por policiais, eles se opõem à força anonimizadora da tipificação racista que molda o fenômeno da violência policial[134] (Figura 15). O artista Kadir Nelson usou a mesma tática em sua ilustração para a capa da edição de 22 de junho de 2020 da revista *New Yorker*, intitulada "Say Their Names", que apresenta o rosto de várias vítimas contemporâneas de violência policial, juntamente com representações de diversas pessoas escravizadas anônimas do passado.[135] Observe também a escolha de ativistas de colocar à frente de um protesto em 2014 contra o assassinato de Eric Garner pela polícia de Nova York fotos ampliadas dos olhos de Garner produzidas pelo artista JR. Os olhos são a parte mais pessoal do rosto. Como observa A. David Napier, "*Prosōpon* [termo em grego que significa tanto rosto quanto pessoa] deriva do grego *pros*, que significa 'para', 'em direção a' ou 'em', e *ōpa*, 'o rosto', 'o olho'".[136] Além disso, os olhos normalmente espreitam por trás da maioria dos véus, o que evoca a noção de "clarividência" que Du Bois associou à perspectiva autoafirmativa daqueles que são oprimidos em uma hierarquia racial. Ao chamar atenção para nomes, rostos e olhos, os ativistas destacam a identidade pessoal de vítimas que geralmente são anonimizadas por trás de um esquema de tipificação racista.

---

133 O documentário é intitulado *Diga o nome dela: a vida e a morte de Sandra Bland*.

134 Ver, por exemplo, African American Policy Forum (2015). Ver também theirnames.org. Usando uma lógica semelhante para identificar policiais e responsabilizá-los pessoalmente por suas ações profissionais, o governador de Nova York, Andrew Cuomo, promoveu uma iniciativa multifacetada intitulada "Say Their Name".

135 Ver *The New Yorker*, 22 jun. 2020, https://www.newyorker.com/culture/cover-story/cover-story-2020-06-22.

136 Napier (1986, p.8, grifo do autor).

Figura 15. Ativistas em "uma vigília em memória das mulheres e meninas negras mortas pela polícia". Foto de The All-Nite Images. Wikimedia Commons (https://commons.wikimedia.org/wiki/File:-SayHerName_(17729657368).jpg). Licença Creative Commons Atribuição 2.0 Genérica (https://creativecommons.org/licenses/by/2.0/deed.pt-br).

Tipificação cisgênero e a segregação de banheiros públicos

Teóricos sociais há muito estabeleceram que as características de sexo e gênero se reforçam mutuamente para atuar como um sistema de classificação de indivíduos diversos em tipos masculinos e femininos polarizados.[137] Na estrutura cisgênero dominante de interpretação, o sexo de nascimento feminino (geralmente definido e atribuído de acordo com a genitália) coincide com atributos do gênero feminino e aparência feminina. Em contrapartida, o sexo de nascimento masculino coincide com atributos do gênero masculino e aparência masculina.[138] Além disso, essas categorias polarizadas de masculino e feminino são culturalmente codificadas e associadas a traços de personalidade, gostos, preferências, emoções e comportamentos distintos que são comumente tratados como características *naturais* das pessoas com base em suas designações cisgênero impessoais.[139]

Embora tais designações cisgênero não obscureçam a identidade pessoal em muitas relações íntimas, onde podem ser vistas como aspectos parciais de pessoas mais complexas e singulares ou simplesmente inapropriadas ou inaplicáveis a algumas vidas, as noções cisgênero de "masculino" e "feminino" geralmente servem como fachadas categóricas que obscurecem identidades pessoais em vários encontros sociais, interações situadas e relações

137 Ver, por exemplo, Garfinkel (1967); Kessler e McKenna (1978); West e Zimmerman (1987); Butler (1990); Ridgeway e Correll (2004); Ridgeway (2009); Friedman (2013).

138 Ver, por exemplo, Cavanagh (2010, p.8, 12-3, 53-4) sobre "culturas cissexistas" e "privilégio cissexual"; Sumerau, Cragun e Mathers (2016) sobre "realidade cisgenerificante"; e Mathers (2017) sobre "interações cisgenerificante". Ver Friedman (2013, p.2) sobre as maneiras como "normas sociais de percepção seletiva", que incluem "atenção seletiva a diferenças de sexo e *desatenção* seletiva às semelhanças de sexo", moldam a classificação dos corpos em tipos masculinos e femininos opostos (grifo do autor).

139 Ver Garfinkel (1967, p.116); Kessler e McKenna (1978, p.1-12, 113-4); Ridgeway e Correll (2004).

institucionais.[140] Nesses casos, os atores usam *personagens-tipo cisgênero* culturalmente codificados para fazer pressuposições sobre os outros de maneiras que os tipificam e os anonimizam. Assim, "independentemente de como um indivíduo se identifica pessoalmente [...], outros ainda interagirão com ele com base em expectativas de gênero cisnormativas".[141] No cerne desse processo de atribuição de um personagem-tipo cisgênero a outros (ou a si mesmo) estão normas sociais profundamente arraigadas que determinam "o que significa *ser* homem ou mulher",[142] e os atores geralmente responsabilizam as pessoas por atuarem de acordo com essas prescrições codificadas.[143] Em suma, essas caracterizações cisgênero estão profundamente enraizadas na cultura, os atores as utilizam para tipificar e anonimizar outros em situações e interações específicas, e tais tipificações cisgênero são normalmente estruturadas e reforçadas de acordo com convenções institucionais.

Por um lado, a tipificação cisgênero envolve o uso de lógicas sociais e definições de sexo dominantes para agrupar diversos indivíduos no mesmo gênero.[144] Nesses casos, o gênero é atribuído e avaliado "em relação a concepções normativas de atitudes e atividades apropriadas para categorias específicas de sexo".[145] Esse modo de tipificação cisgênero é bastante evidente no fenômeno

---

140 Ver Ridgeway e Correll (2004) sobre "contextos sociais relacionais" como "as arenas nas quais" normas culturais de classificação de sexo/gênero "são aplicadas ao comportamento e a avaliações dos indivíduos" (p.514). Ver também Ridgeway (2009).

141 Mathers (2017, p.300).

142 Kessler e McKenna (1978, p.3, grifo do autor). Ver também Westbrook e Schilt (2014) sobre "determinação de gênero".

143 West e Fenstermaker (1995, p.22).

144 A crença de que o sexo é o alicerce biológico do gênero e das distinções entre os polos de masculinidade e feminilidade surgiu como uma "estratégia do Iluminismo" e era "intrínseca" às profundas mudanças sociais, políticas e econômicas da nova ordem mundial moderna (Laqueur, 1990, p.8, 11; ver também 149-54).

145 West e Fenstermaker (1995, p.21). Ver também Kessler e McKenna (1978, p.58-9) sobre "genitais e atribuição de gênero". Ver também West e Zimmerman (1987, p.134-7).

contemporâneo de "chás-revelação", nos quais futuros pais e mães, após descobrirem o sexo do feto medicamente atribuído no útero, anunciam publicamente seu gênero como se a informação sobre gênero estivesse disponível para eles. Nesses eventos, os pais efetivamente tipificam o feto de maneira cisgênero, associando o sexo masculino à cor azul, bigodes, gravatas-borboleta e bolas de futebol e o sexo feminino à cor rosa, cílios, laços de cabelo e pompons.[146] Esses casos não apenas mostram como as características cisgênero são generalizadas e impessoais, mas também que elas podem ser até mesmo *pré-pessoais*, impostas antes do nascimento, antes da atribuição de um nome e, de fato, antes da aquisição da maioria dos outros aspectos da identidade pessoal.

Por outro lado, a tipificação cisgênero envolve o uso da expressão de gênero para determinar o sexo biológico ou anatômico "correto" ou "adequado" de um indivíduo, o qual geralmente é definido como um elemento essencial do ser. Tais atos de tipificação incluem "tratar aparências (por exemplo, conduta, vestimentas e atitude) como se fossem indicativos de estados de coisas subjacentes (por exemplo, arranjos anatômicos, hormonais e cromossômicos)".[147] Eles incluem a atribuição do que Suzanne J. Kessler e Wendy McKenna chamam de "genitais culturais", cuja existência comumente é presumida por outros que acreditam e agem como se genitais específicos "devessem estar lá".[148] Esse modo de tipificação cisgênero fica evidente nas pressuposições comuns que os adultos fazem quando percebem que crianças com cabelos longos se enquadram na categoria de sexo "menina" e crianças com cabelos curtos são legitimamente classificadas como "meninos" ou quando as pessoas, de forma um

146 Existe toda uma indústria que apoia essas associações. Ver, por exemplo, "35 Gender Reveal Ideas We Love", https://www.thebump.com/a/creative-baby-gender-reveal-ideas; ou "25 Gender Reveal Ideas to Celebrate Your Exciting News", https://www.happiestbaby.com/blogs/pregnancy/gender-reveal-ideas.

147 West e Fenstermaker (1995, p.20). Ver também West e Zimmerman (1987); Butler (1990, 1991); Ridgeway e Correll (2004, p.514-5); Friedman (2013).

148 Kessler e McKenna (1978, p.153, 154). Ver também Garfinkel (1967, p.123).

tanto automática, interpretam um estranho com pelos faciais como homem.[149]

Esses modos duais de tipificação cisgênero subjazem pressuposições normativas por trás da prática comum de segregar banheiros públicos e outros espaços, como vestiários e saunas, de acordo com as linhas convencionais que demarcam as categorias de masculino e feminino. As indicações convencionais nas portas dos banheiros – uma figura humana de calça ou de saia ou talvez o símbolo masculino comum (♂), originalmente associado a Marte, o deus romano da guerra, ou o símbolo feminino (♀), originalmente associado a Vênus, a deusa da beleza – são significantes abstratos de categorias gerais e impessoais. Como tal, eles transmitem informações sobre quem pode entrar legitimamente pela porta de um banheiro público, classificando as pessoas em tipos anônimos. Quando atores encontram estranhos nesses espaços segregados, eles normalmente os interpretam como homens ou mulheres anônimos, dependendo do ambiente que utilizam. Para muitos, o próprio ambiente serve regularmente como uma moldura normativa que significa o tipo cisgênero de seus ocupantes, independentemente de suas identidades particulares e pessoais.

Nos últimos anos, vários estados norte-americanos introduziram leis, comumente chamada de "projetos de lei do banheiro", criadas para restringir legalmente o acesso a banheiros públicos e espaços relacionados de acordo com alguma noção de sexo biológico.[150] Talvez o mais famoso desses esforços seja a Lei de Privacidade e Segurança de Instalações Públicas da Carolina do Norte

149 Friedman (2013, p.73-8); Schilt (2010, p.65-6).

150 Ver, por exemplo, Kralik (2019) para um guia legislativo. Embora a maioria desses esforços tenha fracassado até o momento, a questão da segregação de banheiros continua sendo uma controvérsia política relevante. Como apontam Westbrook e Schilt (2014, p.45, 49), os defensores geralmente argumentam que essas leis são necessárias para proteger mulheres e meninas do contato com "pessoas com pênis", o que demonstra como a sexualidade também é um fator-chave na normatividade cisgênero. Sobre essa questão, ver também Cavanagh (2010).

(também conhecido como Projeto de Lei 2 da Câmara ou HB2), aprovada no âmbito estadual em março de 2016 e parcialmente revogada em 2017 após um ano de controvérsia nacional, tendo os itens restantes perdido vigência em 2020.[151] Essa legislação exigia que os indivíduos usassem banheiros públicos com base na atribuição de sexo que aparece em sua certidão de nascimento, proibindo, assim, muitos indivíduos transgênero de usar banheiros de acordo com sua identidade de gênero.[152] Sob esse arcabouço, quando pessoas que nasceram com genitália masculina e vivem como mulheres (apresentando uma identidade de gênero feminina) entram em banheiros designados para mulheres, elas correm o risco de serem repreendidas, agredidas e presas porque são legalmente classificados como homens. Entretanto, quando indivíduos que nasceram com genitália feminina e vivem como homens (apresentando uma identidade de gênero masculina) entram no mesmo ambiente, eles enfrentam os mesmos riscos ao serem categorizados como homens.[153] Em todos os casos, as pessoas correm riscos quando outros consideram sua expressão de gênero incongruente com sua designação sexual, o que é consistente com os relatos de muitos indivíduos trans.[154] Quando atores (sejam agentes estatais,

---

151 Ver Fausset (2017).

152 Seguindo Cavanagh (2010, p.16), utilizo "a designação 'trans' ou 'transgênero' [...] como um termo guarda-chuva e uma forma necessariamente imprecisa de denotar aqueles cujas identidades de gênero estão, de alguma forma, em desacordo com os sistemas convencionais de sexo/gênero". Assim, o termo "transgênero" é, em si, uma tipificação tanto popular quanto analítica (ver a próxima seção) que exige essa qualificação. Os leitores devem ter em mente que "o perigo de usar um termo guarda-chuva é que ele postula uma coletividade uniforme e não consegue fazer justiça à miríade de diferenças subsumidas na categoria" (p.17). Ver também Friedman (2013, p.8-10).

153 Ver Platt e Milam (2018) sobre esse "vínculo opressor".

154 Platt e Milam (2018). Ver Herman (2013, p.65) para um estudo sobre experiências transgênero no qual "70% dos entrevistados relataram terem tido seu acesso negado a banheiros públicos ou terem sofrido assédio verbal ou agressão física nesses espaços". Em meio a esse clima, muitos outros estados e municípios aprovaram leis que proíbem a discriminação contra indivíduos trans, permitindo explicitamente que todas as pessoas usem instalações públicas em consonância com suas identidades de gênero.

seguranças particulares ou justiceiros) vigiam banheiros com base nessas determinações, eles estão policiando tipos e categorias cisgênero normativo – o alinhamento normativo esperado de sexo de nascimento, corpo físico, gênero e sexualidade.[155]

A ansiedade social sobre a segregação de banheiros e as intervenções interpessoais resultantes (de olhares e perguntas diretas sobre a legitimidade de um ocupante em um espaço segregado a assédio verbal e agressão física) revelam exatamente como atos normativos de tipificação cisgênero tornam as pessoas trans deslocadas no mundo público. Usando normas de tipificação cisgênero, alguns atores geralmente marcam indivíduos transgênero como dissidentes desonestos que violam a ordem "verdadeira" e "natural" de tipos e categorias.[156] Esses atores também definem pessoas trans como problemas ou contradições que podem e devem ser resolvidos colocando-as na categoria "adequada", refutando e negando, desse modo, a identidade pessoal delas enquanto afirmam uma realidade cisgênero e solidificam os limites entre tipos cisgênero mutuamente excludentes.[157] Esses mesmos atores também usam tacitamente um esquema de tipificação cisgênero para anonimizar a maioria dos outros indivíduos que encontram em contextos públicos e semipúblicos (incluindo indivíduos trans cuja identidade de gênero passa despercebida) ao designá-los automaticamente como versões não problemáticas e não marcadas *ou* de masculinidade *ou* de feminilidade, impondo personagens-tipo cisgênero que obscurecem nuances individuais, identidades pessoais e experiências vividas. Esses outros não marcados são os co-ocupantes quase imperceptíveis de

---

155 Ver Cavanagh (2010, p.69-78) e Bender-Baird (2016) sobre esse policiamento em banheiros.

156 Ver Sumerau, Cragun e Mathers (2016) sobre "apagar", "marcar" e "punir" indivíduos e experiências transgênero. Ver também Cavanagh (2010); Westbrook e Schilt (2014); Bender-Baird (2016); Mathers (2017). Ver também Kessler e McKenna (1978, p.3), que apontam que aqueles "que estavam em processo de mudança de um gênero para outro" relatam que algumas pessoas se sentem "desconfortáveis" quando não conseguem defini-los como um tipo cisgênero normativo, chegando até mesmo a perguntar: 'O que você é?'".

157 Sumerau, Cragun e Mathers (2016); Mathers (2017).

banheiros públicos e outros espaços, tanto segregados quanto integrados. Em outras palavras, um esquema de tipificação cisgênero tão profundamente enraizado, que obscurece identidades pessoais e nuances entre indivíduos que são colocados em categorias normativas cisgênero masculinas e femininas, fornece o arcabouço social dentro do qual indivíduos trans podem ser perseguidos. Só imaginando que todas ou quase todas as pessoas que vemos são tipos cisgênero anônimos – e só obscurecendo a considerável variação na composição de sexo, gênero e sexualidade na população humana – é que podemos marcar e visar algumas delas como anomalias ameaçadoras em relação aos limites rígidos da ordem social dominante.

Tipificações analíticas

À medida que cientistas sociais e outros acadêmicos buscam explicar vários aspectos do mundo, eles normalmente tipificam e anonimizam as pessoas que estudam. Da organização e agregação de dados de pesquisas e censos em grande escala à formulação e apresentação de estudos de caso etnográficos e psicanalíticos anônimos ou pseudônimos, os pesquisadores geralmente enfatizam diversas variáveis impessoais (incluindo classe, renda, profissão, raça, sexualidade, gênero, idade, localização ou orientação política) em detrimento das identidades pessoais. No processo, eles não estão simplesmente usando essas variáveis em um sentido descritivo, mas as construindo – estabelecendo ou refinando seu significado e importância. Para tanto, os acadêmicos criam "modelos de atores [que] não são seres humanos vivendo em sua situação biográfica", mas sim, em vez disso, "definidos pelo [...] cientista social"[158] e usados basicamente como esboços de personagens abstratos e generalizáveis para explicar as experiências e os comportamentos de certas categorias de pessoas no mundo. Em outras palavras, os modelos utilizados pelos estudiosos "não são povoados

158 Schütz (1962, p.41).

por seres humanos [...] mas [...] por *tipos*".[159] Ao construir esses tipos analíticos, os cientistas sociais delineiam um conjunto típico de características, incluindo motivos e "padrões típicos de curso de ação", os quais, imaginam, se aplicam a todos os indivíduos que se enquadram na categoria que criaram para seu propósito de estudo e explicação.[160] Assim, os acadêmicos tratam seus sujeitos de pesquisa como ilustrações tipificadas e anônimas de fenômenos sociais mais amplamente relevantes, a fim de desenvolver percepções e teorias sociais generalizáveis.

Tanto Max Weber quanto Georg Simmel, cada um à sua maneira, estabeleceram a tipificação como uma estratégia analítica para a sociologia e, mais especificamente, para a análise social comparativa. Weber afirmou que os cientistas sociais deveriam criar modelos abstratos, ou tipos ideais, por meio da "síntese de muitas" características "em um constructo *analítico* unificado".[161] Esses tipos ideais servem, então, como ferramentas analíticas com as quais os pesquisadores podem estudar, comparar e conhecer casos observáveis no mundo.[162] Contudo, foi Simmel quem desenvolveu explicitamente o método de construção de modelos de personagens anônimos ou retratos teóricos abstratos de atores definidos por suas posições em relação a outros em "formas de sociação" generalizadas. Simmel enfatizou que pessoas diferentes podem ser consideradas como sendo *do mesmo tipo social* com base em sua posição comum dentro de um "modelo [social] consistente de coordenação e interação", independentemente das características idiossincráticas ou da identidade pessoal de qualquer indivíduo.[163] Assim, "o tipo se torna o que ele é por meio de suas relações com outros que lhe atribuem uma posição específica" e "suas características são vistas como atributos

159 Schütz (1962, p.255, grifo do autor).
160 Schütz (1962, p.40); Natanson (1986, p.63-4).
161 Weber ([1903-1917] 1949, p.90, grifo do autor).
162 Ver também Coser (1971, p.223).
163 Simmel (1983, p.183). Ver também Coser (1971, p.182-3); Zerubavel (2007, 2021); DeGloma (2014a, p.18-9); DeGloma e Papadantonakis (2020, p.98-9).

da estrutura social", não como características pessoais.[164] Tanto Simmel quanto Weber desenvolveram explicitamente teorias de tipificação analítica como métodos de sociologia comparativa (tendo Weber destacado diferenças como desvios de um tipo e Simmel destacado semelhanças típicas como propriedades formais compartilhadas em casos normalmente diferentes).[165] No entanto, ambos os teóricos também estavam articulando um processo mais geral de abstração, tipificação e, quando se trata de sujeitos humanos, anonimização que passou a fundamentar práticas de pesquisa e construção de teoria nas ciências sociais.

Como argumentou Alfred Schütz, os acadêmicos baseiam suas tipificações analíticas nas tipificações mais comuns e fundamentais que as pessoas empregam tacitamente e das quais se valem em suas interações e encontros rotineiros. Em outras palavras, "os objetos de pensamentos construídos pelo cientista social [...] têm de ser fundamentados nos objetos de pensamento construídos pelo pensamento do senso comum dos homens que vivem sua vida diária dentro do seu mundo social". Portanto, as tipificações analíticas são "construtos de segundo grau, ou seja, construtos dos construtos feitos pelos atores no cenário social".[166] Essas tipificações analíticas de "segundo grau" ou "segunda ordem" geralmente revelam as tipificações mais tácitas e rotineiras empregadas por atores cotidianos. Quando são teoricamente sólidas, elas nos ajudam a compreender como os atores normalmente tipificam os outros e eles próprios em suas circunstâncias e interações situadas cotidianas. Em outras palavras, as tipificações analíticas "nos dão uma realidade puramente anônima por meio da qual somos capazes de compreender os constructos anônimos correspondentes 'de

164 Coser (1971, p.182).

165 Cf. Coser (1971, p.182).

166 Schütz (1979d, p.268-9). Ver também Schutz ([1932] 1967, p.205-6). Ver McKinney (1969) sobre a distinção entre tipos "existenciais" e "construídos". Clifford Geertz (2008, p.7) também reconheceu "que o que chamamos de nossos dados são realmente nossa própria construção das construções de outras pessoas". Ver também Reed (2017, p.29-31); DeGloma e Wiest (2022, p.16n4).

primeira ordem' dos seres humanos na vida cotidiana".[167] Assim, a noção de Simmel de "estrangeiro" destaca as maneiras como as pessoas geralmente tipificam o outro que ocupa essa posição de estrangeiro – que "está *ao mesmo tempo* próximo e distante" – em seus contextos e situações específicos.[168] Da mesma forma, as tipificações acadêmicas da classe trabalhadora, de profissionais do sexo, da negritude e da branquitude, e da cisgeneridade e da transgeneridade (tipificações discutidas neste capítulo) são constructos analíticos que nos ajudam a compreender como as pessoas classificam e anonimizam outras com base nessas categorias. Todavia, quando os tipos e categorias analíticos são bem estabelecidos, eles também se tornam, por sua vez, referentes comuns e designações categóricas que influenciam como as pessoas tipificam os outros e elas próprias em situações e encontros cotidianos.

Observe a tipificação analítica e a anonimização de pessoas por meio da fachada categórica de classe, por exemplo. As teorias de classe lançam luzes sobre as maneiras como os atores tipificam os outros e eles próprios durante encontros e interações situados em diversos contextos, classificando ativamente as pessoas de acordo com o estilo de vestimenta, maneirismos, gostos, fala e outros fatores. A obra de Pierre Bourdieu pode, em parte, ser lida como uma elaboração teórica dessas tipificações de classe.[169] No entanto, os teóricos sociais também tipificam e anonimizam pessoas ao definir a categoria abstrata de classe, que molda a forma como atores cotidianos usam a classe como uma fachada categórica que obscurece identidades pessoais. Karl Marx, o icônico pai da teoria moderna de classes, tipificou e anonimizou pessoas minuciosamente ao desenvolver sua análise histórica da luta de classes e sua crítica ao capitalismo. Ao observar a ascensão do sistema industrial moderno em toda a Europa, Marx entendeu o proletariado crescente, cada vez mais centralizado e homogeneizado, como uma força social de

167 Natanson (1986, p.87).
168 Simmel (1983, p.187, grifo do autor).
169 Bourdieu (1984).

produção. Assim, pôde entender a capacidade do proletariado de agir como uma classe "por si mesma" e, portanto, como uma força revolucionária coletiva, tornando determinadas pessoas irrelevantes para a classe, para o sistema econômico e para a história.[170] Classificados como representantes de uma categoria econômica e seus interesses historicamente situados, os membros individuais eram meras personificações de uma posição social explorada e alienada, com uma condição compartilhada e um destino revolucionário coletivo. Isso também se aplica aos membros individuais da burguesia, que eram igualmente anonimizados como um tipo analítico. Esse esquema de tipificação analítica continua moldando noções comuns de pertencimento, solidariedade e luta de classes até o presente, o que também estruturou as maneiras como os atores tipificam e anonimizam pessoas em contextos e encontros da vida cotidiana, como no caso das fotografias de Walker Evans discutidas anteriormente. De fato, a noção analítica de classe se tornou tão profundamente arraigada que os atores vivenciam os tipos de classe como parte fundamental de sua realidade sensata. Essas tipificações analíticas podem afetar, e frequentemente o fazem, como os atores percebem e classificam os outros e eles próprios. Em suma, acadêmicos utilizam tais tipos analíticos para lançar luzes sobre padrões e características sociais amplamente relevantes que transcendem as idiossincrasias de indivíduos e casos específicos. No entanto, essas ferramentas analíticas despersonalizam e anonimizam os sujeitos da pesquisa no processo, criando novas estruturas que moldam atos de tipificação na vida cotidiana.

Conclusão

A tipificação é uma função básica da percepção e do conhecimento que se concretiza de acordo com normas sociais profundamente enraizadas. Para compreender o mundo de forma

170 Ver Marx ([1847] 1955, cap. 2, parte 5).

significativa, precisamos organizar seus componentes em tipos e categorias, empregando estruturas normativas de tipificação com as quais reconhecemos semelhanças e distinções entre coisas e pessoas, bem como entre eventos e experiências, ao longo de nossas vidas. Em diversas situações, encontros e interações, quando atores tipificam os outros e eles próprios, eles usam personagens-tipo socialmente estabelecidos e culturalmente codificados para obscurecer identidades pessoais, situações biográficas e as nuances da vida das pessoas. Eles usam máscaras categóricas para anonimizá-las. Nesses casos, mesmo quando seja possível conhecer ou rastrear a identidade pessoal de outro indivíduo, o encontro ou interação é definido por um anonimato social de tipos e categorias. Produzimos essa dimensão do anonimato em tempos e lugares específicos e a vivenciamos como típica de certas relações socialmente moldadas.

Como demonstram muitos dos casos que discuto neste capítulo, atores geralmente tipificam e anonimizam outros de maneiras que refletem e reproduzem relações estruturadas de poder e desigualdade. Entender como o anonimato de tipos e categorias molda nossas experiências e expectativas em relação aos outros em consonância com essas dinâmicas de poder estabelecidas pode trazer clareza e ter certo potencial de libertação. Se pudermos compreender como as normas e os padrões de tipificação fomentam a anonimização e a objetificação de pessoas de formas que perpetuam relações sociais nocivas ou opressoras, talvez também possamos desenvolver novas percepções sobre como superar as dimensões mais prejudiciais desses atos de anonimização em diversos contextos e situações sociais. Em outras palavras, ao desvendar como o anonimato de tipos e categorias nos cega para informações importantes sobre identidades pessoais e experiências vividas, podemos potencialmente alterar a maneira como tais atos de tipificação fomentam relações sociais problemáticas e nocivas ao transformar as pessoas em personagens formulaicas nas dinâmicas sociais de poder, conflito e disputa.

6
As contradições sociais de nossas identidades ocultas

No futuro, todos serão anônimos por quinze minutos.

Banksy, palavras impressas em uma tela de televisão sobre um pedestal, exposição *Barely Legal*, Los Angeles, 2006

Quando o renomado artista urbano pseudônimo Banksy fez o comentário reproduzido na epígrafe acima (uma inversão da conhecida fala profética atribuída a Andy Warhol décadas antes, "No futuro, todo mundo será famoso por 15 minutos"), ele estava chamando atenção para o caráter cada vez mais valioso, porém fugaz, do anonimato como uma alternativa às forças de vigilância e controle social e sua crescente preponderância. Em um mundo marcado pelo monitoramento intrusivo do comportamento pessoal, pela autoexposição cotidiana nas redes sociais, pela obsessão com fama e celebridade, por atos públicos de narcisismo, humilhação pública e consumo ostensivo, o anonimato fornece um contrapeso poderoso, embora temporário e fugaz, a essas forças sociais. No entanto, a partir de outra perspectiva, o artista rebelde podia estar sagazmente se referindo ao fato de que uma identidade oculta bem encenada pode levar a um novo e valioso tipo de fama – que está se tornando mais comum para atores anônimos e pseudônimos conquistarem os holofotes. Banksy, como tantos outros, de fato lucrou com sua identidade pessoal obscurecida – por ser notoriamente desconhecido. Em ambas as leituras, seu aforismo capta algo do caráter contraditório das identidades ocultas no mundo contemporâneo. O anonimato e o pseudonimato são cada vez mais precários e até impossíveis de se garantir, porém ao mesmo tempo mais comuns. Atores anônimos são obscurecidos e desconhecidos, mas podem ser simultaneamente proeminentes e famosos. Eles se escondem enquanto atuam ativamente e se envolvem com o mundo ao seu redor.

Ao longo deste livro, explorei diversas maneiras como o anonimato e o pseudonimato se manifestam no mundo, juntamente com uma ampla variedade de casos. Apesar das muitas diferenças significativas entre eles, todos esses casos mostram como o anonimato e o pseudonimato ganham vida como *performances* sociais que incluem o uso de representações de fachada impessoais para ocultar identidades pessoais em situações e relações específicas. Quando atores encenam o anonimato ou o pseudonimato, eles atuam para definir sua situação e impactar o mundo ao seu redor. Assim, o anonimato e o pseudonimato sempre se concretizam como atos *significativos* em relação a públicos específicos. Esses estados de ser nunca são puros ou permanentes; são realizações sociais que sempre e somente existem na medida em que o público não tem consciência da identidade pessoal de um ator. Neste capítulo final, reflito sobre a importância social das situações em que os atores evitam o reconhecimento pessoal por suas ações. Para tanto, resumo brevemente algumas contradições-chave inerentes aos atos anônimos e pseudônimos. Em seguida, questiono como o *desmascaramento* de atores anônimos pode aprofundar nossa compreensão do caráter social das identidades ocultas.

Como vimos no Capítulo 2, o caráter protetor do anonimato protege os indivíduos de consequências punitivas, liberta-os para agirem de maneiras que poderiam ser reprimidas, proporciona avaliações justas e imparciais e permite a criação de espaços transcendentes "seguros" onde os indivíduos podem explorar conjuntamente condições e situações difíceis em suas vidas. Ao obscurecerem identidades pessoais de várias maneiras, os atores dão vida a circunstâncias e espaços protetores. Eles usam inúmeras representações de fachada e praticam éticas diversas de anonimato para construir os significados de proteção e estabelecer certas liberdades. Portanto, em seu caráter protetor, o anonimato promove um refúgio de forças sociais normalmente sufocantes ou repressivas. Ele permite às pessoas levantarem questões que, do contrário, não levantariam. Contudo, a proteção proporcionada pelo anonimato também liberta os indivíduos para terem comportamentos moralmente problemáticos, evitando a responsabilização social por suas ações. Em alguns casos, isso significa que atores protegidos pelo anonimato ou pelo pseudonimato podem continuar prejudicando ou vitimando outros ao mesmo tempo que aproveitam (e até exploram) os benefícios de uma reputação pessoal imaculada (ou talvez até favorável), dissociada de seus atos anônimos. Ademais, ao proteger pequenos grupos de indivíduos dos opressivos estigmas sociais associados a diversas condições e experiências, o anonimato protetor pode libertar as pessoas de restrições sociais e julgamentos morais prejudiciais. Entretanto, essa ocultação protetora também pode reforçar a marginalização, o isolamento e o estigma que acompanham essas questões e situações. Como mostram décadas de inúmeros movimentos voltados para o orgulho, a mudança social positiva geralmente requer reconhecimento público. Assim, as fachadas protetoras do anonimato podem ter uma consequência latente de fortalecimento das bases sociais e aumento do sentimento pessoal de vergonha.

Como vimos no Capítulo 3, o caráter subversivo do anonimato permite aos atores desafiarem normas culturais, políticas e morais dominantes para gerar mudanças no mundo. A arte e a literatura anônimas e pseudônimas foram, e continuam sendo, meios importantes de criticar o poder e expressar ideias e valores alternativos. A tendência contemporânea de usar máscaras em protestos políticos ou de obscurecer a identidade pessoal enquanto participa de atividades políticas (seja atuando online ou em espaços físicos), permite aos ativistas transmitirem significados e sentimentos ricos e profundamente críticos, expressarem solidariedade com seus companheiros e atuarem em nome de uma causa ou movimento ao mesmo tempo que evitam perseguição política. Ao obscurecerem identidades pessoais, atores subversivos dão vida a significados sociais alternativos. Todavia, tais práticas de mascaramento também podem ser usadas para propagar ideologias moralmente problemáticas ou hediondas que, do contrário, definhariam e para fomentar ações políticas profundamente controversas e problemáticas. Elas também podem ser usadas para enganar o público. Ademais, esse anonimato subversivo geralmente enquadra os direitos democráticos básicos de liberdade de expressão e reunião (fundamentais aos nossos ideais modernos da esfera pública) *como se* fossem ilegais. Em alguns casos, ativistas que obscurecem sua identidade pessoal agem como se estivessem pessoalmente privados de seus direitos e separados do foro público quando poderiam, em vez disso, agir como se fossem parte dele e pudessem ser responsabilizados perante ele. Uma política aberta e transparente definida por vozes e responsabilização pessoal aumenta a possibilidade de diálogo público com outros cidadãos, mesmo no caso de questões difíceis e controversas, ao passo que uma política mascarada e anônima inibe o diálogo público aberto de diversas maneiras. De forma um tanto irônica, ao encenar uma dinâmica na qual precisamos esconder nosso rosto para expressar nossas opiniões políticas, os ativistas podem contribuir para a normalização de um ambiente tão repressivo.

O anonimato proporcionado pelos sistemas sociais, como explorei no Capítulo 4, é consequência da atividade *sui generis* de poderosas forças coletivas. Embora os sistemas sociais organizados frequentemente nos permitam transcender nossas limitações anteriores, participando de operações que normalmente seriam inviáveis e realizando tarefas que normalmente seriam impossíveis, eles também geralmente obscurecem as contribuições pessoais daqueles que lhes dão vida e restringem a responsabilização pessoal dos que os conduzem ou lucram com suas atividades. À medida que tais atores obscurecem sua identidade pessoal sob a fachada de instituições e sistemas sociais impessoais, eles agem de maneiras que dão significado a essas instituições e sistemas no mundo. Eles usam a fachada de Estados, países e diversas corporações de formas que impactam a vida de inúmeras pessoas de diferentes maneiras, tanto positivas quanto negativas. Com muita frequência, aqueles cujas vidas são impactadas por sistemas sociais poderosos não têm a que recorrer quando são prejudicados. Eles enfrentam um sistema opaco e impessoal que parece agir por conta própria. Embora possam ser vitais para nossas vidas, o anonimato criado por tais sistemas sociais pode fomentar o oportunismo pessoal e a corrupção em detrimento do bem-estar social, o que, por sua vez, pode promover formas poderosas de alienação e apatia no mundo.

O anonimato que decorre da tipificação, tema do Capítulo 5, é consequência da nossa capacidade de agrupar pessoas em tipos e categorias, o que nos permite organizar nossas experiências e coordenar nossas expectativas em relação às pessoas que encontramos em diversas situações e circunstâncias. A tipificação é uma propriedade básica do pensamento humano que nos permite compreender o mundo complexo de maneira ordenada e previsível. Quando tipificamos e anonimizamos os outros e nós mesmos, o fazemos de maneiras que criam os significados das relações e justificam ações. Damos vida a padrões de discriminação, quer essa discriminação envolva atos relativamente neutros de traçar limites que demarcam papéis e responsabilidades sociais, quer ela envolva formas de cunho moral e político de fomentar a solidariedade e a divisão social. Assim, como uma força anonimizadora – como uma cegueira social às identidades e características pessoais daqueles que agrupamos e reduzimos a rótulos categóricos –, a tipificação nos permite reconhecer grupos e suas identidades e experiências coletivas únicas. No entanto, ela também está na raiz das nossas formas mais problemáticas de ódio e opressão, juntamente com expressões cotidianas de favoritismo e distribuições desiguais de privilégios.

Como podemos ver em cada uma dessas discussões, as consequências gerais das identidades ocultas não são tão claras ou diretas. Elas podem ser inerentemente contraditórias e frequentemente variam de acordo com a avaliação situada de cada um sobre a *performance* anônima ou pseudônima específica em questão. Ao abordar o anonimato e o pseudonimato como uma *performance* social, podemos compreender melhor essas contradições e desenvolver um entendimento mais aprofundado de qualquer caso específico que analisemos. Tal abordagem exige que consideremos atos anônimos em seus contextos sociais e históricos e que desvendemos os profundos significados culturais que atores anônimos e pseudônimos criam para públicos específicos. Assim, essa abordagem requer que interpretemos as representações de fachada que os atores usam para obscurecer sua identidade pessoal, bem como os personagens que criam em suas interações com os outros. Somente analisando essas dimensões fundamentalmente sociais do anonimato e do pseudonimato podemos compreender a importância das identidades ocultas no mundo.

Atos de desmascaramento

Para complementar nossa compreensão dos significados do anonimato e do pseudonimato, podemos considerar a *performance* e o impacto de *atos de desmascaramento* – esforços que expõem ou tentam desvelar a identidade de atores anônimos ou pseudônimos. Se o anonimato envolve obscurecer as características particulares da identidade e ressaltar uma representação de fachada genérica, atos de desmascaramento envolvem remover o genérico para chegar ao particular e específico. Eles envolvem vincular ações e expressões isoladas a identidades pessoais. Tais atos de desmascaramento geralmente revelam ainda mais sobre os motivos, significados e consequências da atividade anônima por meio de sua violação. Alguns desses atos são lentos e processuais, como quando detetives da polícia tentam revelar a identidade de um assassino em série reunindo pistas. A lógica desse desmascaramento processual fica evidente no *game show What's My Line?* (CBS, 1950-1967), de meados do século XX, no qual participantes vendados buscavam revelar a identidade de convidados famosos fazendo perguntas cuja resposta poderia ser apenas sim ou não. Outros incluem uma revelação mais rápida, chocante e grandiosa, como quando um movimento social ou denunciante expõe um aproveitador que se escondia por trás da fachada de uma empresa ou quando aqueles que presumiam estar agindo anonimamente online são repentinamente expostos devido a um vazamento de dados ou intimação judicial por parte das autoridades. Em ambos os casos, a revelação nos dá novas informações e normalmente leva a uma reavaliação da situação em questão.

O público costuma ansiar por descobrir a identidade pessoal de atores anônimos e pseudônimos, e muitos até apreciam o desafio de desmascarar um autor, artista, criminoso, ativista, *troll*, agente de influência institucional ou estranho misterioso cuja identidade foi obscurecida. Por exemplo, como escreve James H. Johnson, "parte da diversão do carnaval consistia, portanto, em adivinhar a identidade de outros mascarados. Se você não conseguisse situá-los ou não os conhecesse, poderia examinar os pequenos sinais reveladores que talvez revelassem seu *status* – coisas como o corte da fantasia que usavam ou a qualidade do tecido".[1] John Mullan observa um entusiasmo semelhante por parte daqueles que buscavam descobrir a identidade pessoal de autores pseudônimos do século XIX.[2] Na realidade, o mistério da autoria geralmente se tornava um "tópico de conversa" que poderia acrescentar uma camada extra de atenção pública ao livro.[3] Como atores anônimos e pseudônimos estabelecem um mistério de identidade pessoal ao se apresentarem para seu público, eles estimulam a curiosidade e atraem especulações. Tal tensão social pode tornar as revelações de identidade pessoal particularmente dramáticas. De muitas maneiras, o caráter da *performance* anônima incita sua ruína.

Em alguns casos, desmascarar atores anônimos pode expô-los a possíveis danos, retaliações ou punições. Por exemplo, um desejo

1 Johnson (2011, loc.3853).
2 Mullan (2007, p.5, 76-113).
3 Mullan (2007, p.13).

de vingança parece estar por trás das tentativas do presidente dos Estados Unidos, Donald Trump, e de seus aliados de desmascarar o denunciante anônimo que apresentou uma queixa sobre o telefonema de Trump com o presidente ucraniano Volodymyr Zelensky em 25 de julho de 2019.[4] Além disso, um ímpeto punitivo está por trás de muitas leis de desmascaramento que visam ativistas sociais, incluindo ativistas pró-democracia em Hong Kong e ativistas Antifa (antifascistas) nos Estados Unidos.[5] No momento da escrita deste texto, a Unmasking Antifa Act [Lei de Desmascaramento Antifa] de 2018 foi apresentada ao congresso dos Estados Unidos e está atualmente sendo analisada pela Subcomissão de Crime, Terrorismo, Segurança Interna e Investigações da Câmara dos Estados Unidos.[6] Além disso, muitas investigações criminais são, na verdade, esforços de desmascaramento, mas algumas, como o esforço internacional que visa atividades ilegais na *dark web*, apropriadamente chamado de "Operação Onymous" [Operação nomeada], são explicitamente projetadas para identificar pessoalmente atores que usam tecnologias de anonimização para cometer crimes.[7] De forma semelhante, muitos atos de justiceiros de *hacking* e *doxing* (publicação de informações pessoais de outras pessoas online) são, na realidade, atos maliciosos de desmascaramento. Ao mesmo tempo que tentam expor identidades pessoais, aqueles que praticam atos de desmascaramento também podem tentar minar a legitimidade de agentes anônimos ou pseudônimos mostrando que suas características pessoais conflitam com o personagem que interpretaram, como quando autoridades do governo mexicano revelaram que o líder

---

4 A controvérsia em torno desse telefonema tem em seu cerne a ameaça implícita de Trump de suspender a ajuda financeira dos Estados Unidos à Ucrânia a menos que e até que as autoridades ucranianas anunciassem publicamente uma investigação das finanças de Hunter Biden, filho de Joe Biden, principal candidato à presidência do Partido Democrata na época do telefonema entre Trump e Zelensky.

5 Ver Lam (2019). Ver também Spiegel (2015); Boyd e Field (2016, p.354-8).

6 Ver "H.R.6054 – Unmasking Antifa Act of 2018", https://www.congress.gov/bill/115th-congress/house-bill/6054/text.

7 Ver Foley, Karlsen e Putniŋš (2019, p.1807-8).

zapatista Subcomandante Marcos pertencia a uma classe social diferente da do movimento pelo qual falava.[8] Da mesma forma, cientistas da computação tentaram recentemente mostrar que o famoso Q do movimento QAnon não é de fato um funcionário do alto escalão de Washington, mas sim um personagem fictício interpretado por dois homens bastante comuns.[9] Tais motivações retaliativas, punitivas ou desacreditadoras para o desmascaramento ressaltam o caráter protetor do anonimato ao exibir abertamente os riscos associados à identificação pessoal. Assim, os agentes de desmascaramento também dão vida a certas dinâmicas de poder quando tentam expor atores que protegem suas identidades pessoais.

Em outros casos, atores que antes ocultavam sua identidade pessoal se desmascaram para se posicionar socialmente e abrir caminho para que outros em situações semelhantes conectem mais abertamente suas circunstâncias às suas vidas. Observe, por exemplo, *The Anonymous People* [As pessoas anônimas], documentário de Greg D. Williams de 2013 no qual indivíduos conhecidos discutem abertamente sua luta contra o vício e seu processo de recuperação, rompendo, assim, o anonimato protetor que tradicionalmente acompanha essa posição social na tentativa de contestar o estigma associado a ela.[10] Nesse sentido, alguns argumentam que o anonimato pode interferir na recuperação ao imbuir o processo em vergonha quando, segundo eles, a sobriedade deveria ser uma questão de orgulho pessoal. Desse modo, uma defensora afirma que se desmascarar a manteve "sóbria e responsável", ao mesmo tempo que lhe permitiu se sentir "orgulhosa" de si mesma e "confortável" com sua recuperação.[11] Esse enfrentamento autoinduzido do anonimato

8 Ver "Mexico Unmasks Guerrilla Commander Subcomandante Marcos Really Is Well-Educated Son of Furniture-Store Owner", *Spokesman Review*, 11 fev. 1995, https://www.spokesman.com/stories/1995/feb/11/mexico-unmasks-guerrilla-commander-subcomandante/.

9 Kirkpatrick (2022).

10 Ver também Frois (2009a, p.163-6; 2009b, p.96-9) sobre "romper o anonimato" em relação aos grupos de recuperação. Ver também Colman (2011).

11 Leipholtz (2016).

também fica evidente no caso de Chanel Miller, cujo livro, apropriadamente intitulado *Eu tenho um nome*, a expõe como vítima de uma agressão sexual amplamente divulgada em 2015 cometida por Brock Turner, estudante da Universidade de Stanford. Ao contar sua história, Miller, que era publicamente conhecida como "Emily Doe" durante todo o processo criminal, também detalha sua luta com seu anonimato prévio, vinculando-o a uma sensação de isolamento, vergonha e tipificação decorrente da própria agressão. Miller inicia sua história afirmando: "Estou me apresentando aqui porque, na história que vou contar, começo sem nome nem identidade. Não há nenhum traço de personalidade ou comportamento atribuído a mim".[12] Miller contrasta seu anonimato e seu isolamento com o apoio que recebeu ao divulgar publicamente a declaração de impacto da vítima em seu próprio nome.[13] Tais casos de autodesmascaramento mostram como o anonimato pode obstruir o valioso progresso social e intensificar um sentimento de isolamento ou vergonha ao separar uma parte crucial das experiências pessoais de um indivíduo da identidade pessoal que ele apresenta aos outros e ao mundo em geral.

De muitas maneiras, a escolha de Miller de colocar sua identidade pessoal em primeiro plano e reivindicar a autoria de sua história pessoal, juntamente com o título de seu livro, é bastante semelhante à campanha "diga o nome dela", discutida no Capítulo 5, que foi organizada por aqueles que chamavam atenção "para os nomes e histórias geralmente invisíveis de mulheres e meninas negras que foram vítimas de violência policial racista".[14] Com uma motivação semelhante para personalizar as vítimas de violência racista, aqueles que criaram o Memorial Nacional pela Paz e Justiça em Montgomery, Alabama (Estados Unidos), combatem o anonimato histórico nomeando abertamente as vítimas de linchamento.[15] Enquanto

12 Miller (2021, p.11).
13 Ver também o curta-metragem de Miller, *I Am with You*.
14 African American Policy Forum (2015).
15 Ver Henderson (2018); Sodaro (no prelo). Ver também https://eji.org/.

algumas pessoas que praticam atos de desmascaramento visam nomear e reconhecer as vítimas, outros, incluindo denunciantes e documentaristas, tentam desmascarar atores que exercem o poder de (e muitas vezes lucram com) grandes instituições, atuando, assim, para romper o anonimato de sistemas sociais, conforme descrito no Capítulo 4. Nesse sentido, o inovador filme de Michael Moore *Roger & eu*, de 1989, popularizou o processo de chamar atenção do público para as identidades pessoais de poderosos agentes corporativos que antes eram protegidos por suas organizações corporativas. Esses atos de desmascaramento atribuem motivação e responsabilidade aos verdadeiros agentes de influência ao abrir a cortina figurativa que os ocultava.

Observe também como profissionais de saúde, que foram basicamente anonimizados por equipamentos de proteção genéricos e impessoais (aventais, máscaras, protetores faciais e luvas) durante a pandemia de covid-19, desmascararam-se simbolicamente usando crachás e expondo grandes fotografias de seus rostos sorridentes em seus torsos. Esse ato de desmascaramento, que transforma representantes genéricos de uma instituição médica em pessoas específicas, foi concebido pela artista Mary Beth Heffernan para abordar a mesma questão em relação ao ebola na África Ocidental.[16] Esses agentes de desmascaramento tentam personalizar as interações com seus pacientes enquanto prestam cuidados.[17] Da mesma forma, quando pessoas de diferentes origens e de comunidades tradicionalmente divididas se unem e cooperam para alcançar um objetivo comum, o anonimato que decorre da tipificação pode se dissolver à medida que laços pessoais se formam e que a amizade cresce.[18]

O desmascaramento também pode conceder um grau adicional de honra e prestígio quando a fonte de uma boa ação anônima é exposta contra sua vontade. A reflexão de Hannah Arendt

16 Aizenman (2015); Wong (2020).

17 Ver também Zerubavel (no prelo) sobre "esforços de *personalização*" (grifo do autor).

18 Ver Whitlinger (2020).

sobre a ética cristã, discutida anteriormente no Capítulo 2, de que "no instante em que uma boa obra se torna pública e conhecida, perde o seu caráter específico de bondade",[19] não se aplica a muitos casos em que a identidade pessoal de um benfeitor é divulgada por outra pessoa. Nesses casos, a bondade da ação é protegida, e a boa reputação percebida do ator é reforçada por sua agora conhecida aversão ao crédito pessoal. Por exemplo, quando a fonte de uma contribuição anônima para a caridade é exposta pelo destinatário, o contribuinte, até então anônimo, colhe um benefício duplo: é reverenciado pelo ato de caridade *e* por sua tentativa aparentemente genuína de mantê-lo anônimo. Se esse ator de caridade organiza seu próprio desmascaramento, guiando sutil e discretamente os observadores de modo que descubram sua identidade pessoal, temos uma variedade autoengrandecedora da mesma reverência aprimorada. O caráter desse aprimoramento ético é hilariamente retratado e desconstruído em um episódio da 6ª temporada de *Segura a onda* (*Curb Your Enthusiasm*), de Larry David, intitulado "The Anonymous Donor" [O doador anônimo]. Nesse episódio, David tenta orquestrar a revelação aparentemente acidental de sua identidade como doador anônimo para a caridade, a fim de colher essa recompensa social dupla. Quando suas intenções são expostas, no entanto, ele perde todo o reconhecimento positivo, e a bondade do ato se dissolve, exatamente como Arendt descreveu. A precariedade de tais aprimoramentos éticos e a necessidade de realizar cuidadosamente desmascaramentos com isso em mente também ficam evidentes no caso de autores e artistas anônimos que desenvolvem fortes reputações positivas quando aqueles que elogiam seu trabalho ficam ainda mais impressionados com sua modéstia pessoal. Embora a revelação da identidade pessoal de tal artista "pudesse aumentar [...] a reputação e a estima geral se ocorresse por acidente, uma ação deliberada da parte [do artista] para promover essa integração [...] corre o risco de parecer imodesta".[20]

---

19 Arendt (2007, p.85).

20 Brennan e Pettit (2008, p.193). Ver também Gioia (2017).

Por fim, o desmascaramento também é sempre um processo performativo que existe em tensão social com *performances* de anonimato e pseudonimato. Em março de 2016, Marco Santagata, professor de literatura italiana na Universidade de Pisa, sugeriu que a autora pseudônima Elena Ferrante era Marcella Marmo, historiadora da Universidade de Nápoles.[21] Em outubro do mesmo ano, o jornalista Claudio Gatti afirmou que se tratava de Anita Raja, tradutora e editora literária italiana.[22] Essas sugestões geraram uma controvérsia considerável nos meses perto da publicação da edição em inglês de *Frantumaglia: os caminhos de uma escritora*, de Ferrante, livro de ensaios, cartas e entrevistas pessoais centrado na vida e no processo de escrita da autora, incluindo suas reflexões poéticas sobre os motivos que a levaram a ocultar sua identidade pessoal.[23] Muitos criticaram esses esforços de desmascaramento, afirmando de várias maneiras que eles exalam sexismo em sua tentativa injustificada de minar a autodeterminação artística de uma escritora que deseja proteger sua identidade pessoal como forma de produzir seu trabalho.[24] Alguns acusaram Gatti de agir como "um magnata da máfia" e de soltar o "poder poluente das insinuações jornalísticas" que "sombreia a leitura" das revelações e relatos pessoais apresentados em *Frantumaglia*.[25] Sem insinuar qualquer estratégia ou intenção, todas essas vozes de 2016 (as de Santagata e Gatti, as de seus muitos críticos e a de Ferrante em *Frantumaglia*) se uniram em uma relação performativa e dinâmica, criando um drama social de obscurecimento e especulação de identidade que foi apresentado ao público geral. Assim, os atos de desmascaramento se tornaram inseparavelmente entrelaçados na *performance* que é Elena Ferrante.

Uma batalha contemporânea entre a rede de *hackers* Anonymous e a Ku Klux Klan também mostra o quão complicada pode se

21 Ver Scammell (2016).

22 Gatti (2016).

23 Ferrante (2016).

24 Ver, por exemplo, Orr (2016); Schwartz (2016).

25 Appignanesi (2016).

tornar a política de desmascaramento. No outono de 2014, durante os grandes protestos internacionalmente televisionados contra os tiros disparados pela polícia contra Michael Brown, de 18 anos, em Ferguson, Missouri (Estados Unidos), e antes que o nome de Darren Wilson, policial que atirou em Brown, fosse divulgado publicamente, o Anonymous pressionou as autoridades de Ferguson a identificar o atirador. Aqueles que agiam sob a alcunha da rede de *hackers* mais tarde ameaçaram fazer um *doxing* (divulgar publicamente as informações pessoais) de policiais de Ferguson se eles causassem danos àqueles que protestavam contra o assassinato de Brown.[26] Durante esse mesmo período de protesto, um grupo local chamado Cavaleiros Tradicionalistas Norte-Americanos da Ku Klux Klan (TAKKKK – Traditionalists American Knights of the Ku Klux Klan) distribuiu um folheto ameaçando usar "força letal" contra dissidentes que eles alegavam serem "terroristas disfarçados de 'manifestantes pacíficos'".[27] Em resposta, o Anonymous lançou a "Operation KKK" [Operação KKK], também conhecida como "Operation Hoods Off" [Operação Sem Capuz],[28] prometendo divulgar publicamente o nome e informações pessoais de membros e afiliados da Klan. Em resposta a essa operação e à campanha do Anonymous em Ferguson no geral, Frank Ancona, Grande Mago do TAKKKK, criticou o Anonymous por "se esconder atrás de máscaras patéticas" e alegou ter revelado publicamente o nome de dois membros-chave do Anonymous, prometendo: "Isso é apenas a ponta do *iceberg*".[29] Mais de um ano depois, o Anonymous ainda estava envolvido nessa batalha de desmascaramento, ameaçando divulgar mil nomes de indivíduos que, segundo eles, eram afiliados à KKK, afirmando: "Estamos confiantes de que aplicar transparência às suas células organizacionais é o curso de ação certo, justo e adequado, além de ser o único possível" e "Vocês são terroristas que escondem

26 Rogers (2014).

27 Speri (2014).

28 Ver Woolf (2015b).

29 Ancona (2014). Ver também Gilbert (2014).

suas identidades sob lençóis e se infiltram na sociedade em todos os níveis".[30] Aqui temos dois movimentos sociais mascarados, cada um ameaçando desmascarar o outro e cada um se referindo às máscaras do outro grupo como prova de sua ilegitimidade (para se considerarem "terroristas"). Um drama social tão dinâmico destaca o fato de que atos anônimos podem assumir significados contraditórios a partir de pontos de vista sociais diferentes e que muitas vezes há uma tensão persistente entre *performances* de anonimato e esforços para expor identidades pessoais no mundo contemporâneo.

Assim como o anonimato e o pseudonimato moldam a percepção do público sobre uma ação, expressão ou produto, a revelação da identidade pessoal de um ator previamente oculta leva esses públicos a reavaliarem retrospectiva e criticamente sua definição da situação de maneiras interessantes. Em outras palavras, assim como atores anônimos e pseudônimos atuam para criar significado, os agentes de desmascaramento também o fazem. Em muitas circunstâncias, atores e público estão fortemente envolvidos em *performances* de anonimato, como vimos nos casos de Elena Ferrante, Banksy e Q, bem como em confissões, comunidades e fóruns anônimos e inúmeros atos de tipificação. Nesses casos, a personalização altera radicalmente o caráter da relação e os significados de situações e contextos específicos. A personalização se coloca como a antítese do anonimato. Ela desfaz a *alguenidade*, *qualquer um-dade*, *todosidade* e *ninguenidade* de atos anônimos e pseudônimos, revelando ainda mais como nossas vidas e experiências foram impactadas pela *performance* de identidades ocultas.

30 Bennett (2015); Schuppe (2015); Woolf (2015a,b). A declaração original do Anonymous parece não estar mais disponível.

Agradecimentos

Este livro foi uma jornada muito diferente da anterior – marcada, e por vezes interrompida, por pesadas tarefas administrativas, o nascimento de minha filha, uma pandemia global e uma série de diversas questões e experiências profundas relacionadas. Ao longo do processo, tive a sorte de contar com o apoio da família, de amigos e de colegas.

Devo um agradecimento especial a várias pessoas que leram rascunhos completos ou grandes partes do livro e me deram um retorno inestimável. Por suas leituras atentas, comentários brilhantes e incentivo constante, sou grato a Eviatar Zerubavel, Gary Alan Fine, Asia Friedman, Lynn Chancer, Jeffrey Alexander, Philip Smith, Donileen Loseke, Robert Zussman e Jason Mast. Também me foi muito proveitosa uma conversa envolvente sobre este projeto com os participantes do Workshop do Centro de Sociologia Cultural de Yale. Nos últimos anos, também discuti este projeto em diversos contextos com muitas pessoas. Por seus comentários e sugestões úteis, sou muito grato a Richard Alba, Mike Owen Benediktsson, Kathleen Blee, Yael Bromberg, Julia Stein Dessauer, Andrew Friedman, Christine Galotti, Mark Halling, James M. Jasper, Marnia Lazreg, Jenny Wiley Legath, Howard Lune, James McMullen, Omar Montana, Richard Ocejo, Scott Perlo, Israel

Posner, Barbara Katz Rothman, Iddo Tavory, Robin Wagner-Pacifici, Talya Wolf e Yael Zerubavel.

Esta obra também se beneficiou enormemente do trabalho cuidadoso de vários excelentes assistentes de pesquisa. Eles me ajudaram a reunir bibliografia e informações sobre casos quando trabalhei por longos três anos como chefe do conselho universitário da Hunter College. Sou grato pela assistência de Josephine Barnett, Matthew Batson, Tommy Chung, Miriam Moster, Max Papadantonakis, Krutee Parikh e Andrew Shapiro.

Elizabeth Branch Dyson foi uma editora fantástica. Ela viu o potencial deste projeto desde o primeiro dia e me deu opiniões, apoio editorial e orientação inestimáveis durante todo o processo de dar vida a este livro. Também sou grato ao trabalho cuidadoso de Mollie McFee, Erin DeWitt e do restante da equipe de Chicago. Qualquer autor teria sorte de ter um grupo tão brilhante de editores e outros profissionais do mercado editorial ao seu lado.

Além disso, sou imensamente grato pelo apoio contínuo da minha família em momentos difíceis, com um agradecimento especial a Sharon Posner e Spiro Trupos por me permitirem trabalhar em sua casa durante os dias mais sombrios do confinamento da pandemia, a Izzy e Randi Posner por seu apoio, a Carol Graham por dar uma clareza tão necessária e à minha mãe, Cathi DeGloma, por seu amor e incentivo constantes.

Um agradecimento especial também vai para Nelson Downend, pelas inúmeras conversas sobre anonimato, cinema e as alegrias e desafios da paternidade, e para Jamil Shakoor, por me incentivar a ir mais longe nas trilhas e pelas muitas conversas sobre filosofia existencial, psicologia e o poder do espírito humano.

Por fim, e mais importante, sou eternamente grato pelo amor e apoio da minha esposa, Lena, e de nossa filha, Juniper, que insuflam vida em meu espírito em dias sombrios e brilhantes e que sempre me fazem sorrir e saber o que é mais importante neste mundo. Além de ser uma companheira de vida maravilhosa, Lena também foi uma parceira de conversa perspicaz enquanto eu discutia várias das ideias e casos que abordo nesta obra. Todos os dias me sinto um homem de muita sorte por ela estar em minha vida.

O trabalho neste livro foi financiado em parte por um período sabático concedido pela Hunter College, pelo Gabinete do Presidente da Hunter College e por um Prêmio de Conclusão de Livro concedido pelo Departamento de Pesquisa da Universidade da Cidade de Nova York (CUNY).

Referências

ABC News. 2020. "Unfounded 'QAnon' Conspiracy Theory Gains Traction in Politics: Part 1." 22 set. 2020. Vídeo. https://abcnews.go.com/Politics/men-qanon/story?id=73046374.

Ackerman, Spencer. 2016. "Obama Claims US Drones Strikes Have Killed Up to 116 Civilians." *The Guardian*, 1º jul. 2016. https://www.theguardian.com/us-news/2016/jul/01/obama-drones-strikes-civilian-deaths.

Adut, Ari. 2018. *Reign of Appearances: The Misery and Splendor of the Public Sphere*. New York: Cambridge University Press.

Afonso, Nelia M., Lavoisier J. Cardoza, Oswald A. J. Mascarenhas, Anil N. F. Aranha, and Chirag Shah. 2005. "Are Anonymous Evaluations a Better Assessment of Faculty Teaching Performance? A Comparative Analysis of Open and Anonymous Evaluation Processes." *Family Medicine* 37 (1): 43–47.

African American Policy Forum. 2015. "Say Her Name: Resisting Police Brutality against Black Women." https://www.aapf.org/sayhername.

Agnew, Jean-Christophe. 1986. *Worlds Apart: The Market and the Theater in Anglo-American Thought, 1550–1750*. Cambridge: Cambridge University Press.

Agostinho. (397–98) 1961. *Confessions*. London: Penguin Books.

Ahmed, Sara. 2007. "A Phenomenology of Whiteness." *Feminist Theory* 8 (2): 149–68.

Aikins, Matthieu, and Alissa J. Rubin. 2021. "First Tied to ISIS, Then to U.S.: Family in Drone Strike Is Tarnished Twice." *New York Times*,

18 set. 2021. https://www.nytimes.com/2021/09/18/world/asia/afghanistan-drone-strike-reaction.html.

Aizenman, Nurith. 2015. "An Artist's Brainstorm: Put Photos on Those Faceless Ebola Suits." *National Public Radio*, 9 abr. 2015. https://www.npr.org/sections/goatsandsoda/2015/04/09/397853271/an-artists-brainstorm-put-photos-on-those-faceless-ebola-suits.

Alcoholics Anonymous. (1953) 2017. *Twelve Steps and Twelve Traditions*. New York: Alcoholics Anonymous World Services.

Alcoholics Anonymous. (1981) 2011. *Understanding Anonymity*. New York: Alcoholics Anonymous World Services.

Alcoholics Anonymous. 2001. *Alcoholics Anonymous: The Story of How Many Thousands of Men and Women Have Recovered from Alcoholism*. New York: Alcoholics Anonymous World Services.

Alexander, Jeffrey C. 2004. "Cultural Pragmatics: Social Performance between Ritual and Strategy." *Sociological Theory* 22 (4): 527–73.

Alexander, Jeffrey C. 2013. *The Dark Side of Modernity*. Cambridge: Polity Press.

Alexander, Jeffrey C. 2017. *The Drama of Social Life*. Cambridge: Polity Press.

Alexander, Jeffrey C. e Jason L. Mast. 2006. "Introduction: Symbolic Action in Theory and Practice: The Cultural Pragmatics of Symbolic Action." In *Social Performance: Symbolic Action, Cultural Pragmatics, and Ritual*, editado por Jeffrey C. Alexander, Bernhard Giesen e Jason L. Mast, 1–28. Cambridge: Cambridge University Press.

Alexander, Jeffrey C. e Philip Smith. 2003. "The Strong Program in Cultural Sociology: Elements of a Structural Hermeneutics." In *The Meanings of Social Life: A Cultural Sociology*, 11–26. Oxford: Oxford University Press.

Almasy, Steve. 2020. "Some Law Enforcement Officers at Protests Have No Badges and Some Have Covered Them. City Officials Say That Is Unacceptable." CNN, 5 jun. 2020. https://www.cnn.com/2020/06/05/politics/law-enforcement-badges-protests/index.html.

Ancona, Frank. 2014. "Klu Klux Klan, a message to #Ferguson and #Anonymous." https://pastebin.com/3PuA4eS5.

Anderson, Elijah. 1990. *Streetwise: Race, Class, and Change in an Urban Community*. Chicago: University of Chicago Press.

Andrew, Esekong H. 2014. "Configurations of the African Mask: Forms, Functions and the Transcendental." *Cross-Cultural Communication* 10 (4): 211–16.

Aneesh, A. 2006. *Virtual Migration: The Programming of Globalization*. Durham, NC: Duke University Press.

Aneesh, A. 2015. *Neutral Accent: How Language, Labor, and Life Become Global*. Durham, NC: Duke University Press.

Anônimo. (1554) 1908. *The Life of Lazarillo de Tormes: His Fortunes and Adversities*. London: Adam and Charles Black. https://www.gutenberg.org/files/53489/53489-h/53489-h.htm.

Anônimo. (1954) 2000. *A Woman in Berlin: Eight Weeks in the Conquered City*. New York: Picador.

Anonymous. 2007. "Dear Fox News." YouTube. https://www.youtube.com/watch?v=RFjU8bZR19A.

Anonymous. 2008. "Message to Scientology." YouTube. https://www.youtube.com/watch?v=JCbKv9yiLiQ.

Anonymous. 2012a. "Anonymous November 5th Defend Your Freedom Worldwide Protests 360p." YouTube. https://www.youtube.com/watch?v=s6l8rDDKJXg.

Anonymous. 2012b. "Message to the Federal Reserve System." YouTube. https://www.youtube.com/watch?v=6p__MgUPUDQ.

Anonymous. 2013a. "A Message to the LAPD." YouTube. https://www.youtube.com/watch?v=DeYA7PiiGYw.

Anônimo. 2013b. "The Sexual Fantasy Lives of Men: An All-Access Pass to Four Men's Inner Thoughts." *Elle*, 22 mar. 2013. https://www.elle.com/life-love/sex-relationships/advice/a2456/they-like-it-like-that-why-every-woman-is-desirable-455616/.

Anonymous. 2014a. "Anonymous – The Final Resistance." YouTube. https://www.youtube.com/watch?v=ghoeYzE5Vjc.

Anônimo. 2014b. "The Anonymous Men Who Built Central Park." *Ephemeral New York*, 7 jul. 2014. https://ephemeralnewyork.wordpress.com/2014/07/14/the-anonymous-men-who-built-central-park/.

Anonymous. 2014c. "Anonymous – Operation NSA Campus 2014." YouTube. https://www.youtube.com/watch?v=Z40_oAnK-fk.

Anonymous. 2017. "Message to the President of the United States (Donald Trump)." YouTube. https://www.youtube.com/watch?v=qt0o3Cx2nOI.

Anonymous. 2019. "Anonymous Message to Tom Cruise and Scientology." YouTube. https://www.youtube.com/watch?v=VTXAB-Rj-Vaw.

Anônimo (alto funcionário do governo Trump). 2019. *A Warning*. New York: Twelve (Hachette).

Ansart, Sandrine e Virginie Monvoisin. 2015. "The Bank, Its Societal Functions and Its Practices: Conflictual Relationships between and Economic Agent and Democracy." In *The Philosophy, Politics and Economics of Finance in the 21st Century*, editado por Patrick O'Sullivan, Nigel F. B. Allington e Mark Esposito, 283–99. London: Routledge.

Appignanesi, Lisa. 2016. "Frantumaglia: *A Writer's Journey* by Elena Ferrante Review – Astute, Revelatory Ruminations." *The Guardian*, 29 out. 2016. https://www.theguardian.com/books/2016/oct/29/frantumaglia-a-writers-journey-elena-ferrante-review.

Applbaum, Arthur Isak. 1995. "Professional Detachment: The Executioner of Paris." *Harvard Law Review* 109 (2): 458–86.

Archer, Nicole. 2014. "Security Blankets: Uniforms, Hoods, and the Textures of Terror." *Women and Performance* 24 (2–3): 186–202.

Arendt, Hannah. 1958. *The Human Condition*. 2.ed. Chicago: University of Chicago Press.

Arie, Sophie. 2011. "Unwilling Executioners? Where and Why Do Some Doctors Still Help Carry Out the Death Penalty?" *BMJ: British Medical Journal* 342 (7810): 1286–87.

Arnold, Chris. 2010. "A Mistake That Stole Christmas? A Foreclosure Story." NPR, 3 dez. 2010. https://www.npr.org/2010/12/23/132285516/a-mistake-that-stole-christmas-a-foreclosure-story.

Athens, Lonnie. 1994. "The Self as a Soliloquy." *Sociological Quarterly* 35 (3): 521–32.

Auerbach, David. 2015a. "Anonymity as Culture: Case Studies." *Triple Canopy*. https://www.canopycanopycanopy.com/issues/15/contents/anonymity_as_culture__case_studies.

Auerbach, David. 2015b. "Anonymity as Culture: Treatise." *Triple Canopy*. https://www.canopycanopycanopy.com/contents/anonymity_as_culture__treatise.

Avery, Dianne. 2016. "The Female Breast as Brand: The Aesthetic Labor of Breastaurant Servers." In *Invisible Labor: Hidden Work in the Contemporary World*, editado por Marion G. Crain, Winifred R. Poster e Miriam A. Cherry, 171–92. Oakland: University of California Press.

Baena, Victoria. 2015. "The Greatest Literary Impostor of All Time Deserves to Be Remembered." *Tablet*, 1º dez. 2015. https://www.tabletmag.com/sections/arts-letters/articles/romain-gary-literary-impostor.

Baizerman, Michael. 1974. "Toward Analysis of the Relations among the Youth Counterculture, Telephone Hotlines, and Anonymity." *Journal of Youth and Adolescence* 3 (4): 293–306.

Baker, Peter. 2015. "Obama Apologizes after Drone Kills American and Italian Held by Al Qaeda." *New York Times*, 23 abr. 2015. https://www.nytimes.com/2015/04/24/world/asia/2-qaeda-hostages-were-accidentally-killed-in-us-raid-white-house-says.html.

Bakhtin, Mikhail. (1965) 1984. *Rabelais and His World*. Bloomington: Indiana University Press.

Banksy. 2006. *Wall and Piece*. London: Century.

Barish, Jonas. 1981. *The Anti-Theatrical Prejudice*. Berkeley: University of California Press.

Barnett, Jo. 2016. "Painting a Voice." International Visual Sociological Association Showcase. https://visualsociology.org/?p=1263.

Bar-On, Dan. 1989. *Legacy of Silence: Encounters with Children of the Third Reich*. Cambridge, MA: Harvard University Press.

Bartlett, Jamie. 2014. *The Dark Net: Inside the Digital Underworld*. New York: Melville Publishing.

Baudrillard, Jean. (1976) 1993. *Symbolic Exchange and Death*. London: Sage.

Bauman, Zygmunt. 1989. *Modernity and the Holocaust*. Ithaca, NY: Cornell University Press.

Bauman, Zygmunt, Didier Bigo, Paulo Esteves. Elspeth Guild, Vivienne Jabri, David Lyon e R. B. J. Walker. 2014. "After Snowden: Rethinking the Impact of Surveillance." *International Political Sociology* 8 (2): 121–44.

Bayer, Ronald. 1981. *Homosexuality and American Psychiatry: The Politics of Diagnosis*. New York: Basic Books.

Beard, James Melville. 1877. *K.K.K. Sketches*. Philadelphia: Claxton, Remsen, and Haffelfinger.

Beck, Colleen M., Lauren W. Falvey e Harold Drollinger. 2015. "Inside the Tunnels, Inside the Protests: The Artistic Legacy of Anti-Nuclear Activists at a Nevada Peace Camp." In *Understanding Graffiti: Multi-disciplinary Studies from Prehistory to Present*, editado por Troy Lovata e Elizabeth Olton, 177–91. Abington, UK: Routledge.

Beevor, Antony. 2000. Introduction to *A Woman in Berlin: Eight Weeks in the Conquered City*. New York: Picador.

Bender-Baird, Kyla. 2016. "Peeing under Surveillance: Bathrooms, Gender Policing, and Hate Violence." *Gender, Place and Culture* 23 (7): 983–88.

Benford, Robert A. e A. Paul Hare. 2015. "Dramaturgical Analysis." In *International Encyclopedia of the Social & Behavioral Sciences*. 2.ed. v.6, 646–50. Oxford: Elsevier.

Benford, Robert D. e Scott A. Hunt. 1992. "Dramaturgy and Social Movements: The Social Construction and Communication of Power." *Sociological Inquiry* 62 (1): 36–55.

Benjamin, Medea. 2013. *Drone Warfare: Killing by Remote Control*. London: Verso.

Bennett, Cory. 2015. "Anonymous Threatens to Unmask Alleged KKK Members." *The Hill*, 31 out. 2015. https://thehill.com/policy/cybersecurity/258721-anonymous-threatens-to-unmask-alleged-kkk-members.

Bennett, Dawn, Sophie Hennekam, Sally Macarthur, Cat Hope e Talisha Goh. 2019. "Hiding Gender: How Female Composers Manage Gender Identity." *Journal of Vocational Behavior* 113: 20–32.

Bentham, Jeremy. 1843. "An Essay on Political Tactics." In *The Works of Jeremy Bentham*. v.2, 299–373. Edinburgh: William Tait.

Berger, Peter L. e Thomas Luckmann. 1966. *The Social Construction of Reality: A Treatise in the Sociology of Knowledge*. New York: Doubleday.

Bernstein, Elizabeth. 2007. *Temporarily Yours: Intimacy, Authenticity, and the Commerce of Sex*. Chicago: University of Chicago Press.

Bessler, John D. 1997. *Death in the Dark: Midnight Executions in America*. Boston: Northeastern University Press.

Bhatia, Michael V. 2005. "Fighting Words: Naming Terrorists, Bandits, Rebels, and Other Violent Actors." *Third World Quarterly* 26 (1): 5–22.

Bianco, Katalina M. 2008. "The Subprime Lending Crisis: Causes and Effects of the Mortgage Meltdown." CCH. https://business.cch.com/images/banner/subprime.pdf.

Blee, Kathleen e Amy McDowell. 2013. "The Duality of Spectacle and Secrecy: A Case Study of Fraternalism in the 1920s US Ku Klux Klan." *Ethnic and Racial Studies* 36 (2): 249–65.

Blinder, Alan. 2015. "States Consider Awarding Lottery Winners Something Else: Anonymity." *New York Times*, 26 mar. 2015. https://www.nytimes.com/2015/03/26/us/states-consider-awarding-lottery-winners-something-else-anonymity.html.

Bosk, Charles L. (1979) 2003. *Forgive and Remember: Managing Medical Failure*. 2.ed. Chicago: University of Chicago Press.

Bossy, John. 1975. "The Social History of Confession in the Age of Reformation." *Transaction of the Royal Historical Society* 25: 21–38.

Bouie, Jamelle. 2015. "Christian Soldiers." *Slate*, 10 fev. 2015. https://slate.com/news-and-politics/2015/02/jim-crow-souths-lynching-ofblacks-and-christianity-the-terror-inflicted-by-whites-was-considered-a-religious-ritual.html.

Bourdieu, Pierre. 1984. *Distinction: A Social Critique of the Judgement of Taste*. Cambridge, MA: Harvard University Press.

Boxer, Sarah. 2005. "Bless Me, Blog, for I've Sinned." *New York Times*, 31 maio 2005. https://www.nytimes.com/2005/05/31/arts/design/bless-me-blog-for-ive-sinned.html.

Boyarin, Daniel. (2005) 2019. "The Yavneh-Cycle of the Stammaim and the Invention of the Rabbis." In *Creation and Composition: The Contribution of the Bavli Redactors (Stammaim) to the Aggada*, editado por Jeffrey L. Rubenstein, 237–89. Tübingen: Mohr Siebeck.

Boyd, Richard e Laura K. Field. 2016. "Blind Injustice: Theorizing Anonymity and Accountability in Modern Democracies." *Polity* 48 (3): 332–58.

Brandon, Kathleen J. 2013. "A Grounded Theory Study of Contemporary Christian Attitudes to Theatre." Tese de doutorado, Wayne State University.

Bray, Mark. 2017. *Antifa: The Anti-Fascist Handbook*. Brooklyn: Melville House.

Brazier, Frances, Anja Oskamp, Corien Prins, Maurice Schellekens e Niek Wijngaards. 2004. "Anonymity and Software Agents: An Interdisciplinary Challenge." *Artificial Intelligence and Law* 12: 137–57.

Brekhus, Wayne H. 1996. "Social Marking and the Mental Coloring of Identity: Sexual Identity Construction and Maintenance in the United States." *Sociological Forum* 11: 497–522.

Brekhus, Wayne H. 1998. "A Sociology of the Unmarked: Redirecting Our Focus." *Sociological Theory* 16 (1): 34–51.

Brekhus, Wayne H. 2003. *Peacocks, Chameleons, Centaurs: Gay Suburbia and the Grammar of Social Identity*. Chicago: University of Chicago Press.

Brekhus, Wayne H. 2007. "The Rutgers School: A Zerubavelian Culturalist Cognitive Sociology." *European Journal of Social Theory* 10 (3): 448–64.

Brennan, Geoffrey e Philip Pettit. 2008. "Esteem, Identifiability, and the Internet." In *Information Technology and Moral Philosophy*, editado por Jeroen van den Hoven e John Weckert, 175–94. Cambridge, UK: Cambridge University Press.

Brewster, Jack. 2021. "'We All Got Played': QAnon Followers Implode after Big Moment Never Comes." *Forbes*, 20 jan. 2021. https://www.

forbes.com/sites/jackbrewster/2021/01/20/we-all-got-played-qanon-followers-implode-after-big-moment-never-comes.

Brissett, Dennis e Charles Edgley. 1990. "The Dramaturgical Perspective." In *Life as Theater: A Dramaturgical Source Book*, editado por Dennis Brissett e Charles Edgley, 1–50. New York: Aldine de Gruyter.

Brooks, Anthony. 2010. "Housing Nightmare Upends Family, Enriches Investor." NPR, 12 dez. 2010. https://www.npr.org/2010/12/20/132146568/housing-nightmare-upends-family-enriches-investor.

Brooks, Ethel C. 2007. *Unraveling the Garment Industry: Transnational Organizing and Women's Work*. Minneapolis: University of Minnesota Press.

Brunstetter, Daniel e Megan Braun. 2011. "The Implications of Drones on the Just War Tradition." *Ethics & International Affairs* 25 (3): 337–58.

Budden, Amber E., Tom Tregenza, Lonnie W. Aarssen, Julia Koricheva, Roosa Leimu e Christopher J. Lortie. 2008. "Double-Blind Review Favours Increased Representation of Female Authors." *Trends in Ecology and Evolution* 23 (1): 4–6.

Burke, Kenneth. (1945) 1969. *A Grammar of Motives*. Berkeley: University of California Press.

Burrowes, G. Delano. 2021. "My White Teacher Used a POC Pen Name to Sell Her Book. Should I Have Outed Her?" *HuffPost*, 2 nov. 2021. https://www.huffpost.com/entry/teacher-black-student-book-racism_n_617feafde4b09314321ac0e3.

Burrows, Sara. 2020. "'Guerilla Grafters' Secretly Graft Fruit-Bearing Branches onto Sterile City Trees." *Return to Now*, 30 mar. 2020. https://returntonow.net/2020/05/30/guerilla-grafters-secretly-graft-fruit-bearing-branches-onto-sterile-city-trees/.

Bush, Kenneth. 2013. "The Politics of Post-Conflict Space: The Mysterious Case of Missing Graffiti in 'Post-Troubles' Northern Ireland." *Contemporary Politics* 19 (2): 167–89.

Butler, Judith. 1990. *Gender Trouble: Feminism and the Subversion of Identity*. New York: Routledge.

Butler, Judith. 1991. "Imitation and Gender Insubordination." In *Inside/Out: Lesbian Theories, Gay Theories*, editado por Diana Fuss, 13–31. New York: Routledge.

Butler, Judith. 2009. *Frames of War: When Is Life Grievable?* London: Verso.

Calame, Claude. 1986. "Facing Otherness: The Tragic Mask in Ancient Greece." *History of Religions* 26 (2): 125–42.

Campbell, Andy. 2018. "The QAnon Conspiracy Has Stumbled into Real Life, and It's Not Going to End Well." *HuffPost*, 24 jul. 2018. https://www.huffpost.com/entry/qanon-conspiracy-real-life_n_5b54bbafe4b0b15aba8fe484.

Cancialosi, Chris. 2015. "Is Your Anonymous Employee Survey Doing More Harm than Good?" *Forbes*, 12 jan. 2015. https://www.forbes.com/sites/chriscancialosi/2015/01/12/is-your-anonymous-employee-survey-doing-more-harm-than-good/.

Carter, Jane Burr. 1987. "The Masks of Ortheia." *American Journal of Archeology* 91 (3): 355–83.

Cavanagh, Sheila L. 2010. *Queering Bathrooms: Gender, Sexuality, and the Hygienic Imagination*. Toronto: University of Toronto Press.

Chand, Daniel E. 2017. "'Dark Money' and 'Dirty Politics': Are Anonymous Ads More Negative?" *Business and Politics* 19 (3): 454–81.

Cheong, George S. C. 1979. "Students' Evaluations of Instructors: Before and After the Examination, Names Identified *versus* Anonymous." *Canadian Journal of Higher Education* 9 (1): 80–86.

Christopherson, Kimberly M. 2007. "The Positive and Negative Implications of Anonymity in Internet Social Interactions: 'On the Internet, Nobody Knows You're a Dog.'" *Computers in Human Behavior* 23 (6): 3038–56.

Churchill, Ward e Jim Vander Wall. 1990. *The COINTELPRO Papers: Documents from the FBI's Secret Wars against Dissent in the United States*. Cambridge, MA: South End Press.

Ciuraru, Carmela. 2011. *Nom De Plume: A (Secret) History of Pseudonyms*. New York: HarperCollins.

Clendinen, Dudley. 2003. "Dr. John Fryer, 65, Psychiatrist Who Said in 1972 He Was Gay." Obituary. *New York Times*, 5 mar. 2003. https://www.nytimes.com/2003/03/05/us/dr-john-fryer-65-psychiatrist-who-said-in-1972-he-was-gay.html.

Cole, Caroline M. 1991. "'Oh Wise Women of the Stalls . . .'" *Discourse & Society* 2 (4): 401–11.

Coleman, Gabriella. 2014. *Hacker, Hoaxer, Whistleblower, Spy: The Many Faces of Anonymous*. London: Verso.

Collins, Patricia Hill. (1990) 2000. *Black Feminist Thought: Knowledge, Consciousness, and the Politics of Empowerment*. London: Routledge.

Collins, Patricia Hill. 2019. *Intersectionality as Critical Social Theory*. Durham, NC: Duke University Press.

Colman, David. 2011. "Challenging the Second 'A' in A.A." *New York Times*, 6 maio 2011. https://www.nytimes.com/2011/05/08/fashion/08anon.html.

Colonomos, Ariel. 2016. "Precision Warfare and the Case for Symmetry: Targeted Killings and Hostage Taking." In *Transformations of Warfare in the Contemporary World*, editado por John C. Torpey e David Jacobson, 134–52. Philadelphia: Temple University Press.

Connerton, Paul. 2008. "Seven Types of Forgetting." *Memory Studies* 1 (1): 59–71.

Constantine, Amy. 1996. "What's in a Name? McIntyre v. Ohio Elections Commission: An Examination of the Protection Afforded to Anonymous Political Speech." *Connecticut Law Review* 29: 459–83.

Contreras, Randol. 2019. "Transparency and Unmasking Issues in Ethnographic Crime Research: Methodologic Considerations." *Sociological Forum* 34 (2): 293–312.

Cooley, Charles Horton. 1902. *Human Nature and the Social Order*. New York: Charles Scribner's Sons.

Cooper, Anderson. 2021. "Former QAnon Supporter to Cooper: I Apologize for Thinking You Ate Babies." CNN, 30 jan. 2021. https://www.cnn.com/videos/us/2021/01/30/anderson-cooper-former-qanon-supporter-special-report-sot-ac360-vpx.cnn.

Cornwell, John. 2014. *The Dark Box: A Secret History of Confession*. New York: Basic Books.

Coser, Lewis A. 1971. *Masters of Sociological Thought: Ideas in Historical and Social Context*. New York: Harcourt Brace Jovanovich.

Coughlin, John J. 2011. "The Perennial Value of the Traditional Confessional." *Sacred Architecture* 20: 9–10.

Crenshaw, Kimberle. 1991. "Mapping the Margins: Intersectionality, Identity Politics, and Violence against Women of Color." *Stanford Law Review* 43 (6): 1241–99.

Crow, Graham e Rose Wiles. 2008. "Managing Anonymity and Confidentiality in Social Research: The Case of Visual Data in Community Research." *ESRC National Centre for Research Methods*. NCRM Working Paper Series. http://eprints.ncrm.ac.uk/459/.

Curlew, Abigail E. 2019. "Undisciplined Performativity: A Sociological Approach to Anonymity." *Social Media + Society* 5 (1): 1–14. https://doi.org/10.1177/2056305119829843.

Cusk, Rachel. 2015. "'The Story of the Lost Child,' by Elena Ferrante." *New York Times Book Review*, 30 ago. 2015. https://www.nytimes.

com/2015/08/30/books/review/the-story-of-the-lost-child-by-elena-ferrante.html.

Daniels, Arlene. 1987. "Invisible Work." *Social Problems* 34 (5): 403–15.

Dante, Ed. 2010. "The Shadow Scholar." *Chronicle Review*, 12 nov. 2010. https://www.chronicle.com/article/The-Shadow-Scholar/125329.

Dao, James. 2013. "Drone Pilots Are Found to Get Stress Disorders Much as Those in Combat Do." *New York Times*, 22 fev. 2013. https://www.nytimes.com/2013/02/23/us/drone-pilots-found-to-get-stress-disorders-much-as-those-in-combat-do.html.

Darley, John M. e Bibb Latané. 1968. "Bystander Intervention in Emergencies: Diffusion of Responsibility." *Journal of Personality and Social Psychology* 8 (4): 377–83.

Davidson, Sandra e Michael Barajas. 2014. "Masking the Executioner and the Source of Execution Drugs." *Saint Louis University Law Journal* 59 (1): 45–95.

DeGloma, Thomas. 2004. "'Safe Space' and Contested Memories: Survivor Movements and the Foundation of Alternative Mnemonic Traditions." Trabalho apresentado na conferência Spaces of Memory, Spaces of Violence, New School University, New York, abr. 2004.

DeGloma, Thomas. 2007. "The Social Logic of 'False Memories': Symbolic Awakenings and Symbolic Worlds in Survivor and Retractor Narratives." *Symbolic Interaction* 30 (4): 543–65.

DeGloma, Thomas. 2014a. *Seeing the Light: The Social Logic of Personal Discovery*. Chicago: University of Chicago Press.

DeGloma, Thomas. 2014b. "The Unconscious in Cultural Dispute: On the Ethics of Psychosocial Discovery." In *The Unhappy Divorce of Psychoanalysis and Sociology: Diverse Perspectives on the Psychosocial*, editado por Lynn Chancer e John Andrews, 77–98. London: Palgrave Macmillan.

DeGloma, Thomas. 2015. "The Strategies of Mnemonic Battle: On the Alignment of Autobiographical and Collective Memories in Conflicts over the Past." *American Journal of Cultural Sociology* 3 (1): 156–90.

DeGloma, Thomas e Erin F. Johnston. 2019. "Cognitive Migrations: A Cultural and Cognitive Sociology of Personal Transformation." In *Oxford Handbook of Cognitive Sociology*, editado por Wayne H. Brekhus e Gabe Ignatow, 623–42. Oxford: Oxford University Press.

DeGloma, Thomas e Max Papadantonakis. 2020. "The Thematic Lens: A Formal and Cultural Framework for Comparative Ethnographic

Analysis." In *Comparative Ethnography*, editado por Corey M. Abramson e Neil Gong, 88–110. New York: Oxford University Press.

DeGloma, Thomas e Julie B. Wiest. 2022. "On the Multidimensional Foundations of Meaning in Social Life: An Invitation to the Series *Interpretive Lenses in Sociology*." Open Access. Bristol, UK: Bristol University Press. https://bristoluniversitypress.co.uk/asset/11003/de-gloma-wiest-series-editors-article.pdf.

De Hert, Paul. 2003. "The Case of Anonymity in Western Political Philosophy: Benjamin Constant's Refutation of Republican and Utilitarian Arguments against Anonymity." In *Digital Anonymity and the Law: Tensions and Dimensions*, editado por C. Nicoll, J. E. J. Prins e M. J. M. van Dellen, 47–97. The Hague: Asser Press.

de Montjoye, Yves-Alexandre, César A. Hidalgo, Michel Verleysen e Vincent D. Blondel. 2013. "Unique in the Crowd: The Privacy Bounds of Human Mobility." *Scientific Reports* 3:1376. https://www.nature.com/articles/srep01376#Sec6.

Denzin, Norman K. 1987. *The Recovering Alcoholic*. Newbury Park, CA: Sage.

DeVault, Marjorie L. 1994. *Feeding the Family: The Social Organization of Caring as Gendered Work*. Chicago: University of Chicago Press.

Dias, Karen. 2003. "The Ana Sanctuary: Women's Pro-Anorexia Narratives in Cyberspace." *Journal of International Women's Studies* 4 (2): 31–45.

Diener, Edward. 1976. "Effects of Prior Destructive Behavior, Anonymity, and Group Presence on Deindividuation and Aggression." *Journal of Personality and Social Psychology* 33 (5): 497–507.

Diener, Edward, Scott C. Fraser, Arthur L. Beaman e Roger T. Kelem. 1976. "Effects of Deindividuation Variables on Stealing among Halloween Trick-or-Treaters." *Journal of Personality and Social Psychology* 33 (2): 178–83.

Dixon, Thomas, Jr. 1905. *The Clansman: An Historical Romance of the Ku Klux Klan*. New York: Doubleday, Page & Company. https://archive.org/details/clansmanhistoric00dixouoft/mode/2up?ref=ol&view=-theater.

Dixon, Thomas, Jr. 1907. *The Traitor: The Story of the Fall of the Invisible Empire*. New York: Doubleday, Page and Company. https://www.gutenberg.org/files/54766/54766-h/54766-h.htm.

Donegan, Moira. 2018. "I Started the Media Men List: My Name Is Moira Donegan." *The Cut*, 10 jan. 2018. https://www.thecut.com/2018/01/moira-donegan-i-started-the-media-men-list.html.

Douglas, Jack D., Paul K. Rasmussene Carol Ann Flanagan. 1977. *The Nude Beach*. Beverly Hills, CA: Sage.

Douglass, Frederick. 1845. *Narrative of the Life of Frederick Douglass, an American Slave*. Boston: The Anti-Slavery Office. https://docsouth.unc.edu/neh/douglass/douglass.html.

Dowling, Conor M. e Amber Wichowsky. 2013. "Does It Matter Who's Behind the Curtain? Anonymity in Political Advertising and the Effects of Campaign Finance Disclosure." *American Politics Research* 41 (6): 965–96.

Doyle, Tony e Judy Veranas. 2014. "Public Anonymity and the Connected World." *Ethics and Information Technology* 16 (3): 207–18.

Du Bois, W. E. B. (1903) 1995. *The Souls of Black Folk*. New York: Penguin Books.

Dubrovsky, Vitaly J., Sara Kiesler e Beheruz N. Sethna. 1991. "The Equalization Phenomenon: Status Effects in Computer-Mediated and Face-to-Face Decision-Making Groups." *Human-Computer Interaction* 6 (2): 119–46.

Duclos, Diane. 2019. "When Ethnography Does Not Rhyme with Anonymity: Reflections on Name Disclosure, Self-Censorship, and Storytelling." *Ethnography* 20 (2): 175–83.

Dunbar, John e David Donald. 2009. "The Roots of the Financial Crisis: Who Is to Blame?" The Center for Public Integrity, 6 maio 2009. https://www.publicintegrity.org/2009/05/06/5449/roots-financial-crisis-who-blame.

Durkheim, Émile. (1912) 1995. *The Elementary Forms of Religious Life*. New York: Free Press.

Easley, Alexis. 2004. *First-Person Anonymous: Women Writers and Victorian Print Media, 1830–70*. Aldershot, UK: Ashgate.

Eisen, Joshua Evan. 2013. "Stammaitic Activity versus Stammaitic Chronology: Anonymity's Impact on the Legal Narrative of the Babylonian Talmud." Tese de doutorado, Columbia University.

Eliasoph, Nina e Paul Lichterman. 2003. "Culture in Interaction." *American Journal of Sociology* 108 (4): 735–94.

Ellison, Ralph. (1952) 1995. *Invisible Man*. New York: Vintage International.

Elliston, Frederick A. 1982. "Anonymity and Whistleblowing." *Journal of Business Ethics* 1 (3): 167–77.

Ellsworth-Jones, Will. 2012. *Banksy: The Man Behind the Wall*. London: Aurum Press.

Emanuel, Linda L. e Leigh B. Bienen. 2016. "Physician Participation in Executions: Time to Eliminate Anonymity Provisions and Protest the Practice." *Annals of Internal Medicine* 135 (10): 922–24.

Emerson, Joan P. 1970. "Behavior in Private Places: Sustaining Definitions of Reality in Gynecological Examinations." In *Recent Sociology No. 2: Patterns of Communicative Behavior*, editado por Hans-Peter Dreitzel, 74–97. London: Macmillan.

Enzensberger, Hans Magnus. 2000. Prefácio a *A Woman in Berlin: Eight Weeks in the Conquered City*. New York: Picador.

Eren, Colleen P. 2017. *Bernie Madoff and the Crisis: The Public Trial of Capitalism*. Stanford, CA: Stanford University Press.

Eyerman, Ron. 2006. "Performing Opposition or, How Social Movements Move." In *Social Performance: Symbolic Action, Cultural Pragmatics, and Ritual*, editado por Jeffrey C. Alexander, Bernhard Giesen e Jason L. Mast, 193–217. Cambridge: Cambridge University Press.

Ezell, Margaret J. M. 2003. "'By a Lady': The Mask of the Feminine in Restoration, Early Eighteenth-Century Print Culture." In *The Faces of Anonymity: Anonymous and Pseudonymous Publication from the Sixteenth to the Twentieth Century*, editado por Robert J. Griffin, 63–79. New York: Palgrave Macmillan.

Fanon, Frantz. (1952) 2008. *Black Skin, White Masks*. New York: Grove Press.

Fantz, Ashley. 2008. "Forgive Us, Father; We'd Rather Go Online." CNN, 13 mar. 2008. http://edition.cnn.com/2008/LIVING/wayoflife/03/13/online.confessions/.

Farber, Neil J, Brian M. Aboff, Joan Weiner, Elizabeth B. Davis, E. Gil Boyer e Peter A. Ubel. 2001. "Physicians' Willingness to Participate in the Process of Lethal Injection for Capital Punishment." *Annals of Internal Medicine* 135 (10): 884–88.

Farrall, Kenneth. 2012. "Online Collectivism, Individualism and Anonymity in East Asia." *Surveillance and Society* 9 (4): 424–40.

Fausset, Richard. 2017. "Bathroom Law Repeal Leaves Few Pleased in North Carolina." *New York Times*, 30 mar. 2017. https://www.nytimes.com/2017/03/30/us/north-carolina-senate-acts-to-repeal-restrictive-bathroom-law.html.

Feldman, Paula R. 2002. "Women Poets and Anonymity in the Romantic Era." *New Literary History* 33 (2): 279–89.

Ferrante, Elena. 2016. *Frantumaglia: A Writer's Journey*. New York: Edizioni E/O.

Ferri, Sandro e Sandra Ferri. 2015. "Elena Ferrante, Art of Fiction No. 228." *Paris Review* 212: 210–32.

Fine, Gary Alan. 1991. "On the Macrofoundations of Microsociology: Constraint and the Exterior Reality of Structure." *Sociological Quarterly* 32 (2): 161–77.

Fine, Gary Alan. 2001. *Difficult Reputations: Collective Memories of the Evil, Inept, and Controversial*. Chicago: University of Chicago Press.

Fine, Gary Alan. 2012. *Tiny Publics: A Theory of Group Action and Culture*. New York: Russell Sage Foundation.

Fine, Gary Alan. 2015. *Player and Pawns: How Chess Builds Community and Culture*. Chicago: University of Chicago Press.

Fine, Gary Alan. 2019. "Moral Cultures, Reputation Work, and the Politics of Scandal." *Annual Review of Sociology* 45: 247–64.

Fine, Gary Alan. 2021. *The Hinge: Civil Society, Group Cultures, and the Power of Local Commitments*. Chicago: University of Chicago Press.

Fish, Stanley. 2010. "Student Evaluations, Part Two." *New York Times*, 28 jun. 2010. https://opinionator.blogs.nytimes.com/2010/06/28/student-evaluations-part-two/?r=0.

Foley, Sean, Jonathan R. Karlsen e Tālis J. Putniŋš. 2019. "Sex, Drugs, and Bitcoin: How Much Illegal Activity Is Financed through Cryptocurrencies?" *Review of Financial Studies* 32 (5): 1798–853.

Forest, N. B. 1868. "An Interview with the Rebel Cavalryman – He Thinks He Could Raise 40,000 Men in Five Days – Half a Million Kuklux in the South." *New York Times*, 3 set. 1868.

Fossett, Judith Jackson. 1997. "(K)Night Riders in (K)Night Gowns: The Ku Klux Klan, Race, and Constructions of Masculinity." In *Race Consciousness: African-American Studies for the New Century*, editado por Judith Jackson Fossett e Jeffrey A. Tucker, 35–49. New York: NYU Press.

Foucault, Michel. (1969) 1977. "What Is an Author?" In *Language, Counter-Memory, Practice*, 113–38. Ithaca, NY: Cornell University Press.

Foucault, Michel. (1975) 1995. *Discipline and Punish: The Birth of the Prison*. New York: Vintage Books.

Foucault, Michel. (1978) 1990. *The History of Sexuality*. v.1. New York: Vintage Books.

Francescani, Chris. 2020. "The Men Behind Qanon." *ABC News*, 22 dez. 2020. https://abcnews.go.com/Politics/men-qanon/story?id=73046374.

Frank, Arthur W. 1995. *The Wounded Storyteller: Body, Illness, and Ethics*. Chicago: University of Chicago Press.

Fraser, Nancy. 1990. "Rethinking the Public Sphere: A Contribution to the Critique of Actually Existing Democracy." *Social Text* 25/26: 56–80.

Freud, Sigmund. (1930) 1961. *Civilization and Its Discontents*. New York: W. W. Norton.

Friedman, Asia. 2013. *Blind to Sameness: Sexpectations and the Social Construction of Male and Female Bodies*. Chicago: University of Chicago Press.

Friedrichs, David O. 2013. "Wall Street: Crime Never Sleeps." In *How They Got Away with It: White Collar Criminals and the Financial Meltdown*, editado por Susan Will, Stephen Handelman e David C. Brotherton, 3–25. New York: Columbia University Press.

Frois, Catarina. 2009a. *The Anonymous Society: Identity, Transformation, and Anonymity in 12 Step Associations*. Newcastle upon Tyne, UK: Cambridge Scholars Publishing.

Frois, Catarina. 2009b. "Anonymity in 12-Step Groups: An Anthropological Approach." In *Contours of Privacy*, editado por David Matheson, 85–105. Newcastle upon Tyne, UK: Cambridge Scholars Publishing.

Froomkin, A. Michael. 1995. "Anonymity and Its Enmities." *1 Journal of Online Law*, art. 4. https://ssrn.com/abstract=2715621.

Froomkin, A. Michael. 1999. "Legal Issues in Anonymity and Pseudonymity." *The Information Society* 15 (2): 113–27.

Froomkin, A. Michael. 2003. "Anonymity in the Balance." In *Digital Anonymity and the Law: Tensions and Dimensions*, editado por C. Nicoll, J. E. J. Prins e M. J. M. van Dellen, 5–46. The Hague: Asser Press.

Fry, Gladys-Marie. (1975) 2001. *Night Riders in Black Folk History*. Chapel Hill: University of North Carolina Press.

Fryer, John Ercel. 1972. "Speech of 'Dr. Henry Anonymous' [John Fryer] at the American Psychiatric Association 125th Annual Meeting." 2 maio 1972. http://digitalhistory.hsp.org/pafrm/doc/speech-dr-henry-anonymous-john-fryer-american-psychiatric-association-125th-annual-meeting.

Gage, Beverly. 2014. "What an Uncensored Letter to M.L.K. Reveals." *New York Times Magazine*. https://www.nytimes.com/2014/11/16/magazine/what-an-uncensored-letter-to-mlk-reveals.html.

Gallagher, Brian. 2018. "Larry David and the Game Theory of Anonymous Donations." *Nautilus*, 8 jun. 2018. http://nautil.us/blog/larry-david-and-the-game-theory-of-anonymous-donations.

Gardner, James A. 2011. "Anonymity and Democratic Citizenship." *William & Mary Bill of Rights Journal* 19: 927–57.

Garfinkel, Harold. 1967. *Studies in Ethnomethodology*. Cambridge: Polity Press.

Garland, David. 2006. "Concepts of Culture in the Sociology of Punishment." *Theoretical Criminology* 10 (4): 419–47.

Garland, David. 2009. "A Cultural Theory of Punishment?" *Punishment and Society* 11 (2): 259–68.

Garland, David. 2010. *Peculiar Institution: America's Death Penalty in an Age of Abolition*. Cambridge, MA: Harvard University Press.

Garner, Martin L. 2012. "For the Sake of One Child: Privacy, Anonymity, and Confidentiality in Libraries." *Journal of Information Ethics* 21 (1): 12–20.

Gatti, Claudio. 2016. "Elena Ferrante: An Answer?" *New York Review of Books*, 2 out. 2016. https://www.nybooks.com/daily/2016/10/02/elena-ferrante-an-answer/.

Gawande, Atul. 2006. "When Law and Ethics Collide – Why Physicians Participate in Executions." *New England Journal of Medicine* 354 (12): 1221–29.

Geertz, Clifford. 1973. "Thick Description: Toward an Interpretive Theory of Culture." In *The Interpretation of Cultures*, 3–30. New York: Basic Books.

Geue, Tom. 2016. "Elena Ferrante Has Her Reasons for Anonymity – We Should Respect Them." *The Conversation*, 3 out. 2016. https://theconversation.com/elena-ferrante-has-her-reasons-for-anonymity-we-should-respect-them-66436.

Giddens, Anthony. 1990. *The Consequences of Modernity*. Stanford, CA: Stanford University Press.

Giddens, Anthony. 1991. *Modernity and Self-Identity: Self and Society in the Late Modern Age*. Stanford, CA: Stanford University Press.

Gilbert, David. 2014. "Anonymous: Ferguson Killer Cop Darren Wilson 'Linked to KKK Ghoul Squad.'" *International Business Times*, 21 nov. 2014. https://www.ibtimes.co.uk/anonymous-ferguson-killer-cop-darren-wilson-linked-kkk-ghoul-squad-1475953.

Gilbert, Sophie. 2017. "Why Men Pretend to Be Women to Sell Thrillers." *The Atlantic*, 3 ago. 2017. https://www.theatlantic.com/entertain

ment/archive/2017/08/men-are-pretending-to-be-women-to-write-books/535671/.

Gill, Lauren. 2020. "Alabama Executes Nathaniel Woods Despite Claims That He Was an 'Innocent Man.'" *The Appeal*, 6 mar. 2020. https://theappeal.org/alabama-executes-nathaniel-woods-despite-claims-that-he-was-an-innocent-man/.

Gilligan, Heather. 2017. "The Black Bloc Protestors in Hoodies Started in Germany in the Late 1970s." *Timeline*, 7 fev. 2017. https://www.timeline.com/black-bloc-started-1980s-e228bf3981b4#.qi69bfpm0.

Gioia, Ted. 2017. "Banksy, Daft Punk, Elena Ferrante: The New Cult of the Anonymous Artist." *Daily Beast*. Atualizado 13 abr. 2017. https://www.thedailybeast.com/banksy-daft-punk-elena-ferrante-the-new-cult-of-the-anonymous-artist?ref=scroll.

Girgis, Linda. 2014. "The Value of Anonymity in Online Medical Crowdsourcing Communities." *MedCity News*, 10 dez. 2014. https://medcitynews.com/2014/12/value-anonymity-online-medical-crowdsourcing-communities.

Gladwell, Malcolm. 2005. *Blink: The Power of Thinking without Thinking*. New York: Little, Brown.

Glaser, Barney G. e Anselm L. Strauss. (1967) 2008. *The Discovery of Grounded Theory: Strategies for Qualitative Research*. New Brunswick, NJ: Aldine Transaction.

Glazer, Amihai e Kai A. Konrad. 1996. "A Signalizing Explanation for Charity." *American Economic Review* 86 (4): 1019–28.

Glick, Brian. 1989. *War at Home: Covert Action against U.S. Activists and What We Can Do about It*. Cambridge, MA: South End Press.

Goffman, Alice. 2014. *On the Run: Fugitive Life in an American City*. Chicago: University of Chicago Press.

Goffman, Erving. 1959. *The Presentation of Self in Everyday Life*. New York: Anchor Books.

Goffman, Erving. 1961. *Asylums: Essays on the Social Situation of Mental Patients and Other Inmates*. New York: Anchor Books.

Goffman, Erving. 1963. *Stigma: Notes on the Management of a Spoiled Identity*. New York: Simon and Schuster.

Goffman, Erving. 1967. *Interaction Ritual*. New York. Doubleday.

Goffman, Erving. 1969. *Strategic Interaction*. Philadelphia: University of Pennsylvania Press.

Goffman, Erving. (1974) 1986. *Frame Analysis: An Essay on the Organization of Experience*. Boston: Northeastern University Press.

Goldenberg, Suzanne e Esther Addley. 2011. "Outrage in US as 'Lesbian' Bloggers Revealed to Be Men." *The Guardian*, 14 jun. 2011. https://www.theguardian.com/world/2011/jun/14/lesbian-bloggers-revealed-men.

Goldin, Claudia e Cecilia Rouse. 2000. "Orchestrating Impartiality: The Impact of 'Blind' Auditions on Female Musicians." *American Economic Review* 90 (4): 715–41.

Gordon, Lewis R. 1995. *Fanon and the Crisis of European Man: An Essay on Philosophy and the Human Sciences*. New York: Routledge.

Gordon, Lewis R. 1997. "Existential Dynamics of Theorizing Black Invisibility." In *Existence in Black: An Anthology of Black Existential Philosophy*, editado por Lewis R. Gordon, 69–79. New York: Routledge.

Gordon, Linda. 2017. *The Second Coming of the KKK: The Ku Klux Klan of the 1920s and the American Political Tradition*. New York: Liveright.

Gottschalk, Simon. 2010. "The Presentation of Avatars in Second Life: Self and Interaction in Social Virtual Spaces." *Symbolic Interaction* 33 (4): 501–25.

Gottschalk, Simon e Jennifer Whitmer. 2013. "Hypermodern Dramaturgy in Online Encounters." In *The Drama of Social Life: A Dramaturgical Handbook*, editado por Charles Edgley, 309–34. Surrey, UK: Ashgate.

Gould, Roger V. 1995. *Insurgent Identities: Class, Community, and Protest in Paris from 1848 to the Commune*. Chicago: University of Chicago Press.

Grazian, David. 2008. *On the Make: The Hustle of Urban Nightlife*. Chicago: University of Chicago Press.

Griffin, Andrew. 2020. "What Is QAnon? The Origins of Bizarre Conspiracy Theory Spreading Online." *The Independent*, 7 out. 2020. https://www.independent.co.uk/life-style/gadgets-and-tech/news/qanon-explained-what-trump-russia-investigation-pizzagate-a8845226.html.

Griffin, Robert J. 1999. "Anonymity and Authorship." *New Literary History* 30 (4): 877–95.

Groner, Jonathan I. 2002. "Lethal Injection: A Stain on the Face of Medicine." *British Medical Journal* 325 (2): 1026–28.

Grow, Kory. 2016. "Prince, the Secret Philanthropist: 'His Cause Was Humanity.'" *Rolling Stone*, 25 abr. 2016. https://www.rollingstone.com/culture/culture-news/prince-the-secret-philanthropist-his-cause-was-humanity-157700/.

Grygiel, Chris. 2014. "FBI Admits Agent Impersonated Reporter during Criminal Investigation." *San Diego Union-Tribune*, 6 nov. 2014. Associated Press. https://www.sandiegouniontribune.com/sdut-fbi-admits-agent-impersonated-ap-reporter-2014nov06-story.html.

Gubrium, Jaber F. e James A. Holstein. 2000. "The Self in a World of Going Concerns." *Symbolic Interaction* 23 (2): 95–115.

Guerrilla Girls. 2021. "Guerrilla Girls: Reinventing the 'F' Word: Feminism." https://www.guerrillagirls.com/our-story.

Gusterson, Hugh. 2014. "Toward an Anthropology of Drones: Remaking Space, Time, and Valor in Combat." In *The American Way of Bombing: Changing Ethical and Legal Norms, from Flying Fortresses to Drones*, editado por Matthew Evangelista e Henry Shue, 191–206. Ithaca, NY: Cornell University Press.

Habermas, Jürgen. 1987. *The Theory of Communicative Action*. Vol. 2, *Lifeworld and System: A Critique of Functionalist Reason*. Boston: Beacon Press.

Hallett, Tim. 2007. "Between Difference and Distinction: Interaction Ritual through Symbolic Power in an Educational Institution." *Social Psychology Quarterly* 70 (2): 148–71.

Harcourt, Bernard E. 2015. *Exposed: Desire and Disobedience in the Digital Age*. Cambridge, MA: Harvard University Press.

Harding, Luke. 2003. "Row over Naming of Rape Author." *The Guardian*, 4 out. 2003. https://www.theguardian.com/world/2003/oct/05/historybooks.germany.

Harris, David A. 1999. "Driving While Black: Racial Profiling on Our Nation's Highways." An American Civil Liberties Union Special Report, jun. 1999. https://www.aclu.org/report/driving-while-black-racial-profiling-our-nations-highways.

Hastings, Michael. 2012. "The Rise of the Killer Drones: How America Goes to War in Secret." *Rolling Stone*, 16 abr. 2012. https://www.rollingstone.com/politics/politics-news/the-rise-of-the-killer-drones-how-america-goes-to-war-in-secret-231297/.

Hauser, Christine e Karen Zraick. 2019. "New Jersey Family Terrorized by 'The Watcher' Sells Home at a Loss." *New York Times*, 9 ago. 2019. https://www.nytimes.com/2019/08/09/nyregion/the-watcher-house-sold-new-jersey.html.

Henderson, Nia-Malika. 2018. "This New Lynching Memorial Rewrites American History." CNN, 26 abr. 2018. https://www.cnn.com/travel/article/lynching-memorial-montgomery-alabama/index.

html?sr=fbCNN040918lynching-%20memorial-montgomery-alabama0948AMVODtopVideo.

Herman, Jody L. 2013. "Gendered Restrooms and Minority Stress: The Public Regulation of Gender and Its Impact on Transgender People's Lives." *Journal of Public Management & Social Policy* 19 (1): 65–80.

Hipp, Tracy N., Alexandra L. Bellis, Bradley L. Goodnight, Carolyn L. Brennan, Kevin M. Swartout e Sarah L. Cook. 2017. "Justifying Sexual Assault: Anonymous Perpetrators Speak Online." *Psychology of Violence* 7 (1): 82–90.

Hoffman, Moshe, Christian Hilbe e Martin A. Nowak. 2018. "The Signal-Burying Game Can Explain Why We Obscure Positive Traits and Good Deeds." *Nature Human Behaviour* 2:397–404.

Holland, Gale. 2012. "An Ugly Foreclosure Story, Starring Bank of America." *Los Angeles Times*, 13 abr. 2012. https://www.latimes.com/local/la-xpm-2012-apr-13-la-me-holland-20120413-story.html.

Holquist, Michael. 1985. Prologue to *Rabelais and His World*, xiii–xxiii. Bloomington: Indiana University Press.

Holstein, James A. e Jaber F. Gubrium. 2000. *The Self We Live By: Narrative Identity in a Postmodern World*. New York: Oxford University Press.

Homer. (~800 BCE) 1994–2009. *The Odyssey*. Traduzido por Samuel Butler. Internet Classics Archive. http://classics.mit.edu/Homer/odyssey.html.

Honigmann, John J. 1977. "The Masked Face." *Ethos* 5 (3): 263–80.

Hornum, Finn. 1968. "The Executioner: His Role and Status in Scandinavian Society." In *Sociology and Everyday Life*, editado por Marcello Truzzi, 125–37. Englewood Cliffs, NJ: Prentice-Hall.

Horowitz, Michael C. 2016. "The Ethics and Morality of Robotic Warfare: Assessing the Debate over Autonomous Weapons." *Dadalus* 145 (4): 25–36.

Hubbard, Phil. 2002. "Sexing the Self: Geographies of Engagement and Encounter." *Social & Cultural Geography* 3 (4): 365–81.

Humphreys, Laud. (1970) 2017. *Tearoom Trade: Impersonal Sex in Public Places*. Abington, UK: Routledge.

Irvine, Leslie. 1999. *Codependent Forevermore: The Invention of Self in a Twelve Step Group*. Chicago: University of Chicago Press.

Ivie, Robert L. 2005. "Savagery in Democracy's Empire." *Third World Quarterly* 26 (1): 55–65.

Japenga, Ann. 1989. "Mystery Hangman Sets Off a Washington Controversy." *Los Angeles Times*, 12 abr. 1989. https://www.latimes.com/archives/la-xpm-1989-04-12-vw-1826-story.html.

Jerolmack, Colin e Alexandra K. Murphy. 2019. "The Ethical Dilemmas and Social Scientific Trade-Offs of Masking in Ethnography." *Sociological Methods and Research* 48 (4): 801–27.

Johnson, James H. 2001. "Versailles, Meet Les Halles: Masks, Carnival, and the French Revolution." *Representations* 73 (1): 89–116.

Johnson, James H. 2011. *Venice Incognito: Masks in the Serene Republic*. Berkeley: University of California Press. Edição Kindle.

Johnson, Martha. 1992. "Reflections of Inner Life: Masks and Masked Acting in Ancient Greek Tragedy and Japanese Noh Drama." *Modern Drama* 35 (1): 20–34.

Jones, Zoey e Stacey Hannem. 2018. "Escort Clients' Sexual Scripts and Constructions of Intimacy in Commodified Sexual Relationships." *Symbolic Interaction* 41 (4): 488–512.

Jospeh, Jisha. 2021. "Teen Spent over a Year Raising $10k for a Baby Drop-Off Box. So Far, 12 Babies Have Been Left Inside." *Upworthy*, 29 out. 2021. https://scoop.upworthy.com/indiana-teen-raised-ten-thousand-dollars-baby-drop-off-box-receives-first-newborn.

Jutel, Annemarie. 2019. "'The Expertness of His Healer': Diagnosis, Disclosure and the Power of a Profession." *Health: An Interdisciplinary Journal for the Social Study of Health, Illness and Medicine* 23 (3): 289–305.

Kang, Jerry. 2000. "Cyber-Race." *Harvard Law Review* 113 (5): 1130–1208.

Karp, David A. 1973. "Hiding in Pornographic Bookstores: A Reconsideration of the Nature of Urban Anonymity." *Urban Life and Culture* 1 (4): 427–51.

Katz, Emily Tess. 2015. "This Woman Was Catfished for 12 Years." *HuffPost*. https://www.huffpost.com/entry/this-woman-was-catfished-for-12-years_%20n%20_55b291b3e4b0224d88323be9.

Kessler, Suzanna J. e Wendy McKenna. 1978. *Gender: An Ethnomethodological Approach*. Chicago: University of Chicago Press.

Khan, Shamus. 2019. "The Subpoena of Ethnographic Data." *Sociological Forum* 34 (1): 253–63.

Kiel, Paul. 2012. "The Great American Foreclosure Story: The Struggle for Justice and a Place to Call Home." ProPublica, 10 abr. 2012. https://www.propublica.org/article/the-great-american-foreclosure-story-the-struggle-for-justice-and-a-place-t.

Kiesler, Sara, Jane Siegel e Timothy W. McGuire. 1984. "Social Psychological Aspects of Computer-Mediated Communication." *American Psychologist* 39 (10): 1123–34.

Kilcullen, David e Andrew McDonald Exum. 2009. "Death from Above, Outrage Down Below." *New York Times*, 16 maio 2009. https://www.nytimes.com/2009/05/17/opinion/17exum.html.

Kilgannon, Corey. 1999. "An Asphalt Mystery Examined." *New York Times*. 25 abr. 1999. https://archive.nytimes.com/www.nytimes.com/library/tech/99/04/biztech/articles/25onli.html.

Kim, Kyung Kyu, Ae Ri Lee e Un-Kon Lee. 2019. "Impact of Anonymity on Roles of Personal and Group Identities in Online Communities." *Information & Management* 56(1): 109–21.

Kinney, Alison. 2016. "Off with His Hood." *History Today*. Jun. 2016: 28–35.

Kinser, Samuel. 1990. *Carnival, American Style: Mardi Gras at New Orleans and Mobile*. Chicago: University of Chicago Press.

Kirchgaessner, Stephanie. 2016. "Elena Ferrante: Literary Storm as Italian Reporter 'Identifies' Author." *The Guardian*, 2 out. 2016. https://www.theguardian.com/world/2016/oct/02/elena-ferrante-literary-storm-as-italian-reporter-identifies-author.

Kirkpatrick, David D. 2022. "Who Is Behind QAnon? Linguistic Detectives Find Fingerprints." *New York Times*, 19 fev. 2022. https://www.nytimes.com/2022/02/19/technology/qanon-messages-authors.html.

Klein, Naomi. 2002. "Farwell to 'The End of History': Organization and Vision in Anti-Corporate Movements." *Socialist Register* 38:1–14.

Knibbs, Kate. 2015. "Asshole Gets Busted Because Yik Yak's Not Really Anonymous." Gizmodo, 11 nov. 2015. https://gizmodo.com/asshole-gets-busted-because-yik-yaks-not-really-anonymo-1741931009.

Knuttila, Lee. 2011. "User Unknown: 4chan, Anonymity and Contingency." *First Monday* 16 (10). https://firstmonday.org/ojs/index.php/fm/article/view/3665.

Kobayashi, Kazushige. 1981. "On the Meaning of Masked Dances in Kagura." Traduzido por Peter Knecht. *Asian Folklore Studies* 40 (1): 1–22.

Koch, Christina Marie. 2014. "Occupying Popular Culture: Anonymous, Occupy Wall Street, and the Guy Fawkes Mask as a Political Icon." In *Towards a Post-Exceptionalist American Studies*, editado por Winfried Fluck e Donald E. Pease, 445–82. Tübingen: Narr.

Kohler, Jeremy. 2006. "Behind the Mask of the Execution Doctor–Revelations about Dr. Alan Doerhoff Follow Judge's Halt of Lethal Injections." *St. Louis Post-Dispatch*, 30 jun. 2006. https://infoweb.newsbank.com/apps/news/document-view?p=WORLDNEWS&docref=news/11335988E13BBC78.

Koshy, Philip, Diana Koshy e Patrick McDaniel. 2014. "An Analysis of Anonymity in Bitcoin Using P2P Network Traffic." In *Financial Cryptography and Data Security*, editado por Nicolas Christin e Reihaneh Safavi-Naini, 469–85. Berlin: Springer.

Kralik, Joellen. 2019. "'Bathroom Bill' Legislative Tracking." National Conference of State Legislatures, 24 out. 2019. https://www.ncsl.org/research/education/-bathroom-bill-legislative-tracking635951130.aspx.

Krause, Monika. 2021. *Model Cases: On Canonical Research Objects and Sites*. Chicago: University of Chicago Press.

Kukla, Quill. 2020. "Street Art, Place-Making, and Anti-Capitalist Spatial Activism." *Spectre*, 22 jul. 2020. https://spectrejournal.com/street-art-place-making-and-anti-capitalist-spatial-activism/.

Ku Klux Klan. 1868. "Ku Klux Klan to Davie Jeems." Gilder Lehrman Collection #GLC09090. Gilder Lehrman Institute of American History. https://www.gilderlehrman.org/collection/glc09090.

Ku Klux Klan. 1917. "ABC of the Invisible Empire." Ku Klux Press. http://credo.library.umass.edu/view/full/mums312-b009-i215. W. E. B. Du Bois Papers (MS 312). Special Collections and University Archives, University of Massachusetts Amherst Libraries.

LaFrance, Adrienne. 2020. "The Prophecies of Q." *The Atlantic*, 14 maio 2020. https://www.theatlantic.com/magazine/archive/2020/06/qanon-nothing-can-stop-what-is-coming/610567.

Lam, Carrie. 2019. "Hong Kong: Face Mask Ban Prompts Thousands to Protest." *BBC News*. https://www.bbc.com/news/world-asia-china-49939173.

Langegger, Sig e Stephen Koester. 2016. "Invisible Homelessness: Anonymity, Exposure, and the Right to the City." *Urban Geography* 37 (7): 1030–48.

Laqueur, Thomas. 1990. *Making Sex: Body and Gender from the Greeks to Freud*. Cambridge, MA: Harvard University Press.

Lau, Tim. 2019. "Citizens United Explained." Brennan Center for Justice. 12 dez. 2019. https://www.brennancenter.org/our-work/research-reports/citizens-united-explained.

Lea, Martin e Russell Spears. 1991. "Computer-Mediated Communication, De-Individuation and Group Decision-Making." *International Journal of Man-Machine Studies* 34:283–301.

Lea, Martin, Russell Spears e Susan E. Watt. 2007. "Visibility and Anonymity Effects on Attraction and Group Cohesiveness." *European Journal of Social Psychology* 37 (4): 761–73.

Le Bon, Gustave. (1895) 2002. *The Crowd: A Study of the Popular Mind.* Mineola, NY: Dover.

Lee, Edmund. 2020. "Nurses Share Coronavirus Stories Anonymously in an Online Document." *New York Times*, 25 mar. 2020. https://www.nytimes.com/2020/03/25/business/media/coronavirus-nurses-stories-anonymous.html.

LeGraw, Joan M. e Michael A. Grodin. 2002. "Health Professionals and Lethal Injection Execution in the United States." *Human Rights Quarterly* 24 (2): 382–423.

Leipholtz, Beth. 2016. "6 Reasons to Break Anonymity in Sobriety." *HuffPost*, 18 set. 2016. https://www.huffpost.com/entry/six-reasons-to-break-anon_b_8160670.

Lennon, John. 2015. "Writing with a Global Accent: Cairo and the Roots/Routes of Conflict Graffiti." In *Understanding Graffiti: Multidisciplinary Studies from Prehistory to Present*, editado por Troy Lovata e Elizabeth Olton, 59–72. Abington, UK: Routledge.

Levenson, Michael, 2021. "What to Know about the Civilian Casualty Files." *New York Times*, 18 dez. 2021. https://www.nytimes.com/2021/12/18/us/airstrikes-civilian-casualty-files-pentagon.html.

Lévi-Strauss, Claude. 1963. *Structural Anthropology*. New York: Basic Books.

Lévi-Strauss, Claude. (1975) 1988. *The Way of the Masks*. Seattle: University of Washington Press.

Levmore, Saul, 2010. "The Internet's Anonymity Problem." In *The Offensive Internet*, editado por Saul Levmore e Martha C. Nussbaum, 50–67. Cambridge, MA: Harvard University Press.

Levmore, Saul e Martha C. Nussbaum. 2010. "Introduction." In *The Offensive Internet*, editado por Saul Levmore e Martha C. Nussbaum, 1–11. Cambridge, MA: Harvard University Press.

Leys, Simon. 2011. "The Intimate Orwell." *New York Review of Books*, 26 maio 2011. https://www.nybooks.com/articles/2011/05/26/intimate-orwell/.

Li, Hongtao. 2011. "Anonymous Review as Strategic Ritual: Examining the Rise of Anonymous Review among Mainland Chinese Communication Journals." *Asian Journal of Communication* 21 (6): 595–612.

Li, Qian e Xiaoli Tian. 2022. "The Presence, Performance, and Publics of Online Interactions." *Oxford Handbook of Symbolic Interactionism*, editado por Wayne H. Brekhus, Thomas DeGloma e William Ryan Force. New York: Oxford University Press.

Liao, Yen-Chiao. Unpublished. *The Limitation of Helping Victims: The Ambivalent Model of Human Trafficking Intervention Courts*. Tese de doutorado, Departamento de Sociologia, Centro de Pós-Graduação, City University of New York.

Lifton, Robert Jay. (1986) 2000. *The Nazi Doctors: Medical Killing and the Psychology of Genocide*. New York: Basic Books.

Lindner, Andrew M., Gina Pryciak e Jamie Elsner. 2020. "Tor and the City: MSA-Level Correlates of Interest in Anonymous Web Browsing." SocArXiv. 9 fev. 2020. https://osf.io/preprints/socarxiv/3e2vq/.

Linder, Andrew M. e Tongtian Xiao. 2020. "Subverting Surveillance or Accessing the Dark Web? Interest in the Tor Anonymity Network in U.S. States, 2006–2015." *Social Currents* 7 (4): 352–70.

Linton, Ralph. 1936. *The Study of Man*. New York: Appleton-Century--Crofts.

Lofland, John. 1975. "Open and Concealed Dramaturgical Strategies: The Case of the State Execution." *Urban Life* 4 (3): 272–95.

Loseke, Donileen R. 2009. "Examining Emotion as Discourse: Emotion Codes and Presidential Speeches Justifying War." *Sociological Quarterly*, 50 (3): 497–524.

Loseke, Donileen R. 2019. *Narrative Productions of Meaning*. Lanham, MD: Lexington Books.

Lovata, Troy. 2015. "Marked Trees: Exploring the Context of Southern Rocky Mountain Arborglyphs." In *Understanding Graffiti: Multidisciplinary Studies from Prehistory to Present*, editado por Troy Lovata e Elizabeth Olton, 91–104. Abington, UK: Routledge.

Lovata, Troy e Elizabeth Olton, eds. 2015. *Understanding Graffiti: Multidisciplinary Studies from Prehistory to Present*. Abington, UK: Routledge.

Lyon, David. 2014. "Surveillance, Snowden, and Big Data: Capacities, Consequences, Critique." *Big Data & Society* 1 (2): 1–13.

Lyons, Richard D. 1973. "Psychiatrists, in a Shift, Declare Homosexuality No Mental Illness." *New York Times*, 16 dez. 1973. https://www.

nytimes.com/1973/12/16/archives/psychiatrists-in-a-shift-declare-homosexuality-no-mental-illness.html.

Mack, David. 2015a. "Texas Police Officer on Administrative Leave after Pulling Weapon on Teens during Pool Party." *BuzzFeed News*, 8 jun. 2015. https://www.buzzfeednews.com/article/davidmack/texas-police-officer-suspended-after-pulling-weapon-on-teens#.mxLbPnWPM.

Mack, David. 2015b. "This Man Speaking Out about the McKinney Pool Party Isn't Telling the Full Story." *BuzzFeed News*, 10 jun. 2015. https://www.buzzfeednews.com/article/davidmack/what-caused-mckinneys-pool-to-boil-over.

Mahboob, Tahiat. 2017. "From the Pointed Hat to the Burning Cross: The Real Origins of Ku Klux Klan Symbols." 8 dez. 2017. https://www.cbc.ca/passionateeye/features/from-the-pointed-hat-to-the-burning-cross-the-real-origins-of-ku-klux-klan.

Maniak, Katarzyna. 2018. "Guerrilla Girls: Invisible Sex in the Field of Art." *Annales Universitatis Paedagogicae Cracoviensis. Studia de Arte et Educatione* 13:87–95.

Markham, Annette. 2013. "The Dramaturgy of Digital Experience." In *The Drama of Social Life: A Dramaturgical Handbook*, editado por Charles Edgley, 279–93. Surrey, UK: Ashgate.

Markman, Roberta H. e Peter T. Markman. 1989. *Masks of the Spirit: Image and Metaphor in Mesoamerica*. Berkeley: University of California Press.

Martin, James. 2014. "Lost on the Silk Road: Online Drug Distribution and the 'Cryptomarket.'" *Criminology and Criminal Justice* 14 (3): 351–67.

Marx, Gary T. 1999. "What's in a Name? Some Reflections on the Sociology of Anonymity." *The Information Society* 15 (2): 99–112.

Marx, Gary T. 2016. *Windows into the Soul: Surveillance and Society in an Age of High Technology*. Chicago: University of Chicago Press.

Marx, Karl. (1845–46) 1978. *The German Ideology: Part I*. In *The Marx-Engels Reader*, 2.ed., editado por Robert C. Tucker, 146–200. New York: W. W. Norton.

Marx, Karl. (1847) 1955. *The Poverty of Philosophy*. Progress Publishers. Versão online Marx/Engels Internet Archive (1999). https://www.marxists.org/archive/marx/works/1847/poverty-philosophy/.

Marx, Karl. (1851–52) 1968. "The Eighteenth Brumaire of Louis Bonaparte." In *Karl Marx and Frederick Engels: Selected Works*, 96–179. Moscow: Progress Publishers.

Marx, Karl. (1867) 1978. *Capital: A Critique of Political Economy*. Vol. 1. In *The Marx-Engels Reader*, 2.ed., editado por Robert C. Tucker, 294–438. New York: W. W. Norton.

Mathers, Lain A. B. 2017. "Bathrooms, Boundaries, and Emotional Burdens: Cis-gendering Interactions through the Interpretation of Transgender Experience." *Symbolic Interaction* 40 (3): 295–316.

Mauss, Marcel. (1938) 1985. "The Category of the Human Mind: The Notion of Person; the Notion of the Self." In *The Category of the Person: Anthropology, Philosophy, History*, editado por Michael Carrithers, Steven Collins e Steven Lukes, 1–25. Cambridge: Cambridge University Press.

Mayer, Jane. 2009. "The Predator War." *New Yorker*, 19 out. 2009. https://www.newyorker.com/magazine/2009/10/26/the-predator-war.

McKinney, John C. 1969. "Typification, Typologies, and Sociological Theory." *Social Forces* 48 (1): 1–12.

Mead, George Herbert. (1934) 2015. *Mind, Self, and Society*. Chicago: University of Chicago Press.

Meade, Melissa R. 2015. "Latrinalia in a Room of One's Own: Language, Gender, and Place." In *Understanding Graffiti: Multidisciplinary Studies from Prehistory to Present*, editado por Troy Lovata and Elizabeth Olton, 33–46. Abington, UK: Routledge.

Mengel, Friederike, Jan Sauermann e Ulf Zölitz. 2019. "Gender Bias in Teaching Evaluations." *Journal of the European Economic Association* 17 (2): 535–66. https://doi.org/10.1093/jeea/jvx057.

Mikael-Debass, Milena. 2017. "These Anonymous Street Artists Want an Independent Puerto Rico." *Vice News*, 14 jun. 2017. https://www.vice.com/en/article/d3xjdw/these-anonymous-street-artists-want-an-independent-puerto-rico.

Milgram, Stanley. 1963. "Behavioral Study of Obedience." *Journal of Abnormal and Social Psychology* 67:371–78.

Milgram, Stanley. 1965. "Some Conditions of Obedience and Disobedience to Authority." *Human Relations* 18 (1): 57–76.

Milgram, Stanley. 1974. *Obedience to Authority: An Experimental View*. New York: HarperCollins.

Milkman, Ruth, Stephanie Luce e Penny Lewis. 2013. *Changing the Subject: A Bottom-Up Account of Occupy Wall Street in New York City*. New York: The Murphy Institute, City University of New York.

Mill, John Stuart. 1859. "Thoughts on Parliamentary Reform." London: Savill and Edwards. Domínio público. https://en.wikisource.org/wiki/Thoughts_on_Parliamentary_Reform.

Miller, Chanel. 2019. *Know My Name*. New York: Viking.

Miller, Michael E. 2017. "Antifa: Guardians against Fascism or Lawless Thrill-Seekers?" *Washington Post*, 14 set. 2017. https://www.washingtonpost.com/local/antifa-guardians-against-fascism-or-lawless-thrill-seekers/2017/09/14/38db474c-93fe-11e7-89fa-bb822a46da5b_story.html.

Mills, C. Wright. 1940. "Situated Actions and Vocabularies of Motive." *American Sociological Review* 5 (6): 904–13.

Mills, C. Wright. (1951) 2002. *White Collar: The American Middle Classes*. Oxford: Oxford University Press.

Minford, Patrick. 2015. "Who Was Really Responsible for the Financial Crisis?" World Economic Forum, 4 maio 2015. https://www.weforum.org/agenda/2015/05/who-was-really-responsible-for-the-financial-crisis/.

Monbiot, George. 2012. "In the US, Mass Child Killings Are Tragedies. In Pakistan, Mere Bug Splats." *The Guardian*, 17 dez. 2012. https://www.theguardian.com/commentisfree/2012/dec/17/us-killings-tragedies-pakistan-bug-splats.

Moore, Alan e David Lloyd. (1982) 2005. *V for Vendetta*. New York: DC Comics.

Moore, Alan e Dave Gibbons. 1986. *Watchmen*. Burbank, CA: DC Comics.

Moore, Alfred. 2018. "Anonymity, Pseudonymity, and Deliberation: Why Not Everything Should Be Connected." *Journal of Political Philosophy* 26 (2): 169–92.

Moran, Lee. 2021. "Carmen Mola, Popular Spanish Female Thriller Author, Revealed to Be 3 Men." *HuffPost*, 19 out. 2021. https://www.huffpost.com/entry/spanish-author-carmen-mola-men_n_616e7d19e4b00cb3cbd7485c.

Moster, Miriam. 2018. "Jewish Education: A Cognitive Sociological Interrogation of the Historical Narrative." Trabalho apresentado na Association for Jewish Studies 50th Annual Conference, Boston, MA, 16–18 dez. 2018.

Mullan, John. 2007. *Anonymity: A Secret History of English Literature*. London: Faber and Faber.

Mullaney, Jamie L. 1999. "Making it 'Count': Mental Weighing and Identity Attribution." *Symbolic Interaction* 22 (3): 269–83.

Nail, Thomas. 2013. "Zapatismo and the Global Origins of Occupy." *Journal for Cultural and Religious Theory* 12 (3): 20–38.

Napier, A. David. 1986. *Masks, Transformations, and Paradox*. Berkeley: University of California Press.

Natanson, Maurice. 1970. "Phenomenology and Typification: A Study in the Philosophy of Alfred Schutz." *Social Research* 37 (1): 1–22.

Natanson, Maurice. 1979. "Phenomenology, Anonymity, and Alienation." *New Literary History* 10 (3): 533–46.

Natanson, Maurice. 1986. *Anonymity: A Study in the Philosophy of Alfred Schutz*. Bloomington: Indiana University Press.

Nespor, Jan. 2000. "Anonymity and Place in Qualitative Inquiry." *Qualitative Inquiry* 6 (4): 546–69.

Neuman, Scott. 2015. "Video Shows Texas Police Officer Pulling Gun on Teens at Pool Party." NPR, 7 jun. 2015. https://www.npr.org/sections/thetwo-way/2015/06/07/412708943/video-shows-texas-police-officer-pulling-gun-on-teens-at-pool-party.

Newman, Lily Hay. 2014. "Open Secrets: The New Wave of Anonymous Social Networks Is Neither New nor Anonymous." *Slate*, 21 mar. 2014. http:// www .slate
.com /articles /technology /technology /2014 /03 /whisper secret yik yak _new anonymous social networks are neither new nor .html.

Neyfakh, Leon. 2015. "The Ethics of Ethnography." *Slate*, June 18, 2015. https://slate.com/news-and-politics/2015/06/alice-goffmans-on-the-run-is-the-sociologist-to-blame-for-the-inconsistencies-in-her-book.html.

Nicol, Olivia. 2016. "The Blame Game for the Financial Crisis (2007--2010): A Sociological Theory of Fields of Accusation." European University Institute Working Papers: Max Weber Programme. http://cadmus.eui.eu/bitstream/handle/1814/40728/MWP201603.pdf?sequence=1.

Nicoll, Chris. 2003. "Concealing and Revealing Identity on the Internet." In *Digital Anonymity and the Law: Tensions and Dimensions*, editado por C. Nicoll, J. E. J. Prins, e M. J. M. van Dellen, 99–119. The Hague: Asser Press.

Nicoll, C., J. E. J. Prins e M. J. M. van Dellen, eds. 2003. *Digital Anonymity and the Law: Tensions and Dimensions*. The Hague: Asser Press.

Nissenbaum, Helen. 1998. "Protecting Privacy in an Information Age: The Problem of Privacy in Public." *Law and Philosophy* 17:559–96.

Nissenbaum, Helen. 1999. "The Meaning of Anonymity in an Information Age." *The Information Society* 15 (2): 141–44.

Nissenbaum, Helen. 2004. "Privacy as Contextual Integrity." *Washington Law Review* 79 (1): 119–57.

Nixey, Catherine. 2017. *The Darkening Age: The Christian Destruction of the Classical World*. Boston: Mariner Books.

Nussbaum, Martha C. 2010. "Objectification and Internet Misogyny." In *The Offensive Internet*, editado por Saul Levmore e Martha C. Nussbaum, 68–87. Cambridge, MA: Harvard University Press.

NYCLU. 2011. "Stop-and-Frisk 2011." An NYCLU Briefing. New York City Liberties Union. https://assets.nyclu.org/publications/NYCLU_2011_Stop-and-Frisk_Report.pdf.

NYCLU. 2019. "Stop-and-Frisk in the de Blasio Era." New York City Liberties Union, mar. 2019. https://www.nyclu.org/sites/default/files/field_documents/20190314_nyclu_stopfrisk_singles.pdf.

O'Connell, Pamela LiCalzi. 1998. "Many Sites to Confess One's Sins." *New York Times*, 3 set. 1998. https://archive.nytimes.com/www.nytimes.com/library/tech/98/09/circuits/articles/03conf.html.

Ohm, Paul. 2010. "Broken Promises of Privacy: Responding to the Surprising Failure of Anonymization." *UCLA Law Review* 57 (6): 1701–77.

Olesen, Thomas. 2005. *International Zapatismo: The Construction of Solidarity in the Age of Globalization*. London: Zed Books.

Olesen, Thomas. 2019. "The Politics of Whistleblowing in Digitalized Societies." *Politics & Society* 47 (2): 277–97.

Olton, Elizabeth e Troy Lovata. 2015. "Introduction." In *Understanding Graffiti: Multidisciplinary Studies from Prehistory to Present*, editado por Troy Lovata e Elizabeth Olton, 11–16. Abington, UK: Routledge.

Omi, Michael e Howard Winant. 1994. *Racial Formation in the United States: From the 1960s to the 1990s*. New York: Routledge.

Oppenheimer, Mark. 2013. "In Big-Dollar Philanthropy, (Your Name Here) vs. Anonymity." *New York Times*, 10 maio 2013. https://www.nytimes.com/2013/05/11/us/in-philanthropy-your-name-here-vs-anonymous-giving.html.

Orr, Deborah. 2016. "The Unmasking of Elena Ferrante Has Violated My Right Not to Know." *The Guardian*, 3 out. 2016. https://www.theguardian.com/books/2016/oct/03/unmasking-elena-ferrante-italian-journalist-claudio-gatti.

Ortolani, Benito. 1990. *The Japanese Theater: From Shamanistic Ritual to Contemporary Pluralism*. Princeton, NJ: Princeton University Press.

O'Sullivan, Donie. 2016. "The Women Tweeting for Their Freedom in Saudi Arabia." CNN, 16 set. 2016. https://www.cnn.com/2016/09/16/world/saudi-arabia-male-guardianship-campaign/index.html.

Oswell, Paul. 2015. "Meet the Male Writers Who Hide Their Gender to Attract Female Readers." *The Guardian*, 31 jul. 2015. https://www.theguardian.com/books/2015/jul/31/male-writers-hide-gender-sell-more-books.

Papadantonakis, Max. 2020. "Black Athenians: Making and Resisting Racialized Symbolic Boundaries in the Greek Street Market." *Journal of Contemporary Ethnography* 49 (3): 291–317.

Parsons, Elaine Frantz. 2005. "Midnight Rangers: Costume and Performance in the Reconstruction-Era Ku Klux Klan." *Journal of American History* 92 (3): 811–36.

Parsons, Elaine Frantz. 2015. *Ku-Klux: The Birth of the Klan during Reconstruction*. Chapel Hill: University of North Carolina Press.

Parsons, Talcott. (1951) 1991. *The Social System*. New York: Routledge.

Patton, Stacey. 2015. "Student Evaluations: Feared, Loathed, and Not Going Anywhere." *Chronicle of Higher Education*, 19 maio 2015.

Peacey, Mike e Michael Sanders. 2014. "Masked Heroes: Endogenous Anonymity in Charitable Giving." Centre for Market and Public Organization Working Paper Series, n.14/329. http://www.bristol.ac.uk/media-library/sites/cmpo/migrated/documents/wp329.pdf.

Pearson, Jesse. 2009. "The Mystery of B. Traven." *Vice News*, 1 dez. 2009. https://www.vice.com/en_us/article/kw3m4y/the-myster-of-b-travern-270-v16n12.

Peiser, Jaclyn. 2018. "How a Crowdsourced List Set Off Months of #MeToo Debate." *New York Times*, 3 fev. 2018. https://www.nytimes.com/2018/02/03/business/media/media-men-list.html.

Perinbanayagam, R. S. 1991. *Discursive Acts*. New York: Aldine de Gruyter.

Peterson, Ashley Marie. 2012. "The Role of Surveyor-Perceived Anonymity within Social Network Sites." Dissertação de mestrado, Ohio State University. http://rave.ohiolink.edu/etdc/view?acc_num=osu1343148703.

Peterson, David e Daina Cheyenne Harvey. "Kafkaesque Bureaucracies as Natural Breaching Experiments: Interactional Failures and the Search for Institutional Agency." *Symbolic Interaction* 38 (2): 195–212.

Pitesa, Marko. 2013. "The Psychology of Unethical Behaviour in the Finance Industry." In *The Philosophy, Politics and Economics of Finance in the 21st Century: From Hubris to Disgrace*, editado por Patrick O'Sullivan, Nigel F. B. Allington e Mark Esposito, 344–69. London: Routledge.

Plato. (~380 BCE) 1956. "The Republic." In *The Great Dialogues of Plato*, 118–422. Editado por Eric H. Warmington e Philip G. Rouse. Traduzido por W. H. D. Rouse. New York: New American Library.

Platt, Lisa F. e Sarah R. B. Milam. 2018. "Public Discomfort with Gender Appearance-Inconsistent Bathroom Use: The Oppressive Bind of Bathroom Laws for Transgender Individuals." *Gender Issues* 35 (3): 181–201.

Poe, Edgar Allan. 1842. "The Masque of the Red Death." https://www.gutenberg.org/files/1064/1064-h/1064-h.htm.

Poletti, Anna. 2011. "Intimate Economies: *PostSecret* and the Affect of Confession." *Biography* 34 (1): 25–36.

Polletta, Francesca. 2020. *Inventing the Ties That Bind: Imagined Relationships in Moral and Political Life*. Chicago: University of Chicago Press.

Pollner, Melvin e Jill Stein. 1996. "Narrative Mapping of Social Worlds: The Voice of Experience in Alcoholics Anonymous." *Symbolic Interaction* 19 (3): 203–23.

Ponesse, Julie. 2013. "Navigating the Unknown: Towards a Positive Conception of Anonymity." *Southern Journal of Philosophy* 51 (3): 320–44.

Ponesse, Julie. 2014. "The Ties That Blind: Conceptualizing Anonymity." *Journal of Social Philosophy* 45 (3): 304–22.

Poster, Winifred R., Marion Crain e Miriam A. Cherry. 2016. "Introduction: Conceptualizing Invisible Labor." In *Invisible Labor: Hidden Work in the Contemporary World*, editado por Marion G. Crain, Winifred R. Poster e Miriam A. Cherry, 3–27. Oakland: University of California Press.

Postmes, Tom e Russell Spears. 1998. "Deindividuation and Antinormative Behavior: A Meta-Analysis." *Psychological Bulletin* 123 (3): 238–59.

Postmes, Tom, Russell Spears e Martin Lea. 1999. "Social Identity, Normative Content and 'Deindividuation' in Computer-Mediated Groups." In *Social Identity*, editado por Naomi Ellemers, Russell Spears eBertjan Doosje, 164–83. Oxford: Blackwell.

Pozorski, Shelia e Thomas Pozorski. 2015. "Graffiti as Resistance: Early Prehistoric Examples from the Casma Valley of Peru." In *Understanding Graffiti: Multidisciplinary Studies from Prehistory to Present*, editado por Troy Lovata e Elizabeth Olton, 143–57. Abington, UK: Routledge.

Preibusch, Sören. 2015. "Privacy Behaviors after Snowden." *Communications of the ACM* 58 (5): 48–55.

Price, Leah. 2003. "From Ghostwriter to Typewriter: Delegating Authority at Fin de Siècle." In *The Faces of Anonymity: Anonymous and Pseudonymous Publication from the Sixteenth to the Twentieth Century*, editado por Robert J. Griffin, 211–31. New York: Palgrave Macmillan.

Prus, Robert. 1987. "Generic Social Processes: Maximizing Conceptual Development in Ethnographic Research." *Journal of Contemporary Ethnography* 16 (3): 250–93.

Putman, Patrick. s.d. "What Is a Hacktivist?" *United States Cybersecurity Magazine*. https://www.uscybersecurity.net/hacktivist/.

Rappaport, Julian. 1993. "Narrative Studies, Personal Stories, and Identity Transformation in the Mutual Help Context." *Journal of Applied Behavioral Science* 29 (2): 239–56.

Reed, Isaac Ariail. 2017. "On the Very Idea of Cultural Sociology." In *Social Theory Now*, editado por Claudio E. Benzecry, Monika Krause e Isaac Ariail Reed, 18–41. Chicago: University of Chicago Press.

Rehm, Rush. 1992. *Greek Tragic Theatre*. London: Routledge.

Reicher, S. D. 1984. "Social Influence in the Crowd: Attitudinal and Behavioural Effects of De-Individuation in Conditions of High and Low Group Salience." *British Journal of Social Psychology* 23 (4): 341–50.

Reicher, S. D., R. Spears e T. Postmes. 1995. "A Social Identity Model of Deindividuation Phenomena." *European Review of Social Psychology* 6 (1): 161–98.

Reyes, Victoria. 2018. "Three Models of Transparency in Ethnographic Research: Naming Places, Naming People, and Sharing Data." *Ethnography* 19 (2): 204–26.

Ricoeur, Paul. 1991. "Narrative Identity." *Philosophy Today* 35 (1): 73–81.

Ridgeway, Cecilia. 2009. "Framed Before We Know It: How Gender Shapes Social Relations." *Gender and Society* 23 (2): 145–60.

Ridgeway, Cecilia L. e Shelley J. Correll. 2004. "Unpacking the Gender System: A Theoretical Perspective on Gender Beliefs and Social Relations." *Gender and Society* 18 (4): 510–31.

Ridout, Travis N., Michael M. Franz e Erika Franklin Fowler. 2014. "Sponsorship, Disclosure, and Donors: Limiting the Impact of Outside Group Ads." *Political Research Quarterly* 68 (1): 154–66.

Riniolo, Todd C., Katherine C. Johnson, Tracey R. Sherman e Julie A. Misso. 2006. "Hot or Not: Do Professors Perceived as Physically Attractive Receive Higher Student Evaluations?" *Journal of General Psychology* 133 (1): 19–35.

Robben, Antonius C. G. M. 2013. "The Hostile Gaze: Night Vision and the Immediation of Nocturnal Combat in Vietnam and Iraq." In *Virtual War and Magical Death: Technologies and Imaginaries for Terror and Killing*, editado por Neil L. Whitehead e Sverker Finnström, 132–51. Durham, NC: Duke University Press.

Rodriguez, Amardo. 2015. "On the Origins of Anonymous Texts That Appear on Walls." In *Understanding Graffiti: Multidisciplinary Studies from Prehistory to Present*, editado por Troy Lovata e Elizabeth Olton, 21–31. Abington, UK: Routledge.

Rogers, Alex. 2014. "What Anonymous Is Doing in Ferguson." *Time*, 21 ago. 2014. https://time.com/3148925/ferguson-michael-brown-anonymous/.

Rohter, Larry. 1990. "His Widow Reveals Much of Who B. Traven Really Was." *New York Times*. 25 jun. 1990. https://www.nytimes.com/1990/06/25/books/his-widow-reveals-much-of-who-b-traven-really-was.html?pagewanted=all&mcubz=0.

Roko, Ellyde. 2007. "Executioner Identities: Toward Recognizing a Right to Know Who Is Hiding Beneath the Hood." *Fordham Law Review* 75 (5): 2791–829.

Roose, Kevin. 2020. "What Is QAnon, the Viral Pro-Trump Conspiracy Theory?" *New York Times*, 19 out. 2020. https://www.nytimes.com/article/what-is-qanon.html.

Rubenstein, Jeffrey L. 2003. *The Culture of the Babylonian Talmud*. Baltimore: Johns Hopkins University Press.

Rubenstein, Jeffrey L. (2005) 2019. "Introduction." In *Creation and Composition: The Contribution of the Bavli Redactors (Stammaim) to the Aggada*, editado por Jeffrey L. Rubenstein, 1–20. Tübingen: Mohr Siebeck.

Ruiz, Pollyanna, 2013. "Revealing Power: Masked Protest and the Blank Figure." *Cultural Politics* 9 (3): 263–79.

Ruiz-Junco, Natalia. 2017. "Advancing the Sociology of Empathy: A Proposal." *Symbolic Interaction* 40 (3): 414–35.

Ryder, Katie. 2016. "Walker Evans's Typology of the American Worker." *New Yorker*, 25 abr. 2016. https://www.newyorker.com/culture/photo-booth/walker-evanss-typology-of-the-american-worker.

Said, Edward W. 1978. *Orientalism*. New York: Vintage Books.

Saks, Michael J. e Thomas M. Ostrom. 1973. "Anonymity in Letters to the Editor." *Public Opinion Quarterly* 37 (3): 417–22.

Samarati, Pierangela e Latanya Sweeney. 1998. "Protecting Privacy When Disclosing Information: *k*-Anonymity and Its Enforcement through Generalization and Suppression." *Proceedings of the IEEE Symposium on Research in Security and Privacy* (S&P). Oakland, CA, maio 1998. https://dataprivacylab.org/dataprivacy/projects/kanonymity/index3.html.

Sanburn, Josh. 2014. "Creator of Lethal Injection Method: 'I Don't See Anything That Is More Humane.'" *Time*, 15 maio 2014. https://time.com/101143/lethal-injection-creator-jay-chapman-botched-executions/.

Sanders, Teela. 2008. "Male Sexual Scripts: Intimacy, Sexuality and Pleasure in the Purchase of Commercial Sex." *Sociology* 42 (3): 400–417.

Sarat, Austin. 1999. "The Cultural Life of Capital Punishment: Responsibility and Representation in *Dead Man Walking* and *Last Dance*." *Yale Journal of Law and the Humanities* 11 (1): 153–90.

Saunders, Benjamin, Jenny Kitzinger e Celia Kitzinger. 2015. "Participant Anonymity in the Internet Age: From Theory to Practice." *Qualitative Research in Psychology* 12 (2): 125–37.

Savage, Neil. 2016. "Privacy: The Myth of Anonymity." *Nature* 537:70–72.

Scammell, Rosie. 2016. "Who Is Elena Ferrante? Novelist Issues Denial as Guessing Game Goes On." *The Guardian*, 13 mar. 2016. https://www.theguardian.com/books/2016/mar/13/who-is-elena-ferrante-novelist-issues-denial-as-guessing-game-goes-on.

Schafer, Tyler S. e David R. Dickens. 2016. "Social Marking in Memory Entrepreneurship: The Battle Over Zapata's Legacy." *Qualitative Sociology Review* 12 (2): 100–123.

Schappell, Elissa. 2015. "Elena Ferrante Explains Why, for the Last Time, You Don't Need to Know Her Name." *Vanity Fair*, 28 ago. 2015. https://www.vanityfair.com/culture/2015/08/elena-ferrante-interview-the-story-of-the-lost-child-part-two.

Schechner, Richard. (1977) 2003. *Performance Theory*. London: Routledge.

Scheff, Thomas J. 1975. "The Labeling Theory of Mental Illness." In *Labeling Madness*, editado por Thomas J. Scheff, 21–34. Englewood Cliffs, NJ: Prentice-Hall.

Scheff, Thomas J. 1984. *Being Mentally Ill: A Sociological Theory*. 2.ed. New York: Aldine de Gruyter.

Scheper-Hughes, Nancy. 2000. "Ire in Ireland." *Ethnography* 1 (1): 117–40.

Schilt, Kristen. 2010. *Just One of the Guys? Transgender Men and the Persistence of Gender Inequality*. Chicago: University of Chicago Press.

Schuppe, Jon. 2015. "Anonymous Hackers Threaten to Release Names of Ku Klux Klan Members." *NBC News*. https://www.nbcnews.com/news/us-news/anonymous-hackers-threaten-release-names-ku-klux-klan-members-n453246.

Schütz, Alfred. (1932) 1967. *The Phenomenology of the Social World*. Evanston, IL: Northwestern University Press.

Schütz, Alfred. 1962. *Collected Papers I. The Problem of Social Reality*. The Hague: Martinus Nijhoff.

Schütz, Alfred. 1970. *On Phenomenology and Social Relations*. Chicago: University of Chicago Press.

Schütz, Alfred e Thomas Luckmann. 1973. *The Structures of the Life-world*. vol. 1. Evanston, IL: Northwestern University Press.

Schwalbe, Michael. (2008) 2015. *Rigging the Game: How Inequality Is Reproduced in Everyday Life*. New York: Oxford University Press.

Schwalbe, Michael L. e Kelsey Mischke. 2021. "Power and Interaction." In *The Oxford Handbook of Symbolic Interactionism*, editado por Wayne H. Brekhus, Thomas DeGloma e William Ryan Force. New York: Oxford University Press.

Schwartz, Alexandra. 2016. "The 'Unmasking' of Elena Ferrante." *New Yorker*, 3 out. 2016. https://www.newyorker.com/culture/cultural-comment/the-unmasking-of-elena-ferrante.

Schweingruber, David e Ronald T. Wohlstein. 2005. "The Madding Crowd Goes to School: Myths about Crowds in Introductory Sociology Textbooks." *Teaching Sociology* 33 (2): 136–53.

Scott, David A. 2017. "Art Restoration and Its Contextualization." *Journal of Aesthetic Education* 51 (2): 82–104.

Scott, James C. 1990. *Domination and the Arts of Resistance: Hidden Transcripts.* New Haven, CT: Yale University Press.

Scott, Susan V. e Wanda J. Orlikowski. 2014. "Entanglements in Practice: Performing Anonymity through Social Media." *MIS Quarterly* 38 (3): 873–93.

Scott, Susie. 2011. *Total Institutions and Reinvented Identities: Identity Studies in the Social Science*. London: Palgrave Macmillan.

Scott, Susie. 2015. *Negotiating Identity: Symbolic Interactionist Approaches to Social Identity*. Cambridge: Polity Press.

Searle, John R. 1969. *Speech Acts: An Essay in the Philosophy of Language*. Cambridge: Cambridge University Press.

Sennett, Richard. 1974. *The Fall of Public Man*. New York: W. W. Norton.

Serracino-Inglott, Philip. 2013. "Is It OK to Be an Anonymous?" *Ethics & Global Politics* 6 (4): 217–44.

Shalev, Eran. 2003. "Ancient Masks, American Fathers: Classical Pseudonyms during the American Revolution and Early Republic." *Journal of the Early Republic* 23 (2): 151–72.

Shane, Scott. 2015. "Drone Strikes Reveal Uncomfortable Truth: U.S. Is Often Unsure about Who Will Die." *New York Times*, 23 abr. 2015. https://www.nytimes.com/2015/04/24/world/asia/drone-strikes-reveal-uncomfortable-truth-us-is-often-unsure-about-who-will-die.html.

Shang, Rong-An, Yu-Chen Chen e Sheng-Chieh Huang. 2012. "A Private versus Public Space: Anonymity and Buying Decorative Symbolic Goods for Avatars in a Virtual World." *Computers in Human Behavior* 28 (6): 2227–35.

Sharpe, James. 2005. *Remember, Remember: A Cultural History of Guy Fawkes Day*. Cambridge, MA: Harvard University Press.

Silver, Andrew. 2000. "Making Minstrelsy of Murder: George Washington Harris, the Ku Klux Klan, and the Reconstruction Aesthetic of Black Fright." *Prospects* 25:339–62.

Simcovitch, Maxim. 1972. "The Impact of Griffith's *Birth of a Nation* on the Modern Ku Klux Klan." *Journal of Popular Film* 1 (1): 45–54.

Simko, Christina. 2015. *The Politics of Consolation: Memory and the Meaning of September 11*. New York: Oxford University Press.

Simmel, Georg. 1898. "The Persistence of Social Groups." *American Journal of Sociology* 3 (5): 662–98.

Simmel, Georg. (1903) 1950. "Metropolis." In *The Sociology of Georg Simmel*, editado por Kurt H. Wolff, 409–24. New York: Free Press.

Simmel, Georg. (1908) 1950. "The Stranger." In *The Sociology of Georg Simmel*, editado por Kurt H. Wolff, 402–8. New York: Free Press.

Simmel, Georg. 1950a. "The Field of Sociology." In *The Sociology of Georg Simmel*, editado por Kurt H. Wolff, 3–25. New York: Free Press.

Simmel, Georg. 1950b. "Quantitative Aspects of the Group." In *The Sociology of Georg Simmel*, editado por Kurt H. Wolff, 86–177. New York: Free Press.

Simmel, Georg. 1950c. "The Secret and the Secret Society." In *The Sociology of Georg Simmel*, editado por Kurt H. Wolff, 305–76. New York: Free Press.

Simmel, Georg. (1955) 1964. *Conflict and the Web of Groups Affiliations*. New York: Free Press.

Simmel, Georg. (1978) 2011. *The Philosophy of Money*. London: Routledge.

Simmonds, Gemma. 2000. "Spiritual Direction in Cyberspace." *The Way* 40 (3): 263–71.

Singh, Vikash. 2017. *Uprising of the Fools: Pilgrimage as Moral Protest in Contemporary India*. Stanford, CA: Stanford University Press.

Sluka, Jeffrey A. 2013. "Virtual War in the Tribal Zone: Air Strikes, Drones, Civilian Casualties, and Losing Hearts and Minds in Afghanistan and Pakistan." In *Virtual War and Magical Death: Technologies and Imaginaries for Terror and Killing*, editado por Neil L. Whitehead e Sverker Finnström, 171–93. Durham, NC: Duke University Press.

Smith, Adam. (1759) 2010. *The Theory of Moral Sentiments*. New York: Penguin Random House.

Smith, Adam. (1776) 2003. *The Wealth of Nations*. New York: Bantam.

Smith, Philip. 2003. "Narrating the Guillotine: Punishment Technology as Myth and Symbol." *Theory, Culture & Society* 20 (5): 27–51.

Smith, Philip. 2005. *Why War? The Cultural Logic of Iraq, the Gulf War, and Suez*. Chicago: University of Chicago Press.

Smith, Philip. 2008. *Punishment and Culture*. Chicago: University of Chicago Press.

Smithsonian Archives of American Art. 2007. "Oral History Interview with Guerrilla Girls Alice Neel and Gertrude Stein." Entrevista realizada por Judith Olch Richards, 1º dez. 2007. https://www.aaa.si.edu/collections/interviews/oral-history-interview-guerrilla-girls-alice-neel-and-gertrude-stein-15841.

Smithsonian Archives of American Art. 2008a. "Oral History Interview with Guerrilla Girls Frida Kahlo and Kathe Kollwitz." Entrevista realizada por Judith Olch Richards, 19 jan.–9 mar. 2008. https://www.aaa.si.edu/collections/interviews/oral-history-interview-guerrilla-girls-frida-kahlo-and-kathe-kollwitz-15837.

Smithsonian Archives of American Art. 2008b. "Oral History Interview with Guerrilla Girls Jane Bowles and Alma Thomas." Entrevista realizada por Judith Olch Richards, 8 maio 2008. https://www.aaa.si.edu/collections/interviews/oral-history-interview-guerrilla-girls-jane-bowles-and-alma-thomas-15838.

Snow, David A. e Leon Anderson. 1987. "Identity Work among the Homeless: The Verbal Construction and Avowal of Personal Identities." *American Journal of Sociology* 92 (6): 1336–71.

Snow, David A., Louis A. Zurcher e Robert Peters. 1981. "Victory Celebrations as Theater: A Dramaturgical Approach to Crowd Behavior." *Symbolic Interaction* 4 (1): 21–42.

Sodaro, Amy. Forthcoming. "Contentious Pasts, Contentious Futures: Race, Memory and Politics in Montgomery's Legacy Museum." In *Interpreting Contentious Memory: Countermemories and Social Conflicts Over the Past*, editado por Thomas DeGloma e Janet Jacobs. Bristol, UK: Bristol University Press.

Somers, Margaret R. 1994. "The Narrative Constitution of Identity: A Relational and Network Approach." *Theory and Society* 23 (5): 605–49.

Spears, Russell e Martin Lea. 1992. "Social Influence and the Influence of the 'Social' in Computer-Mediated Communication." In *Contexts of Computer-Mediated Communication*, editado por Martin Lea, 30–65. Hertfordshire, UK: Harvester Wheatsheaf.

Spears, Russell e Martin Lea. 1994. "Panacea or Panopticon? The Hidden Power in Computer-Mediated Communication." *Communication Research* 21 (4): 427–59.

Spears, Russell, Martin Lea, Rolf Arne Corneliussen, Tom Postmes e Wouter Ter Haar. 2002. "Computer-Mediated Communication as a Channel for Social Resistance: The Strategic Side of SIDE." *Small Group Research* 33 (5): 555–74.

Spears, Russell, Martin Lea, Tom Postmes e Anke Wolbert. 2014. "A SIDE Look at Computer-Mediated Communication: Power and the Gender Divide." In *Strategic Uses of Social Technology: An Interactive Perspective of Social Psychology*, editado por Zachary Birchmeier, Beth Dietz-Uhler e Garold Stasser, 16–39. Cambridge: Cambridge University Press.

Spears, Russell e Tom Postmes. 2015. "Group Identity, Social Influence, and Collective Action Online: Extensions and Applications of the SIDE Model." In *The Handbook of the Psychology of Communication Technology*, editado por S. Shyam Sundar, 23–46. West Sussex, UK: Wiley Blackwell.

Speri, Alice. 2014. "KKK Missouri Chapter Threatens Ferguson Protesters with 'Lethal Force.'" *Vice News*, 13 nov. 2014. https://www.vice.com/enus/article/59a83k/kkk-missouri-chapter-threatens-ferguson-protesters-with-lethal-force.

Spiegel, Jennifer B. 2015. "Masked Protest in the Age of Austerity: State Violence, Anonymous Bodies, and Resistance 'In the Red.'" *Critical Inquiry* 41 (4): 786–810.

Stark, Philip. 2013. "What Exactly Do Student Evaluations Measure?" *Berkeley Blog*, 21 out. 2013. https://blogs.berkeley.edu/2013/10/21/what-exactly-do-student-evaluations-measure/.

Starr, Mark. 1990. "The Writing on the Wall." *Newsweek*, 25 nov. 1990. https://www.newsweek.com/writing-wall-205980.

Stein, Karen. 2019. *Getting Away from It All: Vacations and Identity*. Philadelphia: Temple University Press.

Steinbeck, John. 1939. *The Grapes of Wrath*. New York: Viking Press.

Strachan, Maxwell. 2018. "The National Enquirer's Plot to Assassinate Ted Cruz's Candidacy." *HuffPost*, 31 out. 2018. https://www.huffingtonpost.com/entry/ted-cruz-ami-national-enquirer-donald-trump_us_5bd8a992e4b019a7ab57d70e.

Strong, Tovah. 2021. "Mentally Ill and Sentenced to Death." *Texas Observer*, 16 jun. 2021. https://www.texasobserver.org/mentally-ill-and-sentenced-to-death/.

Sumerau, J. E., Ryan T. Cragun e Lain A. B. Mathers. 2016. "Contemporary Religion and the Cisgendering of Reality." *Social Currents* 3 (3): 293–311.

Sweeney, Latanya. 2002. "*k*-Anonymity: A Model for Protecting Privacy." *International Journal on Uncertainty, Fuzziness and Knowledge-Based Systems* 10 (5): 557–70.

Tavory, Iddo. 2009. "Of Yarmulkes and Categories: Delegating Boundaries and the Phenomenology of Interactional Expectation." *Theory and Society* 39:49–68.

Taylor, Anne. 2022. "Audience Agency in Social Performance." *Cultural Sociology* 16 (1): 68–85.

Taylor, Verta. 1989. "Social Movement Continuity: The Women's Movement in Abeyance." *American Sociological Review* 54 (5): 761–75.

Tertullian. ~197–202. "De Spectaculis (The Shows)." Publicado na Christian Classics Ethereal Library. https://www.ccel.org/ccel/schaff/anf03.iv.v.html.

Thompson, Dennis F. 1980. "Moral Responsibility of Public Officials: The Problem of Many Hands." *American Political Science Review* 74 (4): 905–16.

Thompson, E. P. 1974. "Patrician Society, Plebeian Culture." *Journal of Social History* 7 (4): 382–405.

Thompson, E. P. (1975) 2011. "The Crime of Anonymity." In *Albion's Fatal Tree: Crime and Society in Eighteenth Century England*, de Douglas Hay, Peter Linebaugh, John G. Rule, E. P. Thompson e Cal Winslow, 255–308. London: Verso.

Thompson, Jerry L. 2016. "Walker Evans in 1946/Labor Anonymous." In *Walker Evans: Labor Anonymous*, editado por Thomas Zander, 7–32. New York: Distributed Art Publishers.

Time. 2009. "25 People to Blame for the Financial Crisis." http://content.time.com/time/specials/packages/article/0,28804,1877351_1877350_1877339,00.html.

Torpey, John e Saskia Hooiveld. 2016. "Warfare without Warriors? Changes in Contemporary Warfare and the Demise of the Citizen-Soldier." In *Transformations of Warfare in the Contemporary World*, editado por John C. Torpey e David Jacobson, 134–52. Philadelphia: Temple University Press.

Tseëlon, Efrat. 2001a. "Masquerade Identities." In *Masquerade and Identities: Essays on Gender, Sexuality, and Marginality*, editado por Efrat Tseëlon, 1–17. London: Routledge.

Tseëlon, Efrat. 2001b. "Reflections on Mask and Carnival." In *Masquerade and Identities: Essays on Gender, Sexuality, and Marginality*, editado por Efrat Tseëlon, 18–37. London: Routledge.

Turner, Victor. 1967. *The Forest of Symbols: Aspects of Ndembu Ritual*. Ithaca, NY: Cornell University Press.

Turner, Victor. 1982. *From Ritual to Theatre: The Human Seriousness of Play*. New York: PAJ Publications.

Tverdek, Edward. 2008. "The Myth of Public Anonymity." *Public Affairs Quarterly* 22 (2): 197–211.

Tyler, Royall. 1987. "Buddhism in Noh." *Japanese Journal or Religious Studies* 14 (1): 19–52.

Ubelacker, Sheryl. 2018. "Anonymous Donor Give $100M to Canada's Largest Mental Health Hospital." *CTV News*, 11 jan. 2018. https://www.ctvnews.ca/health/anonymous-donor-gives-100m-to-canada-s-largest-mental-health-hospital-1.3755190.

Udaka, Michishige. 2010. *The Secrets of Noh Masks*. New York: Kodansha.

van den Berg, Zirk. 2011. "Is Emile Ajar the Greatest Writer Who Never Lived?" *Say Books*. https://www.saybooksonline.com/is-emile-ajar-the-greatest-writer-who-never-lived/.

Vasquez, Jose N. 2008. "Seeing Green: Visual Technology, Virtual Reality, and the Experience of War." *Social Analysis* 52 (2): 87–105.

Vaughan, Diane. 1992. "Theory Elaboration: The Heuristics of Case Analysis." In *What Is a Case? Exploring the Foundations of Social Inquiry*, editado por Charles C. Ragin e Howard S. Becker, 173–202. Cambridge: Cambridge University Press.

Veblen, Thorstein. (1899) 1918. *The Theory of the Leisure Class: An Economic Study of Institutions*. New York: B. W. Huebsch.

Vizel, F. 2012. "Breaking From Hasidism, Online." *Tablet*, 10 jul. 2012. https://www.tabletmag.com/sections/community/articles/escaping-from-hasidism-online.

Wagner-Pacifici, Robin e Barry Schwartz. 1991. "The Vietnam Veterans Memorial: Commemorating a Difficult Past." *American Journal of Sociology* 97 (2): 376–420.

Waites, Rosie. 2011. "V for Vendetta Masks: Who's Behind Them?" *BBC News Magazine*, 20 out. 2011. https://www.bbc.co.uk/news/magazine-15359735.

Walford, Geoffrey. 2018. "The Impossibility of Anonymity in Ethnographic Research." *Qualitative Research* 18 (5): 516–25.

Walker, Neil. 2017. "All or Nothing: The False Promise of Anonymity." *Data Science Journal* 16 (24): 1–7.

Wallace, Kathleen A. 1999. "Anonymity." *Ethics and Information Technology* 1 (1): 23–35.

Wallison, Peter. 2011. "Hey, Barney Frank: The Government Did Cause the Housing Crisis." *The Atlantic*, 13 dez. 2011. https://www.theatlantic.com/business/archive/2011/12/hey-barney-frank-the-government-did-cause-the-housing-crisis/249903/.

Walzer, Michael. 2016. "Just and Unjust Targeted Killing and Drone Warfare." *Dadalus* 145 (4): 12–24.

Wanshel, Elyse. 2016. "Someone Anonymously Slipped $8,000 into an Animal Shelter's Donation Box: There Are Good People in This World!" *HuffPost*, 23 set. 2016. https://www.huffpost.com/entry/8000-thousands-anonymous-donation-box-animal-shelter-pasadena-humane-society-spca-mystery_n_57e55049e4b0e28b2b538a87.

Warman, Matt. 2013. "Online Anonymity: Impossible after Four Phone Calls." *Telegraph*, 25 mar. 2013. https://www.telegraph.co.uk/technology/news/9952841/Online-anonymity-impossible-after-four-phone-calls.html.

Warren, Frank. 2007. *The Secret Lives of Men and Women*. New York: HarperCollins.

Waskul, Dennis D. 2003. *Self-Games and Body-Play: Personhood in Online Chat and Cyberspace*. New York: Peter Lang.

Wasserman, Jason Adam, Jeffrey Michael Clair e Chelsea Platt. 2012. "The 'Homeless Problem' and Double Consciousness." *Sociological Inquiry* 82 (3): 331–35.

Watson, Bruce. 2010. "Where Are They Now? Seven Villains of the Financial Crisis." *Aol*, 15 set. 2010. https://www.aol.com/2010/09/15/villains-of-the-financial-crisis/.

Watson, Leon. 2012. "America's Deadly Double Tap Drone Attacks Are 'Killing 49 People for Every Known Terrorist in Pakistan.'" *Daily Mail*, 25 set. 2012. https://www.dailymail.co.uk/news/article-2208307/Americas-deadly-double-tap-drone-attacks-killing-49-people-known-terrorist-Pakistan.html.

Weber, Max. (1903–17) 1949. *The Methodology of the Social Sciences*. New York: Free Press.

Weber, Max. (1915) 1946. "Religious Rejections of the World and Their Directions." In *From Max Weber: Essays in Sociology*, 323–59. Editado por H. H. Gerth e C. Wright Mills. New York: Oxford University Press.

Weber, Max. (1922) 1978. *Economy and Society: An Outline of Interpretive Sociology*. Berkeley: University of California Press.

Weber, Max. (1930) 1992. *The Protestant Ethic and the Spirit of Capitalism*. London: Routledge.

Weber, Max. 1948. "Politics as a Vocation." In *From Max Weber: Essays in Sociology*, 77–128. Editado por H. H. Gerth e C. Wight Mills. Abington, UK: Routledge.

Weingarten, Gene. 2007. "Pearls before Breakfast." *Washington Post*, 8 abr. 2007. https://www.washingtonpost.com/lifestyle/magazine/pearls-before-breakfast-can-one-of-the-nations-great-musicians-cut-through-the-fog-of-a-dc-rush-hour-lets-find-out/2014/09/23/8a6d46da-4331-11e4-b47c-f5889e061e5f_story.html.

West, Candace, and Sarah Fenstermaker. 1995. "Doing Difference." *Gender and Society* 9 (1): 8–37.

West, Candace e Don H. Zimmerman. 1987. "Doing Gender." *Gender and Society* 1 (2): 125–51.

Westbrook, Laurel e Kristen Schilt. 2013. "Doing Gender, Determining Gender: Transgender People, Gender Panics, and the Maintenance of the Sex/Gender/Sexuality System." *Gender & Society* 28 (1): 32–57.

Whitehead, Neil L. e Sverker Finnström. 2013. "Virtual War and Magical Death." In *Virtual War and Magical Death: Technologies and Imaginaries for Terror and Killing*, editado por Neil L. Whitehead e Sverker Finnström, 1–25. Durham, NC: Duke University Press.

Whitlinger, Claire. 2020. *Between Remembrance and Repair: Commemorating Racial Violence in Philadelphia, Mississippi*. Chapel Hill: University of North Carolina Press.

Wiedeman, Reeves. 2018. "The Watcher." *The Cut*. https://www.thecut.com/2018/11/the-haunting-of-657-boulevard-in-westfield-new-jersey.html.

Wiles, David. 2000. *Greek Theatre Performance: An Introduction*. Cambridge: Cambridge University Press.

Wiley, Norbert. 1994. *The Semiotic Self*. Chicago: University of Chicago Press.

Wirth, Louis. 1938. "Urbanism as a Way of Life." *American Journal of Sociology* 44 (1): 1–24.

Wolf, Talya. 2019. "Sober Together: Self- and Institutional-Reflexivity in Alcoholics Anonymous." Trabalho apresentado no encontro annual da Eastern Sociological Society, Boston, MA.

Wolf, Z. Byron. 2017. "James Comey Confirms He's 'Reinhold Niebuhr' in the Strangest Possible Way." CNN. https://www.cnn.com/2017/10/23/politics/james-comey-twitter-account-reinhold-niebuhr/index.html.

Wong, Brittany. 2020. "Medical Workers Wear Pics of Themselves Smiling to Comfort COVID-19 Patients." *HuffPost*, 10 abr. 2020. https://www.huffpost.com/entry/medical-workers-pics-smiling-covid-19-patients_l_5e8f725bc5b6b371812da523.

Wood, James. 2013. "Women on the Verge: The Fiction of Elena Ferrante." *New Yorker*. 14 jan. 2013. https://www.newyorker.com/magazine/2013/01/21/women-on-the-verge.

Woolf, Nicky. 2015a. "Anonymous Plans to Reveal Names of about 1,000 Ku Klux Klan Members." *The Guardian*, 29 out. 2015. https://www.theguardian.com/technology/2015/oct/29/anonymous-ku-klux-klan-members-reveal-names.

Woolf, Nicky. 2015b. "Anonymous Leaks Identities of 350 Alleged Ku Klux Klan Members." *The Guardian*, 5 nov. 2015. https://www.theguardian.com/technology/2015/nov/06/anonymous-ku-klux-klan-name-leak.

Woolf, Nicky. 2016. "Anti-Trump Campaign Sparks Civil War among Anonymous Hackers." *The Guardian*, 24 mar. 2016. https://www.theguardian.com/technology/2016/mar/24/anti-donald-trump-campaign-anonymous-hackers-debate-election-2016?CMP=twta-technologyb-gdntech.

Woolf, Virginia. ["Anon."] (1940) 1979. "'Anon' and 'The Reader': Virginia Woolf's Last Essays," editado por Brenda R. Silver. *Twentieth Century Literature* 25 (3/4): 356–441.

Wright, Joss, Susan Stepney, John A. Clark e Jeremy Jacob. 2005. "Designing Anonymity: A Formal Basis for Identity Hiding." https://www.researchgate.net/publication/228735934_Designing_anonymity-a_formal_basis_for_identity_hiding.

Wrigley, Richard. 1983. "Censorship and Anonymity in Eighteenth-Century French Art Criticism." *Oxford Art Journal* 6 (2): 17–28.

Young, Tara M., Michael J. Marks, Yuliana Zaikman e Jacqueline A. Zeiber. 2017. "Situational Influences on Condom Purchasing." *Sexuality and Culture* 21 (4): 925–41.

Zander, Thomas, ed. 2016. *Walker Evans: Labor Anonymous*. New York: Distributed Art Publishers.

Zerubavel, Eviatar. 1980. "If Simmel Were a Fieldworker: On Formal Sociological Theory and Analytic Field Research." *Symbolic Interaction* 3 (2): 25–34.

Zerubavel, Eviatar. 1982. "Personal Information and Social Life." *Symbolic Interaction* 5 (1): 97–109.

Zerubavel, Eviatar. 1991. *The Fine Line: Making Distinctions in Everyday Life*. Chicago: University of Chicago Press.

Zerubavel, Eviatar. 2003. *Time Maps: Collective Memory and the Social Shape of the Past*. Chicago: University of Chicago Press.

Zerubavel, Eviatar. 2006. *The Elephant in the Room: Silence and Denial in Everyday Life*. New York: Oxford University Press.

Zerubavel, Eviatar. 2007. "Generally Speaking: The Logic and Mechanics of Social Pattern Analysis." *Sociological Forum* 22 (2): 131–45.

Zerubavel, Eviatar. 2012. *Ancestors and Relatives: Genealogy, Identity, and Community*. New York: Oxford University Press.

Zerubavel, Eviatar. 2015. *Hidden in Plain Sight: The Social Structure of Irrelevance*. New York: Oxford University Press.

Zerubavel, Eviatar. 2016. "The Five Pillars of Essentialism: Reification and the Social Construction of an Objective Reality." *Cultural Sociology* 10 (1): 69–76.

Zerubavel, Eviatar. 2018. *Taken for Granted: The Remarkable Power of the Unremarkable*. Princeton, NJ: Princeton University Press.

Zerubavel, Eviatar. 2021. *Generally Speaking: An Invitation to Concept-Driven Sociology*. New York: Oxford University Press.

Zerubavel, Eviatar. 2024. *Don't Take It Personally: Personalness and Impersonality in Everyday Life*. New York: Oxford University Press, 2024.

Zhong, Chen-Bo, Vanessa K. Bohns e Francesca Gino. 2010. "Good Lamps Are the Best Police: Darkness Increases Dishonesty and Self-Interested Behavior." *Psychological Science* 21 (3): 311–14.

Zimbardo, Philip G. 1969. "The Human Choice: Individuation Reason and Order versus Deindividuation Impulse and Chaos." In *Nebraska Symposium on Motivation*, editado por W. J. Arnold e D. Devine, Vol. 17, 237–307. Lincoln: University of Nebraska Press.

Zimbardo, Philip G. 2021. "The Stanford Prison Experiment." https://www.prisonexp.org/the-story.

Zimbardo, Philip, Craig Haney, W. Curtis Banks e David Jaffe. 1971. "The Stanford Prison Experiment: A Simulation Study of the Psychology of Imprisonment." https://web.stanford.edu/dept/spec_coll/uarch/exhibits/spe/Narration.pdf.

Zuckerman, Mortimer B. 2010. "Who to Blame for the Financial Crisis." *U.S. News and World Report*, 29 jan. 2010. https://www.usnews.com/opinion/mzuckerman/articles/2010/01/29/mort-zuckerman-who-to-blame-for-the-financial-crisis-.

Zweig, David. 2014. *Invisibles: The Power of Anonymous Work in an Age of Relentless Self-Promotion*. New York: Portfolio.

Obras em português consultadas na tradução

Alcoólicos Anônimos. *Os doze passos e as doze tradições*. São Paulo: Junaab, 2018.

Alcorão. [s.d.] Disponível em: http://www.dominiopublico.gov.br/download/texto/le000001.pdf. Acesso em: 17 mar. 2025.

Arendt, Hannah. *A condição humana*. Trad. Roberto Raposo. 10.ed. Rio de Janeiro: Forense Universitária, 2007.

Bakhtin, Mikhail. *A cultura popular na Idade Média e no Renascimento*: o contexto de François Rabelais. Trad. Yara Frateschi. 3.ed. São Paulo; Brasília: Editora UnB; Hucitec, 1996.

Baudrillard, Jean. *A troca simbólica e a morte*. Trad. Maria Stela Gonçalves e Adail Ubirajara Sobral. São Paulo: Edições Loyola, 1996.

Bauman, Zygmunt. *Modernidade e holocausto*. Trad. Marcus Penchel. Rio de Janeiro: Zahar, 2012.

Berger, Peter L.; Luckmann, Thomas. *A construção social da realidade*. Tratado de sociologia do conhecimento. Trad. Floriano de Souza Fernandes. 23.ed. Petrópolis: Vozes, 2003.

Bíblia Sagrada. Edição Pastoral. Trad. Ivo Storniolo e Euclides Martins Balancin. São Paulo: Paulus, 2017.

Bray, Mark. *Antifa*: o manual antifascista. Trad. Guilherme Ziggy. São Paulo: Autonomia Literária, 2019.

Butler, Judith. *Problemas de gênero*: feminismo e subversão da identidade. Trad. Renato Aguiar. 16.ed. Rio de Janeiro: Civilização Brasileira, 2018.

Collins, Patricia Hill. *Pensamento feminista negro*: conhecimento, consciência e a política do empoderamento. Trad. Jamille Pinheiro Dias. 1.ed. São Paulo: Boitempo, 2019.

Douglass, Frederick. *Narrativa da vida de Frederick Douglass e outros textos*. Trad. Odorico Leal. São Paulo: Penguin-Companhia das Letras, 2021.

Du Bois, W. E. B. *As almas do povo negro*. Trad. Alexandre Boide. São Paulo: Veneta, 2021.

Fanon, Frantz. *Pele negra, máscaras brancas*. Trad. Sebastião Nascimento. São Paulo: Ubu Editora, 2020.

Ferrante, Elena. *Frantumaglia*: os caminhos de uma escritora. Trad. Marcello Lino. Rio de Janeiro: Intrínseca, 2017.

Foucault, Michel. O que é um autor? *Estética* – literatura e pintura, música e cinema (*Ditos e escritos*, v.III). Org. Manoel Barros da Motta. Trad. Inês Autran Dourado Barbosa. Rio de Janeiro: Forense Universitária, 2001. p.264-98.

Foucault, Michel. *História da sexualidade*. v.1. A vontade de saber. 13.ed. Trad. Maria Thereza da Costa Albuquerque e J. A. Guilhon Albuquerque. Rio de Janeiro: Graal, 1999.

Foucault, Michel. *Vigiar e punir*: nascimento da prisão. Trad. Raquel Ramalhete. 42.ed. Petrópolis: Vozes, 2021.

Geertz, Clifford. *A interpretação das culturas*. Rio de Janeiro: LTC, 2008.

Giddens, Anthony. *As consequências da modernidade*. Trad. Raul Fiker. São Paulo: Editora Unesp, 1991.

Giddens, Anthony. *Modernidade e identidade*. Trad. Plínio Dentzien. Rio de Janeiro: Jorge Zahar Editor, 2002.

Gladwell, Malcolm. *Blink*: a decisão num piscar de olhos. Trad. Nivaldo Montingelli Jr. Rio de Janeiro: Rocco, 2005.

Goffman, Erving. *A representação do eu na vida cotidiana*. 10.ed. Trad. Maria Célia Santos Raposo. Petrópolis: Vozes, 2002.

Goffman, Erving. *Estigma*: notas sobre a manipulação da identidade deteriorada. 4.ed. Trad. Mathias Lambert. São Paulo: LTC, 2004.

Goffman, Erving. *Os quadros da experiência social*: uma perspectiva de análise. Trad. Gentil A. Titton. Petrópolis: Vozes, 2012.

Habermas, Jürgen. *Teoria da ação comunicativa* – Volume 2: Para a crítica da razão funcionalista. Trad. Luiz Repa. São Paulo: Editora Unesp Digital, 2022.

Homero. *Odisseia*. Trad. Frederico Lourenço. São Paulo: Companhia das Letras, 2018.

Lévi-Strauss, Claude. *Antropologia estrutural*. Trad. Beatriz Perrone--Moisés. São Paulo: Cosac Naify, 2014.

Marx, Karl. O 18 de brumário de Luís Bonaparte. Trad. Nélio Schneider. São Paulo: Boitempo, 2011.

Marx, Karl. *O capital*: crítica da economia política. Livro 1: O processo de produção do capital. Trad. Rubens Enderle. São Paulo: Boitempo, 2022.

Miller, Chanel. *Eu tenho um nome*. Trad. Carolina Selvatici. Rio de Janeiro: Intrínseca, 2021.

Poe, Edgar Allan. A máscara da Morte Rubra. *Histórias extraordinárias*. Trad. José Paulo Paes. São Paulo: Companhia das Letras, 2017.

Said, Edward W. *Orientalismo*: o Oriente como invenção do Ocidente. Trad. Tomás Rosa Bueno. São Paulo: Companhia das Letras, 1996.

Schütz, Alfred. Atenção seletiva: relevâncias e tipificação. *In*: Wagner, Helmut R. (Org.). *Fenomenologia e relações sociais*: textos escolhidos de Alfred Schütz. Rio de Janeiro: Zahar Editores, 1979a. p.110-20.

Schütz, Alfred. Relações sociais indiretas. *In*: Wagner, Helmut R. (Org.). *Fenomenologia e relações sociais*: textos escolhidos de Alfred Schütz. Rio de Janeiro: Zahar Editores, 1979b. p.213-30.

Schütz, Alfred. Investigações sociológicas. *In*: Wagner, Helmut R. (Org.). *Fenomenologia e relações sociais*: textos escolhidos de Alfred Schütz. Rio de Janeiro: Zahar Editores, 1979c. p.289-307.

Schütz, Alfred. Sociologia interpretativa. *In*: Wagner, Helmut R. (Org.). *Fenomenologia e relações sociais*: textos escolhidos de Alfred Schütz. Rio de Janeiro: Zahar Editores, 1979d. p.261-88.

Schütz, Alfred. Relações interativas. *In*: Wagner, Helmut R. (Org.). *Fenomenologia e relações sociais*: textos escolhidos de Alfred Schütz. Rio de Janeiro: Zahar Editores, 1979e. p.159-95.

Scott, James C. *A dominação e a arte da resistência*: discursos ocultos. Trad. Pedro Serras Pereira. Lisboa: Letra Livre, 2013.

Searle, John R. *Os actos de fala*: um ensaio de filosofia da linguagem. Trad. Carlos Vogt et al. Coimbra: Almedina, 1984.

Shakespeare, William. *Romeu e Julieta*. Trad. Barbara Heliodora. Rio de Janeiro: Nova Fronteira, 2011.

Simmel, Georg. Especial – individualidade, interação, tipo social. *In*: Moraes Filho, Evaristo de (Org.). *Simmel*: sociologia. Trad. Evaristo de Moraes Filho, Carlos Alberto Pavanelli, Otto E. W. Maas, Dinah de Abreu Azevedo. São Paulo: Ática, 1983. p.90-188.

Smith, Adam. *A riqueza das nações*: uma investigação sobre a natureza e as causas da riqueza das nações. 3.ed. Trad. Norberto de Paula Lima. Rio de Janeiro: Nova Fronteira, 2017. (Clássicos de ouro)

Steinbeck, John. *As vinhas da ira*. 10.ed. Trad. Herbert Caro e Ernesto Vinhaes. Rio de Janeiro: Record, 2013.

Turner, Victor. *Do ritual ao teatro*: a seriedade humana de brincar. Trad. Michele Markowitz e Juliana Romeiro. Rio de Janeiro: Editora UFRJ, 2015.

Veblen, Thorstein. *A teoria da classe ociosa*: um estudo econômico das instituições.

Weber, Max. *Economia e sociedade*: fundamentos da sociologia compreensiva. v.1. 4.ed. Trad. Regis Barbosa e Karen Elsabe Barbosa. Brasília: Editora Universidade de Brasília, 2015.

Woolf, Virginia. *Anon [era uma mulher...]*. Trad. Tomaz Tadeu. Belo Horizonte: Autêntica Editora, 2024.

ÍNDICE REMISSIVO

B

B

D

J

M

SOBRE O LIVRO

Formato: 14 x 21 cm
Mancha: 23,7 x 42,5 paicas
Tipologia: Horley Old Style 10,5/14
Papel: Off-white 80g/m² (miolo)
Cartão Triplex 250 g/m² (capa)
1ª edição Editora Unesp: 2025

EQUIPE DE REALIZAÇÃO

Edição de texto
Jorge Pereira Filho (Copidesque)
Mariana Pougy (Revisão)

Capa
Tatiana Josefovich

Editoração eletrônica
Eduardo Seiji Seki

Assistente de produção
Erick Abreu

Assistência editorial
Alberto Bononi
Gabriel Joppert

Rettec artes gráficas e editora

Rua Xavier Curado, 388 • Ipiranga - SP • 04210 100
Tel.: (11) 2063 7000
rettec@rettec.com.br • www.rettec.com.br